EINFÜHRUNG

Das Time Magazine beschrieb den 3. Oktober 1995, 10.00 Uhr, als den spannungsgeladensten Moment in der Geschichte des Fernsehens. Und bis zu den Ereignissen des 11. September 2001 war er dies auch. Die Welt in den USA – und nicht nur dort – schien für einen Augenblick stillzustehen, als 100.000.000 Amerikaner an den Bildschirmen das Urteil der Geschworenen in dem „Prozeß des Jahrhunderts" der Bevölkerung des Staates von Kalifornien gegen Orenthal James Simpson, den berühmten Sportler und Schauspieler, erwarteten. Man mußte schon zurückblicken bis zu der Berichterstattung nach dem Mord an Präsident John F. Kennedy über dreißig Jahre zuvor, um ein Medienereignis zu finden, das im wahrsten Sinne des Wortes jeder Amerikaner verfolgte.

Obwohl die Glocke aus dem Beratungsraum der Geschworenen bereits am 2. Oktober um 15.00 Uhr nach nur vier Stunden Beratung signalisiert hatte, daß ein Urteil gefällt worden war, verschob der Vorsitzende Richter Lance Ito die Urteilsverkündung auf den folgenden Tag um 10.00 Uhr, damit die Anwälte beider Seiten, die Medien und die Polizei sich auf den unbekannten Ausgang vorbereiten konnten.

Stunden vor der Urteilsverkündung instruierte Präsident Bill Clinton die zuständigen Stellen landesweit mit Sicherheitsmaßregeln für den Fall von Ausschreitungen. Das Los Angeles Police Department (LAPD) befand sich in höchster Alarmbereitschaft. Als der Zeitpunkt der Urteilsverkündung näherrückte, sank das Handelsvolumen an der New Yorker Börse um 41 Prozent, die Zahl der Ferngespräche um 58 Prozent. Der Verbrauch an Elektrizität stieg gewaltig an, weil überall im Land die Fernsehgeräte eingeschaltet wurden, während der Wasserverbrauch rapide sank, da die Menschen Bäder und Toiletten nicht mehr benutzten. Ein Treffen zwischen dem Staatssekretär und dem Direktor des CIA wurde für einige Minuten ausgesetzt, und Präsident Clinton verließ des Oval Office im Weißen Haus, um sich seinen Stabsmitgliedern beim Fernsehen anzuschließen. Die Richter am Supreme Court, dem höchsten Gericht der Vereinigten Staaten von Amerika, die gerade Sitzung hatten, trafen Vorbereitungen, damit ihnen noch während der Verhandlung Notizen mit dem Ergebnis überreicht werden konnten. Arbeiter, Geschäftsleute, selbst Ärzte unterbrachen ihre Tätigkeit für die unproduktivste halbe Stunde in der Geschichte der USA, die an verlorenem Output etwa 480 Millionen US-Dollar an Kosten verursachte.

Vierhundertvierundsiebzig Tage zuvor war Simpson verhaftet worden. Jetzt wartete er darauf, daß die zwölf Menschen eintreten würden, die dazu bestimmt worden waren, über sein Schicksal zu entscheiden.

ERSTER TEIL: DIE ERMITTLUNGEN

DIE NACHT IN BRENTWOOD

Die Nacht des 12. Juni 1994 war kühl für Los Angeles in dieser Jahreszeit. In Brentwood betrug die Temperatur kaum mehr als 60 Grad Fahrenheit, etwa 17 Grad Celsius.

Sunset Boulevard bildet das Rückgrat dieses wohlhabenden Teils des westlichen Los Angeles. In Downtown beginnend, erstreckt er sich über zwanzig Meilen bis zum Pazifischen Ozean, vorbei an Hollywood, Beverly Hills und Bel-Air zu den Ausläufern des Santa Monica Gebirges.

Eine unumstößliche Regel im Immobilienmarkt besagt, daß der nördlich von Sunset Boulevard gelegene Abschnitt besser ist als der südliche. In diesem auch Brentwood Park genannten Teil leben die wirklichen Millionäre. Es ist der Ort, wohin diejenigen gelangen möchten, die es bereits in den Süden von Sunset geschafft haben.

Pablo und Jai Fenjves sahen sich die 22.00-Uhr-Nachrichten in ihrem Schlafzimmer an. Ihr Haus lag ungefähr 60 Meter von der Nummer 875 South Bundy Drive entfernt, der Hauptverkehrsader Brentwoods, einer lauten, verkehrsüberfüllten Geschäfts- und Durchfahrtstraße. Die hinteren Pforten beider Gebäude führten auf dieselbe Allee.

Pablos Eltern, ungarische Juden, waren nach Venezuela ausgewandert. Pablo kam schließlich nach Los Angeles, wo er mit einigem Erfolg Drehbuchautor wurde. Er und seine Frau, eine Kostümdesignerin, verwirklichten den amerikanischen Traum soweit, daß es ihnen schließlich gelang, in diesem südlich von Sunset Boulevard gelegenen Teil ein Haus zu erwerben.

Es war gegen 22.15 Uhr, als beide einen Hund bellen hörten. Das war für diese Gegend, in der vor allem Freiberufler lebten, von denen viele einen Hund besaßen, nichts besonderes, so daß sie dem zunächst keine Bedeutung beimaßen. Kurze Zeit später begab sich Pablo in sein Arbeitszimmer, um weiter an einem Drehbuch zu arbeiten. Es war fast 23.00 Uhr, als er wieder das Schlafzimmer betrat. Seine Frau hatte inzwischen eine Folge des Denver-Clan gesehen, der Abspann lief noch. Das Hundegebell war nach wie vor zu hören. Weshalb sich Pablo später daran erinnern konnte, war der Klang. Es war nicht mehr das normale Gebell eines Nachbarhundes, sondern, wie er es in seiner Zeugenvernehmung ausdrücken sollte, ein „klägliches Jammern – es hörte sich an, wie ein, wissen Sie, sehr unglückliches Tier".

Stephen Schwab lebte in einem Apartment in der Montana Avenue, drei Straßen entfernt vom South Bundy Drive 875. Wie das Ehepaar Fenjves sah auch er um 22.00 Uhr Fernsehen, allerdings die Dick Van Dyke Show, die um 22.30 Uhr endete. Ebenso wie Pablo Fenjves verdiente Steven Schwab sein Geld als Drehbuchautor, wenngleich mit weniger Erfolg. Sein Leben war extrem geregelt. Jeden Abend um eine bestimmte Zeit ging er mit seinem Hund spazieren, nahm immer denselben Weg und kehrte um die gleiche Zeit nach Hause zurück. Dieser Weg führte ihn jeweils an der Allee vorbei, an der die hintere Pforte von 875 South Bundy Drive lag.

Um 22.55 Uhr, während er diese Stelle passierte, fiel ihm ein schöner weißer Akita-Hund, eine japanische Rasse, auf, der ununterbrochen in Richtung des Hauses bellte. Schwab streichelte den Hund, von dem er annahm, daß er sich verlaufen hatte, und überprüfte das teure Halsband, auf dem aber weder ein Name noch eine Adresse verzeichnet waren. Da er nicht herausfinden konnte, wohin der Hund gehörte, ging er weiter. Doch der Akita folgte ihm auf seinem Rückweg in die Montana Avenue. Das Verhalten des Tieres war jedoch nicht das einzige Merkwürdige an dieser Begebenheit. Denn während Schwab sein Halsband untersucht hatte, war ihm aufgefallen, daß Blut an allen vier Pfoten des Hundes klebte.

Robert Heidstra, der auch in dieser Gegend wohnte, pflegte um 22.00 Uhr herum mit seinen beiden Hunden spazierenzugehen. Auch sein Weg führte ihn gegen 22.30 Uhr in die Nähe von 875 South Bundy Drive. Er hörte, wie ein Hund plötzlich anfing laut zu bellen, dann – einige Minuten später – zuerst das Schreien eines Mannes „Hey, hey, hey", danach die etwas ältere Stimme eines zweiten Mannes, deren Klang ihm so vorkam, als wäre es die eines

Schwarzen. Kurze Zeit darauf hörte er ein Eisentor zuschlagen. Er maß dem keine Bedeutung bei, ebenso wenig wie dem weißen Wagen, den er bemerkte und später als Ford Bronco oder Blazer beschrieb.

Etwa um diese Zeit entschied sich Jill Shively, eine Angestellte, zum San Vincente Boulevard zu fahren, um dort in einer Salatbar etwas zum Essen zu holen. Um 22.45 Uhr fuhr sie in östlicher Richtung auf dem San Vincente Boulevard auf die Kreuzung Bundy zu. Da die Ampel gerade auf Rot umschaltete, gab sie Gas. Ein großer weißer Wagen, der den Bundy Drive in nördlicher Richtung befuhr, raste auf die Kreuzung. Jill Shively machte eine Vollbremsung, um einen Zusammenstoß zu verhindern, ebenso wie der Fahrer eines grauen Nissan, der den San Vincente Boulevard in westlicher Richtung befuhr. Alle drei Fahrzeuge kamen für einen Augenblick wenige Meter voneinander zum Stehen. Der Fahrer des weißen Wagens begann zu hupen und in Richtung des Nissan, der ihm den Weg versperrte, zu brüllen: „Beweg dein verdammtes Auto! Beweg es!“ Shively kam dieser Mann bekannt vor. Als sie seine Stimme hörte, wußte sie, daß es O.J. Simpson war. Sie warf einen Blick auf das Nummernschild und konnte sich noch das Kennzeichen 3 CZW 788 merken, bevor der weiße Wagen davonbrauste.

Mittlerweile in seinem Apartment angekommen, gab Schwab dem Akita, der ihm gefolgt war, Wasser. Er und seine Frau Linda überlegten noch, was sie tun sollten, als gegen 23.40 Uhr ihr Nachbar, Sukru Boztepe, das Gebäude betrat. Der gebürtige Türke unterhielt sich einige Minuten mit den Schwabs und erklärte sich dann bereit, den Hund für die Nacht mit in seine Wohnung zu nehmen.

Dort benahm sich der Akita sehr nervös. Er lief herum und kratzte an der Eingangstür, so daß Boztepe und seine dänische Frau sich entschlossen, mit dem Tier einen Spaziergang zu machen. Sie ließen den Hund führen, der sie bis zu der Pforte vor 875 South Bundy Drive zog, wo er stoppte und aufgeregt bellte. Trotz Finsternis konnten sie auf dem Pfad, der sich hinter der Pforte bis zu dem Haus erstreckte, die Umrisse einer Frau sehen, die in einer großen Blutlache lag.

875 SOUTH BUNDY DRIVE – DER TATORT

Detective Mark Fuhrman lag im Bett in seinem Haus in Redondo Beach, als ihn das Telefon um 1.05 Uhr am 13. Juni 1994 weckte. Er ging in die Küche und nahm den Hörer ab. Am anderen Ende der Leitung war Ron Phillips, sein Vorgesetzter bei der West Los Angeles Mordabteilung.

„Wir haben einen Doppelmord“, sagte er. „Eines der Opfer könnte die Frau von O.J. Simpson sein.“

Fuhrman war an diesem Wochenende nicht zum Dienst eingeteilt, sondern nur in Bereitschaft. Aber er wußte, wenn Ron ihn anrief, brauchte er Hilfe. Also kleidete er sich an und fuhr los, um sich mit Phillips und seinem Junior-Partner, Brad Roberts, vor der West Los Angeles Polizeistation zu treffen.

Eine Stunde zuvor, gegen 0.09 Uhr, antworteten die Police Officer Robert Riske und Miguel Terrazas, die auf Streife waren, auf eine Durchsage, die einen möglichen Einbruch in 874 South Bundy Drive gemeldet hatte. Wenige Minuten später erreichten die beiden den Ort. Eine ältere Frau, Elsie Tistaert, die in dem Haus lebte, erwartete sie bereits verschreckt. Sie hatte die Polizei verständigt, weil kurz zuvor ein Mann und eine Frau an ihre Eingangstür gehämmert hatten, etwas, was in dieser Gegend und noch dazu um diese Uhrzeit nicht üblich war.

Riske begab sich zu der Stelle und fand ein typisches Brentwood-Paar mit einem Akita-Hund, Sukru Boztepe und Bettina Rasmussen. Boztepe führte Riske über die Straße, während er ihm erklärte, was er gesehen hatte, und zeigte ihm den Gehweg, der zur Nummer 875 führte. Der Police Officer leuchtete mit seiner Taschenlampe den Weg ab und nahm zunächst eine große Blutlache wahr und dann eine blonde Frau in einem kurzen, schulterfreien schwarzen Kleid. Sie lag am Fuße von vier Stufen, die zu der dreiviertel offenstehenden Eingangstür führten. Die Blutlache um sie herum war größer als sie selber. Auch der Gehweg war bedeckt mit Blut, das durch die Fugen zwischen den Steinplatten über mehrere Meter bis fast zur Straße geflossen war. Sofort rief Riske über sein Funkgerät einen Krankenwagen und Verstärkung, dann bewegten er und Terrazas sich vorsichtig auf dem Gras links des Gehweges auf die Frau zu, wobei sie darauf achteten, nicht in das Blut zu treten. Die Frau lag auf der linken Seite fast in einer fötalen Position, ihr Haar bedeckte ihr Gesicht. Eines ihrer Beine war unter dem Zaun eingeklemmt. Sie trug keine Schuhe, und ihre Fußsohlen waren sauber.

Als Riske den Lichtkegel seiner Taschenlampe kreisen ließ, entdeckte er rechts, kaum einen Meter entfernt, einen zweiten Körper. Es war ein muskulöser junger Mann, der zusammengesackt auf der Erde gegen den Metallzaun lehnte, der die Liegenschaft von dem Nachbargrundstück trennte. Auf den ersten Blick bereits bemerkte Riske die Schnitte an seinem Hals, Kopf und seinen Händen. Sein Sweatshirt war nach oben gerutscht und entblößte viel blutige Haut.

Riske bewegte sich vorsichtig weiter, stieg über die Frau auf die Stufen. Umherleuchtend stellte er fest, daß überall blutige Schuhabdrücke erkennbar waren. Aber es fiel ihm sofort auf, daß keine Schuhabdrücke zum vorderen Tor auf das Trottoir des Bundy Drive hinausführten. Er leuchtete in die andere Richtung, in die sich ein fast 40 Meter langer Pfad bis zur rückwärtigen Allee erstreckte, und entdeckte dort offenbar von einer einzelnen Person stammende blutige Schuhabdrücke. Es hatte den Anschein, als habe der Mörder den Tatort auf diesem Weg verlassen. Als er die Szene genauer inspizierte, fiel ihm noch etwas auf – frische Bluttropfen befanden sich links neben den Schuhabdrücken. Gut möglich, daß der Täter geblutet hatte, vielleicht war er an der linken Hand verletzt.

Dann betrat Riske vorsichtig das Haus. Nichts war in Unordnung, kein Zeichen eines Einbruchs oder Diebstahls. Die Stereoanlage im Wohnzimmer spielte romantische Musik, Kerzen flackerten. Eine gerahmte Lithographie O.J. Simpsons hing an der Wand in der Eingangshalle. Ein großes Messer lag auf der ansonsten aufgeräumten Anrichte in der Küche. Auf verschiedenen Tischen standen Fotografien Simpsons. Riske schloß daraus, daß es sich bei der ermordeten Frau entweder um die Ehefrau oder die Freundin des berühmten ehemaligen Football-Stars handelte.

Diese Erkenntnis ließ ihn von seiner ursprünglichen Absicht abrücken, über sein Funkgerät Meldung an seinen Vorgesetzten zu machen. Hier gab es ein Gewaltverbrechen in einer dafür ungewöhnlichen Gegend, und vermutlich war eine Berühmtheit involviert. Obwohl es 1994 in Los Angeles 1811 Morde gab, waren diese beiden erst die neunten und zehnten im Bezirk der West Los Angeles Abteilung des LAPD und die ersten beiden in Brentwood. Riske entschloß sich, das Telefon im Haus zu benutzen, weil er befürchtete, daß ansonsten Reporter, die den Polizeifunk abhörten, alleine bei der Erwähnung des Namens O.J. Simpson in Horden einfallen würden.

Nachdem er seine Meldung durchgegeben hatte, stieg Riske auf die zum Nachbarn gehörende Seite des Grundstückes, von der aus er den jungen Mann durch den Zaun näher untersuchen konnte, ohne befürchten zu müssen, Beweisstücke zu vernichten. Er bückte sich und ließ das Licht seiner Taschenlampe unter den Büschen entlanggleiten. Dabei bemerkte er auf dem Boden einen Briefumschlag, einen Lederhandschuh und eine dunkle Strickmütze, die halb verborgen unter einer Pflanze lag.

Riske leuchtete in das eine offenstehende Auge des Mannes, um zu prüfen, ob noch Lebenszeichen festzustellen waren. Die Pupille verengte sich nicht. Er berührte den Augapfel. Das Lid zuckte nicht. Der Mann war tot.

Die erste Verstärkung traf ein. Terrazas bewachte die hintere Seite des Anwesens, während andere Polizeibeamte das gesamte Ende des Blocks von Dorothy bis Bundy mit gelbem Band absperrten.

Riske ging wieder in das Haus, diesmal für eine gründlichere Durchsuchung. Er überprüfte die Schränke, ob sich jemand in ihnen verbarg. Sie waren leer. Ein Becher halbgeschmolzene Ben and Jerry's Eiscreme stand auf einer Treppe, die zur Garage führte, in der ein weißer Ferrari geparkt war. Sonst nichts außergewöhnliches.

Nachdem er die Treppe in das obere Stockwerk emporgestiegen war, sah er im Hauptschlafzimmer einen eingeschalteten Fernseher und Bettwäsche, die in der Mitte der Matratze auf einem Haufen lag. Überall war das Licht an. Im Badezimmer registrierte er, daß die Badewanne gefüllt war, drei Kerzen brannten auf einem Tischchen hinter ihr.

In zwei weiteren Schlafzimmern fand der erstaunte Police Officer zwei kleine Kinder, die friedlich in ihren Betten schliefen und offenkundig nichts von dem Drama bemerkt hatten, das sich unter ihnen zugetragen hatte, obwohl die Türen zu ihren Zimmern die ganze Zeit offengestanden hatten. Er verließ eilig das Haus und informierte einen Sergeant, der einen Wagen rief. Dann weckten sie die Kinder, die beim Anblick der Polizisten ängstlich reagierten, kleideten sie an und brachten sie durch die Garage nach draußen zu dem Wagen. Die verschlafenen Kinder weinten und verlangten immer wieder nach ihrer Mami. Es war jetzt 1.10 Uhr.

Inzwischen hatten sich weitere Polizisten am Tatort eingefunden, einige sicherten die Absperrung, zwei Polizisten begannen, in der

Nachbarschaft die Mülleimer nach eventuell weggeworfenen Beweisstücken zu durchsuchen und an Türen zu klopfen, um herauszufinden, ob jemand etwas bemerkt hatte. Sergeant David Rossi kam um 1.30 Uhr an, Captain Constance Dial kurz darauf.

Bevor Rossi zum Tatort aufgebrochen war, hatte er Ron Phillips zu Hause erreicht. Phillips war ein Veteran, der auf achtundzwanzig Jahre Dienst für das LAPD zurückblicken konnte. Er untersuchte Mordfälle nicht mehr selber, seine Aufgabe war die Überwachung der Ermittlungen und die Auswahl, welcher der vier Detectives seiner Mordabteilung den Fall übernehmen sollte.

Phillips und Fuhrman trafen sich vor dem West LA Polizeirevier gegen 2.00 Uhr, nahmen ihre Ausrüstung und fuhren gemeinsam nach Bundy. Roberts, der einen weiteren Weg hatte, würde nachkommen. Es war 2.10 Uhr, als Fuhrman und Phillips die 875 South Bundy erreichten. Der Polizeibericht wies Fuhrman als den siebzehnten Beamten aus, der am Tatort eintraf.

Riske erwartete die beiden und führte sie auf demselben Weg durch die Szene, den er genommen hatte. Das war das übliche Verfahren, das bei der Polizei als die „Grand Tour“, die „große Führung“, bezeichnet wurde.

Das erste, was Fuhrman auffiel, als er die Toten sah, war, daß die Opfer nicht zusammenpaßten. Der Mann, vollständig angezogen, trug eine Jacke und Segeltuchschuhe, Sweatshirt und Jeans, die Frau dagegen nur ein kurzes, einteiliges Sommerkleid und keine Schuhe. Fuhrman war ein zu erfahrener Ermittler, um nicht zu wissen, daß man nie voreilige Schlüsse ziehen und dann versuchen durfte, die Beweismittel dazu passen zu lassen. Die Beweise mußten für sich selber sprechen und einen führen, egal wohin.

Fuhrman und Phillips wollten näher an das weibliche Opfer heran, ohne mögliche Beweise zu vernichten. Riske führte die beiden Männer um den Block herum via Dorothy Street zu der hinteren Allee. Während sie liefen, begann Fuhrman seine ersten Schlüsse zu ziehen. Das weibliche Opfer war möglicherweise kurz vor ihrem Tod im Haus gewesen, jedenfalls lange genug, um die Schuhe auszuziehen. Aus irgendeinem Grund war sie an die Eingangstür zurückgekehrt und hatte sie geöffnet. Im Gegensatz dazu war das männliche Opfer zum Ausgehen gekleidet. Entweder hatte er vorgehabt, das Haus zu betreten und es niemals dorthin geschafft, oder er war gerade dabei gewesen, die Liegenschaft zu verlassen, wobei die Frau ihn begleitet hatte.

Riske, Fuhrman und Phillips betraten das Haus durch die

Garage, wobei Fuhrman der schwarze Jeep Cherokee davor und der Ferrari darin auffielen. Riske zeigte ihnen das schmelzende Eis, die brennenden Kerzen, die Badewanne, die Zimmer, in denen er die Kinder gefunden hatte. Noch immer spielte die romantische Musik. Die Frau mußte lange genug zu Hause gewesen sein, um die Badewanne einlaufen zu lassen, die Stereoanlage anzustellen und die Kerzen zu entzünden.

Riske führte sie durch die offene Eingangstür, an der kein Zeichen gewaltsamen Eindringens festzustellen war, nach draußen und wies auf die blutigen Schuhabdrücke in Richtung zur hinteren Allee hin. Fuhrman und Phillips hatten jetzt volle Sicht auf das weibliche Opfer. Die riesige Menge an Blut schien aus dem Hals oder Kopf zu stammen; genau war das nicht zu entscheiden, weil ihr langes blondes Haar das Gesicht verdeckte.

Als nächstes ging Riske mit ihnen den Weg zur hinteren Allee entlang, wobei er auf die frischen Bluttropfen links der Schuhabdrücke deutete, die schwächer wurden und schließlich an einem Eisentor endeten, das die Liegenschaft von der Allee trennte. Es stand zu zwei Dritteln offen. Auf dem oberen Teil der Tür befand sich Blut, und Fuhrman bemerkte zwei Bluttropfen auf der Innenseite. Sie gingen durch das Tor. Auf dem Weg lagen zwei Münzen. An dieser Stelle hörte die Blutspur auf. Entweder hatte die Person dort aufgehört zu bluten, oder sie war in ein Auto gestiegen und weggefahren.

Während Riske sich auf demselben Wege wieder zur Vorderseite der Liegenschaft begab, gingen Fuhrman und Phillips erneut ins Haus. Fuhrman setzte sich auf die Couch im Wohnzimmer und machte seine ersten Notizen. In diesem Augenblick traf Detective Brad Roberts ein. Fuhrman unterbrach seine Arbeit und nahm ihn auf die Grand Tour. Als sie das Eisentor erreichten und die Lichtkegel ihrer Taschenlampen nochmals sorgfältig über das Tor gleiten ließen, entdeckten sie auf dem Messingknauf einen deutlich sichtbaren blutigen Fingerabdruck.

In ihren Jahren bei der Polizei hatten sie Tausende von Fingerabdrücken gesehen, gute und schlechte. Gut waren solche, die wenigstens einige qualitative Identifikationsmerkmale aufwiesen. Dieser Abdruck war von hoher Qualität, absolut vergleichbar, identifizierbar. Fuhrman notierte diese bedeutende Entdeckung, die alleine zur Überführung des Täters hätte führen können.

Dann diskutierten die beiden, worauf die Spuren deuteten. Der Verdächtige war den Weg nach hinten gegangen, wobei er links blutete, hatte danach in seine Hosentasche nach den Autoschlüsseln gegriffen, dabei die Tasche nach außen gedreht und Münzen verloren. Das war ein Indiz dafür, daß es sich um einen Mann handelte; Frauen bewahrten in ihren Hosentaschen kein Kleingeld auf. Zugleich sprach dies dafür, daß die Person sehr aufgeregt gewesen sein mußte, was auch erklärte, daß ihr nicht aufgefallen war, daß sie den Handschuh verloren hatte.

Wieder im Haus setzte sich Fuhrman auf die Couch, um seine Notizen zu beenden. Als er zu zwei Dritteln damit fertig war, kam Phillips auf ihn zu.

„Ich habe gerade mit Chief Frankel gesprochen“, sagte er. „Er gibt den Fall Robbery/ Homicide.“

Fuhrman blickte Phillips an.

„Okay, laß mich nur meine Notizen beenden, dann komme ich raus.“

Robbery/ Homicide war die Eliteabteilung des LAPD. Wenn es sich bei dem weiblichen Opfer wirklich um Nicole Brown Simpson, die Ex-Frau O.J. Simpsons handelte, was immer wahrscheinlicher wurde, würde die Medienaufmerksamkeit riesig sein und einen enormen Druck erzeugen, den Fall möglichst schnell zu lösen. Während Fuhrman, Roberts und die anderen Detectives des West LA Polizeireviers verschiedene Fälle gleichzeitig bearbeiten mußten, hatten die Ermittler von Robbery/ Homicide (was soviel wie Raub/ Mord bedeutet) das Privileg, sich auf ihren jeweiligen Fall konzentrieren zu können. Bedachte man den bevorstehenden Presserummel, war es unausweichlich, daß Robbery/ Homicide diesen High Profile Case übernehmen mußte. Diese logischen Erwägungen änderten jedoch nichts daran, daß die Übertragung des Falles bei Fuhrman gemischte Gefühle auslöste.

Nachdem er seine Notizen beendet hatte, gesellte sich Fuhrman zu Phillips, der auf der Straße vor dem Haus stand und sich mit einem der Polizeibeamten unterhielt. Fuhrman hatte siebzehn Punkte notiert. An fünfzehnter Stelle hatte er unter anderem vermerkt: „Hinteres Tor. Innenseite... sichtbarer Fingerabdruck.“ Und als letzten Punkt: „... einen Handschuh beim Fuß des männlichen Opfers.“ Fuhrman übergab Phillips die Notizen. Dann warteten sie gemeinsam auf ihre Ablösung durch die Detectives von Robbery/ Homicide. Es war jetzt 2.40 Uhr und Fuhrmans Zeit als führender Ermittler in diesem Fall nach kaum einer halben Stunde zu Ende. Alles in allem fand er, daß sie ihre Arbeit in dieser Kürze ordentlich gemacht hatten.

Um 4.05 Uhr erreichte Detective Philip Vannatter von Robbery/Homicide das Grundstück. Roberts und Fuhrman, die ihm noch nie zuvor begegnet waren, wurden mit ihm bekanntgemacht. Phillips klärte Vannatter über die Situation auf und übergab ihm Fuhrmans Notizen. Vannatter steckte sie, ohne sie gelesen zu haben, ein und sagte, daß er sich zunächst ein eigenes Bild verschaffen wollte. Also nahm Phillips Vannatter auf die Grand Tour. Nach deren Ende, um 4.30 Uhr, traf Vannatters Partner, Tom Lange, ein. Erneut wurden Roberts und Fuhrman vorgestellt, auch Lange waren sie noch nie begegnet. Danach erhielt Lange gleichfalls die Grand Tour.

Der 49jährige Lange und sein vier Jahre älterer Partner Vannatter verfügten gemeinsam über mehr als fünfzig Jahre Polizeierfahrung. Ohne Anwesenheit des Coroners (gerichtlicher Beamter zur Untersuchung der Todesursache in Fällen unnatürlichen Todes) war es ihnen nicht gestattet, die Körper der Toten zu berühren. Also kamen sie den Opfern nicht näher als 2 Meter, um die Beweismittel nicht zu beschädigen. Die Identität des männlichen Toten blieb deshalb zunächst weiter ungeklärt. Aufgrund der Fotos im Haus und der ersten Informationen, die befragte Nachbarn den Polizeibeamten erteilt hatten, stand fest, daß es sich bei der weiblichen Toten um die Ex-Frau O.J. Simpsons handelte. Selbst wenn man sich den Opfern nur bis auf 2 Meter Entfernung näherte, war deutlich zu erkennen, daß sie diverse Stich- und Schnittwunden aufwiesen. Der Kopf der weiblichen Toten war durch eine extrem tiefe Schnittwunde fast von ihrem Körper abgetrennt worden.

„Das ist ein klassischer Mord aus Wut", meinte Lange zu seinem Partner. „Das ist nicht irgendein Raub, dann eine Stecherei und dann eine Flucht. Schau dir ihre durchtrennten Kehlen an. Phil, das ist ein Mord aus Wut."

Als sie wieder vor dem Haus standen, erhielt Phillips einen Anruf über sein Funktelefon. Der höchste Offizier des LAPD, Commander Keith Bushey, hatte einen Auftrag für Phillips. Da das weibliche Opfer mit an Sicherheit grenzender Wahrscheinlichkeit die Ex-Frau O.J. Simpsons war und die gemeinsamen Kinder des früheren Paares sich in der Obhut der Polizei befanden, wollte er, daß Simpson sofort persönlich informiert werden sollte. Bushey sagte, er wollte eine „Belushi-Situation" vermeiden. (Als der Schauspieler John Belushi 1982 im Chateau Marmont Hotel starb, erfuhren die Medien sofort davon und veröffentlichten die Meldung, bevor die Polizei die Angehörigen informiert hatte, was für die Familie Belushis schmerzhaft, für das LAPD peinlich war.) Nach den späteren Aussagen der Polizisten soll sich danach folgendes abgespielt haben: Phillips teilte Vannatter und Lange die Anweisung Busheys mit. Vannatter erwiderte, daß er Simpson als Ex-Mann der Ermordeten sowieso befragen müßte, um Informationen zu erhalten. Vielleicht könnte Simpson auch das männliche Opfer identifizieren. Außerdem waren da noch die Kinder, Simpson würde eventuell Hilfe brauchen, sie abzuholen. Vannatter entschied, daß er und Lange mit Fuhrman und Roberts in zwei Wagen zu Simpson fahren würden. Er würde Simpson vom Tod seiner Ex-Frau in Kenntnis setzen und dann mit Lange an den Tatort zurückkehren, während Fuhrman und Roberts mit Simpson die Kinder abholen sollten.

Fuhrman sagte, er wüßte, wo Simpson wohne, er sei, als er noch Streifenpolizist war, 1985 oder 1986 wegen einer Familienauseinandersetzung zu Simpson gerufen worden. Fuhrman konnte sich nicht mehr an die genaue Adresse erinnern, doch Riske hatte inzwischen die Nummernschilder des schwarzen Jeeps vor der Garage abgefragt. Das Fahrzeug war auf die Adresse 360 North Rockingham registriert. Dort wohnte O.J. Simpson.

Lange faßte später Fuhrmans Mitteilung zusammen: „Mr. Simpson und das Opfer waren in frühere Domestic Violance (sinngemäß: häusliche Gewalt im Sinne von männlicher Gewalt gegen Frauen, Mißhandlungen) Situationen verwickelt, eine davon führte zu einer Verhaftung von Mr. Simpson." Phillips hingegen sagte später aus, er könne sich an eine solche Äußerung Fuhrmans nicht erinnern.

Jedenfalls verließen um 5.00 Uhr morgens die Detectives, die die Ermittlungen geleitet hatten beziehungsweise leiten würden, den Tatort, um sich auf die zwei Meilen lange Fahrt von Bundy nach Rockingham zu machen.

360 NORTH ROCKINGHAM AVENUE

Während die beiden Wagen nach rechts vom Sunset Boulevard in die Rockingham Avenue abbogen, überlegte Fuhrman, daß, wenn der Fall seiner geblieben wäre, er nie den Tatort verlassen hätte, nur um den Ex-Mann des Opfers persönlich zu informieren.

Sie fuhren jetzt in nördlicher Richtung. Die Gegend änderte

sich, die Anwesen wurden größer, umsäumt von gepflegten Grundstücken. Kurz bevor sie die Kreuzung zwischen Ashford Street und Rockingham Avenue erreichten, bemerkte Fuhrman einen schmutzigen Nissan 300 ZX und einen weißen Ford Bronco, die einzigen Autos, die in dieser Nacht dort parkten. Der Nissan paßte nicht in diese wohlhabende Gegend, der Bronco stand leicht schief, so, als wäre er hastig abgestellt worden. Wie sich herausstellte, standen die Fahrzeuge vor der Hausnummer 360, dem Anwesen Simpsons, das mit seinen mehreren 1000 Quadratmetern Größe die gesamte Ecke zwischen Ashford und Rockingham einnahm.

Fuhrman überprüfte das Kennzeichen des Nissan, der Wagen war auf eine Adresse in Hollywood zugelassen.

Die Detectives bogen in die Ashford Street ein und stellten ihre Fahrzeuge in der Nähe eines Eisentores ab, das in die Steinmauer eingelassen war, die Simpsons Grundstück umgab. Sie stiegen aus. Durch das Tor war das Haus zu sehen. Einige Fenster waren hell erleuchtet. In der Zufahrt standen zwei Wagen.

Vannatter klingelte. Niemand antwortete. Er klingelte nochmals über einen Zeitraum von mehreren Minuten. Nichts. Ein Schild am Gebäude besagte, daß die Liegenschaft von Westec, einer Sicherheitsfirma in Los Angeles, überwacht wurde.

Während die anderen noch versuchten, jemanden im Haus zu erreichen, ging Fuhrman um die Ecke und betrachtete die Front des Hauses, die er durch das zweite Eisentor erkennen konnte, das von Rockingham Avenue die Zufahrt zu der Liegenschaft ermöglichte. In zwei Räumen war Licht zu erkennen.

Fuhrman wandte sich erneut dem Bronco zu, der in seltsamen Winkel auf der Straße neben dem Tor stand. Ein Stück gesplittertes Holz lag rechts neben ihm. Es war etwa 30 Zentimeter lang und schien von einem Zaun zu stammen. Die weiße Ölfarbe an der Außenseite war stark mitgenommen, das Holz mußte lange der Witterung ausgesetzt gewesen sein. An der Bruchstelle jedoch war es naturfarben und nicht oxydiert, sie war frisch. Ein rostiges Nagelloch war zu erkennen, was bedeutete, daß ein nichtgalvanisierter Nagel verwendet worden war. Das wiederum deutete auf einen alten Zaun hin. Verdächtig daran war nicht das Stück Holz, sondern daß es in der Nähe des gepflegten, mit Rasen bepflanzten Gehwegs, auf dem es lag, keinen Zaun gab.

Fuhrman legte die Hand auf die Motorhaube, sie war kalt. Er bemerkte einen rotbraunen Fleck am Türgriff auf der Fahrerseite, der vor allem deswegen auffiel, weil der Bronco ansonsten sehr sauber war. Seine Taschenlampe benutzend, untersuchte Fuhrman den Fleck genauer. Die Substanz schien Blut zu sein. Fuhrman kniete sich hin und suchte nach weiteren Spuren. An der Türschwelle sah er drei oder vier weitere Flecken. Vielleicht rührten sie von den Sohlen eines Schuhs her. Blutigen Sohlen.

Stand dieses Fahrzeug mit dem Tatort in Verbindung, von dem sie gekommen waren, durchzuckte es Fuhrman.

Er setzte seine Überprüfung des Wagens fort. Die Seitenfenster des Laderaumes waren dunkel getönt, so daß Fuhrman seine Hände um die Taschenlampe legen mußte, um den Lichtkegel zu bündeln. Ein Paket mit der Aufschrift „O.J. Simpson Enterprises-Attention: Cathy“ wurde erkennbar, daneben eine alte, schmutzige Gartenschaufel und ein gefaltetes Plastiktuch. Fuhrman rief die anderen zu sich und zeigte ihnen, was er entdeckt hatte. Sie überprüften die Zulassung. Der Bronco war auf Hertz Rent A Car registriert.

Später gaben die Detectives übereinstimmend an, aufgrund ihres Fundes hätten sie befürchtet, es könne im Haus noch mehr Opfer geben, möglicherweise Verletzte oder Bewußtlose.

Phillips rief Sergeant Rossi an. Rossi suchte die Nummer Westecs heraus. Minuten darauf kam ein Westec-Wagen an. Der Fahrer sagte, er könne die Telefonnummer Simpsons ohne das Einverständnis seines Vorgesetzten nicht bekanntgeben. Phillips bat ihn, dieses einzuholen. Einige Minuten danach erreichte ein weiterer Westec-Wagen das Anwesen. Der Fahrer teilte Fuhrman mit, daß ein Hausmädchen auch nachts im Gebäude sein sollte. Inzwischen hatten sie die Nummer Simpsons erhalten. Es meldete sich aber nur der Anrufbeantworter.

Vannatter sagte in seiner Zeugenvernehmung aus: „Ich glaubte, etwas war hier nicht in Ordnung. Ich traf die Entscheidung, daß wir ... die Liegenschaft betreten mußten.“

Fuhrman war zwar schon neunzehn Jahre bei der Polizei, doch vom Rang her niedriger als die anderen drei Detectives. Vor allem aber war er bei weitem der jüngste und sportlichste der vier Männer. Also bot er freiwillig an, über die Mauer zu klettern. Lange stimmte zu. Von innen öffnete Fuhrman das hydraulische Tor. Sie betraten Simpsons Grundstück.

Ein großer Hund ließ sie passieren. Sie klingelten und klopften mehrfach an der Eingangstür ohne Erfolg – niemand antwortete oder öffnete. Phillips schlug vor, zum hinteren Teil des Grundstückes zu gehen und sich dort umzusehen. Sie folgten einem steilen Weg, der sie um das Gebäude herum zum Swimming Pool führte. Drei Bungalows lagen südlich davon, jeder mit einem eigenen Eingang in Form einer Schiebetür aus Glas. Phillips spähte durch die erste, drehte sich zu den anderen um und sagte: „Da ist jemand im Bett.“

Phillips klopfte. Ein verwirrt wirkender Mann um die Dreißig öffnete ihnen. Sich seine blonde Mähne aus den Augen schüttelnd, starrte er auf Phillips, der sich vorstellte und fragte, ob O.J. Simpson zu Hause sei. Der verschlafene Mann sagte, er wüßte es nicht und schlug vor, Simpsons älteste Tochter Arnelle zu fragen, die sich im Nebenbungalow aufhielt.

Selbst für jemanden, der gerade aufgewacht war, wirkte der blonde Mann, der sich als Kato Kaelin, ein permanenter Hausgast Simpsons, entpuppte, mit seinen blutunterlaufenen glasigen Augen desorientiert. Fuhrman fragte Kaelin, ob er etwas getrunken habe. Kaelin verneinte, woraufhin Fuhrman mit ihm einen Standard-Polizeitest zur Feststellung von Drogenintoxikationen machte; einen Bleistift 15 cm vor sein Gesicht haltend, überprüfte er, ob Kaelins Augen der Bewegung ruhig folgen konnten. Kaelin bestand. Er sah einfach nur high aus.

Währenddessen waren die anderen drei Detectives zum nächsten Bungalow gegangen und hatten geklopft. Arnelle Simpson öffnete. Vannatter fragte nach ihrem Vater, es sei ein Notfall. Arnelle gestikulierte in Richtung Haus. Als Vannatter ihr erläuterte, daß niemand auf ihr Klingeln reagiert hatte, sie aber in das Haus müßten, nahm Arnelle ihre Schlüssel, führte sie zum Hintereingang und schloß ihnen auf. Sie sah nach dem Hausmädchen. Ihr Zimmer war leer, das Bett unbenutzt. Sie hatte ihren freien Tag.

Arnelle rief Cathy Randa, die langjährige Sekretärin ihres Vaters, an und reichte den Hörer an Phillips weiter, der erklärte, daß es sich um einen Notfall handele, der es erfordere, daß sie mit Simpson sprachen. Randa erwiderte, daß Simpson in der Nacht den Spätflug nach Chicago genommen hatte und im Chicago O'Hare Plaza Hotel abgestiegen war.

Derweil fragte Fuhrman Kaelin, ob er sich in dessen Zimmer umsehen könne. Kaelin hatte nichts dagegen. Fuhrman prüfte unter anderem die Sohlen seiner Schuhe auf Blut und fand nichts. Auf seine Frage, wem der Bronco gehöre, teilte Kaelin mit, daß Simpson ihn fahre.

„Ist irgend etwas Besonderes heute nacht geschehen?“ wollte Fuhrman wissen. Kaelins Antwort ließ ihn aufhorchen. Um 22.45 Uhr habe er mehrere laute Schläge gegen die Wand über seinem

Bett gehört. Er habe an ein Erdbeben gedacht, weil das Bild über dem Bett und die Air-Condition-Anlage rechts daneben gewackelt hätten, er sei nach draußen gegangen, habe aber nichts erkennen können. Nur eine Limousine, die vor dem Ashford-Tor stand, sei ihm aufgefallen. Kaelin habe den Fahrer hereingelassen, der ihm erzählte, daß er Simpson zum Flughafen fahren sollte, dieser sich aber verspätet habe. Einen Moment darauf sei Simpson aus dem Haus gekommen. Kurze Zeit nach seiner Abfahrt habe Simpson angerufen und ihn gebeten, die Alarmanlage im Haupthaus einzuschalten. Das war nie zuvor geschehen, weswegen Kaelin sich von Simpson entsprechend instruieren lassen mußte, der ihm auch den Code für die Anlage durchgab. Er habe dann, wie angewiesen, die Alarmanlage eingeschaltet.

Phillips erreichte das Chicago O'Hare Plaza Hotel um 6.05 Uhr und bat darum, mit Simpson verbunden zu werden. Simpson hatte Anweisung gegeben, ihn nicht zu stören. Phillips erklärte, daß es sich um einen Notfall handelte. Es dauerte noch eine Minute, ehe er durchgestellt wurde und jemand den Hörer abnahm. Phillips erkannte die ihm aus dem Fernsehen und Filmen geläufige Stimme O.J. Simpsons.

„Hallo?"

„Sind Sie O.J. Simpson?" fragte er sicherheitshalber

„Ja. Wer sind Sie?"

„Ich bin Detective Phillips vom Los Angeles Police Department. Ich habe schlechte Nachrichten für Sie. Ihre Ex-Frau, Nicole Simpson, wurde getötet."

Simpson war außer sich. „O mein Gott, Nicole wurde getötet? O mein Gott, sie ist tot?"

Phillips bemühte sich, Simpson zu beruhigen und teilte ihm mit, daß seine Kinder sich bei der Polizei befanden.

„Nun, ich werde Chicago mit dem ersten möglichen Flug verlassen", sagte Simpson und verlangte nach seiner Tochter. Phillips gab das Telefon weiter. Arnelle hatte kurz zuvor von Lange gehört, was geschehen war. Sie weinte hysterisch, während sie mit ihrem Vater sprach. Nachdem sie aufgehängt hatte, bat sie darum, Al Cowlings, einen der besten und ältesten Freunde Simpsons, anrufen zu dürfen. Cowlings sollte die Kinder abholen und später zu den Großeltern nach Dana Point bringen.

Als das Gespräch beendet war, fiel Phillips etwas Seltsames auf. Es war nicht das, was Simpson gesagt, sondern das, was er nicht gefragt hatte. Phillips hatte nur erwähnt, daß seine Ex-Frau getötet worden war. Das ließ die Möglichkeiten Unfall und Mord offen. Aber Simpson hatte nicht nachgefragt.

Fuhrman brachte Kaelin ins Haus und bat ihn, an der Bar zu warten, bis einer der Detectives sich um ihn kümmern würde. In der Küche traf er Vannatter und berichtete ihm von Kaelins Wahrnehmungen. Danach ging er nach draußen, um die Südseite des Bungalows zu untersuchen, von wo die Geräusche gekommen sein mußten, die Kaelin gehört hatte. Ein enger Pfad führte an der südlichen Wand der Bungalows entlang. Der Weg war dunkel, überhängende Zweige und Äste ließen kaum das Mondlicht durchscheinen. Fuhrman bewegte sich vorsichtig vorwärts. In Höhe des Bungalows von Kaelin bemerkte er etwas auf dem Boden, das er zunächst für Hundekot hielt. Doch beim Näherkommen stellte sich heraus, daß es ein dunkelbrauner Lederhandschuh für die rechte Hand war, der feucht wirkte. Auf ihm lagen weder Blätter noch Erde oder Schmutz, er konnte noch nicht lange dort gelegen haben. Der Handschuh sah aus wie das Pendant desjenigen, der in Bundy beim Fuß des männlichen Opfers gefunden worden war und bei dem es sich um einen Handschuh für die linke Hand handelte. Direkt über dem Fundort ragte die Air-Condition-Anlage aus der Wand. Fuhrmans Adrenalin begann zu pumpen. War jemand hier entlanggerannt, gegen die Air-Condition-Anlage geprallt und hatte dabei den Handschuh fallenlassen?

Um 6.21 Uhr nahm Lou Brown, der Vater Nicole Brown-Simpsons, in seinem Haus in Orange County das Telefon ab. Phillips gab die traurige Nachricht durch. Lou Brown nahm sie erstaunlich ruhig auf. Doch Denise, die älteste der vier Töchter, die das Telefon in einem anderen Zimmer zugleich abgenommen hatte, begann sofort zu kreischen.

„Er hat sie getötet! Er hat sie schließlich doch getötet!"

„Wer?" fragte Phillips

„O.J.!" antwortete Denise ohne zu zögern.

Fuhrman zeigte Vannatter, Lange und Phillips den Handschuh. Die Männer blickten sich an. An ihren Gesichtern konnten sie ablesen, daß sie alle dasselbe dachten. Die Möglichkeit, daß O.J. Simpson für das Blutbad in Bundy verantwortlich war, zeichnete sich mehr und mehr ab.

Vannatter wollte hinsichtlich des Handschuhs sichergehen. Phillips und Fuhrman sollten nach Bundy zurückkehren und den Handschuh genau betrachten, ob er wirklich zu diesem paßte. Lange würde mitkommen und gleich in Bundy bleiben, um dort die Ermittlungen zu überwachen und zu koordinieren. Fuhrman hielt dies für keine gute Idee. Durch ein Hin- und Herfahren zwischen beiden Orten bestand die Gefahr der Kontamination der Beweismittel. Aber es war Vannatters Fall, und so gehorchte Fuhrman.

Noch bevor sie losfuhren, rief Phillips um 6.49 Uhr das Büro des Coroners an. Er teilte seinem Gesprächspartner mit, um wen es sich bei dem weiblichen Opfer handelte. Wir brauchen euch schnell, wenn es so weit ist, um die Leichen abzutransportieren, weil es, sobald die Sache bekannt ist, von Reportern nur so wimmeln wird, sagte er sinngemäß. Er würde wieder anrufen und ihnen genau sagen, wenn er sie in Bundy haben wollte; sie sollten sich bereithalten. In diesem High-Profile-Fall würden sie nicht ganz die sonst übliche Prozedur einhalten.

Zwischen 7.00 Uhr und 7.15 Uhr erreichten Phillips, Fuhrman und Lange Bundy. Rolf Rokahr, der Polizeifotograf, war dabei, Aufnahmen zu machen. Fuhrman untersuchte den Handschuh und ließ sich dabei fotografieren. Es war das gleiche Modell, die gleiche Farbe, das gleiche Material. Und es war ein Handschuh für die linke Hand. Fuhrman fuhr zurück nach Rockingham und nahm den Polizeifotografen mit.

Eine der ersten Entscheidungen, die Lange in Bundy traf, war, die Leiche Nicole Brown-Simpsons, die von der Straße aus zu sehen war, vor den Blicken Neugieriger und den Kameras der Reporter zu verbergen. Lange wußte, daß die Fotografen Linsen benutzten, die einen Bluttropfen auf 70 Meter Entfernung fotografieren konnten. Er wollte nicht, daß derartige Fotos veröffentlicht wurden. In diesem Fall würde es eine Unmenge angeblicher Zeugen, ja sogar angeblicher Täter geben, die gestehen würden, um Aufmerksamkeit auf sich zu lenken. Um deren Geschichten auf ihre Glaubhaftigkeit überprüfen zu können, war es unerläßlich, daß die Öffentlichkeit nicht zuviel über die Beweismittel erfuhr. Also ließ Lange eine Decke aus dem Haus über die Leiche Nicole Brown-Simpsons legen. Das war ein schwerer Fehler. Da Simpson häufig in dem Haus geschlafen hatte, bestand so die Möglichkeit, daß Haar- und Hautpartikel von ihm auf die Tote gelangten.

Zurück in Rockingham begrüßte Fuhrman seinen inzwischen eingetroffenen Partner Brad Roberts. Fuhrman gab Vannatter das Ergebnis seiner Überprüfung bekannt und ließ Rokahr auch von dem Rockingham-Handschuh Fotos machen. Dann führte er Roberts durch die Liegenschaft. Als sie am Bronco standen, ging Roberts auf die Beifahrerseite, drückte sein Gesicht nah an die Scheibe und hielt seine Hände rechts und links neben die Augen. Nach einer kurzen Weile sagte er: „Da drinnen ist überall Blut!"

Blutspritzer und -schmierspuren an der Konsole, der Innenseite der Fahrertür, am Lenkrad und auf den Sitzen waren zu erkennen. Fuhrman und Roberts begaben sich durch das Rockingham-Tor zurück, um Vannatter zu informieren. In dem beginnenden Tageslicht sahen sie jetzt auch Bluttropfen, die von der Fahrertür des Broncos bis zur Hauseingangstür führten. Auch im Foyer waren Bluttropfen. Alle ähnelten in Größe, Zustand und Farbe denen, die sich in Bundy links der Schuhabdrücke befanden. Vannatter hatte genug.

„Das war's", sagte er. „Das ist ein Tatort. Schafft jeden aus dem Haus heraus."

Kaelin, Arnelle, Al Cowlings und die Kinder, die mittlerweile eingetroffen waren, wurden durch das Ashford-Tor nach draußen gebracht. Obwohl sie wissen mußten, daß hier etwas Besonderes im Gange war, stellten weder Cowlings noch Arnelle den Polizeibeamten, die sie auf die Straße führten, irgendwelche Fragen. Vannatter wandte sich an Cowlings, ob dieser einen Platz habe, wo er die Kinder hinbringen könne. Ohne Protest oder Nachfragen erwiderte Cowlings einfach: „Ja. Kein Problem."

Fuhrman und Roberts durchsuchten das Haus, ob sich noch jemand darin aufhielt. Im Schlafzimmer Simpsons, das ansonsten penibel sauber und aufgeräumt war, lag ein Paar schwarzer Socken am Fußende des Bettes auf dem Teppichboden.

Bevor Vannatter Rockingham verließ, um einen richterlichen Durchsuchungsbeschluß zu beantragen, übertrug er für die Zeit seiner Abwesenheit Fuhrman die Leitung der Ermittlungen. Fuhrman ordnete sofort an, den Bronco ins LAPD Hauptquartier im Parker Center abschleppen zu lassen und ihn dort unter einer Plane für die Untersuchungen durch die Scientific Investigation Division (SID) sicherzustellen. Vannatter bemerkte vor seiner Abfahrt, daß sich Polizisten am Bronco zu schaffen machten, denen Fuhrman erklärte, daß er den Wagen so schnell wie möglich von der Straße haben wollte, um die daran und darin befindlichen Beweismittel sicherzustellen und eine Kontamination zu vermeiden. Doch Vannatter nahm Fuhrmans Anweisung zurück und befahl statt dessen, daß das Fahrzeug auf der Straße bleiben und von einem Polizisten bewacht werden sollte. Das war eine weitere Entscheidung des erfahrenen Detectives der Eliteeinheit, die Fuhrman nicht nachvollziehen konnte.

Während seiner Tätigkeit in Bundy fielen Lange weitere Details auf. Auf dem Boden des Badezimmers bemerkte er ein Päckchen Marlboro Lights Zigaretten. Als er das große Messer in der Küche auf der Anrichte betrachtete, fragte er sich, ob Nicole Brown-Simpson etwas gehört und das Messer zur Verteidigung bereitgelegt hatte. Unter dem rechten Bein der Toten lag eine Mitnehmbox aus einem thailändischen Restaurant. Als Lange das Eingangstor zum Grundstück überprüfte, stellte er fest, daß die Klingelanlage nicht funktionierte und daß dieses ohne Schlüssel nicht geöffnet werden konnte.

Um 7.10 Uhr trafen die Spezialisten der SID, Dennis Fung und Andrea Mazzola, in Rockingham ein. Die Morgenluft war noch kühl. Fung und Mazzola fingen am Bronco an und nahmen diverse Proben der rotbraunen Substanz von der Tür, die sie im Ergebnis eines vorläufigen Tests als Blut identifizierten. Ob es sich um Menschen- oder Tierblut handelte, würden erst Labortests klären. Diese Arbeit war um 8.15 Uhr beendet. Fung betrachtete durch die Scheiben die Blutspuren im Innenraum. In Rockingham und in Bundy war für sie noch viel zu tun. Also entschloß er sich, die Sicherstellung der Spuren im Innenraum vorläufig zurückzustellen. Der Wagen würde ja sowieso beschlagnahmt und abgeschleppt werden.

Roberts hatte die von ihm und Fuhrman entdeckten Bluttropfen auf dem Weg zum Haus mit kleinen Plastiknummern markiert. Nun bemerkte er, wie Fung die Nummern durch eigene ersetzte, wobei dieser allerdings nur neben jedem vierten bis fünften Tropfen eine Nummer plazierte.

„Warum registrieren Sie nicht jeden Bluttropfen? Es sieht so aus, als würden Sie eine Menge Tropfen verpassen?“ wollte Roberts wissen. Fung antwortete, daß jeder vierte oder fünfte ausreichend sei. Er war sichtlich in Zeitdruck.

Fuhrman und Roberts, die Fung und Mazzola noch nie begegnet waren, blickten sich ungläubig an. Aber es war nichts zu machen, dieser Teil der Ermittlungen fiel in den Zuständigkeitsbereich der SID.

Um 9.15 Uhr war Fung mit den Bluttropfen fertig, um 9.30 Uhr stellte er den Rockingham Handschuh sicher, etwa gegen 10.00 Uhr begab er sich mit Mazzola nach Bundy.

Es war 8.08 Uhr, als Phillips das zweite Mal das Büro des Coroners anrief. Eine Stunde später erschien Claudine Ratcliffe vom Forensic Science Center in Bundy, zehn Minuten später kam auch ihr Kollege John Jacobo an. Ratcliffe machte von jedem der Opfer zwei Polaroidfotos. Dann stellte sie fest, daß die Körper bereits steif waren. Um 10.40 Uhr schnitt sie ein kleines Loch in das Kleid der Toten. Sie nahm ein spezielles Thermometer und stieß dieses unter den rechten Rippen durch das Fleisch in die Leber. Dasselbe wiederholte sie bei dem männlichen Opfer. Die gemessenen Werte würden es erleichtern, den Todeszeitpunkt zu bestimmen.

In den Zuständigkeitsbereich der Kriminalisten der SID fiel die Sicherstellung aller Beweismittel, die sich nicht am oder im Körper der Opfer befanden. Diese Beweismittel durften nur von den Kriminalisten des Coroner sichergestellt werden. Lange waren auf dem Rücken des weiblichen Opfers verschiedene Bluttropfen aufgefallen. Er nahm an, daß es sich sogar um das Blut des Täters handeln konnte. Doch weder Ratcliffe noch Jacobo waren Kriminalisten des Coroner. Also wies Lange sie an, dafür Sorge zu tragen, daß vor der Autopsie diese Blutspritzer durch einen Kriminalisten des Coroner sichergestellt werden würden.

Die Leichen wurden in Plastiksäcke gelegt und verließen Bundy im Wagen Jacobos um 11.35 Uhr.

Nachdem Fuhrman Fung den Rockingham-Handschuh gezeigt hatte, war er ins Haus zurückgekehrt. Das Telefon klingelte. Ein Mann sagte: „Ich bin ein guter Freund von O.J.; mein Name ist Ron Shipp."

„Ron, ich bin's, Fuhrman."

Shipps Stimme erwärmte sich. Er und Fuhrman kannten sich seit neun Jahren. Shipp war ein ehemaliger Polizist.

„Mark, was ist passiert? Sind alle in Ordnung? O.J. hat Nicole doch nicht verletzt, oder hat er?" fragte Shipp besorgt.

Im West Los Angeles Polizeirevier schrieb Vannatter seinen Antrag auf Erlaß eines Durchsuchungsbeschlusses. Er entschied sich,

Rücksprache mit der Staatsanwältin Marcia Clark zu nehmen, die er von zwei früheren Fällen kannte, in denen sie zusammengearbeitet hatten. Für einen Polizisten macht es Sinn, die Meinung eines Staatsanwalts einzuholen, der sich damit auskennt, was bei einem Richter vorzutragen ist, um einen Durchsuchungsbeschluß zu erhalten. Zudem mochte Vannatter Clark. Normalerweise suchte das Büro des District Attorney, des Obersten Staatsanwalts, den Staatsanwalt aus, der einen bestimmten Fall übernehmen sollte. Hier jedoch war es Vannatter, der sich entschied, Clark in den Fall zu involvieren.

„Hey, Clark“, begann Vannatter, nachdem Marcia Clark das Telefon abgenommen hatte. „Hast du ’ne Minute?“

„Ich habe eine oder zwei Minuten, Mann. Was gibt’s?“

Clark war nur zu erfreut, an diesem Montagmorgen Vannatters Anruf entgegennehmen zu können. Sie war ein Workaholic und eine Art Crime Junkie, sie liebte die Details von Mordermittlungen ebenso wie das Auftreten im Gerichtssaal. Seit ihren gemeinsamen Fällen waren sie und Vannatter so etwas wie Freunde geworden und sich einig, daß es schön wäre, nochmals gemeinsam an einem Fall arbeiten zu können.

„Ich habe dieses Doppel“, setzte Vannatter fort. „Ich brauche deine Meinung.“

„Okay.“ Clark nahm ihr Notizheft: „Leg los.“

Vannatter berichtete ihr von den Funden in Bundy und Rockingham. Emotionslos machte Clark Notizen. Was sie am meisten fesselte, war die wohlhabende Gegend, in der die Anwesen lagen.

„Marcia, es ist O.J. Simpson“, erläuterte Vannatter.

„Wer ist das?“ antwortete Clark.

Vannatter war erstaunt.

„Weißt du, der Football-Spieler, Schauspieler, Naked Gun.“

Marcia Clark hatte sich nie für Sport interessiert, ins Kino ging sie nur selten. Ihre einzige Beziehung zur Massenkultur stellten ihre Doors-Alben und das lebensgroße Poster von Jim Morrison dar, das hinter ihrem Schreibtisch hing.

„Tut mir leid“, sagte sie, ohne sich entschuldigen zu wollen. „Noch nie von ihm gehört.“

Was sie von Vannatter erfuhr, reichte ihrer Ansicht nach nicht nur für einen Durchsuchungsbeschluß, sondern auch dafür, Simpson direkt zu verhaften. Sie sagte, daß sie nach Rockingham fahren und die Polizisten „babysitten“ würde, wenn Vannatter es wolle.

Eine Stunde später rief dieser erneut an. Sein Antrag sei von

Richterin Leftwitz bewilligt worden, teilte er mit, er sei auf dem Wege zurück nach Rockingham. Unterschrieben? wunderte sich Clark. Vannatter hatte ihr die endgültige Version nicht vorgelesen. Sie fand das etwas seltsam, entschied jedoch, keine große Sache daraus zu machen. Vannatter war ein Profi, er würde schon wissen, was er tat. Bevor Vannatter auflegte, fragte sie noch schnell: „Oh, Phil, habt ihr jemand wirklich Guten von der SID dabei?"

„Wir haben bereits jemanden", entgegnete Vannatter. Clark hatte den Eindruck, daß er unsicher klang. „Ich habe gehört, er ist okay", fügte Vannatter hinzu.

Das hörte sich nicht überzeugend an.

„Wer ist es?" wollte Clark wissen.

„Dennis Fung", lautete die Antwort.

Die Begründung Vannatters für seinen Antrag auf Erlaß eines Durchsuchungsbeschlusses war zweieinhalb Seiten lang. Viel zu kurz, um sämtliche Details zu erwähnen. Vannatter hatte unter anderem geschrieben, daß durch die SID festgestellt worden wäre, daß die rotbraune Substanz an der Tür menschliches Blut sei und daß Simpson unerwartet den Flug nach Chicago genommen hätte.

In Rockingham hatten Fuhrman und Roberts inzwischen weitere Details entdeckt, auf die sie die Ermittler von Robbery/ Homicide hinwiesen. In der Waschmaschine befanden sich frischgewaschene, schwarze Kleidungsstücke, im Bad waren Blutspuren am Lichtschalter, am Ende der Wanne in Simpsons Badezimmer stand eine offene, leere Kiste mit dem Schweizer Armeemesser-Logo. Ein längeres Messer mußte in ihr gewesen sein. In Simpsons Trophäenraum, in dem er seine Pokale aufbewahrte, fand Fuhrman ein Video im Recorder. Es war der Spielfilm „Ghost", eine Geschichte über Liebe, Eifersucht und Mord.

Um die Mittagszeit trafen Marcia Clark und ihr Kollege ein, Bill Hodgman, ein hochrangiger Staatsanwalt, der als Gentleman galt. Fuhrman stellte sich vor, und sie setzten sich an einen Gartentisch, wo Fuhrman ausführlichen Bericht erstattete. Es war jetzt sehr heiß geworden.

Um 18.00 Uhr verließ Fuhrman nach einem langen Arbeitstag Rockingham und fuhr nach Hause.

Fung und Mazzola waren nach fünf Stunden mit ihrer Arbeit in Bundy fertig geworden. Um 15.30 Uhr begaben sie sich wieder nach Rockingham und nahmen dort Proben von den Bluttropfen im Foyer. Außerdem sammelten sie die schwarzen Socken ein. In Bundy prüfte Lange derweil nicht, ob sie allen seinen Anweisungen Folge geleistet und sämtliche Beweisstücke sichergestellt hatten.

Der Bronco wurde letztlich von einem privaten Unternehmer im Auftrag der Polizei abgeschleppt, allerdings nicht ins Parker Center in die gesicherte Garage, sondern zu dem Unternehmen, wo er unverschlossen auf dem ohne Schwierigkeiten zugänglichen Parkplatz abgestellt wurde. Einer der Angestellten nahm eine Quittung als Souvenir aus dem Handschuhfach.

Während Vannatter und Lange in Rockingham auf das Eintreffen Simpsons warteten, berichtete Vannatter seinem Partner, daß er Kontakt zu Marcia Clark aufgenommen hatte.

„Marcia Clark?“ fragte Lange ungläubig.

„Ja, ist das ein Problem?“ erwiderte Vannatter.

Das war es für Lange in der Tat. Nach zehnjähriger Ermittlungstätigkeit in einem Auftragsmordfall hatte er Ende 1993 von einer Quelle einen Tip hinsichtlich des Mörders erhalten. Lange wußte, daß sich der Tipgeber in Lebensgefahr befinden würde, wenn dessen Kontakt zur Polizei bekannt würde. Anfang 1994 war Marcia Clark die Staatsanwältin, die den Fall zur Anklage bringen sollte. Lange erzählte ihr alles, und sie versprach, für den Schutz der Quelle zu sorgen, die sich bereiterklärt hatte, in der Verhandlung auszusagen. Aufgrund der Zusicherung, die er von Clark erhalten hatte, hatte Lange der Familie des Opfers mitgeteilt, daß es zum Prozeß kommen würde; seiner Quelle hatte er zugesichert, daß für deren Schutz Sorge getragen werde. Doch während der Vorbereitung auf den Prozeß, als Lange seine Ermittlungen noch fortsetzte, hatte Clark hinter seinem Rücken Vannatter mitgeteilt, daß ihr der Fall nicht gefalle und sie ihn nicht zur Anklage bringen werde. Vannatter, der loyal zu seinem Partner stand, hatte Clark angewiesen, Lange direkt Bescheid zu geben, was sie jedoch nicht tat, so daß schließlich Vanatter selbst die Nachricht Lange überbrachte. Lange war der Ansicht, daß Clark nicht nur das Versprechen gebrochen hatte, das er der Familie des Opfers gegeben hatte, sondern daß sie auch das Leben der Quelle in Gefahr brachte. Er hatte Clarks Verhalten als glatten Treuebruch betrachtet. Von diesem Zeitpunkt an ging er ihr aus dem Weg.

„Tom, hör zu, wir brauchen jemanden, und ich kenne Marcia.

Sie ist clever und stark. Sie kann mit all den Blutbeweismitteln umgehen, und sie kennt sich mit DNA aus“, versuchte Vannatter seinen Partner zu beruhigen.

Lange wollte nicht mit seinem Partner streiten, es gab noch genug zu tun. Aber er war unzufrieden.

CAPPUCCINO UND FIASKO

Simpson hatte den ersten verfügbaren Flug von Chicago nach Los Angeles genommen. Obwohl ihm nur mitgeteilt worden war, daß Nicole getötet worden war, von einem Verbrechen also nicht die Rede war, hatte er telefonisch von seinem Hotelzimmer in Chicago aus arrangiert, daß ihn sein Strafverteidiger aus einem früheren Fall, Howard Weitzman, bei seiner Ankunft treffen würde.

Weitzman galt als einer der besten und brillantesten Strafverteidiger in der Stadt, ein Anwalt von Berühmtheiten, der unter anderem Michael Jackson vertrat. Sein Ruf rührte vor allem vom John-DeLorean-Drogenprozeß her, in dem er erfolgreich einen Freispruch erzielt hatte. DeLorean war während eines Kokaindeals gefilmt und trotzdem für nichtschuldig befunden worden. Hätte Weitzman die Geschworenen überzeugt, daß sein Klient an dem Drogengeschäft nicht beteiligt gewesen war, wäre dies in der Tat eine erstaunliche Leistung gewesen. Das war aber nicht der Grund für das Urteil. DeLorean war vielmehr von verdeckten Ermittlern in eine Falle gelockt worden, und dies hatte zu seinem Freispruch geführt.

In den letzten Jahren war Weitzman hauptsächlich für die Unterhaltungsbranche tätig gewesen, nicht immer erfolgreich. Als die Schauspielerin Kim Basinger auf Schadenersatz verklagt wurde, weil sie nicht bereit war, die Hauptrolle in dem Spielfilm „Boxing Helena“ zu übernehmen, obwohl sie ursprünglich zugestimmt hatte, übernahm Weitzman ihre Vertretung. In der Unterhaltungsindustrie wurde einhellig die Meinung vertreten, daß der Prozeß für Kim Basinger nicht zu verlieren sei, weil ihr verschwiegen worden war, daß Nacktszenen vorgesehen waren. Hinzu kam, daß es nicht einmal einen schriftlichen Vertrag gab, sondern nur eine mündliche Absprache. Solche Übereinkünfte in Hollywood zu brechen, ist so üblich, daß bereits der Produzent Samuel Goldwyn das Bonmot prägte, daß „ein mündlicher Vertrag nicht das Papier wert ist, auf dem er geschrieben wurde“. Weiter herrschte Einigkeit, daß, selbst wenn Kim Basinger verlieren würde, die Schadenersatzsumme sehr gering sein müßte.

Kim Basinger verlor nicht nur, sondern die Geschworenen sprachen eine so hohe Schadenersatzforderung gegen sie aus – 8,1 Millionen US-Dollar! –, daß sie in den Bankrott getrieben wurde. Im Revisionsverfahren, diesmal ohne Weitzman, wurde die Entscheidung aufgehoben und der Streit mit 3,8 Millionen US-Dollar verglichen.

Simpsons Maschine landete an diesem 13. Juni 1994 kurz vor 12.00 Uhr in Los Angeles. Am Flughafen erwarteten ihn seine Sekretärin Cathy Randa und sein Geschäftsanwalt Skip Taft. Zusammen fuhren sie nach Brentwood und trafen sich mit Weitzman. Vannatter war inzwischen mit dem Durchsuchungsbeschluß nach Rockingham zurückgekehrt. Nachdem das gesamte Gelände als Tatort angesehen wurde und eine offizielle Legitimation zur Durchsuchung des Anwesens und des Broncos vorlag, gab er Officer Donald Thompson, einem der Polizeibeamten, die das Grundstück bewachten, den Befehl, Simpson bei seiner Ankunft aufzuhalten und niemandem das Betreten zu gestatten. Thompson verstand Vannatter so, als solle er Simpson in Handschellen legen, während Vannatter meinte, er habe lediglich die Anweisung gegeben, Simpson solle aufgehalten werden, bis die Polizei mit ihm sprechen konnte.

Als Simpson um 12.10 Uhr in Rockingham ankam und sich seinen Weg an Hunderten von Schaulustigen, Reportern und Kameraleuten vorbeibahnte, ging Thompson ihm sofort nach, legte ihm eine Hand auf die Schulter und zwang ihn, sein Tempo zu verlangsamen. Cathy Randa, Skip Taft und Robert Kardashian, ein weiterer enger Freund Simpsons, der ihn bereits erwartet hatte, wurden am Betreten der Liegenschaft gehindert. Thompson hätte Simpson bereits in Handschellen legen können, aber er kannte die informelle Anweisung des LAPD, im Umgang mit Berühmtheiten zurückhaltend vor der Öffentlichkeit zu handeln. Also brachte er Simpson zunächst in den Garten zu einem Baum in die Nähe des Kinderspielhauses, an einen Ort, von dem er annahm, daß die Journalisten ihn nicht einsehen konnten. Tatsächlich gelang es dennoch einem, Fotos dieser Szene zu machen. Dort fesselte Thompson Simpsons Hände hinter dessen Rücken. Detective Brad Roberts kam hinzu.

„Was ist das alles hier?“ wollte Simpson wissen.

„Was ist was hier?“ erwiderte Roberts.

„Das. All die Polizisten überall in meinem Haus.“

„O.J., Sie haben doch einen Telefonanruf bekommen, in dem Ihnen gesagt wurde, daß Ihre Frau getötet worden ist?“

„Ja, ja. Ich weiß das. Aber worum geht es bei all dem hier?“

„Ich bin nicht der leitende Detective in diesem Fall, so daß es mir nicht erlaubt ist, mit Ihnen die Sache zu besprechen, aber ich kann Ihnen so viel sagen: Wo Ihre Frau getötet wurde, ist eine Blutspur“, erklärte Roberts „und diese Blutspur führt hierher.“

„Eine Blutspur?“

„Ja, eine Blutspur.“

In diesem Moment hörte Simpson auf, Fragen zu stellen. Er bekam einen Schweißausbruch und begann zu hyperventilieren.

„O Mann, o Mann, o Mann“, murmelte er wieder und wieder.

Als Vannatter hinzutrat, bat Simpson, ob ihm nicht die Handschellen abgenommen werden könnten. Vannatter war einverstanden und erlaubte Weitzman, sich zu ihnen zu gesellen. Während er die Handschellen aufschloß, fiel Vannatter auf, daß der Mittelfinger von Simpsons linker Hand bandagiert war.

Vannatter sagte Simpson, daß die Polizei Fragen an ihn hätte wegen des Todes seiner Ex-Frau. Ob er bereit sei, ihn ins Polizeihauptquartier Parker Center zu begleiten?

Ohne zu zögern stimmte Simpson zu. Und Weitzman schritt nicht ein.

Das war ein enormer Fehler Weitzmans. Wenn Simpson unschuldig wäre, hätte er in seinem durch den Tod seiner Ex-Frau sicherlich gegebenen traumatischen Zustand Äußerungen machen können, die seinen Interessen zuwiderliefen, gerade auch wenn man berücksichtigte, daß er seit mehr als vierundzwanzig Stunden kaum geschlafen hatte. War er aber schuldig, wie sollte er das Verhör unbeschadet ohne verräterische und widersprüchliche Äußerungen überstehen? Weitzman ließ es auch zu, daß Simpson im Rücksitz des Wagens von Vannatter Platz nahm und mit diesem sowie einem weiteren Polizeibeamten die zwanzig Meilen bis zum Parker Center zurücklegte, derweil er und Taft in einem anderen Fahrzeug folgten.

Vannatter nahm über die Polizeifunkanlage im Fahrzeug Kontakt zu Lange auf. Davon ausgehend, daß die Medien den Funkverkehr abhörten, teilte er Lange mit, daß er sich auf dem Weg zum Parker Center mit dem „Zeugen Nr. 1“ befinde. Als Simpson das mitbekam, sagte er sarkastisch: „Ja, dem Verdächtigen Nr. 1.“

Diese Bemerkung Simpsons erstaunte Vannatter. Wenn Simpson tatsächlich glaubte, der Hauptverdächtige zu sein, sollte er dann nicht außer sich vor Wut hierüber sein, anstatt sarkastische Bemerkungen machen? Mehr noch verblüffte Vannatter aber: Simpson fragte zu keinem Zeitpunkt, was genau mit seiner Ex-Frau geschehen war, ob es Verdächtige gab oder ähnliches. Keine einzige derjenigen Fragen, die üblicherweise von Angehörigen der Opfer gestellt werden.

Im Parker Center äußerte Weitzman eine Bitte. Ob er mit Simpson zunächst alleine sprechen könnte? Selbstverständlich. Weitzman erhielt ein Besprechungszimmer. Er könne solange mit seinem Klienten reden, wie er wolle. Weitzman, Simpson und Taft zogen sich für eine halbe Stunde zurück.

Vannatter und Lange, der inzwischen angekommen war, unterhielten sich währenddessen. Beide sagten voraus, daß Weitzman seinen Klienten anweisen würde, nicht mit ihnen zu sprechen.

Es ist nie bekannt geworden, was in dieser Zeit zwischen Simpson, Weitzman und Taft besprochen wurde. Jedenfalls teilte Weitzman den erstaunten Detectives mit, daß Simpson nach wie vor mit ihnen sprechen wolle und daß er und Taft nicht dabeisein wollten. Und er stellte sogar noch die Bedingung, daß das Gespräch auf Kassette aufgenommen werden sollte, was die beiden Polizeibeamten natürlich gerne zusagten. Und während sich Simpson in den nächsten zweiunddreißig Minuten um Kopf und Kragen redete, begaben sich seine Anwälte in eine Cafeteria und tranken Cappuccino.

Derweil Simpson sich durch seine Vernehmung stammelte, gab Weitzman, der inzwischen seinen Cappuccino ausgetrunken hatte, den vor dem Parker Center wartenden Reportern ein Interview, in dem er erklärte: „O.J. ist oben und versucht, klaren Kopf zu behalten. Er beantwortet alle Fragen, um den Ermittlungsbehörden bei der Aufklärung des Falles zu helfen.“

Tage darauf, nachdem in den Medien eine Welle der Kritik über Weitzman hereingebrochen war, weil er seinen Mandanten zum einen überhaupt, zum anderen auch noch allein mit der Polizei hatte sprechen lassen, versuchte Weitzman verzweifelt, seinen Ruf zu retten, indem er behauptete, bevor Simpson entgegen seinem Rat gewählt habe, eine Aussage zu machen, sei ihm und Simpson mitgeteilt worden, daß es keine Vernehmung geben würde, falls Simpson darauf bestünde, daß seine Anwälte anwesend seien.

Doch Simpson hatte eingangs des Verhörs ausdrücklich auf die ihm angebotene Anwesenheit seiner Anwälte verzichtet. Wahrscheinlich überließen Weitzman und Taft ihren Mandanten sich selber, weil sie sich nicht vorstellen konnten, daß er zu einer solchen Bluttat in der Lage war. Simpson muß sie in der halben Stunde, die sie mit ihm alleine in dem Konferenzraum verbrachten, so sehr von seiner Unschuld überzeugt haben, daß sie nicht annahmen, es könne ihm irgendein Schaden aus der Vernehmung entstehen. Simpson war es gewohnt, seine Entscheidungen selber zu treffen und auch durchzusetzen. Er war – nicht ohne Grund, wie die Vergangenheit ihm gezeigt hatte – davon überzeugt, mit seiner Ausstrahlung bei jedem und allem den gewünschten Eindruck erzeugen zu können. Von sich selber derart überzeugt, muß er auch bei den beiden Anwälten diese Vorstellung hervorgerufen haben, so daß ihnen jegliches Gefahrenbewußtsein fehlte.

Wäre es Simpson lediglich darum gegangen, bei einer Aussageverweigerung, zu der er berechtigt war, in den Augen der Öffentlichkeit nichtschuldig auszusehen, hätte es völlig genügt, zu erklären: „Ich bin unschuldig, ich habe mit diesen Morden nichts zu tun. Ich würde mich gerne näher mit Ihnen darüber unterhalten, aber auf ausdrückliche Anweisung meines Anwaltes darf ich dies nicht." Für Simpson jedoch war eine solche Erklärung nicht genug. Er mußte davon überzeugen, daß er die Wahrheit sagte, und natürlich würde ihm dies auch gelingen. Um seine Motivation zu begreifen, muß man verstehen, was es bedeutete, „O.J. zu sein".

Von 13.35 Uhr an erhielten Vannatter und Lange *die* Chance eines Polizistenlebens. Sie saßen mit dem einzigen Verdächtigen in einem Mordfall ohne dessen Anwalt in einem Verhörraum des Polizeihauptquartiers mit der einmaligen Gelegenheit, den Sarg zuzunageln, in den sich Simpson freiwillig gelegt hatte.

„Mein Partner, Detective Lange, und wir sind in einem Verhörraum im Parker Center", begann Vannatter. „Das Datum ist der 13. Juni 1994 und die Zeit 13.35 Uhr, und wir sind hier mit O.J. Simpson. Ist das Orenthal James Simpson?"

Simpson: „Orenthal James Simpson."

Vannatter: „Und wann ist Ihr Geburtstag, Mr. Simpson?"

Simpson: „9. Juli 1947."

Vannatter: „Okay, bevor wir mit Ihnen sprechen, wie wir mit Ihrem Anwalt besprochen haben, kläre ich Sie über Ihre verfassungsmäßigen Rechte auf. Und ich möchte, daß Sie sorgfältig zuhören. Wenn Sie etwas nicht verstehen, sagen Sie es mir, okay?"

Simpson: „In Ordnung."

Vannatter: „Okay, Mr. Simpson, Sie haben das Recht, die Aussage zu verweigern. Wenn Sie das Recht, die Aussage zu verweigern, aufgeben, kann und wird alles, was Sie sagen, vor Gericht gegen Sie verwendet werden. Sie haben das Recht, mit einem Anwalt zu sprechen und daß ein Anwalt während dieser Befragung anwesend ist. Wenn Sie dies wünschen und sich keinen Anwalt leisten können, wird Ihnen ein Anwalt vor der Befragung gestellt, ohne daß es Sie etwas kosten wird. Verstehen Sie Ihre Rechte?"

Simpson: „Ja, das tue ich."

Vannatter: „Gibt es irgendwelche Fragen hierzu?"

Simpson: UNVERSTÄNDLICH

Vannatter: „Okay, Sie müssen lauter sprechen als so."

Simpson: „Okay, nein."

Vannatter: „Okay, möchten Sie Ihr Recht zu schweigen aufgeben und mit uns sprechen?"

Simpson: „Ah, ja."

Vannatter: „Okay, und Sie geben Ihr Recht darauf auf, daß ein Anwalt anwesend ist, während Sie sprechen?"

Simpson: „Mmm hmm, ja."

Damit war Simpson korrekt in Form der sogenannten Miranda-Warnung über seine Rechte aufgeklärt worden und hatte auf diese verzichtet. Ernesto Miranda war wegen Vergewaltigung verurteilt worden. Er hatte ein Geständnis abgegeben, nachdem ihm von der Polizei gesagt worden war, daß er bei einer Gegenüberstellung als Täter identifiziert worden war, was nicht den Tatsachen entsprach. Der US Supreme Court hob die Verurteilung drei Jahre danach wieder auf, weil Miranda zu dem Geständnis durch einen Trick gezwungen worden war. Durch diese Miranda-Entscheidung wurde ein objektiver Standard im Hinblick auf die Rechte des Einzelnen gegen staatlichen Zwang aufgrund des 5. Verfassungszusatzes gewährt. Seitdem muß jede Vernehmung eines Beschuldigten, um vor Gericht verwertet werden zu können, mit dieser Aufklärung beginnen.

Vannatter: „Okay. In Ordnung. Was wir machen werden, ist, wir möchten ... Wir untersuchen hinsichtlich des Todes Ihrer Ex-Frau und eines anderen Mannes."

Lange: „Jemand sagte uns das."

Vannatter: „Ja, und wir müssen mit Ihnen darüber sprechen. Sind Sie von ihr jetzt geschieden?"

Simpson: „Ja."

Vannatter: „Wie lange sind Sie geschieden?"

Simpson: „Offiziell? Wahrscheinlich knapp zwei Jahre, aber wir haben uns vor etwas mehr als zwei Jahren getrennt."

Vannatter: „Haben Sie?"

Simpson: „Ja."

Vannatter: „Wie war Ihre Beziehung zu ihr? Wie war ..."

Simpson: „Nun, wir versuchten wieder zusammenzukommen, und es funktionierte nicht. Es klappte nicht und so gingen wir getrennte Wege."

Vannatter: „Vor kurzem versuchten Sie wieder zusammenzukommen?"

Simpson: „Wir versuchten, seit einem Jahr wieder zusammenzukommen, wissen Sie, als wir anfingen, uns zu treffen und uns zu sehen. Sie kam zurück und wollte wieder mit mir zusammen sein und ..."

Vannatter: „Innerhalb des letzten Jahres, sagen Sie?"

Simpson: „Sie kam vor ungefähr einem Jahr und vier Monaten zurück, damit wir versuchen, wieder zusammenzukommen, und wir starteten einen Versuch. Wir versuchten es mehr als die Hälfte des Jahres. Und ich glaube, wir wußten beide, es würde nicht funktionieren, und vielleicht vor drei Wochen oder so sagten wir, es geht einfach nicht mehr und gingen getrennte Wege."

Bis hierher war das Verhör nicht schlecht geführt worden. Nach dem üblichen Warm-up war Vannatter schnell auf die Beziehung Simpsons und Nicoles zu sprechen gekommen. Innerhalb weniger Fragen hatte er etabliert, daß Simpson und Nicole auch nach der Scheidung noch versucht hatten, wieder ein Paar zu werden und daß der endgültige Bruch erst wenige Wochen zuvor erfolgt war. Nun änderte er den Gegenstand des Gespräches.

Vannatter: „Okay. Die beiden Kinder sind Ihre?"

Selbstverständlich. Und natürlich wußten Vannatter und Lange dies auch. Die richtige Technik war, ihn nicht gleich durch bohrende Fragen zu einem ihm unangenehmen Thema in eine Ecke zu drängen, so daß Simpson blockiert oder abgebrochen hätte. Also gaben ihm die Detectives wieder Leine.

Simpson: „Ja."

Lange: „Hat sie das Sorgerecht?"

Simpson: „Wir haben das gemeinsame Sorgerecht."

Lange: „Durch das Gericht?"

Simpson: „Wir sind durch das Gericht gegangen und alles. Alles ist erledigt. Wir haben keine Probleme mit den Kindern, wir machen alles zusammen, wissen Sie, mit den Kindern."

Vannatter: „Wie war Ihre Trennung? War das eine ..."
Simpson: „Die erste Trennung?"
Vannatter: „Ja, gab es Probleme damit?"
Simpson: „Für mich war das ein großes Problem. Ich liebte sie, ich wollte nicht, daß wir uns trennen."

Nun war das Gespräch zum richtigen Thema zurückgekehrt, der aktuellen Beziehung zwischen Nicole und Simpson vor dem Mord. Es gab für Vannatter keinen Grund, die Richtung zu wechseln, aber seine nächste Frage kam zögerlich, so, als wäre er sich nicht schlüssig, wie er das Verhör weiterführen sollte.

Vannatter: „Uh, huh. Ich verstehe, Sie hat einige Anzeigen gemacht ... Anzeigen oder so etwas?"

Simpson: „Ah, wir hatten einen großen Kampf etwa vor sechs Jahren, wissen Sie, sie machte eine Anzeige. Ich machte keine Anzeige. Und dann hatten wir eine heftige Auseinandersetzung vielleicht vor ungefähr einem Jahr. Es war keine körperliche Auseinandersetzung. Ich habe die Tür eingetreten oder so etwas."

Vannatter: „Und sie machte eine Anzeige wegen dieser beiden Ereignisse?"

Simpson: „Mmm hmm. Und ich blieb da, bis die Polizei kam, sprach mit denen."

Lange: „Wurden Sie jemals für irgend etwas verhaftet?"

Simpson: „Nein. Ich meine, vor fünf Jahren hatten wir einen großen Kampf, vor sechs Jahren. Ich weiß nicht. Ich weiß, es endete damit, daß ich Gemeindedienst machte."

Vannatter: „Also wurden Sie nicht verhaftet?"
Simpson: „Nein, ich wurde niemals wirklich verhaftet."
Lange: „Man hat Sie niemals eingesperrt oder ...?"
Simpson: „Nein."
Vannatter: „Kann ich Sie fragen, wann war das letzte Mal, daß Sie geschlafen haben?"

Vannatter begann, den Faden zu verlieren. Wofür sollte diese Frage gut sein? Ob Simpson je verhaftet oder eingesperrt worden war, ließ sich problemlos auch ohne ihn feststellen. Offensichtlich waren die beiden Ermittler nicht ausreichend vorbereitet, um ein effektives Verhör zu führen.

Simpson: „Ich hatte ein paar Stunden Schlaf letzte Nacht. Ich meine, wissen Sie, ich schlief ein bißchen im Flugzeug, nicht viel und als ich ins Hotel kam, schlief ich ein paar Stunden bis zu dem Telefonanruf."

Lange: „Hatte Nicole ein Hausmädchen, das bei ihr wohnte?"

Simpson: „Ich glaube ja."

Lange: „Kennen Sie ihren Namen?"

Simpson: „Evia, Elvia, so etwas."

Vannatter: „Wir haben sie dort nicht gesehen. Hatte sie vielleicht den Tag frei?"

Simpson: „Ich weiß nicht. Ich weiß nicht, was ihre Arbeitszeiten sind."

Lange: „Phil, was denkst du? Vielleicht können wir im einzelnen auf letzte Nacht eingehen?"

Vannatter: „Ja. Wann haben Sie Nicole das letzte Mal gesehen?"

Simpson: „Wir haben eine Tanzveranstaltung verlassen. Sie ging weg, und ich habe mich mit ihren Eltern unterhalten."

Vannatter: „Wo war diese Tanzveranstaltung?"

Simpson: „Paul Revere High School."

Vannatter: „Und war das für eines Ihrer Kinder?"

Simpson: „Ja, für meine Tochter Sydney."

Vannatter: „Und um welche Zeit war das gestern?"

Simpson: „Es endete ungefähr um 18.30 Uhr, 18.45 Uhr, etwa um diese Zeit, wissen Sie, im Ball Park, in dieser Gegend. Und sie gingen weg."

Vannatter: „Sie?"

Simpson: „Sie und ihre Familie, ihre Mutter und ihr Vater, ihre Schwestern, meine Kinder, wissen Sie."

Vannatter: „Und dann gingen Sie getrennte Wege?"

Simpson: „Ja, eigentlich ging sie, und dann kam sie wieder, und ihre Mutter stieg ins Auto mit ihr, und die Kinder stiegen alle in das Auto ihrer Schwester und sie ..."

Vannatter: „Fuhr Nicole?"

Simpson: „Ja."

Vannatter: „Was für einen Wagen fuhr sie?"

Simpson: „Ihr schwarzes Auto, einen Cherokee, einen Jeep Cherokee."

Vannatter: „Was sind Sie gefahren?"

Simpson: „Meinen Rolls-Royce, meinen Bentley."

Vannatter: „Gehört Ihnen der Bronco, der draußen steht?"

Was für ein grober Fehler! Nachdem Vannatter und Lange schon versäumt hatten zu fragen, ob es bei der Tanzveranstaltung einen Streit gegeben hatte, waren sie immerhin unverfänglich auf das Thema Fahrzeuge zu sprechen gekommen. Da Simpson nicht wissen konnte, daß in und an seinem Bronco Blut gefunden worden war, wäre der richtige Weg gewesen, ihn Wagen für Wagen unauffällig abzufragen, wann er das letzte Mal das jeweilige Auto benutzt hatte, anstatt direkt und zusammenhangslos den Bronco zu erwähnen, was Simpsons Vorsicht wecken mußte.

Simpson: „Mmm hmm."

Vannatter: „Und er ist eigentlich Eigentum von Hertz?"

Simpson: „Hertz, ja."

Vannatter: „Wer benutzt das Fahrzeug hauptsächlich? Sie?"

Simpson: „Ich fahre es, die Haushälterin fährt es, wissen Sie, es ist eine Art von ..."

Vannatter: „Allzweckwagen?"

Nicht zum ersten und nicht zum letzten Mal vollendete Vannatter Simpsons Antwort an dessen Stelle.

Simpson: „Allzweck, ja. Es ist das einzige, daß meine Versicherung jemand anderen fahren läßt."

Vannatter: „Okay."

Lange: „Wenn Sie ihn fahren, wo parken Sie ihn zu Hause? Wo er jetzt ist, er war auf der Straße oder so?"

Simpson: „Ich parke ihn immer auf der Straße."

Lange: „Sie nehmen ihn nie in ..."

Simpson: „Oh, selten. Ich meine, ich bringe ihn rein, um die Sachen herauszuholen und so etwas. Ich habe das gestern getan, wissen Sie."

Lange: „Wann sind Sie ihn zuletzt gefahren?"

Simpson: „Gestern."

Vannatter: „Um welche Zeit gestern?"

Simpson: „Am Morgen, am Nachmittag."

Am Morgen, am Nachmittag? Die logische nächste Frage, wann denn nun, morgens oder nachmittags und um wieviel Uhr, blieb aus. Vannatter wechselte erneut den Gegenstand der Vernehmung und kam auf die Tanzveranstaltung zurück.

Vannatter: „Okay, Sie haben sie gegen 18.30 Uhr oder 19.00 Uhr verlassen, sagen Sie, oder verließ sie die Veranstaltung?"

Simpson: „Ja."

Vannatter: „Und Sie sprachen mit ihren Eltern?"

Simpson: „Ja."

Vannatter: „Okay, um welche Zeit verließen Sie die Veranstaltung?"

Simpson: „Um diese Zeit. Wir gingen alle. Wir gingen dann alle. Ihre Mutter sagte etwas, ich solle sie zum Abendessen begleiten, und ich sagte nein danke."

Vannatter: „Wohin gingen Sie von dort, O.J.?"

Simpson: „Ah, nach Hause, nach Hause für eine Weile, nahm mein Auto für eine Weile, versuchte, meine Freundin eine Weile lang zu finden, kam zurück nach Hause."

So schwammig und ungenau ließ Vannatter diese Aussage im Raum stehen, ohne überhaupt zu erfragen, von welcher konkreten Zeit er sprach, und wechselte erneut das Thema.

Vannatter: „Wer war zu Hause, als Sie zu Hause ankamen?"

Simpson: „Kato."

Vannatter: „Kato? Sonst noch jemand? War Ihre Tochter da, Arnelle?"

Simpson: „Nein."

Vannatter: „Ist das nicht ihr Name?"

Simpson: „Arnelle, ja."

Vannatter: „Also, um welche Zeit denken Sie kamen Sie zurück nach Hause, tatsächlich körperlich nach Hause?"

Simpson: „19.00 Uhr irgend etwas."

Vannatter: „19.00 Uhr irgend etwas? Und dann gingen Sie und ..."

Simpson: „Ja, ich versuche nachzudenken, ging ich? Wissen Sie, ich bin immer ... Ich mußte mich beeilen, um für meine Tochter Blumen zu besorgen. Ich war eigentlich bei der Veranstaltung, also beeilte ich mich und besorgte ihr Blumen, und ich kam nach Hause und rief Paula an, als ich zu ihr nach Hause fuhr und Paula war nicht zu Hause."

Vannatter: „Paula ist Ihre Freundin?"

Simpson: „Freundin, ja."

Vannatter: „Paula wer?"

Simpson: „Barbieri."

Vannatter: „Können Sie das für mich buchstabieren?"

Simpson: „B-A-R-B-I-E-R-I."

Vannatter: „Kennen Sie ihre Adresse?"

Simpson: „Nein, sie lebt in Wilshire, aber ich denke, sie ist außerhalb der Stadt."

Vannatter: „Haben Sie eine Telefonnummer?"

Simpson: „Ja, natürlich, (310) 470-3468."

Vannatter: „Also haben Sie sie letzte Nacht nicht gesehen?"

Simpson: „Nein. Wir waren bei einem großen Ereignis die Nacht davor, und dann kam ich nach Hause. Ich war im Grunde zu Hause. Ich meine, irgendwann war ich ... Soviel Zeit, wie ich brauchte, um zu der Veranstaltung und zurück, um zu dem Blumengeschäft und zurück zu kommen, ich meine, das ist die Zeit, in der ich aus dem Haus war."

Das waren keine nachvollziehbaren Antworten. Kaufte Simpson die Blumen vor oder nach der Veranstaltung? Waren die Blumen überhaupt für Sydney oder für seine andere Tochter, Arnelle? Fuhr er tatsächlich zu Paula und – wenn ja – wann? Falls nicht, wohin fuhr er dann? Allein aufgrund dieser vagen und unpräzisen Aussagen ließ sich nicht überprüfen, ob Simpsons Geschichte der Wahrheit entsprach. Und doch fragten Vannatter und Lange nicht nach, sondern wechselten nochmals das Thema.

Vannatter: „Hatten Sie vor, an diesem Morgen irgendwo Golf zu spielen?"

Simpson: „In Chicago."

Vannatter: „Was für ein Turnier war das?"

Simpson: „Ah, es war von Hertz, mit speziellen Klienten."

Vannatter: „Oh, okay. Um wieviel Uhr sind Sie letzte Nacht aufgebrochen, wann haben Sie das Haus verlassen?"

Simpson: „Um zum Flughafen zu fahren?"

Vannatter: „Mmm hmm."

Simpson: „Ungefähr ... Die Limousine sollte um 22.40 Uhr da sein. Normalerweise kommen sie etwas früher. Ich war am Herumhetzen, irgendwann zwischen 22.00 Uhr und 23.00 Uhr."

Vannatter: „Also ungefähr 22.45 Uhr bis 23.00 Uhr?"

Simpson: „23.00 Uhr, ja, ungefähr um die Zeit."

Vannatter: „Und Sie fuhren mit einer Limousine?"

Simpson: „Ja."

Vannatter: „Welches ist der Limousinen-Service?"

Simpson: „Ah, Sie müssen mein Büro fragen."

Vannatter: „Haben Sie sich mit dem Fahrer unterhalten? Haben Sie mit ihm gesprochen?"

Simpson: „Nein, es war ein neuer Fahrer. Normalerweise habe ich einen regulären Fahrer, mit dem ich fahre und mich unterhalte. Nein, nur über das Zum-Flughafen-Hetzen, darüber, wie ich mein Leben in Flugzeugen verbringe und Hotels, diese Art von Sachen."

Lange: „Um welche Zeit hob das Flugzeug ab?"

Simpson: „Ah, 23.45 Uhr startete das Flugzeug."

Lange: „Welche Fluggesellschaft war es?"

Simpson: „American."

Vannatter: „American? Und es war 23.45 Uhr nach Chicago?"

Simpson: „Chicago."

Lange: „Also gestern sind Sie den weißen Bronco gefahren?"

Lange war ohne ersichtlichen Zusammenhang wieder auf den

Bronco zu sprechen gekommen. Damit zeigte er Simpson, daß der Bronco für sie wichtig war. Simpsons Reaktion fiel dementsprechend vorsichtig aus und vage.

Simpson: „Mmm hmm."

Lange: „Und wo haben Sie ihn geparkt, als Sie ihn nach Hause gebracht haben?"

Simpson: „Ah, das erste Mal vermutlich am Briefkasten. Ich versuche zu überlegen, oder habe ich ihn in die Einfahrt hereingebracht? Normalerweise parke ich ihn am Briefkasten ..."

Lange: „Auf Ashford oder Ashland?"

Simpson: „Auf Ashford, ja."

Lange: „Wo haben Sie gestern zum letzten Mal geparkt, können Sie sich erinnern?"

Simpson: „Genau wo er ist."

Lange: „Wo er jetzt ist?"

Simpson: „Ja."

Lange: „Wo, auf ...?"

Simpson: „Genau auf der Straße dort."

Lange: „Auf Ashford?"

Simpson: „Nein, auf Rockingham."

Lange: „Sie parkten ihn dort?"

Simpson: „Ja."

Lange: „Um welche Zeit war das?"

Simpson: „20.00 Uhr – irgendwas 19.00, 20.00, 21.00 Uhr, ich weiß nicht, um die Zeit."

Das war eine weitere bedeutungslose Antwort, die eine zweibis dreistündige Zeitspanne offen ließ.

Lange: „Haben Sie ihn für das Recital genommen?"

Simpson: „Ungefähr um 18.30 Uhr. Wie ich gesagt habe, ich kam nach Hause, nahm mein Auto, wollte meine Freundin sehen. Ich habe sie angerufen, und sie war nicht da."

Lange: „Also, Sie fuhren den ... Sie kamen im Rolls nach Hause, und dann nahmen Sie den Bronco?"

Simpson: „Im Bronco, weil mein Telefon im Bronco ist. Und weil es ein Bronco ist. Es ist ein Bronco, es ist, was ich fahre, wissen Sie. Ich fahre es viel mehr als jedes andere Auto. Und, wissen Sie, als ich zu ihr fuhr, habe ich sie ein paar Mal angerufen und sie war nicht da und ich hinterließ eine Nachricht und dann hörte ich meine Nachrichten ab und da waren keine Nachrichten. Sie war nicht da und vielleicht mußte sie die Stadt verlassen. Dann kam ich zurück und saß schließlich mit Kato zusammen."

Lange: „Okay. Welche Zeit war es noch mal, als Sie den Bronco parkten?“

Simpson: „20.00 irgend etwas, vielleicht. Er hatte keinen Jacuzzi gemacht, wir hatten ... wir gingen und aßen einen Burger, und ich kam nach Hause, und ich machte mich langsam fertig, um zu gehen. Ich meine, wir machten einige Sachen.“

Weder Lange noch Vannatter fragten nach, wohin genau Simpson gegangen war, um den Burger zu essen, und vor allem, von wann bis wann.

Lange: „Sie waren nicht in Eile, als Sie mit dem Bronco zurückkamen?“

Simpson: „Nein.“

Lange: „Der Grund, warum ich Sie frage, ist, daß das Auto in einem seltsamen Winkel geparkt war, in die Straße hinausragend.“

Simpson: „Nein, es ist geparkt, weil ... Ich weiß nicht, ob es ein lustiger Winkel ist oder etwas anderes. Es ist geparkt, weil ich mich am Ende des Tages gehetzt habe, mein ganzes Zeug zu bekommen, und ich nahm mein Telefon und alles aus ihm, als ich es gerade außerhalb des Tores gebracht hatte, dort, es ist wie, es ist eine enge Kurve.“

Lange: „Also hatten Sie ihn damals im Innenhof gehabt?“

Simpson: „Ja.“

Lange: „Oh, okay.“

Simpson: „Ich brachte ihn in den Innenhof, um mein Zeug aus ihm zu holen, und dann habe ich ihn herausgebracht, und ich lief zurück nach innen, bevor das Tor schloß.“

Lange erkundigte sich als nächstes sinnloserweise nach der Bürotelefonnummer Simpsons und der Vorwahl. Simpson teilte ihm beides mit. Danach kam Vannatter auf einen wichtigen Punkt zu sprechen.

Vannatter: „Wie haben Sie sich die Verletzung an Ihrer Hand zugezogen?“

Simpson: „Ich weiß nicht. Das erste Mal, als ich in Chicago war und alles, aber zu Hause war ich nur am Herumrennen.“

Was wollte Simpson damit sagen? Hatte er sich in Chicago verletzt oder in Los Angeles und wie oft?

Vannatter: „Wie haben Sie es in Chicago gemacht?“

Simpson: „Ich habe ein Glas zerbrochen. Einer von euch Leuten hatte mich gerade angerufen, und ich war im Badezimmer und war gerade ein bißchen verrückt.“

Lange: „Haben Sie sich so geschnitten?“

Simpson: „Mm, ich hatte mich schon zuvor geschnitten, aber ich denke, ich habe es wieder geöffnet, ich bin nicht sicher."

Damit hatte Simpson eindeutig und unmißverständlich erklärt, daß er sich die Verletzungen an seiner linken Hand bereits in Los Angeles zugezogen hatte und nicht erst in Chicago, auch wenn der Rest seiner Erklärung alles andere als klar war.

Lange: „Können Sie sich erinnern, im Bronco geblutet zu haben?"

Weshalb frage Lange nicht, wo Simpson zu Hause geblutet hatte? Seine Frage zeigte Simpson überdeutlich, wo Blut gefunden worden war und welche Orte er erklären mußte.

Simpson: „Ich erinnere mich, in meinem Haus geblutet zu haben, und danach ging ich zu dem Bronco. Die letzte Sache, die ich getan habe, bevor ich abgefahren bin, während ich mich beeilt habe, war, mein Telefon aus dem Bronco zu holen."

Obwohl Simpson eine tiefe Verletzung am Fingerknöchel hatte, konnte er keine genaue Erklärung angeben, wann und wo präzise er sich die Wunde zugezogen hatte. Lange und Vannatter insistierten nicht.

Lange: „Mmm hmm. Wo ist das Telefon jetzt?"

Simpsons. „In meiner Tasche."

Lange: „Sie haben sie?"

Simpson: „In dieser schwarzen Tasche."

Lange: „Sie brachten eine Tasche mit hierher?"

Simpson: „Ja, es ist ..."

Lange: „Also, Sie erinnern sich, geblutet zu haben?"

Simpson: „Ja, ich meine, ich weiß, ich hatte geblutet, aber es war keine große Sache. Ich blute ständig. Ich spiele Golf und so Zeug, also gibt es immer etwas, Kratzer oder so Zeug, hier und dort."

Natürlich führen Kratzer vom Golf nicht dazu, daß jemand sein gesamtes Haus, seinen Innenhof und sein Auto vollblutet. Simpsons Antworten waren völlig unglaubhaft geworden.

Lange: „Also, haben Sie irgend etwas getan? Wann haben Sie den Verband angelegt?"

Simpson: „Eigentlich habe ich das Mädchen heute morgen danach gefragt."

Lange: „Und sie holte ihn?"

Simpson: „Ja, weil letzte Nacht mit Kato, als ich dabei war wegzufahren, sagte er etwas zu mir, und ich beeilte mich, mein Telefon zu holen, und ich tat eine kleine Sache darauf und es stoppte."

Vannatter: „Haben Sie die Schlüssel für den Bronco?"

Simpson: „Ja."

Vannatter: „Okay. Wir haben den Bronco beschlagnahmt. Ich weiß nicht, ob Sie das wissen oder nicht."

Simpson: „Nein."

Vannatter: „Überlegen Sie. Außer Ihnen, wer war die letzte Person, die ihn gefahren ist?"

Simpson: „Vielleicht Gigi. Wenn ich außerhalb der Stadt bin, weiß ich nicht, wer den Wagen fährt, vielleicht meine Tochter, vielleicht Kato."

Vannatter: „Die Schlüssel sind verfügbar?"

Simpson: „Ich lasse die Schlüssel da, wissen Sie, wenn Gigi da ist, weil sie ihn manchmal braucht oder Gigi hatte frei und kam nicht vor heute zurück, und ich kam heute nacht zurück."

Vannatter: „Also stört es Sie nicht, wenn sie ihn benutzt oder...?"

Simpson: „Das ist der einzige, den ich sie benutzen lassen kann. Wenn sie ihr Auto nicht hat, weil ihr Ehemann ihren Wagen manchmal nimmt, lasse ich sie das Auto benutzen."

Lange kam nun auf den Tatort in Bundy zu sprechen.

Lange: „Wann war das letzte Mal, als Sie in Nicoles Haus waren?"

Simpson: „Ich betrete es nicht. Ich würde nicht in ihr Haus gehen. Ich war nicht in ihrem Haus, seit einer Woche, vielleicht fünf Tagen. Ich gehe häufig zu ihrem Haus. Ich meine, ich lasse immer die Kinder heraus, hole die Kinder ab, spiele mit dem Hund, wissen Sie."

Vannatter: „Wie geschieht das normalerweise? Lassen Sie sie an der Veranda heraus oder gehen Sie mit ihnen hinein?"

Simpson: „Nein, ich gehe nicht in das Haus."

Vannatter: „Gibt es vorne eine Art Tor?"

Simpson: „Ja."

Vannatter: „Aber Sie gehen nie ins Haus?"

Simpson. „Seit fünf, sechs Tagen war ich nicht im Haus. Nachdem ich wieder begann, Paula zu sehen, habe ich Nicole vermieden."

Als nächstes unterhielten sich Vannatter und Lange mit Simpson über dessen Kleidung, die er am Abend zuvor getragen hatte, und über seinen Kurztrip nach Chicago, ohne daß sie etwas Brauchbares erfuhren. Es entstand eine längere Pause, bevor Vannatter wieder ansetzte.

Vannatter: „O.J., wir haben ein Problem."

Simpson: „Mmm hmm.“

Vannatter: „Wir haben Blut an und in Ihrem Wagen, wir haben Blut in Ihrem Haus und ein Problem.“

Simpson: „Nun, nehmen Sie meine Blutprobe.“

Lange: „Nun, wir würden das gerne tun. Wir haben natürlich den Schnitt an Ihrem Finger, über den Sie sich nicht wirklich klar sind. Können Sie sich erinnern, diesen Schnitt an Ihrem Finger bereits gehabt zu haben, als Sie das letzte Mal in Nicoles Haus gewesen sind?“

Simpson: „Vor einer Woche?“

Lange: „Ja.“

Simpson: „Nein. Es war gestern nacht.“

Lange: „Okay, also letzte Nacht haben Sie sich geschnitten.“

Vannatter: „Irgendwo nach der Tanzveranstaltung?“

Vannatter eröffnete Simpson die nächste Möglichkeit zu einer einsilbigen Erklärung.

Simpson: „Irgendwo, während ich mich beeilte, um aus meinem Haus zu kommen.“

Vannatter: „Okay, nach der Tanzveranstaltung?“

Simpson: „Ja.“

Vannatter: „Was denken Sie, geschah? Haben Sie irgendeine Idee?“

Simpson: „Ich habe keine Idee, man. Ihr Jungs habt mir nichts gesagt. Ich habe keine Idee ... Ich weiß nicht wie, warum oder was. Auch ihr Leute habt mir nichts gesagt. Jedes Mal, wenn ich euch Leute frage, sagt ihr, ihr sagt es mir bald.“

Simpson hatte damit von einer Frage, die sich auf seine Handverletzung bezog, zu einer Antwort, die die Morde betraf, gewechselt. Und Lange und Vannatter ließen es ihm durchgehen.

Vannatter: „Nun, wir wissen bisher selber eine Menge der Antworten auf diese Fragen nicht, O.J., okay?“

Simpson ergriff die Gelegenheit, um sich bei einer langen, konfusen und unwichtigen Geschichte über eine angeblich bedrohliche Situation während einer Autofahrt, die nichts mit der Sache zu tun hatte, zu erholen. Schließlich fand Vannatter wieder zum Thema zurück, allerdings nur, indem er Simpson, nachdem sie wieder auf Nicoles Zuhause zu sprechen gekommen waren, überdeutlich darauf hinwies, daß sie in der rückwärtigen Allee etwas gefunden hatten.

Vannatter: „Parken Sie hinten?“

Simpson antwortete langatmig, daß er je nach den Umständen

vorne oder hinten hielt, wiederholte dann seine eingangs des Verhörs dargebotene Geschichte über seine Beziehung zu Nicole und ergänzte, daß sie sich vor etwa drei Wochen nach einem gemeinsamen Ausflug nach Laguna einvernehmlich getrennt hatten.

Vannatter: „Haben Sie sie je geschlagen, O.J.?"

Simpson: „Ah, eines Abends hatten wir einen Kampf. Wir hatten einen Kampf, und sie schlug mich. Und Sie nahmen nie meine Aussage, Sie wollten nie meine Seite hören ... und ich habe sie nicht geschlagen oder irgendwas, aber ich ..."

Vannatter: „Ein paar Mal geohrfeigt?"

Simpson: „Nein, nein, ich rang mit ihr, das ist, was ich tat, Ich habe sie überhaupt nicht geohrfeigt. Ich meine, Nicole ist ein kräftiges Mädchen. Sie ist eine ... eine der durchtrainiertesten Frauen. Seit dieser Zeit, hat sie mich einige Male geschlagen, aber ich habe sie danach nie angerührt, und ich sage Ihnen, das ist fünf, sechs Jahre her."

Vannatter: „Wann ist ihr Geburtstag?"

Simpson: „Der 19. Mai."

Vannatter: „Waren Sie zusammen mit ihr an ihrem Geburtstag?"

Simpson: „Ja, sie und ich und die Kinder, glaube ich."

Vannatter: „Haben Sie ihr ein Geschenk gegeben?"

Simpson: „Ich gab ihr ein Geschenk."

Vannatter: „Was gaben Sie ihr?"

Simpson: „Ich gab ihr entweder ein Armband oder Ohrringe."

Vannatter: „Hat sie sie behalten oder ...?"

Simpson: „Oh, nein, als wir uns trennten, gab sie mir beides, die Ohrringe und das Armband zurück. Ich kaufte ihr ein sehr nettes Armband. Ich weiß nicht, ob es Muttertag war oder ihr Geburtstag, und ich kaufte die Ohrringe für die andere Sache und als wir uns trennten, und das spricht für sie, fühlte sie, daß es nicht richtig war, daß sie sie hatte, und ich sagte gut, weil ich sie zurückwollte."

Vannatter hatte eine interessante Fragereihe gestellt. War Simpson der Täter, mußte die Beziehung zwischen ihm und Nicole eine dramatische Wende genommen haben, die zu den Morden geführt hatte. Seine Ex-Frau hatte die letzten Geschenke irgendwann nach dem 19. Mai zurückgegeben, weniger als einen Monat vor den Morden. War das das Signal, daß ihre Beziehung endgültig nicht nur beendet war, sondern sie auch im bösen auseinandergegangen waren? Die Rückgabe der Geschenke konnte einen bedeutsamen Wendepunkt markieren. Anstatt dieses Thema weiter auszuschöpfen, wechselte Lange den Gesprächsgegenstand erneut.

Lange: „Hat Mr. Weitzman, Ihr Anwalt, mit Ihnen irgend etwas über den Lügendetektor gesprochen? Was sind Ihre Gedanken darüber?“

Simpson: „Sollte ich über meine Gedanken darüber sprechen? Ich bin sicher, vielleicht werde ich es tun, aber es ist wie ... Ich habe jetzt seltsame Gedanken. Ich hatte verrückte Gedanken ... Wissen Sie, wenn Sie mit einer Person siebzehn Jahre zusammen waren, denken Sie alles. Ich muß verstehen, was das für ein Ding ist. Wenn es sicher ist, habe ich nichts dagegen, es zu tun.“

Nach einigem Hin und Her sagte Simpson schließlich, daß er mit Weitzman darüber sprechen würde. Damit war das Verhör praktisch zu Ende, weil von diesem Moment an argumentiert werden konnte, daß Simpson sein Recht auf anwaltlichen Beistand geltend gemacht hatte, was keine weitere Vernehmung mehr zuließ. Gleichwohl wurde Lange nun plötzlich anklagend.

Lange: „Nun, da ist Blut in Ihrem Haus und Ihrer Einfahrt und wir haben einen Durchsuchungsbeschluß, und wir werden dieses Blut sicherstellen. Wir fanden welches in Ihrem Haus. Ist das Ihr Blut, das dort ist?“

Simpson: „Wenn es Tropfen sind, sind sie von mir, während ich herumgelaufen bin, um wegzukommen.“

Lange: „Letzte Nacht?“

Simpson: „Ja, und mir war nicht bewußt, daß es ... Ich wußte, daß ich ... Wissen Sie, ich, ich war dabei, das Haus zu verlassen. Ich habe dem nicht einmal Aufmerksamkeit geschenkt. Ich sah es, als ich in der Küche war, und ich schnappte ein Handtuch oder etwas und das war es. Ich habe danach nicht mehr daran gedacht.“

Vannatter und Lange entschieden, einen Fotografen zu holen, um Simpsons linke Hand aufnehmen zu lassen und ihn daraufhin zur Blutentnahme zu schicken. Einige Fragen später zeichnete der Kassettenrecorder als letztes Langes Feststellung auf: „Wir sind bereit, dies um 14.07 Uhr zu beenden.“

Simpsons Stimme und sein Verhalten waren in den zweiunddreißig Minuten, die das Verhör gedauert hatte, diejenigen eines Schuldigen gewesen. Kein Wort der Entrüstung über die offensichtlichen Anschuldigungen gegen ihn, nicht einmal ein Erstaunen war zu bemerken gewesen. Simpson schien völlig desinteressiert herauszufinden, was wirklich geschehen war. Den Eindruck von Kooperationsbereitschaft hatte er offenkundig zu erwecken versucht, weil er annahm, daß alles andere verräterisch wirken würde. Seine Antworten waren unsicher, langsam und nicht spontan gewesen wie diejenigen eines Menschen, der zu überlegen versucht, was gut für ihn war und was nicht.

Dessen ungeachtet hatten Vannatter und Lange ohne jeden Grund das Verhör mit dem Hauptverdächtigen in einem Doppelmordfall nach nur zweiunddreißig Minuten abgebrochen. Allein daß Simpson mit ihnen in einem Verhörraum saß, hätte ihnen belegen müssen, daß es ihm darum ging, die Verdachtsmomente im Gespräch auszuräumen. Sie hätten weitermachen müssen, bis entweder sämtliche Fragen ausreichend konkret beantwortet waren oder der Druck auf Simpson so enorm wurde, daß er selber das Verhör abgebrochen und nach seinem Anwalt verlangt hätte. Sie ließen ihre Chance, die sich ihnen unerwartet eröffnet hatte, weitgehend ungenutzt verstreichen. Innerhalb der Staatsanwaltschaft wurde das Verhör Simpsons durch Vannatter und Lange denn auch nur mit einem Spitznamen bezeichnet: „Das Fiasko."

Und doch hätte Marcia Clark allein mit dem Protokoll des Verhörs den Prozeß gewinnen können, wenn sie es verwendet hätte.

FÜNF TAGE

Ungefähr fünf Meilen entfernt vom Parker Center, in dem Simpson zu dieser Zeit seine Aussage machte, zog sich Claudine Ratcliffe im Forensic Science Center Latex-Handschuhe an. Der Gestank verwesenden Fleisches mischte sich mit dem scharfen Geruch der Chemikalien, die zur Desinfektion eingesetzt wurden. Nicole Brown-Simpson lag in halb fötaler Position auf dem metallenen Untersuchungstisch. Ihre Hände waren im Tode verkrampft.

Ratcliffe nahm eine Schere und knipste Nicoles Nägel ab, kürzer, als eine lebende Person dies ertragen könnte. Die Nägel wurden, ebenso wie Haarproben, in Plastikbeuteln verstaut und beschriftet. In den Labors würde untersucht werden, ob sich unter ihnen Hautpartikel des Täters befanden.

Im Parker Center ließen Lange und Vannatter Fotografien von Simpson machen. Dann begaben sie sich mit ihm ins medizinische Labor. Dienst dort hatte Thano Peratis, ein älterer Arzthelfer, den die Detectives seit zwanzig Jahren kannten. Vannatter betrat sein Büro und bat ihn, eine Blutprobe zu nehmen.

„Ich bin wirklich beschäftigt", erwiderte Peratis. „Ich habe keine Zeit. Mach einen Termin aus, Phil."

Statt einer Antwort deutete Vannatter zur Tür. Peratis Blick folgte seiner Bewegung. Draußen standen Simpson und Lange.

„Yeah“, erwiderte der Arzthelfer „bring ihn herein.“

Peratis entnahm die Blutprobe, routiniert, wie er es schon unzählige Male zuvor gemacht hatte. Zur Aufbewahrung benutzte er ein Glasröhrchen, in dem sich EDTA befand, ein Mittel, das Blutproben beigemischt wurde, um deren Gerinnung zu verhindern.

„Ist das genug?“ fragte Peratis, indem er Lange die entnommene Menge zeigte. Der Detective nickte. Niemand vermerkte, wieviel Blut Simpson genau entnommen worden war.

Vannatter verstaute die verschlossene Ampulle in einen Umschlag und nahm diesen an sich.

Im Forensic Science Center lag inzwischen das männliche Opfer auf dem Untersuchungstisch. Es war als Ron Goldman identifiziert worden. Seine Fingernägel waren zu kurz, um sie abschneiden zu können. Und es gab auch nichts, was man unter ihnen hätte herauskratzen können. Ratcliffe nahm nur Haarproben.

Als nächstes nahm John Jacobo von den Opfern Fingerabdrücke. Dann wurde den Toten Blut entnommen. Da Nicoles und Ron Goldmans Herzen keinen Fingerhut mehr füllen konnten, wurde Goldman Blut aus dessen Lungen abgesaugt, Nicole aus ihrer rechten Wade und ihrem rechten Oberschenkel.

Die Körper wurden bis zur Autopsie am nächsten Morgen im Kühlraum verstaut.

Vannatter und Lange hatten ein Problem. Sie waren seit über zwölf Stunden in den Fall involviert und bisher nicht dazu gekommen, ihm eine DR-Nummer zu geben – Division of Records; vergleichbar der sogenannten Tagebuchnummer, die die Polizei bei Aufnahme eines zu ermittelnden Sachverhaltes in Deutschland vergibt. Jedes Verbrechen, das in Los Angeles untersucht wird, muß von der jeweils zuständigen der insgesamt achtzehn LAPD Divisionen eine solche Nummer erhalten. Hier war es die West Los Angeles Division. Der ermittelnde Detective mußte dazu die den Fall betreffenden generellen Informationen angeben, wozu auch der Name des Opfers, sein Geburtsdatum, Tag und Uhrzeit der Tat, der Ort und die Zeugen gehörten. Nach Mitteilung dieser Daten wurde dann die DR-Nummer vergeben.

Hier existierten zwei Opfer. Jedes mußte eine DR-Nummer erhalten. Die erste war dann die Hauptnummer, unter der die Vorgänge insgesamt geführt wurden. Eine solche Nummer zu bekommen, war keine der vordringlichen Aufgaben bei Beginn der Ermittlungen. Allerdings konnten Beweisstücke nicht ohne DR-Nummer eingebucht werden. Fung hatte bereits seit den frühen Morgenstunden diverse Beweisstücke gesammelt und numeriert. Würde Vannatter jetzt eine DR-Nummer bekommen und die Blutprobe Simpsons einbuchen, käme die gesamte Reihenfolge der Beweisstücke durcheinander. Da Vannatter wußte, daß Fung sich zu dieser Zeit in Rockingham aufhielt, beschloß er deshalb, die Blutprobe zu ihm zu bringen.

Bevor er losfuhr, erhielt er eine Nachricht aus Chicago. Die Polizei dort hatte Raum 915 im O'Hare Plaza Hotel, das Zimmer, in dem Simpson übernachtet hatte, durchsucht und ein zerbrochenes Glas im Ausguß des Waschbeckens sowie Blutspuren am Waschtisch und im Bett gefunden.

Vannatter erreichte Rockingham um 17.17 Uhr, wie die Kameras der Presse, die sich inzwischen zahlreich dort eingefunden hatte, festhielten. Dieselben Kameras zeichneten auf, wie Vannatter die Eingangstür des Haupthauses erreichte und auf Fung traf, der sich gerade anschickte, die Liegenschaft zu verlassen. Und sie hielten fest, wie Vannatter Fung um exakt 17.20 Uhr, drei Minuten nach seiner Ankunft, die Blutprobe im Umschlag aushändigte.

Auch in Johnnie Cochrans Anwaltskanzlei war Simpson das Thema des Tages. Cochran war der prominenteste afroamerikanische Anwalt der Stadt. In seiner Kanzlei waren fast ausschließlich Afroamerikaner tätig. Während die wenigen weißen Mitarbeiter kamen und gingen, bestand zwischen den afroamerikanischen eine starke Bindung. Sie alle einte der Kampf gegen Rassismus und brutale Übergriffe durch die Polizei gegen Farbige.

Jetzt war hier ein afroamerikanischer Superstar, auf den die weiße Justiz und der weiße Polizeiapparat die Jagd eröffnet hatten. Allerdings handelte es sich um O.J. Simpson. Viele Afroamerikaner hielten ihn für jemanden, der nicht das geringste Gefühl mehr für seine Wurzeln hatte, einen, wie es Jesse Jackson einmal genannt hatte, deethnisierten Schwarzen. Selbst als er noch mit einer Afroamerikanerin verheiratet gewesen war, hatte er in Bel-Air, in fast ausschließlich weißer Nachbarschaft, gewohnt, später dann seine Frau verlassen, um sich, wie sie es fanden, eine weiße, blonde Frau, Nicole, als Trophäe des Erfolges zu nehmen. Er hatte niemals zurückgesehen, zu keiner Zeit an Veranstaltungen der afroamerikanischen Gemeinde teilgenommen.

„Ich hoffe, er war es", sagte Shawn Chapman, eine der afroamerikanischen Strafverteidigerinnen in Cochrans Kanzlei, als sie die Berichterstattung im Fernsehen verfolgte. Sie konnte sich noch gut daran erinnern, wie sie als Studentin an einer Demonstration für Menschenrechte teilgenommen hatte und Simpson zufällig in seinem Bentley vorbeifuhr und die Demonstranten völlig ignorierte. „Und ich hoffe, er geht ins Gefängnis!"

Das war zu viel für Carl Douglas, den Manager der Firma. Simpson war kein Held, aber er blieb ein Schwarzer.

„Was stimmt nicht mit dir?" fuhr er sie an. „Er ist ein schwarzer Mann. Wie kannst du das sagen?"

Zumindest insgeheim hofften sie alle, daß sie in den Fall involviert werden würden.

Nachdem Vannatter Fung die Blutprobe übergeben hatte, erfuhr er noch vor Ort, daß im Schlafzimmer Simpsons ein Paar schwarzer Socken gefunden und sichergestellt worden waren. Der LAPD-Videokameramann Willie Ford, der die einzelnen Schritte in Rockingham dokumentierte, hatte auch das Schlafzimmer aufgenommen; auf seinem Film waren die Socken in ihrer ursprünglichen Lage vor dem Bett nicht mehr zu sehen, denn zu diesem Zeitpunkt hatte Fung sie bereits eingesammelt.

Am Abend, die Polizei hatte Rockingham inzwischen verlassen, hielt sich Simpson mit seinem engsten Familienkreis, seiner Privatsekretärin Cathy Randa und seinem alten Freund, Robert Kardashian, einem erfolgreichen Geschäftsmann, der früher selber Anwalt gewesen war, in seinem Haus auf. Viele Personen hatten angerufen, aus Neugier, um ihr Beileid zu bekunden, zu fragen, ob sie etwas für Simpson tun konnten. Cathy Randa hatte die Anrufe entgegengenommen und abgeblockt, weil Simpson mit niemandem sprechen wollte. Doch ein Anrufer war interessant gewesen. Roger King, berichtete Randa ihrem Boss, hatte drei oder vier Mal angerufen. Nimm Robert Shapiro als Verteidiger, hatte er geraten. Du mußt ihn haben. Du mußt den Besten haben. Er sagte, er zahle dafür.

Dafür zahlen? Was war das? Simpson kannte King nur flüchtig. Dieser und dessen Bruder besaßen Kingworld Productions, eine Fernsehproduktionsfirma, die Spielshows und die Sendung Inside Edition, ein Boulevardmagazin, produzierte. King hatte einen ziemlich guten Ruf. Aber was wollte er? Er sagte, er würde für Shapiro zahlen?

Gegen 20.00 Uhr an diesem Abend rief Vannatter Marcia Clark an. Er erreichte sie in ihrem Haus und berichtete ihr von den weiteren Ereignissen des Tages.

„Es sieht wie ein großartiger Fall aus", erwiderte sie.

„Ich habe eine Blutprobe von Simpson und habe sie den Kriminalisten gegeben. Ich melde mich wieder, wenn die ersten Testergebnisse vorliegen."

„So *schnell* wie möglich", schloß Clark erwartungsvoll.

In Rockingham betrachtete Kardashian seinen Freund O.J. aufmerksam. Je später der Abend wurde, desto in sich gekehrter und depressiver wirkte Simpson. Kardashians Ansicht nach hatte Simpson eine kritische Grenze überschritten. Er nahm Simpsons Schwester, Shirley, zur Seite.

„Bleib noch bei deinem Bruder heute nacht", riet er ihr. „Laß ihn nicht alleine."

Shirley verstand. Auch ihr war aufgefallen, was Kardashian bemerkt hatte. Sie blieb auf der Couch im Schlafzimmer ihres Bruders, hielt Wache. Bis drei Uhr morgens wälzte sich Simpson im Bett, schlief abwechselnd unruhig, um dann wieder vor sich hinzustarren. Plötzlich stand er auf und stolperte ins Bad. Shirley hörte auf die Geräusche, doch es kamen keine der üblichen. Vom Bad aus war ein Schrank zu erreichen, der voller Waffen war.

„Mach nichts Verrücktes!" schrie Shirley. Keine Antwort. „Deine Kinder brauchen dich!" rief sie. Wieder Schweigen. Doch schließlich antwortete Simpson.

Wenn Shirley nicht von den Kindern gesprochen hätte, berichtete Simpson Kardashian am nächsten Morgen, wäre das der Moment gewesen ...

Am darauffolgenden Morgen trafen sich Lange und Vannatter im Autopsiesaal. Beide hatten sich angewöhnt, Mordopfer einfach als Beweisstücke anzusehen. Nicht mehr und nicht weniger.

Dr. Irwin Golden, ein Gerichtsmediziner, der ein wenig wie Frankenstein aussah, begrüßte sie. Nicoles Körper lag nackt auf dem Seziertisch. Während der folgenden zwei Stunden der Autopsie erläuterte Golden den beiden Detectives seine Feststellungen. Am Hinterkopf hatte Nicole einen großen Bluterguß, der aber nicht tödlich gewesen war. Vier Stich- bzw. Schnittwunden hatten tödliche Verletzungen hervorgerufen. Die schwerste dieser Wunden war ein Schnitt durch den Hals, der Nicole praktisch enthauptete. Das Messer war so tief eingedrungen, daß es ihr Rückgrat angeritzt hatte; während ihr Leichnam auf dem Rücken lag, waren durch die Öffnung im Hals die Rückenwirbel zu erkennen. Beide Halsschlagadern waren durchtrennt worden, die rechte Drosselader fast vollständig.

Da Nicoles Fußsohlen sauber waren, kam Golden zu dem Schluß, daß der Tathergang sich ungefähr so abgespielt haben mußte: Der Täter hatte sie von hinten mit einem harten Gegenstand, möglicherweise dem Knauf des Messers, auf den Hinterkopf geschlagen. Sie hatte vielleicht die Besinnung verloren, war aber in jedem Falle zu Boden gegangen und nicht mehr aufgestanden. Dann hatte der Täter möglicherweise einfach einen Fuß auf ihren Rücken gestellt, ihr den Kopf an den langen Haaren zurückgezogen und ihr die Kehle von links nach rechts durchgeschnitten. Das bedeutete, daß die Person, nach der sie suchten, Rechtshänder war.

In Verbindung mit den übrigen diversen Stich- und Schnittwunden kam auch Golden zu dem Ergebnis, daß es sich um einen Mord aus Wut handelte, einen Overkill.

Einige Male während der Autopsie erschien auch der County Coroner und damit Vorgesetzte Dr. Goldens, Dr. Lakshmanan Sathyavagiswaran, von allen nur Dr. Lak genannt, und erkundigte sich nach den Ergebnissen.

Dann lag Ron Goldman auf dem Metall. Wie Nicole hatte auch er einen großen Bluterguß am Hinterkopf. Sei Körper wies über dreißig Stich- und Schnittverletzungen auf, einige davon postmortal beigefügt. Ein Schnitt am Hals hatte seine linke Drosselader komplett durchtrennt, zwei Stichwunden perforierten seinen rechten Lungenflügel. Außerdem war seine Bauchaorta verletzt worden und ebenso die Arterie im linken Bein. Jede der vier Verletzungen für sich wäre bereits tödlich gewesen. Darüber hinaus wies sein Leichnam diverse Schnittverletzungen an den Händen auf, die von dem Versuch der Abwehr des Angriffes herrühren mußten. Goldman war erbittert um sein Leben kämpfend gestorben.

Nach der Autopsie wurden die Körper zur Bestattung freigegeben. Vor der Beerdigung wurde Nicoles Leichnam abgewaschen. Dabei wurden auch die Bluttropfen auf ihrem Rücken heruntergespült. Niemand hatte sie sichergestellt.

An diesem Tage wurde Robert Shapiro Anwalt O.J. Simpsons, kurze Zeit später Weitzman gefeuert. Weitzmans Aus stand fest, nachdem die Presse ihn wegen seiner Entscheidung, Simpson ohne anwaltlichen Beistand aussagen zu lassen, in der Luft zerrissen hatte. Mochte auch der Entschluß von Simpson gekommen sein, die Attacken in den Medien gaben ihm Gelegenheit, den schwarzen Peter Weitzman zuzuspielen. So kam Shapiro zum Zuge, obwohl er und Simpson sich nicht kannten. Es genügte, daß jemand, der die Bereitschaft signalisiert hatte, zu zahlen, ihn empfohlen hatte. Als Honorar wurden 1,2 Millionen US-Dollar vereinbart, zu zahlen in monatlichen Raten à mindestens 100.000 US-Dollar (letztlich erhielt Shapiro etwa 700.000 Dollar zuzüglich Spesen). King steuerte niemals auch nur einen Cent Honorar bei, denn als er bei einem Abendessen einige Zeit später kundtat, seine finanzielle Beteiligung von der Einräumung des Rechts der Exklusivberichterstattung abhängig zu machen, ließ Shapiro ihn wissen, er verschwende nur die Zeit der Anwesenden und verließ das Lokal.

Robert Shapiro war Anfang Fünfzig und hatte eine für einen erfolgreichen Rechtsanwalt ungewöhnliche Eigenschaft – eine starke Aversion gegen Konflikte. Seine Qualität waren Deals, die er meisterlich beherrschte.

Das Justizsystem in den USA – insbesondere auch wegen des verfassungsmäßig garantierten Rechts auf einen Geschworenenprozeß – würde kollabieren, gäbe es nicht die Möglichkeit, Urteilsabsprachen, also Deals zu treffen. Durch dieses sogenannte Plea-Bargaining werden heute zwischen 90 und 95 Prozent aller Fälle in den Vereinigten Staaten abgeschlossen. Vereinfacht ausgedrückt erhält bei einem derartigen Deal der Angeklagte dafür, daß er sich schuldig bekennt, eine mildere Strafe oder/und eine Verurteilung wegen einer geringeren Straftat als der, die er eigentlich begangen hat.

Kritiker bezeichneten Shapiro als „Trunkenheitsfahrt-Anwalt der Berühmtheiten“. Das war aber nur die halbe Wahrheit. Shapiros Effektivität als Anwalt bestand in seiner Fähigkeit, freundschaftliche Verhältnisse zu Richtern, Staatsanwälten und anderen Personen in Machtpositionen zu unterhalten. Er verfügte über Beziehungen, auch und gerade zur Presse.

Aber kein Anwalt ist in der Lage, für seinen Klienten einen positiven Deal zu erreichen, wenn er nicht zugleich ein erfolgreicher Prozeßanwalt ist. Shapiro wurde ernst genommen, denn es war bekannt, daß er auch Prozesse führen und mit seinem Charme und seinem kultivierten Stil über Richter und Staatsanwälte triumphieren konnte, *wenn es sein mußte*. Also war er meist auch im Büro des Staatsanwalts in der Lage, für seine Mandanten akzeptable Urteilsabsprachen herbeizuführen. Sein berühmtester Fall war die Vertretung Christian Brandos, des Sohnes Marlon Brandos, der den Freund seiner Schwester erschossen hatte. Am wenigsten Möglichkeiten der Urteilsabsprache boten Fälle, in denen eine Rassismuskomponente eine Rolle spielte. An sich wußte Shapiro auch, daß diese Fälle in einer Liga gespielt wurden, der er nicht angehörte.

Bis zum Mittag hatten Vannatter und Lange eine Menge über die Beziehung Simpsons zu Nicole erfahren. Diese hatte 1977 begonnen, als Nicole, damals noch ein junges Mädchen, als Bedienung gearbeitet hatte. 1985 hatten die beiden geheiratet. Zwei Kinder waren aus der Ehe hervorgegangen, Sydney und Justin. Verschiedene Quellen berichteten, daß es immer wieder zu Mißhandlungen Nicoles durch Simpson gekommen war. Einige davon waren sogar bei der Polizei aktenkundig. Im Jahr 1992 schließlich war die Ehe geschieden worden, und Nicole mietete zunächst ein Haus in Gretna Green. Untermieter war dort Kato Kaelin, mit dem sie ein nur freundschaftliches Verhältnis verband. Dann, 1994, erwarb sie die Liegenschaft in South Bundy, und Kaelin war als Hausgast zu Simpson gezogen. Kurze Zeit später kam es zu Versöhnungsversuchen zwischen ihr und Simpson, bis sie sich – wenige Wochen vor den Morden – erneut trennten.

Am Tage der Morde waren beide bei einer Tanzveranstaltung der gemeinsamen Tochter Sydney gewesen. Nach der Veranstaltung waren die Browns ohne Simpson in das Restaurant Mezzaluna gegangen, wo Ron Goldman als Teilzeitkellner arbeitete. Nicole hatte ihn allen vorgestellt. Ron Goldman war fünfundzwanzig Jahre alt, und Nicole kannte ihn seit etwa einem Monat. Dem Vernehmen nach gab es keine direkten Hinweise auf eine Liebesbeziehung zwischen den beiden.

Gegen 21.00 Uhr waren alle nach Hause gegangen. Dort angekommen, bemerkte Juditha Brown, die Mutter Nicoles, daß sie ihre Brille im Restaurant liegengelassen hatte, und rief um 21.40 Uhr ihre Tochter an, die sich daraufhin mit dem Restaurant in Verbindung setzte. Ron Goldman hatte sich bereiterklärt, die Brille zu ihr zu bringen, und war etwa zehn Minuten später aufgebrochen.

Simpson war an diesem Tag um 17.00 Uhr von der Tanzveranstaltung nach Hause zurückgekehrt. Etwa gegen 21.00 Uhr suchte er, ein dunkles Sweatshirt tragend, Kaelin auf. Sie fuhren zu einem McDonald's, um einen Hamburger zu essen. Simpson bat Kaelin um Kleingeld für die Fahrt zum Flughafen, da er nur größere Scheine habe, und Kaelin gab ihm einen 20-Dollar-Schein. Simpson zahlte mit diesem und gab Kaelin dann seltsamerweise das Restgeld zurück. Nach ihrer Rückkehr nach Rockingham war Kaelin wieder in seinen Bungalow gegangen und hatte Simpson aus den Augen verloren. Etwa um 22.45 Uhr hörte er laute Schläge an der Rückseite seines Bungalows. Er stand auf und trat nach draußen, traute sich aber in der Dunkelheit nicht weit hinter das Gebäude. Dann bemerkte er den Fahrer der Limousine und erreichte Simpson über Intercom im Haupthaus, der ihm mitteilte, verschlafen zu haben.

Marcia Clark stand mit den Detectives in stündlichem Kontakt. Die Nachricht, daß sie den Fall zumindest vorläufig bearbeitete, sprach sich in dem entstandenen gigantischen Medienrummel wie ein Lauffeuer herum. Ein Freund stoppte sie in den Bürogängen und wollte wissen, ob Simpson die Morde begangen habe.

„Natürlich", schnappte Clark. „Er ist schlecht. Er schlägt seine Frau. Er ist schlecht."

Marcia Clark gehörte zu jenen Staatsanwälten, die bereit waren, schnell ihre Entscheidungen zu treffen und sich entsprechend direkt auszudrücken. Sie sah ihre Fälle – und den Simpson-Fall im besonderen – als Kampf von Gut gegen Böse. Grautöne existierten für sie nicht. Selber Opfer einer Vergewaltigung, verabscheute sie nichts mehr als männliche Gewalt gegen Frauen. Sie konnte sich nicht vorstellen, daß es Prozesse gibt, die sich so entwickeln, daß es schließlich um mehr geht als die Antwort auf die Frage: Wer war es? Daß der Simpson-Fall die Grenze zwischen den „guten Jungs" und den „schlechten" verwischen sollte wie kaum ein anderer zuvor, war etwas, das vorauszusehen nicht in ihren Möglichkeiten lag.

Dabei galt Marcia Clark als einer der aufgehenden Sterne im Büro des District Attorneys (DA), des Bezirksstaatsanwaltes von Los Angeles, Gil Garcetti, dem nahezu eintausend Staatsanwälte unterstellt waren und der damit die personell stärkste Staatsanwaltschaft in den USA leitete. Marcia Clark hatte ihren Abschluß 1979 gemacht und danach zwei Jahre als Verteidigerin gearbeitet, bis sie sich 1981, nachdem sie für einen Schuldigen einen Freispruch erreicht hatte, entnervt an John Van de Kamp, den damaligen DA, gewandt hatte. „Sie entscheiden, ob ich Recht praktizieren werde", hatte sie ihn beinahe angefleht „Ich kann keine Strafverteidigung machen. Das ist der einzige Job, den ich will." Van de Kamp hatte sie angenommen.

In den folgenden Jahren hatte Clark im Gegensatz zu der Majorität ihrer Kollegen eine eigene Sichtweise auf ihre Fälle entwickelt: Es ging nicht um die Täter, es ging um die Opfer. 1991 war sie einer von fünf Staatsanwälten der Abteilung Special Trials, die in Los Angeles die High-Profile-Fälle bearbeitete. In diesem Jahr war sie Anklagevertreterin im Prozeß gegen Robert John Bardo, den Mörder der Schauspielerin Rebecca Schaeffer, deren obsessiver Fan er gewesen war. Clark entwickelte ein sehr persönliches Verhältnis zu den Angehörigen des Opfers, namentlich der Mutter der Ermordeten. Die Verurteilung Bardos war auch für sie eine Genugtuung. Danach, 1992, in Zusammenarbeit mit Vannatter als leitendem Detective, erreichte sie die Verurteilung Christopher Johnsens wegen Mordes in einem Fall, in dem die Leiche nie aufgetaucht war; die Überführung des Täters gelang aufgrund von DNA-Beweisen anhand eines Tropfen Blutes. Schließlich, 1993, erwirkte sie die Verurteilung der Täter in dem von den Medien aufmerksam verfolgten sogenannten Mount-Olive-Church-of-God-Doppelmordfall zur Todesstrafe.

Viele Staatsanwälte hätten diesen Fall als Höhepunkt ihrer Karriere bezeichnet. Clark hingegen sah lediglich die Elemente, die ihr bei all ihren Fällen begegnet waren: einen Berg wissenschaftlicher Beweise, den die Verteidigung mangels Wissen und mangels Geldmitteln nicht anzugreifen vermochte, Opfer, die die Geschworenen verstanden und mochten, und unsympathische Angeklagte. Sie begriff nicht, wie sehr sich diese Fälle von dem des O.J. Simpsons unterschieden.

In Rockingham galt Simpsons Aufmerksamkeit an diesem Tag seinen Golfschlägern, die versehentlich nicht auf den Flug nach Los Angeles geladen worden waren. Nach diversen Telefonaten erfuhr er, daß sie inzwischen mit einer anderen Maschine angekommen waren. Er ließ es sich nicht nehmen, sie gemeinsam mit seinem Freund Kardashian abzuholen. Danach rief er Al Cowlings an und bat ihn, seine Kinder zu Kardashians Haus zu bringen. Seit den Morden hatte er sie noch nicht gesehen.

Dennis Fung hielt sich in der Serologie der SID auf. Er händigte Simpsons Blutprobe Collin Yamauchi aus, dem Kriminalisten des LAPD, der die anfänglichen Tests durchführen sollte. Yamauchi hatte gehört, daß Simpson zum Zeitpunkt der Morde in Chicago gewesen war, und ging davon aus, daß Simpson als Täter ausschied. Normalerweise, bei Verwendung des konventionellen ABo-Tests, wären die Blutproben in sechs Basisgruppen eingeteilt worden. Doch um in diesem von den Medien wachsam beobachteten Fall keine peinlichen Fehler zu begehen, war Yamauchi von seinem Vorgesetzten angewiesen worden, den DQ-Alpha-Test, einen der einfachsten DNA-Tests, zu verwenden, der zu einer Einteilung in einundzwanzig Kategorien führte. Yamauchi hielt dies für unnütze Zeitverschwendung. Doch die Resultate erstaunten ihn. Die Bluttropfen in Bundy links der Schuhabdrücke paßten zu Simpsons Blut aus der Referenzprobe. Eine Charakteristik, die nur von 7 Prozent der Bevölkerung geteilt wurde. Und das Blut auf dem Rockingham Handschuh war konsistent mit einer Mischung des Blutes Simpsons und der beiden Opfer.

Yamauchi teilte seine Erkenntnisse sofort Vannatter und Lange mit, die Clark informierten.

Eine der ersten Handlungen Shapiros als Simpsons Anwalt war, noch am 14. Juni 1994 einen Lügendetektortest zu organisieren. Dieser war für den internen Gebrauch gedacht, er sollte belegen, daß Simpson die Tat nicht verübt hatte. Erhielt man das erwartete Ergebnis, konnte es immer noch der Polizei präsentiert werden.

Edward Gelb galt mit seiner Firma Intercept als einer der Experten auf diesem Gebiet. Shapiro, Kardashian und Taft begaben sich mit Simpson in sein Büro am Wilshire Boulevard. Da Gelb sich außerhalb der Stadt aufhielt, wurde der Test von einem Mitarbeiter namens Nellany durchgeführt. Simpson wurde in den Untersuchungsraum gebracht, die anderen blieben zurück. Während der folgenden halben Stunde wurden seine Herzfrequenz, Atmung und sein Hautwiderstand in bezug auf elektrische Impulse in Relation zu den gestellten Fragen und gegebenen Antworten geprüft. Lügendetektoren interpretieren die Antworten mittels einer Skala, auf der negative Zahlen unwahre Antworten indizieren, positive dagegen wahre. Jedes Ergebnis über + 6 bedeutet, daß der Proband die Wahrheit sagt; umgekehrt belegt ein Resultat von – 6 und schlechter, daß die Versuchsperson lügt. Ein Ergebnis dazwischen ist indifferent.

Simpson erzielte das katastrophale Score von – 24 (andere Quellen geben – 22 an). Nellany wertete das Resultat als eindeutigen Beweis, daß Simpson die Morde begangen hatte. Und er teilte seine Meinung Shapiro mit.

Shapiro mußte seine Optionen neu prüfen. Wenn Simpson der Täter war, gab es die Möglichkeit, die Verteidigung auf Unzurechnungsfähigkeit aufzubauen? Ein Psychiater mußte Simpson untersuchen. Schnell. Shapiro rief Saul Faerstein an, dessen Praxis in Beverly Hills lag. Faerstein war ein national renommierter Experte auf dem Gebiet der forensischen Psychiatrie. Er begab sich sofort nach Rockingham. Simpson und er nahmen auf der Couch im Wohnzimmer Platz. Simpson sprach und sprach und sprach – über sich, daß er unschuldig war, wie die Presse hinter ihm her war. Alles sei so unfair. Was Faerstein am stärksten beeindruckte, war das völlige Fehlen jeglicher Trauer um den Verlust der Mutter seiner Kinder oder die Besorgnis um deren Zukunft oder schlicht um das Schicksal Nicoles selber. Simpson sorgte sich nur um sich. Seine Reaktionen waren inkonsistent mit denen, die Faerstein von einem ungerechtfertigt beschuldigten Mann in dieser Situation erwartete. Doch Simpson war nicht unzurechnungsfähig im juristischen Sinne. Faerstein hielt mit seiner Meinung gegenüber Shapiro nicht zurück. Diese Option existierte also nicht.

Shapiro wußte, was er jetzt zu tun hatte.

Am Mittwoch, dem 15. Juni 1994, waren die Blut- und Spurenanalysen in den Labors der Ermittlungsbehörden in vollem Gange. Die Funde wurden mittels zweier spezieller DNA-Tests untersucht, PCR und RFLP. PCR-Tests werden üblicherweise verwendet, um jemanden als Verdächtigen auszuschließen. RFLP-Tests sind wesentlich feiner und erlauben eine Zuordnung der Funde zu einem bestimmten Verdächtigen unter Ausschluß der gesamten übrigen Bevölkerung der Erde.

Clark und William Hodgman, der den Ruf eines fairen und ohne Tricks arbeitenden Vertreters der Anklagebehörde hatte, hielten sich als Vertreter des DA in einem großen und imposanten Konferenzraum im 6. Stock des Parker Centers auf. Mit am Tisch saßen Greg Mathesen von der Serologie und Michele Kestler, die das Labor des LAPD/SID leitete.

Als Lange und Vannatter als Repräsentanten des LAPD eintraten, trafen sich Clarks und Langes Blicke. Clark lächelte warmherzig, Lange erwiderte das Lächeln geschäftlich.

Mathesen berichtete von den vorläufigen Testergebnissen. Sie liefen alle darauf hinaus, daß Simpson als Täter nicht ausgeschlossen werden konnte. Näheres würden die genaueren Untersuchungen ergeben, die gerade stattfanden.

Clark war beeindruckt. Sie wünschte, auf dem laufenden gehalten zu werden.

Nach dem Treffen – Clark und Hodgman hatten den Raum verlassen – zog Michele Kestler Vannatter und Lange zur Seite. Clark hatte mehrfach versucht, unter Umgehung der beiden Detectives nähere Detailinformationen von ihr zu erhalten.

„Sie verstößt gegen die Prozedur", sagte Kestler. „Und ich habe Schwierigkeiten damit. Wer leitet den Fall? Ihr oder sie?"

Solange der Vorgang noch nicht offiziell vom LAPD dem Büro des DA vorgelegt worden war, lautete die Antwort eindeutig: Das LAPD, also Lange und Vannatter.

Lange sah seinen Partner mit einem „Ich-habe-es-dir-vorhergesagt"-Blick an.

„Das ist unser Fall", erwiderte er. Bis Freitag würden die Testergebnisse vorliegen, dann erst würden sie endgültig entscheiden, was geschehen sollte.

An diesem Nachmittag nahmen Lange und Vannatter die Zeugenaussage von Simpsons Fahrer am Abend der Morde, Alan Park, auf. Park berichtete, daß er Simpson um 22.45 Uhr von Rockingham abholen und zum Flughafen fahren sollte, aber bereits um 22.20 Uhr angekommen war. Er hatte zunächst vor dem Rockingham Tor angehalten und den Bronco dort nicht gesehen. Dann war er zum Ashford Tor gefahren, um dort zu warten, weil er der Ansicht war, die Einfahrt mit der langen Limousine würde durch dieses Tor einfacher sein. Bis 22.50 Uhr hatte er immer wieder geklingelt, ohne eine Antwort zu erhalten. Etwa um 22.50 Uhr sah er einen männlichen Schwarzen schnell in das Haus laufen. Kurz darauf reagierte Simpson von innen über die Gegensprechanlage auf sein Klingeln und teilte mit, es tue ihm leid, er habe verschlafen und sei gerade aus der Dusche gekommen. Im Anschluß hieran war er eingelassen worden. Simpson kam mit verschiedenen Taschen und einem Golfsack herunter, unter anderem einer dunklen Tasche, die er vor dem Fahrzeug ablegte. Kaelin wollte ihm helfen, die Tasche zu verstauen, doch Simpson verhinderte es und sagte, er nehme die Tasche selber. Während der Fahrt hatte Simpson stark geschwitzt, obwohl die Klimaanlage eingeschaltet war.

Verteidiger Shapiro mußte zumindest bereits vermuten, daß sein Klient schuldig war und die Spurenfunde möglicherweise immer mehr Beweise gegen Simpson erbringen würden, sobald die Ergebnisse der Untersuchungen vorlagen. Sowohl für die dann bevorstehende Verteidigung wie auch für eine möglichst günstige Ausgangslage für einen Deal mit der Staatsanwaltschaft war es erforderlich, eine schlagkräftige Mannschaft zusammenzustellen.

Michael Baden galt als eine der größten Autoritäten auf dem Gebiet der Pathologie mit einer Erfahrung von über zwanzigtausend Autopsien. Er war der frühere New Yorker Chefpathologe und kannte Shapiro seit dem Brando-Fall, in dem sie zusammengearbeitet hatten. Shapiro erreichte ihn in seinem Apartment in der 86. Straße in Manhattan, wo er sich nach einem anstrengenden Tag als Sachverständiger im Gericht erholte. Shapiro verschwendete keine Zeit. „Michael, ich brauche dich. Komm direkt hierher."

Baden war sofort einverstanden. Am Simpson-Fall mitzuarbeiten versprach Rampenlicht und ein entsprechendes Honorar. Shapiro hatte eine weitere Frage. Wer war nach Badens Ansicht der beste Kriminalist der Welt? Der *absolut* Beste? Baden brauchte nicht nachzudenken. Henry Lee, der das staatliche Polizeilabor in Connecticut leitete. Seine Analysen von Tatorten waren legendär, sein Auftreten vor Gericht beeindruckte stets.

Auch Lee erklärte sich sofort bereit, nach Los Angeles zu kommen.

Shapiro war es damit gelungen, zwei renommierte Wissenschaftler zu seiner Unterstützung heranzuziehen. Zugleich trat der Nebeneffekt ein, daß diese beiden Koryphäen der Staatsanwaltschaft nicht mehr zur Verfügung standen, die sich ebenfalls bald auf die Suche nach Experten begab.

F. Lee Bailey entstammte einer Zeit, in der die Bezeichnung „Superstar" erstmals in Mode kam. Und er war ohne Zweifel der erste Superstar unter den Verteidigern. Seit den 60er Jahren hatte sich in seiner Karriere ein Erfolg an den anderen gereiht, waren es die Fälle des von seiner Körperstatur her eher zierlichen Baileys gewesen, die die skandalhungrige Nation gefesselt hatten. Er hatte Dr. Samuel Sheppard vertreten, der das Vorbild für die Serie „Auf der Flucht" wurde, später Albert DeSalvo, den als „Bostoner Würger" berüchtigten Massenmörder. Und es war Bailey, der einen Freispruch für Dr. Carl Coppolino erreichte, als dieser wegen Vergiftung des Ehemannes seiner Geliebten angeklagt worden war.

Nun hatte Bailey mehr als einem Zuhörer erzählt, ich glaube, ich habe länger gelebt, als ich gesollt hätte. Der Grund für diese Aussage war ein Prozeß, der Baileys Karriere ruinierte: der Patricia-Hearst-Fall. Die Tochter des reichen Zeitungsverlegers war von Terroristen entführt worden, hatte sich mit diesen solidarisiert und schließlich an deren Aktionen teilgenommen. Bailey hatte ihre Verteidigung übernommen, es aber nicht verhindern können, daß sie wegen Banküberfalls verurteilt wurde. Schlimmer noch als das Ergebnis war die Kritik, die allerorten an seiner Verteidigung geübt wurde und die seinen Ruf schwer schädigte.

1982 wurde er selber wegen Fahrens unter Alkohol angeklagt und ließ sich von einem Freund, Robert Shapiro, in San Francisco vertreten. Wenn man etwas als Leitmotiv von Baileys Laufbahn bezeichnen wollte, war das der Alkohol. Der erste Satz seiner 1975 geschriebenen Memoiren lautet: „Schwere Prozesse machen mich durstig." 1985 übersiedelte Bailey nach West Palm Beach in Florida und gab sich das Image eines Frührentners. Obwohl er eine Praxis eröffnete, blieben Klienten aus. Als Shapiro ihn anrief und in sein Team berief, hatte seine Karriere einen Tiefpunkt erreicht. Doch Bailey verfügte über eine immense Erfahrung in Mordprozessen, und Shapiro meinte, so jemanden zu brauchen.

Bailey gratulierte Shapiro zu dessen bisherigen Entscheidungen und riet ihm, private Ermittler einzuschalten. Shapiro entschied sich für Bill Pavelic, einen früheren Polizisten aus Los Angeles, Bailey selber empfahl außerdem John McNally, ehemals Detective in New York, und Pat McKenna aus Chicago.

Die Suche nach Mitstreitern im Team der Verteidigung ging weiter: Der grauhaarige Gerald Uelmen war Dekan der St. Clara Law School und sollte demnächst Kurse an der Stanford Law School geben. Uelmen und Shapiro kannten sich gleichfalls vom Brando-Fall, und Shapiro schätzte sein enzyklopädisches Rechtswissen. Im Brando-Fall hatte er einen erfolgreichen Antrag vor Gericht gestellt, Protokolle eines früheren Polizeiverhörs Christian Brandos nicht zuzulassen.

„Möchtest du dabeisein?" wollte Shapiro wissen.

„Darauf kannst du wetten", erwiderte Uelmen. Die Kurse konnten warten.

Was aber, wenn es zu einer Verurteilung Simpsons käme?

Dann bliebe als letztes das Appellationsverfahren, die Revision, mit der Verfahrensfehler oder Rechtsanwendungsfehler gerügt werden konnten. Eine der Stärken Shapiros war, daß er wußte, worin er sich nicht auskannte. Dazu gehörte dieses Gebiet.

Ein landesweit bekannter Revisionsexperte war Alan Dershowitz, Professor an der Harvard Universität. Die erfolgreiche Vertretung des wegen Mordes an seiner Frau verurteilten Claus von Bülow im Revisionsverfahren hatte ihn berühmt gemacht. Er trat häufig im Fernsehen auf, veröffentlichte Zeitungsartikel und Bücher. Kurz vor den Morden war sein neuestes Werk „The Abuse Excuse“ herausgekommen, in dem er vehement die in Mode gekommene Praxis angriff, für jede Tat psychologische Entschuldigungen zu erfinden. Im Fernsehen hatte er bereits spekuliert, daß Simpsons Verteidigung auf Unzurechnungsfähigkeit aufbauen könnte. Der Fall „könnte mit einer fürchterlichen Nachricht enden“, hatte Dershowitz öffentlich hinzugefügt. „Er könnte mit einem Menendez- oder Bobbitt-Typ-Urteil ausgehen, das die Nachricht sendet: ‚Puh, du kannst mit dieser Art davonkommen.‘“

Dershowitz’ Kommentare irritierten Shapiro. „Wie können wir diesen Typ abstellen?“ fragte er einen Freund, um dann nach einer Pause, halb scherzhaft, hinzuzufügen: „Ich glaube, wir müssen ihn engagieren.“

Shapiro erreichte Dershowitz in Israel. Pflichtgemäß teilte ihm Dershowitz mit, was Shapiro ohnehin wußte, daß er den Fall bereits öffentlich kommentiert hatte. Shapiro versicherte ihm, daß ihm das egal sei. Alan, sagte er, wir brauchen dich.

Kein Gesetz und kein ethischer Grundsatz hielten Dershowitz davon ab, das Angebot anzunehmen. In seinem Buch „The Best Defense“ hatte er geschrieben: „Nahezu alle meine Klienten waren schuldig.“ Für ihn bot die Tat, deren Simpson beschuldigt wurde, alle Zeichen eines Verbrechens aus Leidenschaft und Rache, etwas Shakespearsches, das ihn an Othello und Desdemona erinnerte. Er war stolz darauf, daß er vom Moment seiner Zusage an von den anderen den Spitznamen „God forbid Lawyer“ erhalten hatte – Gott bewahre, daß es zu einer Verurteilung kommt, doch wenn, mußt du die Aufhebung in der Revision erreichen.

Was nun noch fehlte, waren DNA-Experten. Nicht als Wissenschaftler, sondern als Anwälte, die sich auf diesem Gebiet auskannten. Dafür kamen Barry Scheck und sein Partner Peter Neufeld in Frage, die in New York ihre Kanzlei betrieben. Scheck war fünfundvierzig Jahre alt, und man sagte ihm eine unschätzbare Eigenschaft nach, die ihn von den meisten anderen Anwälten unterschied: Er arbeitete *ununterbrochen*, wenn er einen Fall übernahm, der ihn interessierte.

Scheck und Neufeld kamen 1987 in einem Prozeß mit der DNA-

Problematik in Berührung, ein Jahr, nachdem ein Gericht in Kalifornien erstmals DNA-Beweise zugelassen hatte. Während sie sich in die neue Wissenschaft einarbeiteten, begriffen sie schnell, daß der beste Weg, nein, der einzige Weg, diese Technologie vor Gericht anzugreifen darin bestand, die Aufbewahrungs- und Sicherstellungstechniken der Polizei in Zweifel zu ziehen. *Garbage in, garbage out* (Mist rein, Mist raus) lautete ihre Devise. Zugleich wandten sich die beiden Männer Fällen zu, bei denen mit Hilfe der DNA-Tests an Blut- und Samenproben die Entlassung unschuldig Verurteilter erwirkt werden konnte. Sie vertraten Strafgefangene, indem sie Beweisstücke neu untersuchten – manchmal viele Jahre nach den Prozessen, die ihre Klienten ins Gefängnis gebracht hatten. Innerhalb weniger Jahre gelang es Scheck und Neufeld, auf diese Weise mehr als fünfzehn Menschen freizubekommen. Als Shapiro sie anrief, waren sie sofort einverstanden, Simpson zu repräsentieren. Diesmal würden sie eben einem Schuldigen helfen müssen, nicht verurteilt zu werden.

In Rockingham wurde Simpson am Mittwoch eingehend von Dr. Robert Huizenga, einem Professor der UCLA, der Teamarzt der Los Angeles Raiders gewesen war, untersucht. Shapiro hatte ihn gebeten, sämtliche Verletzungen, Kratzer, Schnitte, alles, was sich an O.J. Simpsons Körper befand, zu dokumentieren. Die Staatsanwaltschaft würde sicherlich versuchen, die Verletzungen mit den Morden in Verbindung zu bringen. Es war wichtig, dies durch eigene Feststellungen hinterfragen zu können.

Huizenga leistete ganze Arbeit und hielt das Vorgefundene fotografisch fest.

An diesem Nachmittag begleitete Kardashian Simpson zur Leichenschau Nicoles in Laguna Beach, eineinhalb Fahrstunden entfernt. Es war der Tag vor dem Begräbnis.

Nicole war im ersten Besucherraum aufgebahrt. Blumenbuketts standen am Sarg und Fotos, die sie inmitten ihrer Familie zeigten. Obwohl Kardashian inzwischen Details über die Mordausführung erfahren und die Kosmetiker des Institutes ihr Möglichstes geleistet hatten, war er über den Zustand der Leiche schockiert. Ihr Kopf schien direkt auf ihren Schultern zu sitzen.

Hinter ihm trat Simpson an den Sarg. Er stand ruhig da und blickte seine Ex-Frau an. Ein wortloser Konsens bildete sich unter den übrigen Personen im Raum, daß er einige Zeit alleine mit ihr haben sollte. Die Menschen verließen den Raum, und jemand schloß die Tür. Etwa zwanzig Minuten später traten Juditha Brown und andere wieder ein. Kardashian hörte Simpsons Stimme. Ich liebte sie zu sehr. Ich liebte sie zu sehr. Nic, sagte er, Nic. Dann Weinen.

Am Abend meldeten die Nachrichten, daß Simpson binnen der nächsten vierundzwanzig Stunden wegen Mordverdachtes verhaftet werden würde. Eine undichte Stelle bei der Polizei oder der Staatsanwaltschaft hatte der Presse Informationen zugespielt.

Als Kardashian und Simpson am nächsten Tag zur Begräbniszeremonie erschienen, hatte sich die Stimmung gewendet. Mehrere hundert Personen waren versammelt. Kardashian fühlte ihre Blicke auf Simpson lasten. Er sah die Gesichter voller Trauer und Wut und fühlte die kollektive Anklage – Mörder! Es wurde getuschelt und gemurmelt, man begegnete ihnen eisig. O.J. Simpson war kein Held mehr an diesem Ort.

Nach dem Begräbnis wollte Simpson seine Ruhe vor der Presse haben, die sein Haus belagerte. Cowlings tauschte im Wagen die Kleidung mit ihm, ließ sich nach Rockingham fahren und schlüpfte, mit der Jacke über dem Kopf, ins Haus. Die Medien fielen darauf rein. Derweil begab sich Simpson zu Kardashian in dessen Haus.

Alle wußten, daß nicht mehr viel Zeit blieb.

Noch an diesem 16. Juni 1994 versuchte Marcia Clark, die Blutanalysen von der SID zur Staatsanwaltschaft herüberzuziehen. Sie erwartete, daß ihr der Fall binnen des nächsten Tages von der Polizei zugeleitet werden würde.

„Verdammt!" meinte Lange zu seinem Partner. „Clark würgt den Bissen herunter. Sie kann es nicht erwarten, den Fall von uns wegzunehmen."

Beide fühlten sich unter Druck gesetzt. Sie atmeten deshalb auf, als ihnen Greg Mathesen von der Serologie bekanntgab, daß das auf dem Rockingham-Handschuh gefundene Blut nach ersten DNA-Tests von den beiden Opfern und Simpson stammen konnte. Vannatter rief sofort Clark an.

„Gott verdammt, Phil", kommentierte sie ins Telefon, „wir haben ihn!"

„Wir sollten den Fall irgendwann morgen früh überleiten."

„Komm wirklich früh herein, und wir werden die Papierarbeit machen. Wir besorgen den Haftbefehl für euch."

Lange und Vannatter hatten sich bislang vordringlich um die Beweise, weniger um das Motiv gekümmert. Ein erster näherer Hinweis darauf gelangte in Form eines Reports des Officers John Edwards per Fax um 17.04 Uhr an diesem Donnerstag auf Vannatters und Langes Tisch. Darin berichtete Edwards, daß er am 1. Januar 1989 auf einen 911-Ruf, also den Notruf, geantwortet hatte und nach Rockingham gefahren war. Dort angelangt, taumelte ihm eine mit Erde, Matsch und Blut verschmierte Frau entgegen, nur mit Hosen und BH bekleidet. Sie brach in seinen Armen zusammen und schrie immer wieder: „Er bringt mich um, er bringt mich um." Edwards konnte erkennen, daß die Frau – Nicole – schwer mißhandelt worden war; ihr Gesicht war geschwollen, die Lippen geplatzt, und auf ihrer linken Wange sowie um das linke Auge herum hatte sich ein Bluterguß gebildet. Simpson trat im Bademantel aus dem Haus und brüllte: „Ich will nicht mehr, daß diese Frau in meinem Bett schläft." Edwards wies Simpson darauf hin, daß seine Ehefrau wegen der Mißhandlungen seine Verhaftung verlangte, worauf Simpson schrie: „Die Polizei ist hier achtmal zuvor gewesen, und jetzt wollen Sie mich dafür verhaften? Das ist eine Familienangelegenheit. Warum wollen Sie eine große Sache daraus machen? Wir können das so erledigen." Edwards beharrte darauf, daß Simpson sich ankleidete und mitkam. Simpson kehrte in das Haus zurück und raste plötzlich mit seinem Bentley durch die andere Pforte davon. Edwards fuhr Nicole daraufhin zur West Los Angeles Division, ließ ihre Verletzungen fotografisch dokumentieren und brachte sie auf ihren Wunsch hin wieder nach Hause zurück.

Am frühen Abend des 16. Juni 1994 lagen Vannatter und Lange auch die Aussagen der Zeugen Fenjves und Schwab, der Nachbarn Simpsons, über die Vorgänge in der Tatnacht vor. Es war beschlossene Sache, daß Simpson am nächsten Tage verhaftet werden würde.

Lange und Vannatter übergaben den Fall offiziell am Freitag, dem 17. Juni 1994, um 7.20 Uhr früh morgens dem Büro der Staatsanwaltschaft als Fall Nr. BA097211; von diesem Moment an stand er unter der Kontrolle des DA, und die Beamten hatten dessen Anweisungen Folge zu leisten.

Um 8.30 Uhr erreichte Lange Shapiro. Er informierte ihn, daß ein Haftbefehl gegen Simpson wegen des Verdachts eines *double homicide with special circumstances* (doppelte Tötung unter besonderen Umständen) vorlag. Nach kalifornischem Recht bedeuten solche besonderen Umstände, daß die Todesstrafe beantragt werden kann und eine Kaution ausscheidet.

Shapiro, normalerweise ein extrem artikulierter Mann, schien nach Worten zu suchen. Diese Nachricht traf ihn unvorbereitet, er hatte nicht damit gerechnet, daß Simpson so schnell verhaftet werden würde. Die „besonderen Umstände" machten ihm darüber hinaus klar, daß sein Klient mindestens bis zum Ende des Prozesses in Haft bleiben würde, also auf jeden Fall viele Monate.

Shapiro benötigte Zeit für die letzten Untersuchungen. Er bat darum, daß Simpson sich selber um 11.00 Uhr stellte. Lange akzeptierte. Wie Shapiro wollte auch die Staatsanwaltschaft einen Medienrummel vermeiden. Es wurde vereinbart, daß Simpson mit Shapiro um 11.00 Uhr spätestens an der Rückseite des Parker Centers am Gefängnis erscheinen sollte.

Zur selben Zeit saß Marcia Clark in ihrem Büro und bereitete sich darauf vor, den Fall noch heute vor die Grand Jury zu bringen.

In Kalifornien existieren zwei Wege, um eine Anklage gegen jemanden wegen eines Verbrechens vor Gericht, d. h. zur Hauptverhandlung, zu bringen. Der eine ist das sogenannte Preliminary Hearing. Dabei präsentiert die Staatsanwaltschaft Zeugen, die unter Eid aussagen und von der Verteidigung ins Kreuzverhör genommen werden können. Das Verfahren ist öffentlich und die Hürde, die die Staatsanwaltschaft zur Zulassung der Anklage nehmen muß, gering; sie muß nur aufzeigen, daß ein Verbrechen begangen wurde und daß eine Möglichkeit besteht, daß der Angeklagte es begangen haben könnte.

Der andere Weg ist, den Fall vor die Grand Jury zu bringen. Das Verfahren dort ist nicht öffentlich und findet unter Ausschluß des Angeklagten und der Verteidigung statt, die deshalb nicht erfahren, auf welche Beweise sich die Anklage stützt, was in jedem Fall vorteilhaft für die Staatsanwaltschaft ist. Wenn sechzehn der dreiundzwanzig Mitglieder der Grand Jury die präsentierten Beweise für ausreichend erachten, wird die Anklage zugelassen.

In Absprache mit ihrem Vorgesetzten Garcetti entschloß sich Clark, diese zweite Variante zu wählen.

In Kardashians Haus wurde fieberhaft gearbeitet. Dr. Huizenga, der nochmals hinzugerufen worden war, entnahm mit seinen Arzthelferinnen simultan aus beiden Armen Simpsons Blutproben, Dr. Lee zur gleichen Zeit Haar- und Hautproben, während Baden nochmals die Blessuren an Simpsons Körper dokumentierte und Simpson selber endlose Telefonate mit seiner Familie führte.

Der Pathologe Baden und der Psychologe Faerstein werteten Simpsons Verhalten als stark depressiv. „Wir müssen den Leuten im Gefängnis sagen, daß sie ihn unter Selbstmordüberwachung stellen", teilte Baden Faerstein mit, der zustimmte.

Schließlich begab sich Simpson mit Cowlings in die Gästesuite, um „in Ruhe etwas nachzudenken", wie er es ausdrückte.

Shapiro hatte mittlerweile mehrfach bei der Polizei angerufen und um mehr Zeit gebeten. Es war bereits 12.35 Uhr. Als Shapiro wiederum anrief, ergriff Commander White den Hörer.

„Wo sind Sie?" schrie er. „Wo ist Simpson?"

Shapiro erwiderte, Simpson mache sein Testament, weil er meinte, er werde für den Rest seines Lebens im Gefängnis bleiben. Erneut bat Shapiro um mehr Zeit.

„No go!" war die Antwort Whites. Shapiro mußte ihm die Anschrift Kardashians geben.

Nach 13.00 Uhr erreichten mehrere Polizeiwagen Kardashians Anwesen. Shapiro und die Beamten begrüßten sich förmlich. Dann riefen sie nach Simpson. Keine Antwort. Es stellte sich heraus, daß er und Cowlings sich nicht mehr auf dem Grundstück befanden. O.J. Simpson war geflohen!

Robert Shapiro wußte sofort, wie wütend Polizei und Staatsanwaltschaft auf ihn sein würden, weil er sein Wort nicht gehalten hatte und sie lächerlich aussehen ließ. Er beschloß, Gil Garcetti anzurufen.

Gil Garcetti war 1992 mit überwältigender Mehrheit zum District Attorney gewählt worden. Dreiundfünfzig Jahre alt, Demokrat, mit stahlgrauem Haar und auf ein Leben bei der Staatsanwaltschaft zurückblickend, schien Garcetti der Prototyp des erfolgreichen Politikers, wenn ihm nicht ein Problem im Wege stehen würde: Sein Büro mußte auf eine bemerkenswerte Kette an verlorenen High-Profile-Fällen zurückblicken. In einem sechsjährigen Verfahren war es der Staatsanwaltschaft im McMartin-Vorschulfall nicht gelungen, wegen der angeklagten angeblichen Fälle von Kindesmißbrauchs eine Verurteilung zu erzielen; entsprechendes war in dem Twilight Zone–The Movie-Fall geschehen, in dem verschiedene Personen aus der Filmindustrie für den Tod zweier Menschen am Set zur Verantwortung gezogen werden sollten; im ersten Prozeß gegen die Menendez-Brüder, die ihre Eltern aus Habgier getötet hatten, war es erstaunlicherweise zu einer „hängenden Jury“ gekommen, weil sich die Geschworenen nicht einigen konnten, ob Mord oder Totschlag begangen worden war, so daß der Prozeß wiederholt werden mußte; und schließlich der schlimmste und peinlichste Verlust, der Rodney-King-Fall, in dem es trotz Videoaufzeichnungen im ersten Prozeß nicht gelang, die Polizeibeamten wegen der an King begangenen schweren Mißhandlungen zur Rechenschaft zu ziehen, was zu den schrecklichen Rassenunruhen 1992 in Los Angeles geführt hatte.

Nun hatte er ein noch größeres Problem, als O.J. Simpson verurteilen zu lassen – er konnte den Typ nicht einmal finden.

Shapiro erreichte Garcetti telefonisch und begann, sich umständlich zu entschuldigen. Du kennst mich, Gil, ich mache solche Sachen nicht. „Ich wußte nicht, daß er fliehen würde, Gil“, fügte Shapiro weinerlich hinzu. „Du mußt mir glauben.“

Die beiden Männer waren alte Bekannte. Shapiro hatte sogar 5.000 US-Dollar für Garcettis Wahlkampf gespendet. Aber in diesem Moment war das egal. Garcetti stoppte Shapiro brüsk. „Bring ihn mir hierher, Bob. Das ist alles, worüber wir jetzt nachdenken“, sagte er mit kaum unterdrückter Wut.

Um 15.00 Uhr trat Garcetti, flankiert von der Staatsanwältin Marcia Clark, vor die Fernsehkameras und teilte dem amerikanischen Publikum mit, daß sich O.J. Simpson auf der Flucht befand.

Shapiro ließ die Reporter wissen, er werde um 17.00 Uhr ein Statement über die Geschehnisse des Tages verlesen.

Zur festgesetzten Stunde begann er mit einer Bitte in die Kameras: O.J. solle sich stellen, zum Wohl seiner Kinder, in jeder beliebigen Polizeistation, sofort. Er sprach ohne Leidenschaft, geradezu intellektuell unterkühlt. Und das ergab einen Sinn: Shapiro sandte die Botschaft, daß, was auch immer an diesem Tage geschehen war und noch geschehen mochte, diese Katastrophe ihn nicht mitreißen würde, weil er nicht involviert war.

Dann begann Shapiro, die Ereignisse des Tages zusammenzufassen. „Ich habe in den vergangenen fünfundzwanzig Jahren bei verschiedenen Gelegenheiten vergleichbare Arrangements mit dem Los Angeles Police Department und dem Büro des Bezirksstaatsanwaltes und Mr. Garcetti getroffen. Alle haben immer ihr

Wort mir gegenüber gehalten und ich meines ihnen gegenüber. Tatsächlich habe ich es arrangiert, daß sich Erik Menendez aus Israel auf einer ähnlichen Grundlage stellte. Wir sind alle schockiert von dieser plötzlichen Wendung der Ereignisse." Das war eine außergewöhnliche Einleitung. Shapiros Aussagen waren in höchstem Maße inkriminierend für seinen Klienten, weil Simpsons Aktionen, wie Shapiro sie beschrieb, nicht zu einem Unschuldigen zu passen schienen. Auch berichtete Shapiro im weiteren Verlauf des Interviews von Details der Geschehnisse in Kardashians Haus, die normalerweise der anwaltlichen Schweigepflicht unterlagen, von der nur Simpson ihn hätte entbinden können. Shapiro schienen die Konsequenzen, die das für Simpson haben konnte, egal, er erzählte, um seine eigene Haut zu retten.

„Nun", fuhr er fort, „möchte ich Sie mit Mr. Robert Kardashian bekannt machen ..., der Ihnen einen ... handgeschriebenen Brief O.J. Simpsons vorlesen wird. Danke."

Wie ihn Shapiro angewiesen hatte, begann Kardashian mit tiefer Stimme langsam vorzulesen: „To whom it may concern – wen es betreffen mag ..."

Simpson wollte seine von ihm selber auf den 15. Juni 1994 datierten Zeilen als Abschiedsbrief verstanden wissen. Kardashian „korrigierte" das Datum, indem er es auf den 17. Juni 1994 verlegte. Außer Simpsons eigener Datumsangabe liegen Informationen vor, nach denen der Brief tatsächlich am 15. Juni 1994 geschrieben und dann Kardashian verschlossen zur Aufbewahrung gegeben worden sein soll, der ihn nach der Flucht Simpsons öffnete. Dadurch, daß das Datum möglicherweise um zwei Tage nach vorne verlegt wurde – in der Folgezeit beharrte die Verteidigung darauf, daß der Brief tatsächlich am Tage der Flucht Simpsons geschrieben worden sei und dieser sich bei der Datierung nur geirrt habe –, konnten immerhin zwei peinliche Fragen vermieden werden: 1. Welche Rolle Kardashian bei der Flucht spielte, wenn ihm sogar schon zwei Tage zuvor bekanntgewesen war, daß ein solches Schriftstück existierte und – vor allem – 2. Wieso Simpson, wenn er unschuldig war, schon am 15. Juni 1994 wußte, daß er verhaftet werden würde und deshalb einen Abschiedsbrief verfaßt hatte.

Bereits der erste Satz des Schreibens, das Kardashian in die ihm entgegengehaltenen Mikrofone verlas, war bezeichnend. „... Zuallererst möchte ich, daß Sie verstehen: Nichts mit den Morden zu tun." Simpson hatte die beiden wichtigsten Worte des gesamten

Textes – „ich habe" – vergessen. „Ich liebte sie, habe es immer und werde es immer. Wenn wir ein Problem hatten, dann, weil ich sie zu sehr liebte ... haben wir verstanden, daß wir jetzt, zumindest jetzt, nicht richtig füreinander waren. Trotz unserer Liebe waren wir verschieden, und das war es, weshalb wir einverstanden waren, unsere Wege getrennt zu gehen. Es war schwer, sich ein zweites Mal zu trennen, aber wir wußten, daß es das beste war. Innerlich hatte ich keine Zweifel, daß wir in der Zukunft enge Freunde oder mehr sein würden. Anders als was in der Presse war, hatten Nicole + ich eine großartige Beziehung für die meiste Zeit unseres gemeinsamen Lebens. Wie alle Langzeitbeziehungen hatten wir einige Aufs und Abs. Ich übernahm die Verantwortung für Neujahr 1989 ... aus keinem anderen Grund, außer, um unsere Privatsphäre zu beschützen ..."

Abgesehen davon, daß eine Verurteilung wegen Mißhandlung seines Ehepartners (Simpson war schließlich wegen der Auseinandersetzung am Neujahrstag zu Gemeindedienst verurteilt worden; das war der frühere Fall, in dem ihn Weitzmann vertreten hatte) und die mehrfachen 911-Anrufe Nicoles wenig treffend mit „einigen Aufs und Abs" umschrieben wurden, fiel auf, daß Simpson nicht nur seine Verantwortung bestritt, sondern sich auch noch dafür gratulierte, daß er die Strafe „auf sich genommen" hatte. Es folgte eine Litanei an Danksagungen an Golfpartner, Geschäftsfreunde, Vertraute und ehemalige Mitspieler. Dann kam Simpson auf seine Freundin Paula Barbieri zu sprechen. „Paula, was kann ich sagen, du bist besonders. Es tut mir leid, daß wir unsere Chance nicht haben werden. Gott brachte dich zu mir. Ich sehe das jetzt, während ich scheide, du bist in meinen Gedanken". Simpson schloß seinen Brief mit folgenden Sätzen: „Ich denke an mein Leben und fühle, daß ich das meiste richtig gemacht habe, warum also ende ich so? Ich kann nicht weitermachen, egal was herauskommt, die Menschen schauen und zeigen. Ich kann das nicht ertragen. Ich kann meine Kinder dem nicht aussetzen. Auf diese Weise können sie mit ihrem Leben weitermachen. Bitte ... laßt meine Kinder in Frieden von euch leben ...

Habt kein Mitleid mit mir. Ich hatte ein großartiges Leben und großartige Freunde. Bitte denkt an den echten O.J. und nicht an diese verlorene Person. Danke, daß ihr mein Leben besonders gemacht habt. Ich hoffe, ich habe eurem geholfen. Frieden + Liebe O.J."

In das O. seines Namens hatte er ein Happy Face gezeichnet.

Kam dieser Brief einem Geständnis gleich? Wenn er unschuldig war, weshalb wollte er dann Selbstmord verüben? Warum war er nicht außer sich vor Wut, daß er beschuldigt wurde und die Polizei nicht den tatsächlichen Killer suchte? Wenn er meinte, ohne Nicole nicht leben zu können, so sollte doch ein Argument der Verteidigung sein, daß er über Nicole hinweg war und deshalb kein Motiv hatte, sie zu ermorden? Stand es nicht diametral seiner Verteidgungsstrategie entgegen, seine Gedanken an den Freitod mit der Liebe zu seiner Ex-Frau zu erklären? Doch vor allem: Wenn seine Liebe zu Nicole der Grund für seine Selbstmordabsichten war, wieso schrieb er dies dann an keiner Stelle in dem Brief? Statt dessen dankte er Gott für seine Freundin Paula.

Indem Shapiro den Brief öffentlich verlesen ließ, lieferte er Simpson der Staatsanwaltschaft aus. Der Schluß liegt nahe, daß Shapiro davon ausging, Simpson nicht mehr lebend wiederzusehen. Was machte es da schon, daß er seinen Mandanten verriet?

Er konnte nicht voraussehen, daß die Staatsanwaltschaft diese mächtige Waffe, die ihr von Simpsons Anwalt zugespielt worden war, verstauben lassen und im bevorstehenden Prozeß nicht verwenden würde. Und ebenso wenig sah er voraus, was ihn erwartete, als er nach der Pressekonferenz nach Hause kam. Seine Frau, Linell, begrüßte ihn bereits an der Tür.

„Wo bist du gewesen?“ fragte sie. „Er ist im Fernsehen, Bob.“

Lange und Vannatter verfolgten in ihrem Büro die Live-Übertragung der Pressekonferenz Shapiros im Fernsehen.

„Er wird sich umbringen“, kommentierte Lange, nachdem Kardashian geendet hatte. „Das ist ein Abschiedsbrief.“

„Es ist ein Trick“, erwiderte sein Partner. „Er hat sogar seine eigenen Leute vertrickst. Simpson liebt sich zu sehr. Er wird es nicht tun.“

„Denkst du nicht, daß das ein Selbstmordbrief ist, Phil?“

„Nein, es ist ein Eingeständnis von Schuld. Er hat nicht ein einziges Mal gesagt, daß es ihm leid tut, daß seine Ex-Frau tot ist. Nicht ein Mal. Es tut ihm nur leid, daß er unter so viel Streß steht. Ich glaube nicht für einen Moment, daß dieser Typ sich um irgend etwas außer sich selbst sorgt. Er wird *nie* Selbstmord verüben“, beharrte Vannatter.

Am frühen Abend, gegen 18.25 Uhr, befuhr ein junges Paar, Chris Thomas und seine Freundin Kathy Ferringo, die Interstate 5 in nördlicher Richtung, unterwegs zu einem Camping-Wochenende. Wie die meisten Menschen in Amerika hatten sie aus den Medien erfahren, daß Simpson sich auf der Flucht befand und gewitzelt, daß er ihnen vielleicht auf dem Wege nach Mexiko entgegenkommen würde. Einige Minuten später blickte Kathy Ferringo in den Beifahrerrückspiegel.

„O mein Gott! – Chris, Chris, Chris!" sagte sie immer wieder. Thomas verringerte die Geschwindigkeit, und einen Moment später fand sich Kathy Ferringo Gesicht zu Gesicht mit Al Cowlings wieder, der am Steuer seines Broncos saß. Als er bemerkte, daß die Frau ihn anstarrte, warf er ihr einen vor Zorn glühenden Blick zu.

Sie befanden sich zu diesem Zeitpunkt etwa fünf Minuten Fahrtstrecke entfernt von Nicoles Grab. Chris Thomas benachrichtigte die Polizei.

Minuten nach Thomas' Mitteilung hängten sich die ersten Streifenwagen an Cowlings Bronco. Hubschrauber mit Kameraleuten lieferten Bilder, die – live von allen großen Sendern ausgestrahlt – ein staunendes Publikum im ganzen Land in den Bann zogen.

An einer Ampel, vor der sie anhalten mußten, setzte sich einer der Polizeiwagen neben Cowlings Bronco.

„Stellen Sie den Motor ab!" schrie der Officer Cowlings an.

„Fuck, nein!" brüllte Cowlings zurück und hämmerte mit seiner linken Hand so fest auf die Außenseite der Fahrertür, daß der Bronco sich im Stillstand bewegte. „Nehmt eure Waffen weg! Er ist auf dem Rücksitz und hält sich eine Pistole an den Kopf."

Simpson saß auf der Rückbank und hielt sich tatsächlich einen Revolver an die Schläfe. Ein Blutbad befürchtend, ließen die Polizisten Cowlings losfahren, nachdem die Ampel auf grün gesprungen war, und verfolgten ihn mit Sicherheitsabstand. Das, was später als *slow speed Bronco chase* bekannt wurde, hatte begonnen.

Cowlings rief über sein Handy 911 an. Es war jetzt 18.46 Uhr.

„Bis jetzt ... sind wir okay. Aber Sie müssen ihnen befehlen zurückzubleiben. Er ist immer noch am Leben, aber er hat eine Pistole an seinem Kopf ... Lassen Sie mich zurück zu dem Haus."

Cowlings meinte Simpsons Zuhause in Rockingham. Die Polizisten waren besorgt, Simpson könnte nicht nur sich, sondern auch Cowlings oder den Polizeibeamten etwas antun, und beschlossen, ihn nicht zu stoppen. Der Konvoi bewegte sich auf Rockingham zu, vorbei an erst Dutzenden, dann Hunderten und schließlich Tausenden von mühsam durch Polizeisperren von den Straßen abgehaltenen Schaulustigen, die Simpson unterstützende Transparente hochhielten oder skandierten „Go, O.J.!“ oder „Rettet den Juice!“

Derweil hatte sich eine SWAT-Einheit, ein spezielles Einsatzkommando, von dreiundzwanzig Officern und vier Sergeants in aller Eile nach Rockingham begeben und dort mehrere Scharfschützenstellungen eingerichtet. Für alle Fälle.

In seinem Büro kam Lange plötzlich ein Gedanke: Er hatte Simpsons Handy-Nummer; die Polizei hatte versucht, über ihre Ortung den Standort des Gesuchten herauszufinden. Er probierte es. Beim dritten Versuch nahm Simpson ab. Es war jetzt 19.26 Uhr. Inmitten der im Hintergrund heulenden Sirenen sprach Lange in den Hörer: „O.J.? O.J.? Das ist Tom Lange von Police Department. Erinnern Sie sich an mich?“

„Yeah, Mann“, erwiderte Simpson. „Wie geht es Ihnen, Tom?“

Lange begann einfach zu sprechen, während er die Verfolgungsjagd weiter im Fernsehen beobachtete. Er hatte nur ein Ziel – eine Katastrophe zu verhindern. Zweimal wurde ihre Verbindung durch Funklöcher unterbrochen. Als Lange Simpson erneut erreichte, war inzwischen ein Aufzeichnungsgerät angeschlossen worden, das ihr Gespräch in der folgenden Stunde mitschnitt.

„Ich muß in mein Haus, wo ich mit Nicole lebte“, erklärte Simpson und fügte, bezogen auf seine Waffe, hinzu: „Das ist für mich. Das ist nicht, um euch Jungs von mir wegzuhalten. Das ist für mich.“ Simpson schluchzte, seine Stimme brach sich. Lange sprach beruhigend auf ihn ein, mit endloser Geduld. „Das ist für mich“, wiederholte Simpson wieder und wieder. „Ah, sag ihnen, daß es mir leid tut ... und daß es mir leid tut, daß ich das dem Police Department antat.“

Lange sprach davon, daß seine Kinder ihn brauchten.

„Hey, Sie sind ein guter Typ zu mir gewesen“, stellte Simpson fest.

„Danke.“

„Und lassen Sie mich Ihnen sagen, ich weiß, ihr tut euren Job.“

„Ich begrüße das.“

„Sie waren von Anfang ehrlich zu mir ... Ich weiß, Sie machen einen guten Job.“

Lange sagte, daß seine Mutter ihn liebte. Simpson schluchzte unkontrolliert.

„Ich bin der einzige, der es verdient ..."

„Nein, Sie verdienen das nicht."

„Alles, was ich tat, ist, Nicole zu lieben."

Simpson erläuterte, daß er zu ihrem Grab gefahren war, um es dort zu tun, und daß er es jetzt bei sich zu Hause tun wollte. Dann verlor Simpson völlig die Kontrolle über sich. Ein Wimmern war alles, was Lange noch vernehmen konnte.

„Juice! Gib nicht nach jetzt. Sie sind Ihr ganzes Leben lang ein Mann gewesen ... Geben Sie jetzt nicht auf ..."

„... Ich bin so müde."

„Ich weiß, ich weiß."

„Ich möchte einfach bei Nicole sein."

„Sie müssen nicht bei Nicole sein. Sie müssen bei Ihrer Familie und Ihren Kindern sein", versuchte Lange in Simpsons Schluchzen hinein weiterzusprechen.

Um 19.57 Uhr erreichten Cowlings und Simpson Rockingham. Der Bronco stoppte in der Einfahrt. Simpson und Cowlings blieben, anvisiert von den Mitgliedern der Spezialeinheit, im Fahrzeug. Lange bemühte sich über das Handy nach wie vor, Simpson zur Aufgabe und dazu zu bewegen, seine Waffe aus dem Wagen zu werfen. Simpson saß noch immer auf der Rückbank, Fotos seiner Familie an seine Brust gepreßt, den Revolver an seinem Kopf. Die Minuten verstrichen, und Amerika wartete darauf, ob das Sportidol sich live im Fernsehen das Gehirn aus dem Schädel blasen würde.

Schließlich, um 20.45 Uhr, ging die Innenbeleuchtung im Bronco an, und die Tür öffnete sich. Simpson stieg ohne Waffe aus, machte einige Schritte und brach dann in den Armen der wartenden Polizisten zusammen.

Simpson wurde in das Haus geführt, erhielt ein Glas Orangensaft und durfte in Begleitung von vier Polizeibeamten die Toilette aufsuchen. Danach wurde er in Handschellen zu einem Streifenwagen geführt und nach Downtown gebracht. Lange und Vannatter erwarteten ihn im Gefängnis hinter dem Parker Center. Als erstes erhielt Simpson von Vannatter die Miranda-Warnung.

„O.J., Sie haben Ihre Verabredung heute verpaßt", fügte Vannatter sarkastisch hinzu.

„Sie wissen, es tut mir leid", entgegnete Simpson ernsthaft und fast unter Tränen. „Es tut mir wirklich leid. Es tut mir wirklich leid, daß ich euch all diese Probleme bereitet habe."

Simpson wurde in eine Zelle geführt und wegen Selbstmordgefahr unter Überwachung gestellt.

Danach vernahmen Vannatter und Lange Cowlings. Er berichtete ihnen, daß Simpson unbemerkt eine Waffe zu Hause mitgenommen und bereits auf Kardashians Grundstück vor Eintreffen der Polizei damit gedroht hatte, sich zu erschießen. Als loyaler Freund, der er war, sei er mit Simpson weggefahren, um ihn daran zu hindern und zu beruhigen. Sie hätten Nicoles Grab besuchen wollen, dort aber Polizei gesehen und wären umgekehrt. Dann habe ihre Irrfahrt begonnen, bis sie schließlich von der Polizei gestellt worden waren. Die ganze Zeit über habe Simpson die Waffe in seiner Hand gehalten, und er, Cowlings, befürchtet, daß sein Freund abdrücken könne.

„Denken Sie, O.J. hat seine Frau und ihren Freund ermordet?" wollte Vannatter wissen.

„Wir haben niemals darüber gesprochen", antwortete Cowlings scharf.

„Al", preßte Lange zwischen den Lippen hervor, „denken Sie, er tat es?"

Cowlings senkte den Kopf, schwieg einen Moment. „Ich weiß nicht. Ihr habt eine Menge Beweise", sagte er schließlich ruhig.

Währenddessen durchsuchten Mitglieder des SWAT-Teams Cowlings Bronco. Sie fanden Simpsons Personalausweis und einen Plastikbeutel, der einen falschen Spitz- und Kinnbart sowie Mittel zum Ankleben und Ablösen enthielt, und ebenso die Einkaufsquittungen für diese Gegenstände, die auf den 27. Mai 1994 datierten. Außerdem stellten sie Kreditkarten, Unterwäsche und Socken zum Wechseln, zwei Paar Schlüssel und den Revolver sicher. Bei einem der Schlüssel handelte es sich um einen Zweitschlüssel zu Nicoles Haus in Bundy.

Bei seiner vorläufigen Festnahme händigte Cowlings den Polizisten darüber hinaus 8.750 Dollar aus und erklärte, daß 8.000 Simpson gehörten, der sie ihm im Bronco zur Aufbewahrung gegeben hatte.

Warum führte Simpson Unterwäsche, Geld und Personalausweis mit sich, wenn er nicht wenigstens auch daran gedacht hatte zu fliehen? Und weshalb hätte er daran denken sollen, wenn er unschuldig war? Und wofür benötigte er die falschen Schnurrbärte? Wollte er unerkannt fliehen, begriff aber während seiner sechsstündigen Irrfahrt mit Cowlings auf den Autobahnen von Los Angeles schließlich, daß sein Unterfangen hoffnungslos war?

Die Quittungen für die falschen Bärte und das Zubehör belasteten ihn extrem. Man wußte von Simpson, daß er es liebte, auf offener Straße erkannt zu werden, nie hatte er sich verkleidet oder getarnt. Auch das Datum der Anschaffung war aufschlußreich: der 27. Mai 1994, gerade zwei Wochen *vor* den Morden und einige Tage, *nachdem* sich Nicole endgültig von ihm getrennt hatte. Wie die Ermittlungsbehörden wenig später herausfanden – Simpsons Angaben im Verhör bestätigend –, hatte ihm Nicole ein teures Armband und Ohrringe bei diesem Anlaß zum Zeichen des endgültigen Bruchs zurückgegeben, die sie zu ihrem Geburtstag am 19. Mai 1994 erst von ihm geschenkt erhalten hatte.

Verteidiger Shapiro und seine Kollegen konnten nicht ahnen, daß die Staatsanwaltschaft diese belastenden Indizienbeweise den Geschworenen zu keinem Zeitpunkt präsentieren würde ...

In seiner Zelle begann Simpson bald, ein Buch zu schreiben, um mehr Geld für seine Verteidigung zur Verfügung zu haben. Dieses Buch mit dem Titel „I Want to Tell You“ erbrachte nahezu eine Million Dollar. Simpson beschrieb darin seine Gefühle in der Anfangszeit, die er im Gefängnis verbringen mußte, mit den Worten: „In der ersten Woche im Gefängnis dachte ich an den gekreuzigten Jesus.“

BLITZKRIEGSTRATEGIE

An diesem Wochenende arbeitete Marcia Clark zu Hause. Sie saß mit gekreuzten Beinen auf ihrem Bett, ihr Laptop zwischen den Knien, als das Telefon klingelte. Es war Shapiro.

„Hey, Bob, wann wird der richtige Anwalt erscheinen?“ frotzelte Clark. Sie nahm an, daß Shapiro seinen Platz für einen in Mordprozessen erfahrenen Strafverteidiger räumen würde.

„Ich bleibe bei diesem Fall, Marcia“, erwiderte Shapiro ernst. „Ich bin in ihm bis zum Ende.“

„Stop, Sie bringen mich um“, stichelte Clark weiter. Dann wurde auch sie ernst. „Kommen Sie, wer wird der echte Verteidiger sein?“

„Ich sagte es. Ich bleibe bei diesem Fall.“

„Nun, wir werden die Anklage am Montag erheben. Werden Sie um eine Vertagung bitten?“

Shapiros Antwort, daß er es möglicherweise würde, war keine Überraschung für Clark. Das war Standardprozedur. Verteidiger versuchten üblicherweise, ihren Antrag so weit wie möglich hinauszuschieben, um Zeit für die Überprüfung der Beweismittel zu gewinnen und auszuloten, ob Raum für Verhandlungen war. Clark erwartete, daß der Auftritt vor Richterin Patti Jo McKay am kommenden Montag sehr kurz sein würde – gerade lange genug, um einen neuen Termin für die Vernehmung Simpsons zur Anklage anzuberaumen.

Der Gerichtssaal war überfüllt am Montag, dem 20. Juni 1994. Richterin McKay, eine Afroamerikanerin mit einem Schuß Silber in ihrem Haar, fragte, ob Simpson bereit sei, sich zur Anklage zu äußern. Clark öffnete ihren Kalender, um den neuen Termin zu notieren. Schockiert hörte sie Shapiro antworten: „Ja, Euer Ehren, Mr. Simpson ist bereit, sich zur Anklage zu äußern."

Keine Vertagung, dachte Clark. Dieser Hurensohn.

Simpson wirkte körperlich verändert gegenüber jenem O.J., den die Öffentlichkeit bis dahin kannte. Er schien stehend zu schlafen, bewegte sich leicht vor und zurück. Sein Gesicht war eingefallen. Für eine Sekunde schloß er die Augen, schwankte so, daß man dachte, er könne fallen. Dann wieder starrte er leer durch den Gerichtssaal, wirkte konfus.

„Mr. Simpson, verstehen Sie die Anklage ...?"

Shapiro plazierte seine rechte Hand auf Simpsons linker Schulter, dirigierte ihn damit. Simpson schien in sich selber zu versinken, doch sobald Shapiros Hand ihn drückte, kam er weit genug zurück, um zu tun, was von ihm erwartet wurde.

„Ja", erwiderte er schließlich tonlos und schwach.

Er trug dieselben Sachen wie bei Nicoles Begräbnis. Nur ohne Gürtel, Krawatte und Schnürsenkel.

„Haben Sie diese Anklagen mit Ihrem Anwalt besprochen, Sir?"

Wieder das Drücken.

„Ja."

„Möchten Sie schuldig oder nichtschuldig beantragen?"

„Nichtschuldig", murmelte Simpson.

Richterin McKay setzte den Beginn des Preliminary Hearings für zehn Tage später, auf den 30. Juni 1994 an.

Das bedeutete, daß Clark schnell handeln mußte. Um dem Preliminary Hearing auszuweichen, mußte sie eine Zulassung der Anklage vor der Grand Jury vor dem 30. Juni erreichen. Dank Shapiro blieben ihr dazu nur noch neun Tage. Shapiros Blitzkriegstrategie hatte begonnen. Ausgangspunkt war zweifelsohne die Überlegung: Ich habe einen schuldigen Klienten, der einen Berg an Beweisen zurückgelassen hat. Je mehr Zeit die Gegenseite hat, ihren Fall aufzubauen, desto hoffnungsloser wird meine Situation, und ich werde nichts haben, um einen guten Deal für meinen Klienten herauszuholen. Die Zeit arbeitet gegen mich, also muß ich jetzt handeln, sie aus dem Takt bringen. Vielleicht begehen sie Fehler, die ich ausnutzen kann, zum Beispiel für einen Plea-Bargain.

Shapiro gab noch an diesem Tag eine Pressekonferenz. In seiner Kanzlei sah er in die Objektive der Fernsehkameras und ließ seinem Mandanten eine wahrlich wachsweiche Unterstützung zukommen, gab sich weniger als Anwalt denn als jemand, der wie alle anderen auch nach Antworten suchte. Gefragt, ob er eine Verteidigung auf der Basis von Unzurechnungsfähigkeit in Erwägung ziehe, was natürlich voraussetzte, daß Simpson die Morde begangen hatte, erwiderte er: „Jede mögliche Verteidigung muß von jedem Prozeßanwalt in Erwägung gezogen werden." Seine Worte ließen seinen Klienten noch schuldiger aussehen, als dessen Handlungen es bereits bewirkt hatten.

Allerdings produzierte die Staatsanwaltschaft zur selben Zeit eigene Probleme. Obwohl die Umstände des Falles seriöse, untheatralische Ermittlungen nahegelegt hätten, konnte der Bezirksanwalt Gil Garcetti der Versuchung nicht widerstehen, selber ins Rampenlicht zu treten. Nach seiner eigenen Pressekonferenz an diesem Tage erschien er in „ABC's-Nightline", „CBS Evening News", „NBC Nightly News", „today" und in „Good Morning America". Zuvor war er bereits in der Sendung „This Week with David Brink-ley" aufgetreten und hatte erklärt: „Nun, es wird mich nicht schockieren, wenn wir irgendwann einen O.J. Simpson sehen werden – und es könnte sehr bald geschehen, es könnte auch erst in Monaten geschehen – der sagt: ‚Okay, ich tat es, aber ich bin nicht verantwortlich.' Wir haben es bei Menendez gesehen. Ich glaube, es ist eine wahrscheinliche Verteidigung, sobald die Beweise von den Anwälten überprüft worden sind."

Sicher wollte Garcetti den Moment für sich ausnutzen und seine Popularität steigern, aber es dürfte ihm auch Sorge bereitet haben, daß Simpson von der Öffentlichkeit große Unterstützung zuteil wurde. O.J. war extrem beliebt. Im Gefängnis erhielt er säckeweise Briefe, und die Parolen, die die Schaulustigen während der Bronco-Verfolgungsjagd skandiert hatten, belegten, daß die Menschen *nicht wollten*, daß ihr Idol schuldig war. Die Staatsanwaltschaft mußte dem entgegensteuern, jedem verdeutlichen, daß Simpson der Mann war, der zwei Menschen ermordet und jahrelang seine Frau mißhandelt hatte. Sein Ruf mußte vernichtet werden.

Marcia Clarks eigene Pressekonferenz an jenem 20. Juni 1994 unterschied sich – wenn überhaupt – nur darin von der ihres Vorgesetzten, daß sie noch kategorischer war. „Es war vorsätzlicher Mord. Er wurde geplant und vorsätzlich begangen. Das ist präzise, was wir anklagen werden, weil es das ist, was wir beweisen werden", erklärte sie harsch. Von vornherein schloß Clark damit die Möglichkeit aus, daß Simpson seine Ex-Frau in einem Anfall von Eifersucht ermordet hatte. Gefragt, ob Komplizen an der Tat beteiligt sein konnten, antwortete sie mit völliger Sicherheit: „Mr. Simpson wird alleine angeklagt, weil er der alleinige Mörder ist."

Marcia Clark setzte ihren Fall einer unnötigen Gefahr aus, indem sie sich auf eine Theorie festlegte. Allein dieses Herangehen wäre Grund genug gewesen, ihr den Fall nicht zu geben. Aber mehr noch: Was aus nachvollziehbaren Gründen in den Medien nicht kommentiert wurde, war die Tatsache, daß die meisten Fälle aus der erwähnten Verlustserie der Staatsanwaltschaft von weiblichen Staatsanwälten verloren worden waren, die genauso wie Marcia Clark nach außen unverblümt und aggressiv auftraten. Doch Garcetti hatte keine Wahl. Seit Vannatter Clark ins Spiel gebracht hatte, verband die Öffentlichkeit ihr Gesicht untrennbar mit der Simpson-Tragödie. Und es gab noch einen weiteren Grund, der Garcetti an Clark band. Clarks beste Freundin bei der Staatsanwaltschaft war ihre Kollegin Lynn Reed Baragona, die einige Jahre zuvor Garcetti, der damals noch Supervisor gewesen war, wegen sexueller Diskriminierung verklagt hatte, weil ihrer Ansicht nach bei Beförderungen männliche Bewerber vorgezogen worden waren. Die Sache war zur Zufriedenheit Baragonas bereinigt worden, bevor es zu einer Gerichtsentscheidung kam. Hätte Garcetti nun Marcia Clark vom Simpson-Fall abgezogen, hätte dies wie eine Revanche aussehen können. Der DA hatte daran kein Interesse, wollte Clark den Fall allerdings auch nicht alleine anvertrauen. Ein männlicher Staatsanwalt sollte ihr zur Seite gestellt werden – die Wahl fiel auf Hodgman –, aber es blieb dabei, Clark hatte den Fall.

Wie geplant, begann Clark die Grand Jury Anhörungen am 17. Juni 1994. Kato Kaelin erhielt auf ihre Veranlassung an diesem Vormittag eine Vorladung, nach der er um 13.00 Uhr zu erscheinen hatte. Die Kürze der Zeit war höchst ungewöhnlich. Der verunsicherte Kaelin, der sich in aller Eile an einen Strafverteidiger, Bill Genego, wandte, traf sich erstmals mit diesem in Marcia Clarks Büro.

„Es ist fünf vor eins", sagte Clark. „Sie können drei Minuten mit Ihrem Klienten haben, bevor wir ihn zur Grand Jury herunterbringen. Er ist um 13.00 Uhr dran."

„Das ist verrückt", protestierte Genego und bat um mehr Zeit, um sich mit Kaelin besprechen zu können. Schließlich wußte er überhaupt nicht, worum es ging. Keine Chance. Clark wies Kaelin an, den Fahrstuhl zu betreten.

„Wenn Sie ihn zwingen, dorthin zu gehen, lasse ich ihn den Fünften nehmen (der Fünfte Verfassungszusatz enthält das Recht, die Aussage zu verweigern, wenn man sich selbst belasten könnte), und Sie werden überhaupt nichts von ihm erhalten."

Clark war außer sich. „Ich werde ihm Fragen stellen, wenn ich will, und wenn Sie versuchen, zu stören, lasse ich Sie wegen Behinderung der Justiz verhaften."

Als erfahrener Strafverteidiger ließ sich Genego nicht einschüchtern. Er kritzelte Kaelin auf ein Stück Papier, was dieser auf jede Frage zu antworten hatte, bevor sein Mandant den Saal betrat, in dem sich die Grand Jury versammelt hatte.

„Mr. Kaelin", fragte Clark, „waren Sie bekannt mit einer Frau namens Nicole Simpson?"

„Auf Anraten meines Anwaltes muß ich respektvoll die Beantwortung verweigern und mich auf mein verfassungsmäßiges Recht zu schweigen berufen", las Kaelin mühsam ab. Nächste Frage, gleiche Antwort. Aus. Clark ließ Simpsons verwirrten Hausgast Richter Stephen Czuleger vorführen, bereit, ihn in Beugehaft zu nehmen. Kaelin sei Zeuge, kein Beschuldigter, deshalb könne er sich nicht auf den Fünften Verfassungszusatz berufen. Genego erwiderte, daß Kaelin aber wie ein Verdächtiger behandelt worden war und jedes Recht zur Aussageverweigerung habe, wenn ihm nicht einmal die Möglichkeit gegeben werde, sich vorher mit seinem Anwalt zu beraten. Was ist das Problem, wollte der erstaunte Czuleger von der Staatsanwaltschaft wissen, wenn man Kaelin das Wochenende gibt, um sich mit seinem Anwalt zu beraten? Keines, mußte die Gefragte einräumen. Czuleger bereitete der

Farce ein Ende. Er entschied, daß Kaelin am Montag, dem 20. Juni 1994, um 8.30 Uhr zu erscheinen habe.

Kaelin erschien zur festgesetzten Stunde und macht seine Aussage. Wie sich herausstellte, war er etwas begriffsstutzig und hatte große Schwierigkeiten, sich vernünftig zu artikulieren. Aber er war ein grundehrlicher und aufrichtiger Mensch. Doch Clark hatte ihn mit ihrem taktisch unintelligenten Vorgehen gegen sich aufgebracht und einen vorsichtigen Gesprächspartner aus ihm gemacht, der sich seine Worte zweimal überlegte.

Und das sollte sich im Fall der Zeugin Jill Shively wiederholen, jener Augenzeugin, die Simpson kurz auf der Fahrt nach den Morden in dem Bronco gesehen hatte.

Vor deren Aussage vor der Grand Jury hatte Clark von Shively wissen wollen, ob sie mit jemandem über den Fall gesprochen habe. Shively hatte die Frage so verstanden, wer die *erste* Person gewesen sei, mit der sie über den Fall gesprochen habe, und wahrheitsgemäß geantwortet, ihre Mutter, der sie noch in der Mordnacht, nachdem sie nach Hause zurückgekehrt war, über ihre unheimliche Begegnung mit Simpson berichtet hatte. Shively machte ihre Aussage vor der Grand Jury am 21. Juni 1994. Am Abend desselben Tages erschien ein Interview mit ihr im Magazin „Hard Copy“, für das sie 5.000 Dollar erhalten hatte. Viel Geld für eine Angestellte.

Clark bebte vor Zorn. Sie bestellte Shively für den folgenden Tag barsch zu sich ein und fuhr sie an: „Sie haben uns angelogen!“ Shively erklärte ihr den Irrtum. Umsonst. „Wir haben viele Beweise, wir brauchen Sie nicht. Wir werden ein Exempel an Ihnen statuieren“, kündigte Clark an und bestimmte, daß sie am darauffolgenden Tage nochmals vor der Grand Jury zu erscheinen habe.

Begleitet von einem Anwalt erschien Jill Shively. Marcia Clark ließ sie im Zeugenstand Platz nehmen und wandte sich nach ein paar Minuten Befragung an die Grand Jury: „Ladies und Gentlemen dieser Jury, da es unsere Pflicht als Staatsanwälte ist ... muß ich Sie bitten, die Aussage Jill Shivelys in diesem Fall komplett nicht zu beachten.“

Mit diesen Worten hatte Clark ihre eigene Zeugin für den Rest des Verfahrens vollständig unbrauchbar gemacht.

Daß Shively Geld für ein Interview genommen hatte, sprach nicht für sie, aber es beseitigte auch nicht ihre Glaubwürdigkeit per se. Wollte die Staatsanwaltschaft ethischen Grundsätzen entsprechen, hätte es genügt, das Honorar zu erwähnen und die Grand

Jury und später die Geschworenen im Strafprozeß darüber befinden zu lassen, welche Implikationen dies auf die Aussage hatte.

Doch die Angaben Shivelys paßten nicht zur Zeitlinie, die Marcia Clark inzwischen entwickelt hatte. Um Simpson mehr Zeit für die Morde zu geben, hatte sie sich entschlossen, daß diese zwischen 22.00 Uhr und 22.15 Uhr stattgefunden haben *mußten*. Wie es noch so häufig geschehen sollte, war Clark bereit, die Fakten des Falles in *ihre Vorstellung* zu zwingen.

Am Abend des 22. Juni 1994 erreichte die Rufmordkampagne der Ermittlungsbehörden gegenüber Simpson einen Höhepunkt. Landesweit und nahezu ununterbrochen sendeten die Medien, denen das Band zuvor zur Verfügung gestellt worden war, den Mitschnitt eines 911-Anrufes Nicoles vom 25. Oktober 1993. Amerika konnte der panischen und herzzerreißenden Stimme von Simpsons ermordeter Ex-Frau lauschen: „Können Sie bitte jemanden hierher schicken? Er ist zurück. Bitte ... Es ist O.J. Simpson. Ich glaube, Sie kennen seine Vorgeschichte ... Er wird mich windelweich schlagen ... Er hat die Hintertür aufgebrochen, um hereinzukommen ... Er ist völlig durchgedreht ...“

Weder Garcetti noch Clark sahen voraus, daß der Verteidigung damit ein Rammbock an die Hand gegeben worden war, um die verschlossene Tür der Grand Jury zu zertrümmern.

Die Anwälte Shapiro, Uelmen, der sich noch in San Jose befand, und Dershowitz, der sich in Jerusalem im King David Hotel aufhielt, konferierten. Dershowitz' Telefonrechnung betrug am Ende über 800 Dollar.

„Eine unabhängige Untersuchung der Beweise ist jetzt außer Frage“, führte Shapiro aus. „Ich denke, wir sollten uns überlegen, einen Antrag zu stellen, die Grand Jury wegen Fehlverhaltens der Staatsanwaltschaft zu disqualifizieren.“

Uelmen war der Ansicht, daß das chancenlos sei; es existierte kein Präzedenzfall, tatsächlich war etwas derartiges noch nie beantragt worden. Dershowitz, immer optimistisch, wertete die Erfolgsaussichten zwar auch nicht besonders hoch, meinte aber, daß es einen Versuch wert sei.

Am 24. Juni, um 8.30 Uhr, nachdem bereits mehr als fünfzehn Zeugen vor der Grand Jury vernommen worden waren, war die Verteidigung für ihren ersten von insgesamt dreihundertdreiundneunzig Anträgen bereit, die sie während des Verfahrens stellen sollte. Shapiro und Uelmen trugen ihren Antrag vor dem Richter am Superior Court, Lance A. Ito, vor, dem noch eine verhängnisvolle Rolle in der Affäre beschieden sein sollte. Die Anwälte argumentierten, daß durch die Interviews, die die Staatsanwaltschaft gegeben hatte, vor allem aber durch die Veröffentlichung der 911-Bänder die Mitglieder der Grand Jury voreingenommen und zu einer Entscheidung im Sinne eines der Verfassung entsprechenden fairen Verfahrens nicht mehr in der Lage wären. Sie beantragten, die Mitglieder der Grand Jury einem Voir Dire (einer Befragung) zu unterziehen und die Anhörung abzubrechen.

Während der mündlichen Verhandlung befragte der überwachende Richter am Superior Court, Cecille Mills, die Mitglieder der Grand Jury. Was er zu hören bekam, störte ihn. Sie hatten die Interviews Garcettis und Clarks gesehen, die Tonbänder gehört. Um 10.30 Uhr an diesem Morgen verkündete er seine Entscheidung und ordnete an, daß die Grand Jury sich von dem Fall zurückziehen solle. „,... Das Gericht findet, daß ... einige Geschworene bestimmte präjudizierende Dinge wahrgenommen haben, die ihnen nicht offiziell durch den DA präsentiert worden sind ..."

Shapiro hatte gewonnen – und Rechtsgeschichte geschrieben.

Marcia Clark sah sich an den Ausgangspunkt zurückgeworfen. Und sie hatte nur noch sechs Tage, um sich auf das Preliminary Hearing vorzubereiten.

An diesem Nachmittag hielt Garcetti ein Treffen mit seinen Assistenten ab. Fünfundzwanzig Staatsanwälte, die Hälfte davon Vollzeit, die andere Teilzeit, wurden schließlich dem Fall zugeteilt. Wie viele von ihnen hatten bereits ein Preliminary Hearing mit Shapiro gehabt, wollte er wissen. Die meisten Hände erhoben sich. „Und wie viele dieser Hearings begannen pünktlich?" fügte der DA hinzu. Die meisten Hände gingen wieder herunter.

Garcetti fühlte sich bestätigt, daß Shapiro, zumal in Anbetracht eines Klienten, der vielleicht die Todesstrafe zu erwarten hatte, möglichst viel Zeit zu gewinnen versuchen und um eine Vertagung bitten würde. Ein Trugschluß, dem zuvor schon Marcia Clark unterlegen war. Shapiro wußte, daß eine Verschiebung der Staatsanwaltschaft mehr Zeit geben würde. Daran hatte er kein Interesse. Sein Team war bereit, die Gegenseite nicht.

Am Samstagnachmittag, dem 25. Juni 1994, trafen sich in Shapiros Büro zwei Dutzend der Topanwälte von Los Angeles, ausnahmslos Weiße, fast nur Männer, die allermeisten jüdischer Herkunft, weswegen sie sich gelegentlich selbst scherzhaft als „West LA jewish Mafia" bezeichneten. Shapiro hatte eingeladen, und sie alle waren gefolgt. Schließlich war ihr Kollege jetzt eine Berühmtheit. Sie kannten seine Schwächen – sein Ego, seine Ichbezogenheit. „Bob könnte Cocktails mit Hitler haben", pflegte die Frau eines Kollegen über Shapiro zu sagen. Sie belustigten sich über Shapiros Art des endlosen *socializings.* Einmal hatte er eine Verabredung zum Mittagessen mit einem Kollegen ohne eine Spur von Humor mit der Begründung abgesagt, er lunche nur mit Menschen, die ihm helfen könnten, das sei Teil seines Arbeitstages.

Shapiro begrüßte seine Besucher mit Umarmungen. Nachdem sich die Anwälte um den ovalen Konferenztisch gesetzt hatten, begann er seine Ausführungen mit einer Frage: „Also, wer von euch denkt, daß O.J. es getan hat?"

Alle erstarrten. Nach einem Moment räusperten sich einige der Anwesenden, andere lachten verlegen oder rollten mit den Augen. Erfahrene Strafverteidiger geben sich selten Illusionen hin. Doch dies hier, in einer solchen Runde, war nicht die Eröffnungsfrage, mit der man gerechnet hatte.

In die unangenehme Stille hinein stellte Shapiro Taft und Kardashian vor, die wichtigsten Vertrauten Simpsons. Obwohl Shapiro das Treffen unter dem Vorwand angekündigt hatte, die Strategie mit seinen Kollegen besprechen zu wollen, stellte er wenige Fragen. Der wahre Grund für dieses Aufgebot an geballter juristischer Kraft war wohl, daß Shapiro seine Stellung festigen wollte. Außerdem bestand die Möglichkeit, noch einen oder mehrere der Anwälte in sein Team mit aufzunehmen.

Eines jedenfalls machte Shapiro auf der Konferenz deutlich: Er war fest davon überzeugt, sein Mandant würde in dem bevorstehenden Prozeß freigesprochen werden. Shapiro hatte eine Verteidigungsidee ...

Von Beginn an, während die etablierte Presse den Simpson-Fall benutzte, um auf den Gegenstand der häuslichen Gewalt zu fokussieren, präsentierte der „Sentinel", die größte afroamerikanische Zeitschrift von Los Angeles, die Story eines schwarzen Mannes, der Gerechtigkeit in einem weißen Rechtssystem sucht.

Dann erschien das „Time Magazine" mit einem Titelbild, das Simpson zeigte. Das war in jenen Tagen nichts außergewöhnliches, doch das Time Magazine hatte etwas Besonderes gemacht: Es hatte

Simpsons Hautfarbe dunkler dargestellt, als sie es in Wirklichkeit war.

Ein Aufschrei der Empörung war die Folge, die Verantwortlichen der Zeitschrift mußten in der Öffentlichkeit um Vergebung bitten. Bereits in dieser ersten Woche nach den Morden erklomm sein Fall so die Spitze der Agenda der Bürgerrechtsbewegung. Für die schwarze Presse wurde Simpsons Anliegen deren eigenes, während die weiße Presse nach der Time-Katastrophe vor allem darauf bedacht war, neutral zu wirken.

Niemand begriff diese Entwicklung schneller und verstand sie besser auszunutzen als Simpsons Anwälte, allen voran Robert Shapiro.

Um diese Zeit traf Garcetti eine der meistdiskutierten Entscheidungen des gesamten Falles: Der Prozeß würde im Criminal Courts Building in downtown Los Angeles stattfinden. Der Tatort Brentwood berechtigte die Staatsanwaltschaft zu der Alternative, den Prozeß vor dem Superior Court in Santa Monica zu führen – und damit Zugang zu dem dortigen Jury Pool zu haben. Der Unterschied war gewaltig: In Santa Monica enthielt der Jury Pool, aus dem die Geschworenen für einen Prozeß ausgewählt wurden, 80 Prozent Weiße und nur 7 Prozent Schwarze, in downtown hingegen lediglich 30 Prozent Weiße und 31 Prozent Schwarze (in beiden Orten verteilte sich der Rest vornehmlich auf Asiaten und Lateinamerikaner). Warum, wurde später häufig gefragt, entschied sich der DA dafür, eine schwarze Berühmtheit vor einem Gericht anzuklagen, dessen Jury Pool zu einem Großteil afroamerikanisch war? Seitens der Staatsanwaltschaft wurden eine Menge Erklärungen vorgebracht: das Gerichtsgebäude in Santa Monica sei durch ein Erdbeben beschädigt, die Sicherheitsvorkehrungen seien in downtown besser, die Staatsanwaltschaft habe ihren Sitz im Criminal Courts Building, so daß sie nur bis zum Gerichtssaal im 9. Stock habe fahren müssen, die Gerichtssäle in Santa Monica seien zu klein und das Gebäude ungeeignet für die zu erwartende gewaltige Medienpräsenz ... fadenscheinige und teilweise unzutreffende Erklärungsversuche. Außerdem, wann hatte man jemals gehört, daß der Ort eines Mordprozesses davon abhängig gemacht wurde, was für die Staatsanwaltschaft am bequemsten und wo die Berichterstattung für die Medien am günstigsten war? Auch andere große und die Medienaufmerksamkeit erregende Prozesse hatten schließlich in Santa Monica stattgefunden: Der Zivilprozeß wegen

Kindesmißbrauchs gegen Michael Jackson oder der Billionaire Boys Club Mordfall 1987. Auch der spätere Zivilprozeß gegen O.J. Simpson wurde dort geführt ...

Was wirklich zu dieser Entscheidung geführt haben dürfte, wurde im Zusammenhang mit einem Interview offensichtlich, das der Staranwalt Vincent Bugliosi dem „Playboy" in der Ausgabe vom 1. November 1994 gab.

Vincent Bugliosi, einer der brillantesten Juristen Amerikas, hatte in seiner Zeit als Staatsanwalt von 106 Verbrechensprozessen 105 gewonnen, darunter den berühmten Charles-Manson-Prozeß, in dem er die Verurteilung des Drahtziehers der Morde an der hochschwangeren Filmschauspielerin Sharon Tate erwirkte, obwohl die Sektenjünger Charles Mansons alles versuchten, um ihren Führer zu schützen. Bugliosi rügte als erster die Entscheidung des DA, den Fall in downtown zu verhandeln und wies darauf hin, daß es übliche Praxis sei, einen Fall vor das Gericht zu bringen, in dessen Bezirk die Tat begangen worden war, hier also Santa Monica. Drei Tage später, am 4. November 1994, rief Garcetti Bugliosi an.

„Vince, ich möchte dir zu dem großartigen Interview gratulieren", begann der DA und fuhr fort: „Die einzige Sache, auf die ich dich hinweisen möchte, ist der Grund, weshalb dieser Fall in downtown verhandelt werden wird. Ich weiß nicht, wie es war, als du noch im Office warst, aber seit Jahren ist es so, daß, wenn du einen Fall einmal vor die Grand Jury gebracht hast, der Fall in downtown bleiben muß. Also konnte dieser Fall nicht in Santa Monica verhandelt werden."

„Gil", erwiderte Bugliosi, „es ist nicht nur nicht so gewesen, als ich noch im Office war, es ist immer noch nicht so. Nur weil ein Fall vor die Grand Jury gebracht wird, bedeutet definitiv nicht, daß der Fall nicht mehr in dem Gerichtsbezirk verhandelt werden darf, in dem das Verbrechen geschehen ist."

„Nun, ich stand unter dem Eindruck, daß wir an downtown gebunden wären", entgegnete ein nachdenklicher Garcetti.

Bugliosi hatte recht; es entspricht gefestigter Rechtsprechung in Kalifornien mit einer ganzen Reihe an Präzedenzurteilen, daß der Simpson-Fall in Santa Monica hätte verhandelt werden können, obwohl zunächst die Grand Jury in downtown angerufen worden war. Garcetti, Clark und all die anderen Staatsanwälte, die an dem Simpson-Fall arbeiteten, hatten dies – so unglaublich es klingen mag – offenbar nicht gewußt.

Aber das erschien zunächst unwichtig, denn – zurück im Juni

1994 – war für Garcetti klar, daß er diesen Fall immer gewinnen würde, gleichgültig vor welchem Gericht er verhandelt würde, unabhängig davon, welche Hautfarbe die Geschworenen haben mochten.

Am Wochenende des 25./26. Juni 1994 versammelte sich das Verteidigungsteam in Shapiros Büro, um das sogenannte Discovery Material zu untersuchen. Das Gesetz verpflichtet die Staatsanwaltschaft, der Verteidigung im Rahmen der Discovery die Namen aller potentiellen Zeugen, ihre Aussageprotokolle, Testresultate, Sachverständigengutachten, Fotos usw. zur Verfügung zu stellen. Unglücklicherweise sagt das Gesetz nichts darüber, in welchem Zustand das Material übergeben werden muß. Die Kisten, die die Verteidigung erhalten hatte, waren ungeordnet, nicht katalogisiert. Stücke waren einfach in sie geworfen worden, Papiere flogen herum, es war ein Puzzle. Deutliche Kommentare über die Staatsanwaltschaft fielen, die ihnen diesen „Saustall" beschert hatte.

Pavelic, der Ermittler Shapiros, nahm sich die Polizeiprotokolle vor. Zum ersten Mal ließ sich Stück für Stück für die Verteidigung zusammensetzen, was am Abend der Morde geschehen war. Aber die Aufzeichnungen sagten nichts darüber, wer über die Mauer geklettert war und das Tor an Simpsons Anwesen geöffnet hatte oder durch wen der Handschuh in Rockingham gefunden worden war.

Bill Pavelic war der erste, der es aussprach: „Wie oft haben Sie einen Fall gesehen, in dem etwas so offensichtliches wie ein Handschuh von einem Ort zum anderen gebracht wird?" Die Alarmsignale leuchteten auf, als er Vannatters eidesstattliche Erklärung für den Durchsuchungsbefehl las. Eine unerwartete Reise? Menschliches Blut? Das stimmte doch nicht, und Vannatter wußte das. „Wir haben hier ein Komplott", erklärte er. „Ich kenne die Polizei."

DER FROSCHMANN

Vannatter und Lange waren verärgert, daß Marcia Clark Jil Shively als Zeugin eliminiert hatte, aber sie nahmen an, daß die Staatsanwältin wußte, was sie tat.

Fuhrman wiederum verstand nicht, weshalb Clark den Fall in eine Domestic-Violence-Tat transformierte. Es war bekannt, daß Simpson Nicole seit mindestens Mitte der 80er Jahre kontinuierlich mißhandelt hatte. Doch bis 1994 hatte er sie nicht ermordet. Was also hatte Simpson dazu gebracht, von seinem „normalen" Verhalten zu einem brutalen Doppelmord überzugehen?

Der Detective glaubte, daß Ron und Nicole ein Liebespaar waren. Die Atmosphäre in Nicoles Haus, die Kerzen und die romantische Musik waren seiner Ansicht nach kein Zufall, auch wenn das Bett ungemacht gewesen war. Zudem waren Fuhrman Informationen zugetragen worden; eine Freundin Ron Goldmans hatte von einem Gespräch zwischen ihr und dem Ermordeten berichtet.

„Wie geht es dir?" hatte sie Goldman gefragt.

„Großartig", hatte dieser geantwortet. „Ich treffe mich mit einer 35jährigen Frau, die zwei Kinder hat. Sie hat einen weißen Ferrari. Sie ist wirklich nett."

„Ist Sex mit einer älteren Frau nicht großartig?"

„Ja, es ist großartig."

Fuhrman hatte Vannatter und Lange informiert, aber Marcia Clark war eindeutig nicht daran interessiert, die Toten romantisch zu verbinden. Fuhrman verstand sie so, daß sie befürchtete, das Bild der Opfer könnte in den Augen der Geschworenen beeinträchtigt werden durch eine Liaison zwischen den beiden. Er argumentierte, daß es sich um zwei junge, ledige und gesunde Erwachsene handelte und an einer sexuellen Beziehung zwischen ihnen nichts Anrüchiges sein konnte und – mehr noch – daß es dann eine Person gab, die außer sich vor Wut über die Tatsache war, daß Nicole einen jungen Kellner ihr vorzog – O.J. Simpson. Eifersucht war ein sehr starkes Motiv.

Noch mehr war Fuhrman zugetragen worden: Simpson hatte Nicole und Ron in ihrem Ferrari gesehen und in einem Coffeeshop, wo er kurz an ihren Tisch getreten war, düster gesagt: „Das ist meine Frau." All dies kurz vor den Morden.

Doch sämtliche Informationen änderten nichts an Marcia Clarks fixer Idee, ein reines Schwarz-Weiß-Bild zu präsentieren: Nicole war darin der unschuldige, reine Engel, Ron Goldman der Held, Simpson die Inkarnation des Bösen. Marcia Clark war besessen von dem Gedanken, Nicole als Opfer männlicher Gewalt zu porträtieren.

War sie beinflußt von dem Buchvertrag, den sie erhielt und der ihr ein Honorar von vier Millionen US-Dollar bescherte, um nach dem Prozeß ihre und die Geschichte des Verfahrens zu erzählen? Schärfte sie, die leitende Staatsanwältin im „Verfahren des Jahrhunderts“, möglicherweise die Anklage in Richtung Domestic Violence, um sich mit einem Thema, das Frauen betraf und diese als ihre potentiellen Leser besonders interessierte, zu profilieren? War es vielleicht sogar eine Anregung des Verlages, der mit ihr diesen Vertrag eingegangen war? Kann jemand, mit einem derartigen Vertrag ausgestattet, noch in der Lage sein, sich streng nach den objektiven Fakten zu richten?

Die Staatsanwaltschaft erfuhr frühzeitig davon, daß Simpson Hauptdarsteller in einer TV-Serie „The Frogmen“ hatte werden sollen, die von Warner Bros. produziert wurde. Die Pilotfolge war kurz vor den Morden in Puerto Rico und Los Angeles gedreht worden. Simpson spielte eine Figur namens Bullfrog, ein Typ in einem schwarzen Anzug, mit einer schwarzen Kappe getarnt und einem langen, scharfen Klappmesser bewaffnet, ein trainierter Killer der Eliteeinheit Navy SEAL, einer, der lautlos tötet, indem er sich von hinten an seine Opfer heranschleicht und ihnen die Kehle durchschneidet. Ohne jedes Geräusch, effizient. In dem Drehbuch findet sich eine Szene, in der Bullfrog sich an einen Eindringling in seinem Geschäft von hinten anschleicht, diesen blitzartig zu Boden ringt, ihm mit einem Arm den Kopf nach hinten zieht und das Messer bereithält, um den Hals zu durchtrennen, bevor er im letzten Moment die Frau auf dem Boden unter sich erkennt. Doch es gibt in diesem Drehbuch noch mehr: Bullfrog droht damit, jemanden namens Goldman zu ermorden. Und er geht an das Grab seiner Frau, um zu beten. Wer dieses Skript liest und sich die Morde vergegenwärtigt, spürt einen eisigen Schauer.

Die Staatsanwaltschaft ging im Prozeß nie auf die Frogmen-Episode ein, ignorierte diesen möglichen Hinweis auf Simpsons Vorgehen, auf seine Besessenheit, zu der ihn seine Phantasien über Nicole mit anderen Männern brachten, Männer, die sie ihm vorzog, obwohl sie ihm trotz ihrer Scheidung noch immer gehörte? Der Soziopath versteht nicht, daß jemand etwas für sich tut, seine Welt dreht sich um ihn alleine, *also* tut sie es, *um ihn zu treffen*. Ihn, den Star, für den andere Regeln gelten, der als besonderer Mensch eine besondere Behandlung verdient, bis das Universum um ihn kreist. Ein solcher Mensch kann töten und die Tat rationalisieren: Sie hat es verdient, schaut, was sie *mir* angetan hat, ist sein Refrain.

Es war bekannt, daß Simpson Nicole zu einem früheren Zeitpunkt durch das Fenster beobachtet hatte, wie sie mit einem Besucher im Wohnzimmer Oralsex gemacht hatte, was ihre beste Freundin, Faye Resnick, als „Brentwood Hello“ für männliche Besucher des Hauses bezeichnete, und es war gleichfalls bekannt, daß Nicole mit Marcus Allen, O.J.s Freund, der jünger war als er und ebenfalls ein berühmter Footballstar, eine Affäre gehabt hatte. Gegenüber ihrer Freundin hatte Nicole einmal bei einem Strandspaziergang, als sie ein dickes Stück Treibholz aufhob, geäußert, das sei es, was sie an Allen so liebe. Zu ihm, O.J., dem in die Jahre gekommenen Superstar, aber hatte sie gesagt, daß es endgültig vorbei war, ihm die Geburtstagsgeschenke zurückgegeben, seine Anrufe zurückgewiesen, ihn nach der Tanzvorstellung nicht mit der Familie zum Essen eingeladen, statt dessen war sie in dieses Restaurant gegangen, wo ihr aktueller Liebhaber, dieser Goldman bediente, der mit ihrem Ferrari fuhr, den sie von seinem Geld gekauft hatte. Goldman, der Mann, den er schon als Bullfrog töten wollte!

Simpson war kein Erfinder von Mordabläufen, niemand, der präzise im Detail vorausplante. Er war ein Mann, der handelte, ein *running back*, ein Akteur. Er hatte die Szene schon mehr als einmal geprobt. Das Heranschleichen, das Messer, die Kleidung, das Kehledurchtrennen, die Nacht, die Kappe, die Handschuhe. Vermischten sich die Szenen, die so problemlos transferierbar waren, in den endlosen Korridoren der Gedanken eines Mannes, der den Bezug zur Realität verloren hatte? Wieviel wahrscheinlicher war dieses Szenario als das Spekulieren über eine Domestic-Violence-Situation? Doch „Bullfrog“ den Geschworenen zu präsentieren, hätte bedeutet, einzuräumen, daß Nicole kein unschuldiger Engel war, sondern eine Frau aus Fleisch und Blut. Daran war Marcia Clark nicht interessiert. Faye Resnick bat sie auch, den Geschworenen von Marcus Allen zu erzählen, der Rivalität zwischen den Männern, die einmal so weit geführt hatte, daß Simpson, der wesentlich älter als Allen war und arthritische Knie hatte, mit dem noch aktiven jüngeren Superstar ein Rennen am Strand veranstaltete und dieses gewann.

„Sie können von den Geschworenen nicht erwarten, daß sie Ihnen glauben, wenn Sie ihnen nicht sagen, wie es war. Wir müssen nicht perfekt sein. Jeder weiß das“, hatte Faye Resnick argumentiert. Und sie flehte Marcia Clark geradezu an, die Frogmen-Episode zu verwenden. „Das ist, wie er zu töten lernte“, sagte sie.

Clark weigerte sich.

„Das ist die Art, wie wir hier das machen“, erläuterte sie überzeugt. „Wir wissen, was wir tun.“

Noch während der Grand-Jury-Anhörungen hatte Marcia Clark erfahren, daß Simpson am 3. Mai 1994 im Ross Cutlery Shop ein großes Messer für 81,17 Dollar erworben hatte. Das Geschäft befand sich neben dem Bradbury Building, einem Gebäude, das bereits Ridley Scotts Bladerunner Film gedient hatte und wo zu dieser Zeit die abschließenden Szenen für den Frogmen-Pilotfilm gedreht worden waren. Obwohl das Messer bei einer speziell deshalb durchgeführten zweiten Hausdurchsuchung in Rockingham nicht gefunden worden war, plante Clark, das Preliminary Hearing mit einem Knall zu eröffnen, indem sie es als Tatwaffe präsentieren wollte.

Shapiro und Uelmen erfuhren durch den Durchsuchungsbefehl davon.

„Wo ist das Messer?" fragten sie ihren Klienten.

„Das ist dumm", erwiderte Simpson. „Die machen eine große Sache aus nichts. Das Messer befindet sich zu Hause." Er beschrieb ihnen ein verstecktes Fach hinter einem Spiegel im Schlafzimmer. Uelmen, Pavelic und Kardashian begaben sich nach Rockingham und fanden das Messer dort. Es war unbenutzt, die Schneide noch ölig, das Preisschild am Schaft. Wenn Uelmen den Fund bekanntgab, würde er sofort zum Zeugen werden, und die Polizei, die das Messer bei der Durchsuchung peinlicherweise nicht entdeckt hatte, verdächtigte ihn vielleicht sogar, es dort deponiert zu haben. Aber nichts zu tun schien auch nicht richtig.

Am nächsten Morgen, dem 30. Juni, direkt vor Beginn des Preliminary Hearings, begaben sich Shapiro und Uelmen vertraulich zu Richter Ito und baten darum, einen *special master*, eine neutrale Person vom Gericht, zu beauftragen, das Messer sicherzustellen und versiegelt in Gerichtsgewahrsam zu nehmen, ohne daß die Staatsanwaltschaft etwas davon erfahren sollte. Später dann, wann immer es ihnen beliebte, konnten sie die Katze aus dem Sack lassen, die „Tatwaffe" präsentieren und die Staatsanwaltschaft dumm dastehen lassen.

Nachdem Shapiro und Uelmen diese Angelegenheit erledigt hatten, begaben sie sich zu den anderen in den Gerichtssaal. Die Atmosphäre war zum Zerreißen gespannt. Sämtliche großen, landesweit übertragenden Sender hatten ihre Kameras aufgebaut – das Filmen im Gerichtssaal war gestattet – und begannen, live zu senden.

„Guten Morgen", begrüßte Richterin Kennedy-Powell die Anwesenden. „Nun, es gibt eine Reihe von Angelegenheiten, die heute auf dem Kalender stehen. Ich glaube, es gibt eine Sache, die in relativ kurzer Zeit erledigt werden kann und dabei geht es um ... eine Bestellung von Haarproben."

In der Strickmütze, die in Bundy gefunden worden war, waren Haare entdeckt worden. Da ein Angeklagter auch nach dem Fünften Verfassungszusatz kein Recht hat, Haarproben zu verweigern, erwartete die Richterin, daß es mit dem Antrag der Staatsanwaltschaft kein Problem geben würde.

Aber Shapiro wollte, daß seine Gegner von Anfang an wußten, was sie in dem Prozeß erwartete – eine Abnutzungsschlacht, in der die Verteidigung freiwillig nicht einen Zoll zurückweichen würde. Das konnte die Chancen auf einen eventuellen späteren Deal nur erhöhen. Solange es sich nur um *ein* Haar handelte, sei die Verteidigung einverstanden. Clark protestierte. Wie viele Haare die Staatsanwaltschaft benötige, wollte die Richterin wissen. Fünf bis zehn von jeder Kopfpartie, insgesamt hundert. Jetzt war es an Shapiro zu protestieren. Er beantragte eine Anhörung von Experten zu dem Thema, wie viele Haare für die beabsichtigten wissenschaftlichen Untersuchungen benötigt wurden. Es blieb Clark nichts anderes übrig, als darauf einzugehen; sie rief Michele Kestler, die Leiterin des Labors des LAPD/SID, in den Zeugenstand. Nach ihrer Vernehmung und mehreren Stunden entschied Richterin Kennedy-Powell, daß die Staatsanwaltschaft mindestens vierzig, aber nicht mehr als hundert Haare von Simpson als Probe nehmen durfte.

Dann war bereits Mittagspause.

Es existieren zwei verschiedene Strategien für das Vorgehen der Staatsanwaltschaft in einem Preliminary Hearing. Nach dem Gesetz kann sie – und tut es zumeist auch – Hören-Sagen-Beweise verwenden, also beispielweise durch einen einzigen Polizisten die Wahrnehmungen der Zeugen und die Ergebnisse der Untersuchungen berichten lassen, um die geringe Hürde des dringenden Tatverdachtes *(probable cause)* für die Zulassung der Anklage durch das Gericht zu nehmen. Diese Strategie bewahrt die Zeugen der Anklagebehörde davor, ins Kreuzverhör genommen zu werden. Die zweite Möglichkeit besteht darin, die gesamten oder doch viele der vorhandenen Beweismittel offenzulegen in einer Art Generalprobe für den Prozeß. Dieses Verfahren wird häufig bei High-Profile-Fällen angewendet, so daß die Staatsanwaltschaft der Öffentlichkeit die Stärke ihres Falles demonstrieren und eventuelle Zweifel von vornherein beseitigen kann. Bei einem aufmerksam von den Medien verfolgten Fall besteht so zudem die Möglichkeit, den Geschworenenpool für den bevorstehenden Prozeß zu beeinflussen.

Clark entschied sich für die letztgenannte Möglichkeit, womit Shapiro gerechnet und auch nichts dagegen einzuwenden hatte.

Am Nachmittag des 30. Juni 1994 rief Clark Allen Wattenberg, den Besitzer von Ross Cutlery, als ihren ersten Zeugen auf. Er bestätigte, daß Simpson das Messer erworben hatte. Sein Angestellter, Jose Camacho, fügte in seiner anschließenden Aussage hinzu, daß Simpson das Messer geschärft haben wollte. Camacho sagte auch, daß er seine Story dem National Enquirer für 12.000 US Dollar verkauft hatte, und Wattenberg räumte ein, daß er einen Teil der Gelder erhalten würde.

Shapiro und Uelmen lachten im stillen. Die Staatsanwaltschaft erhielt, was sie gewollt hatte: Große und finster wirkende Fotos des Messers erschienen in praktisch jeder Tageszeitung im Land.

Nach den Regeln der Reciprocal Discovery war die Verteidigung verpflichtet, der Staatsanwaltschaft ihre Zeugen, die sie in der Hauptverhandlung aufzurufen beabsichtigte, bekanntzugeben und ebenso Protokolle oder Mitschnitte von bereits gemachten Aussagen dieser Zeugen. Am 1. Juli 1994 übergab Shapiro der Staatsanwaltschaft den Tonbandmitschnitt seiner Befragungen von Simpsons Dauerhausgast Kaelin und des Chauffeurs vom Mordabend, Alan Parks. Keiner der beiden hatte jedoch gewußt, daß er aufgenommen wurde, was einen Verstoß gegen kalifornisches Recht darstellte. Während sie die Bänder abhörten, stellte die Staatsanwaltschaft fest, daß Shapiro das Band nach seiner Konversation mit Park vergessen hatte abzuschalten. So war noch sein anschließendes Gespräch mit Taft aufgezeichnet worden, in dem die beiden Anwälte Diskrepanzen in Simpsons Story und ihre Probleme mit seinem Alibi diskutiert hatten.

Zum Erstaunen der Verteidigung hielt an diesem Nachmittag Richterin Kennedy-Powell einen großen Umschlag in ihrer Hand. In ihm befand sich das Messer. Richter Ito war in Urlaub gefahren. Mills, dem nichts von dem Arrangement mit der Verteidigung bekannt war, hatte den Umschlag zu der Richterin bringen lassen, weil er dachte, daß sein Inhalt für das Preliminary Hearing bestimmt sei. Shapiro und Uelmen sprangen auf und eilten zur Richterbank. Dort erklärten sie Kennedy-Powell leise, was es mit dem Umschlag auf sich hatte. Die Richterin war bereit, ihn wieder an den Superior Court zur Aufbewahrung zu geben. Doch unter Berücksichtigung seiner Größe und des Zeitpunktes seines Auftauchens konnten Clark und Hodgman sich vorzustellen, was sich in ihm befand. Das Überraschungsmoment war für die Verteidigung dahin. Und die Staatsanwaltschaft war klug genug, nie mehr auf dieses Messer zurückzukommen, mehr noch, sie würde im gesamten Verlauf des Verfahrens nicht mehr versuchen, ein spezielles Messer als Mordwaffe zu identifizieren.

Wayne Hughes war einer der ältesten Freunde Simpsons. Und er war ein sehr wohlhabender Geschäftsmann. Von Beginn an hatte er die Verteidigung seines Freundes aufmerksam verfolgt. Was er sah, gefiel ihm nicht. Besonders Shapiro. Hughes beobachtete mit Sorge, daß Shapiro den Fall, wie es für ihn aussah, hauptsächlich nutzte, um ins Fernsehen zu kommen. Außerdem schien Shapiro keinen Plan zu haben, was er wollte. Steuerte er auf einen Deal hinaus? Wollte er eine Verteidigung aufbauen? Wenn ja, welche? Hughes hielt mit seiner Meinung nicht zurück. Am Sonntag, dem 2. Juli 1994, besuchte er Simpson im Gefängnis. Ein anderer Anwalt solle die führende Rolle in dem bevorstehenden Prozeß übernehmen. Gerry Spence z. B., aus Wyoming. Oder wäre, wie Freunde gemeint hatten, ein Anwalt aus Los Angeles besser?

„Johnnie Cochran?“ schlug Simpson vor.

„Ja, Johnnie Cochran.“

„Ich glaube, er und ich sollten reden“, meinte Simpson nachdenklich. „Könntest du ihn kontaktieren?“

Hughes stimmte zu.

Am 5. Juli 1994 fand die mündliche Verhandlung vor Richterin Kennedy-Powell über einen schriftlichen Antrag statt, den Shapiro am 30. Juni 1994 eingereicht hatte. Es war ein riskanter Start, den die Verteidigung da wagte, aber ein kalkulierter. Shapiro beantragte, die in Rockingham vorgefundenen und beschlagnahmten Beweismittel für unverwertbar zu erklären *(motion to suppress evidence)*. Der Antrag gründete sich auf der Rechtsprechung zu Durchsuchungen und Beschlagnahmen *(search and seizure)*. Der

Vierte Verfassungszusatz garantiert die Unverletzlichkeit der Wohnung gegen unbegründete Durchsuchungen und verlangt, außer in dringenden Notfällen und bei dringendem Tatverdacht, daß Durchsuchungen nur aufgrund von Durchsuchungsbeschlüssen durchgeführt werden dürfen, denen eidesstattliche Versicherungen zugrundeliegen, in denen im einzelnen der zu durchsuchende Ort, die zu beschlagnahmenden Gegenstände und der Sachverhalt dargestellt werden müssen. Wird unter Verstoß hiergegen eine Durchsuchung oder Beschlagnahme vorgenommen, gilt die Doktrin der *fruit of the poison tree,* der Früchte des vergifteten Baumes – die so gewonnenen Erkenntnisse sind unverwertbar.

Uelmen und Shapiro waren der Ansicht, daß das Eindringen der vier Detectives auf das Grundstück Simpsons in der Mordnacht ungesetzlich war. Folglich mußten sämtliche in Rockingham sichergestellten Beweismittel als unverwertbar ausgeschlossen werden. Da nach kalifornischem Recht ein solcher Antrag nur einmal gestellt werden kann – wird er negativ beschieden, sind die Beweismittel endgültig zulässig –, wird er meist erst im Prozeß gestellt. Shapiro und Uelmen, denen durchaus bewußt war, daß galt: je wichtiger die Beweise für die Anklage sind, desto niedriger wird der verfassungsmäßige Standard aufgehängt, waren nach wie vor darauf bedacht, das LAPD zu treffen, bevor dieses eine einleuchtende Erklärung für die Handlungsweise seiner Detectives vorbringen konnte. Vor allem aber: Selbst wenn sie unterlagen, konnte auf diese Weise zumindest teilweise die öffentliche Diskussion, ob Simpson schuldig war oder nicht, abgelenkt werden auf die Frage, ob die Polizei sich korrekt verhalten hatte.

Uelmen brachte die Ansicht der Verteidigung auf den Punkt: „Uns wird gesagt, daß vier Detectives ... sich alle zur Residenz von Mr. Simpson begaben, nur um ihn über die Tragödie, die in Bundy stattgefunden hat, zu informieren, eine Absicht, die man mit einem Telefonanruf hätte erledigen können." Uelmen argumentierte, daß die vier Detectives in einen *rush for judgment* verfallen seien, Simpson also sofort verdächtigt und sich deshalb nach Rockingham begeben hätten. Dazu passe auch, daß Vannatter in seiner eidesstattlichen Versicherung angab, Simpsons Flug nach Chicago sei unerwartet erfolgt sowie seine Behauptung, bei der Substanz am Bronco handelte es sich um Menschenblut, was zu diesem Zeitpunkt noch nicht nachgewiesen war.

Richterin Kennedy-Powell vertagte die Entscheidung über den Antrag auf den 8. Juli 1994.

Mark Fuhrman kam an diesem Tag verabredungsgemäß gegen 13.00 Uhr im Criminal Courts Building an. Als er dort Marcia Clark traf, teilte sie ihm mit, daß seine Zeugenvernehmung in wenigen Minuten beginnen werde – sie nahm sich keine Zeit, seine Aussage vorher mit ihm durchzusprechen.

An diesem und am nächsten Tag berichtete Fuhrman ausführlich im Zeugenstand über die Ereignisse in der Mordnacht. Shapiro hatte Uelmen die Aufgabe übertragen, das Kreuzverhör zu führen. Der Professor war damit deutlich überfordert.

Fuhrman, groß, gutaussehend, durchtrainiert, in seriösem Anzug mit Krawatte, ließ cool die Fragen Uelmens an sich abprallen und den Professor ein ums andere Mal hilflos aussehen. Wieso er angenommen habe, bei den kleinen Flecken am Bronco habe es sich um Blut gehandelt, wollte Uelmen an einer Stelle wissen. Weil es wie getrocknetes Blut ausgesehen habe. Nun, ob getrocknetes Blut denn nicht genauso aussehen würde wie getrocknete Tacosauce? Da er nicht zu oft getrockneter Tacosauce seine Aufmerksamkeit widme, könne er dies nicht beurteilen, erwiderte Fuhrman.

Marcia Clark lächelte Fuhrman nach Beendigung seiner Aussage an. „Sie sind einer der Besten, die ich je gesehen habe“, lobte sie ihn.

Über Nacht war Fuhrman zum Starzeugen der Anklage geworden. Die Zeitungen berichteten in höchsten Tönen über ihn. Der Anwalt Johnnie Cochran – noch in seiner Rolle als Fernsehkommentator – beschrieb ihn als einen „großartigen Zeugen direkt von central casting“, der großen Castingagentur von Los Angeles.

Shapiro und seine Kollegen wußten, auf wen sie sich nun zu konzentrieren hatten.

Im Anschluß an Fuhrman rief die Staatsanwaltschaft Vannatter auf. Diesmal übernahm Shapiro das Kreuzverhör und befragte den Detective nach den Gründen, die ihn dazu bewogen hatten, Simpsons Anwesen zu betreten. Vannatter sagte aus, nach Entdeckung der Blutspuren am Bronco und weil von innen niemand geantwortet hätte, hätten er und seine Kollegen befürchtet, Simpson könnte etwas zugestoßen sein, daß es im Haus vielleicht weitere Opfer gab. Sie hätten sein Grundstück daher aus Besorgnis über seine Sicherheit betreten. In bezug auf die ihnen von Commander Bushey erteilte Anweisung, Simpson persönlich von dem Tod seiner Ex-Frau in Kenntnis zu setzen, hätten sie einfach alles ihnen Mögliche getan.

Die Aussagen der Detectives *hinsichtlich ihrer Gründe*, die Liegenschaft in Rockingham zu betreten, entsprachen nicht den Tatsachen. Wäre Simpson von den Detectives nicht von Anfang an verdächtigt worden, hätten sie nach ihrem erfolglosen Klingeln ohne weiteres Commander Bushey unterrichten können, daß sie seiner Anweisung, Simpson persönlich vom Tod seiner Ex-Frau zu unterrichten, nicht nachkommen konnten. Doch Fuhrman begann herumzulaufen, bis er den Bronco fand. Es gibt sogar einen indiziellen Beweis dafür, daß die Detectives nicht die Wahrheit sagten. Nachdem sie auf das Grundstück eingedrungen und durch Befragung Kaelins und Arnelles erfahren hatten, daß Simpson sich in Chicago befand, waren sie nicht etwa nach Bundy zurückgekehrt. Und um wirklich nur zu überprüfen, ob in Rockingham niemand Opfer eines Verbrechens geworden war, hätten sie nicht stundenlang die Liegenschaft durchsuchen müssen und schon gar nicht Arnelle, eine junge Frau, als erste und noch dazu allein in das Haus schicken dürfen.

Was also war ihre Story? Daß *die vier* Detectives, die die Ermittlungen leiteten, *alle* den Tatort verließen, um sich zum Ex-Mann des weiblichen Opfers zu begeben, um ihn von der Tragödie in Kenntnis zu setzen?

Dershowitz hatte einmal in anderem Zusammenhang einen Detective gefragt, weshalb Polizisten gerade in derartigen Search-and-Seizure-Fällen so oft lügen. Er erhielt die rüde Antwort: „Warum lecken Hunde ihre Eier? Weil sie es können." Die Mollen-Commission, die 1994 die Korruption im New York Police Department untersuchte, fand heraus, daß bei der Polizei sogar ein eigener Ausdruck dafür existierte, vor Gericht die Unwahrheit zu sagen: „Testilying" (eine Mischung aus testifying – aussagen – und lying – lügen). Dabei konnten die Officer darauf vertrauen, von ihren Kollegen gedeckt zu werden, was als der *„blue wall of silence"* (die blaue Mauer des Schweigens – blau wie die Uniformen der Polizeibeamten) bezeichnet wird.

Zweifellos hatten die vier Detectives nicht konspiriert, um Beweismittel zu fälschen. Aber ebenso sicher war es eine Konspiration, eine Story zu fabrizieren und im Zeugenstand zu erzählen, die ihr Vorgehen in Rockingham als einen von Emotionen und Wertungen freien Akt darstellen sollte. Ironischerweise wäre dies gar nicht nötig gewesen. Hätten die Detectives offen erklärt, daß sie Simpson als Verdächtigten angesehen hatten und wegen der Spuren am Bronco eilig handeln zu müssen meinten, hätte kein Gericht die Fruit-Of-The-Poison-Tree-Doktrin angewandt, weil dieses Verhalten den Shock-The-Conscience-Standard nicht überschritten hätte. Statt dessen hatten sie ein Netz von Halbwahrheiten gewoben mit Mark Fuhrman und Phil Vannatter in der Mitte, in dem sie sich selber verfangen sollten.

Am 8. Juli 1994 entschied Richterin Kennedy-Powell, daß die in Rockingham sichergestellten Beweise verwertbar seien. Eine schwere Niederlage für die Verteidigung, kommentierten die Medien. Doch für ihren Sieg zahlte die Anklage einen hohen Preis. Shapiro war es gelungen, Zweifel an der Aufrichtigkeit der Polizei zu säen.

Und an jenem 8. Juli 1994, nach fünf Tagen Zeugenvernehmungen, verkündete Richterin Kennedy-Powell die von Anfang an erwartete Entscheidung, daß sie die Anklage zuließ und Simpson somit einem Prozeß vor dem Superior Court entgegenzusehen habe.

Kurze Zeit später erklärte Shapiro, daß sein Klient sein Recht auf einen *speedy trial*, einen „schnellen Prozeß“ geltend mache. Das Speedy-Trial-Gesetz in Kalifornien erlaubt, den Prozeßbeginn innerhalb von sechzig Tagen nach der Antragstellung zu beantragen; es soll einen Inhaftierten davor bewahren, zu lange in Untersuchungshaft bleiben zu müssen, also einem Beschuldigten die Möglichkeit geben, die gegen ihn erhobenen Vorwürfe und den damit verbundenen öffentlichen Verdacht rasch auszuräumen bzw. zu klären, und es soll schließlich die Unsicherheiten beseitigen, die mit einem Prozeß nach langer Verspätung verbunden sind – wie Verlust von Zeugen oder das Verblassen der Erinnerung. Dabei legen die Regeln allerdings nur fest, wann die Staatsanwaltschaft für einen Prozeß bereit sein, also ihre Ermittlungen abgeschlossen haben muß, nicht, wann der Prozeß beginnt.

Als die Nachricht Marcia Clark erreichte, ließ sie ihren Kopf auf ihre Arme sinken und stöhnte. Innerhalb von acht Wochen mußte sie jetzt bereit sein. Sie wußte, daß sie damit keinen Moment Zeit haben würde, Atem zu holen. Sie begann sich zu fühlen wie ein Windhund, der einem mechanischen Hasen nachjagte.

Etwa eine Woche später fiel die Entscheidung, wer als weiterer Prozeßanwalt in das Team der Verteidigung aufgenommen werden sollte. Shapiro spürte den Druck, der von Simpsons Freund, dem Geschäftsmann Hughes, und anderen Kritikern seiner Person auf Simpson ausgeübt wurde. Er mußte reagieren. Am 15. Juli 1994 traf er sich mit Simpsons Wunschkandidaten Nr. 1, Gerry Spence, zu einem geheimen Treffen in Beverly Hills in der Wohnung eines Freundes. Shapiro trug Designerjeans und ein Denim-Hemd, das er bis zur Brust geöffnet hatte. Eine Goldkette hing um seinen Hals. Während sie sich setzten, bemerkte Spence, daß Shapiro barfuß war und sogar seine Fußnägel manikürt wirkten. Der Mann aus Wyoming, der sein Cowboy-Image pflegte, war froh, daß er Boots trug.

„Ich habe die besten Leute im Geschäft“, kam Shapiro bald zur Sache. „Ich habe Dershowitz und Bailey. Aber ich brauche einen weiteren guten Prozeßmann.“

„Warum?“ wollte Spence wissen.

„Das ist ein großer Fall. Zu groß für einen Mann.“

Shapiro fragte Spence, wie viele Mordfälle er verteidigt hatte. Zwanzig oder dreißig, war die Antwort.

„Habe gehört, Sie haben noch nie einen Strafprozeß verloren.“

„Nun, das stimmt“, erwiderte Spence. „Aber ich erinnere mich, daß Frontier Airlines damit warb, daß noch nie ein Passagier in ihrer Geschichte zu Tode gekommen ist. Ich hörte auf, mit Frontier zu fliegen, weil ich annahm, daß die Zeit dann bald reif war.“

Shapiro lachte. Beide telefonierten kurz mit Simpson. Dann teilte Shapiro Spence seine Vorstellung einer Zusammenarbeit mit: Shapiro würde der führende Anwalt sein, der Captain oder – wie sich Shapiro gerne in Anlehnung an Simpsons frühere Sportart bezeichnete – der Quaterback des Teams, Spence die zweite Geige spielen.

Gerry Spence war für seinen starken Willen bekannt. Unter diesen Voraussetzungen war er nicht bereit, mit ins Team zu kommen. Wenn er eine Verteidigung übernahm, mußte er auch Regie führen können. Das war eine Reaktion, die Shapiro nicht nur vorausgesehen, sondern bewußt herbeigeführt hatte, weil er in Wahrheit überhaupt kein Interesse daran hatte, eine starke Persönlichkeit neben sich dulden zu müssen. Erst sehr viel später sollte der Anwalt aus Wyoming erfahren, daß Simpson und seine Vertrauten Shapiro praktisch zu diesem Treffen gezwungen hatten und dieser, nachdem Spence sein Angebot abgelehnt hatte, nun glaubte, seiner Pflicht Genüge getan zu haben. Doch damit hatte sich Robert Shapiro gründlich verschätzt.

Simpson hatte längst auch einen anderen Anwalt mit Anrufen bombardiert, ihn um Hilfe angefleht – Johnnie Cochran. Ende Juni war es sogar bereits zu einem Treffen zwischen Shapiro und

Cochran im Beverly Hills Tennis Club gekommen, von dem Cochran als stärkste Erinnerung mitgenommen hatte, welche unübliche Kleidung Shapiro trug – schwarzes Hemd, schwarze Hose und einen silbernen Metallgürtel. Da Shapiro kein Interesse an einer Konkurrenz für sich hatte und auch Cochran nicht drängte, war die Sache wieder eingeschlafen. Doch Simpson setzte seine Anrufe fort. In einem dieser Telefonate, um die Zeit des Treffens Shapiros mit Spence, hatte Simpson wieder einmal gebettelt: „Bitte, du mußt mir helfen. Ich brauche dich bei dem Fall. Ich habe niemanden sonst, der den Prozeß führen kann. Ich verstehe, du bist der beste Prozeßanwalt, den ich dafür bekommen kann."

Und dieses Mal hatte Cochran nicht abgelehnt. „Nun, mein Bruder, du hast mich", hatte er erwidert.

Auch Robert Shapiro verfolgte ein Ziel. Am nächsten Morgen informierte er Cochran, daß *er* sich entschieden habe, dieser solle Co-Counsel im Prozeß werden.

„Danke, Bob", entgegnete Cochran trocken. Am 18. Juli 1994 wurde er neben Shapiro offizieller Verteidiger O.J. Simpsons.

Wochenlang hatte Johnnie Cochran den Bitten Simpsons widerstanden und in seinen privaten Kommentaren keinen Zweifel daran gelassen, daß der Fall nicht zu gewinnen war, weil die Schuld Simpsons auf der Hand lag. Was also hatte jetzt diesen Sinneswandel erzeugt? Die Antwort auf diese Frage lag in einer Idee, die Shapiro entwickelt und bereits einem erstaunten Spence während ihres Treffens präsentiert hatte, was den Anwalt aus Wyoming zu der ungläubigen Nachfrage veranlaßte, ob er richtig verstanden habe, daß der Fall ein Rassismusfall sein könne?

„Ein Rassismusfall?" hatte Shapiro geantwortet. „Du hast es richtig verstanden, Mann. Das ist die Mutter aller Rassismusfälle."

Bill Pavelic, der Ermittler aus Shapiros Team, und Jeffrey Toobin, ein Reporter und früherer Staatsanwalt, hatten separat und ohne wechselseitig von ihren Entdeckungen zu wissen, herausgefunden, daß es über Fuhrman bei Gericht eine längst abgelegte Akte aus dem Jahr 1983 gab, und sie eingesehen. Aus ihr ergab sich, daß der 1952 geborene Fuhrman zunächst bei der Marine diente und 1975 zur Polizeiakademie ging, wo er 1977 als zweitbester seiner Klasse seinen Abschluß machte. Noch in diesem Jahr war er nach East LA versetzt worden, in ein Polizeirevier, das eine der schlimmsten und gefährlichsten Gegenden Los Angeles bearbeitete. Fuhrman hatte zunehmend mehr Probleme mit seiner privaten und beruflichen Situation bekommen. Über seine Arbeit mit Streetgangs hatte er gegenüber einem Polizeipsychologen geäußert: „Diese Leute ekeln mich an." Und einem anderen hatte er mitgeteilt, er müsse gewalttätig sein, um zu überleben: „Wir fangen sie und schlagen sie, und wir werden bestraft oder suspendiert ... Dieser Job hat mich mental geschädigt. Ich kann nicht einmal mehr irgendwo hingehen ohne eine Waffe. Ich habe diesen Drang, Menschen zu töten, die mich aufregen." Zumindest bei einer Gelegenheit sollte Fuhrman jemanden als „Nigger" bezeichnet haben. 1983 hatte er einen Rechtsstreit angestrengt, um eine Frühpensionierung zu erhalten, da er mit dem Streß nicht mehr zurechtkäme, setzte aber dann seinen Dienst fort und war beim LAPD geblieben. Soweit die Fakten.

Am 13. Juli 1994, wenige Tage bevor Cochran sich bereiterklärte, die Rolle des Co-Counsel in der Verteidigung Simpsons zu übernehmen, erschien Toobin unangemeldet in der Kanzlei Shapiros und bat um ein Interview. Von Pavelic mit denselben Informationen versorgt, über die Toobin verfügte, zeigte sich der Anwalt unerwartet redselig.

„Jesus, Sie sind der einzige Typ, der das herausgefunden hat", bemerkte Shapiro anerkennend. „Kommen Sie herein und setzen Sie sich."

Shapiro war sichtlich erregt. Unrasiert und in Blue Jeans thronte er hinter seinem imposanten Schreibtisch, der von Papieren überquoll. Toobin fragte ihn, was er mit dem Fuhrman-Stoff anzufangen gedenke.

„Das ist ein Typ", erklärte Shapiro, „der jeden Tag aufwacht und zu seiner Ehefrau sagt: ‚Ich werde heute morgen ein paar Nigger töten.' Verstehen Sie diesen Stoff? Ich möchte mit Ihnen daran arbeiten."

Was Fuhrman für die Verteidigung bedeute, wollte Toobin wissen? Shapiro zögerte nicht mit seiner Antwort. Stellen Sie sich vor, hier ist ein Cop, der den größten Fall seines Lebens hat, und nach einer Stunde ist er ihn wieder los. Was, wenn er am Tatort beide Handschuhe gefunden und einen nach Rockingham gebracht hat? Er transportiert ihn hinter das Haus und findet ihn und ist der Held des Falles. „Das ist ein schlechter Cop", setzte Shapiro nach einer kurzen Pause fort. „Das ist ein rassistischer Cop."

Toobin war nahezu sprachlos. Eine Polizeikonspiration, um Simpson zu belasten? Shapiros Theorie war monströs.

Kurz darauf erlahmte Shapiros Interesse an der Konversation, und er beendete ihr Gespräch. Toobin versicherte, ihn in seiner Reportage nicht namentlich zu nennen.

Am Montag, dem 18. Juli 1994, erschien im „New Yorker“ der Artikel Toobins. „... Die neue Strategie“, schrieb Toobin darin über die Verteidigung, „könnte einfach eine Form von Verzweiflungstat sein; die Rassismuskarte könnte die einzige in Simpsons Hand sein ... Wenn Rasse zu einem signifikanten Faktor in diesem Fall wird – wenn der Fall transformiert wird von einer bloßen Soap Opera zu einem Civil Rights Melodrama ..., dann werden sich die Einsätze dramatisch ändern ... Es scheint, als sei der Fall dabei, in eine neue Phase einzutreten – eine mit dem Potential, die Stadt Los Angeles als Ganzes in Mitleidenschaft zu ziehen und nicht nur einen ihrer berühmtesten Bewohner.“

An dem Tag, als Toobins Artikel erschien, rief Shapiro seinen Mitstreiter Bailey an, der sich gerade in London aufhielt. „Es ist vorbei“, teilte er ihm mit. „Ich habe den Fall gewonnen.“

Ähnliche Gedanken dürften Johnnie Cochran in jenen Tagen durch den Kopf gegangen sein. Zum ersten Mal schien ein Lichtstreif am Horizont der Verteidigung den Weg zum Erfolg zu weisen, einem Erfolg, an dem Cochran unbedingt teilhaben wollte. Denn etwas war jedem klar, der Cochran kannte: Daß Johnnie Cochran sein ganzes Leben auf diesen Fall gewartet hatte und dieser Fall auf ihn.

LAPD HERRSCHT!

Um zu verstehen, was der Simpson-Fall für den schwarzen Anwalt Johnnie Cochran bedeutete – jedenfalls als Forum, in das ihn Shapiros Rassismuskarte verwandeln sollte –, ist es nötig, einen Blick auf das LAPD zu werfen, wie es sich über Jahrzehnte insbesondere Afroamerikanern, aber auch anderen Minderheiten darstellte, die nicht unter das amerikanische Ideal „WASP“ – *white, anglosaxen, puritan* – fielen.

Das moderne LAPD ist weitgehend die Kreation von William H. Parker. Parker wurde 1902 geboren und kam 1927 zum LAPD. In den 30er Jahren machte er die Bekanntschaft eines anderen seinerzeitigen Polizeibeamten, Gene Roddenberrys, der später Star Trek (Raumschiff Enterprise) kreierte. Vielleicht sagt mehr als alles andere über seine Person aus, daß der Charakter des Mr. Spock ihm nachempfunden sein soll.

In den 30er Jahren war das LAPD notorisch bekannt für seine Zusammenarbeit mit der Mafia und seine Korruption. Es wurde zudem nahezu unmöglich, Polizeibeamte zu entlassen, da die Kommission, die hierüber zu befinden hatte, aus den eigenen Reihen rekrutiert wurde. Das LAPD bestimmte, wer sein Chef sein sollte, und einmal gewählt und durch das Civil-Service-Gesetz geschützt, wurde seine lebenslange Beschäftigung an der Spitze des Departments garantiert. Schließlich, vor Ausbruch des Zweiten Weltkrieges, stellte das LAPD eine quasi militärische Vereinigung dar, die ihre Unabhängigkeit von der Stadtverwaltung deklarierte und sich selber außerhalb jeglicher Kontrolle durch gewählte staatliche Institutionen stellte. Machtmißbrauch war Tür und Tor geöffnet.

Parker wurde 1950 zum Chief des LAPD gewählt. Der nach dem Zweiten Weltkrieg die gesamte amerikanische Gesellschaft erfassende Wandel ging am LAPD spurlos vorüber. Parkers Modell für seine Truppe war das Marine Corps. Falls überhaupt möglich, dann wurde das LAPD noch rigoroser, straffer militärisch organisiert, dabei aber auch effizienter.

Parkers Theorie, die er gemeinsam mit seinem Chauffeur Daryl Gates entwickelte und „pro aktive Polizeiarbeit" nannte, lief auf unzählige Konfrontationen zwischen schwerbewaffneten Polizeibeamten und der verängstigten und zunehmend feindseliger werdenden Bevölkerung hinaus, die von diesen Polizisten patrouilliert wurde und vorwiegend ethnischen Minderheiten angehörte. Parker entstammte einer Zeit, in der weiße Polizeibeamte aus ihren Gefühlen für Schwarze keinen Hehl machen mußten. Und sie taten es auch nicht. Im Mai 1966 kam es zum Fall Deadwyler. Leonard Deadwyler, ein Afroamerikaner, raste mit seiner Frau, deren Wehen eingesetzt hatten, in Richtung Hospital, wobei sein einziger Gesetzesverstoß die Überschreitung der Geschwindigkeitsbegrenzung war. Ein Polizeiwagen begann sie zu verfolgen und setzte sich schließlich neben Deadwyler. Officer Robert Taylor lehnte sich aus dem Fenster und deutete mit seiner Waffe auf Deadwyler, der sofort zur Seite fuhr und anhielt. Ein weiterer Officer, Jerold Bava, begab sich mit der Waffe im Anschlag zu dem Fahrzeug. Bava lehnte sich durch das Seitenfenster über den Fahrersitz, um – aus Gründen, die er nie erklären konnte – angeblich den Schlüssel abzuziehen. In diesem Moment, behaupteten die Polizeibeamten später, sei der Wagen ein Stück vorgerollt, Bava habe reflexartig den Abzug gedrückt. Bevor der unbewaffnete Deadwyler blutüberströmt in den Armen seiner hochschwangeren Frau starb, waren seine letzten Worte: „Aber sie bekommt ein Baby."

„Von der Polizei kann nicht erwartet werden, dabeizustehen und einen Wagen mit 80 Meilen die Stunde dahinrasen zu sehen", kommentierte Parker. „Der Officer tat etwas, von dem er annahm, daß es eine Polizeiaktion erfolgreich abschließen würde. Alles, wessen er sich schuldig gemacht hat, ist, daß er versuchte, seinen Job zu erledigen."

Der afroamerikanische Teil der Bevölkerung sah das anders. Und ebenso ein junger, unbekannter schwarzer Anwalt, ein gewisser Johnnie Cochran, der der ganze Stolz seiner hart arbeitenden, aus den Südstaaten stammenden Familie war, die ihr Leben damit verbracht hatte, ihm im Schweiße ihres Angesichtes ein Studium zu ermöglichen, das es ihm erlauben sollte, einmal ein besseres Leben zu führen, als sie es gehabt hatten.

Vom Fernsehen übertragen, befragte der 29jährige Anwalt, der von der Witwe Deadwylers mandatiert worden war, während der Gerichtsverhandlung zur Feststellung der Todesursache den untersuchenden Beamten eindringlich. Gemäß den damaligen Regeln war es ihm nicht gestattet, sich direkt mit Fragen an diesen zu wenden. Also mußte der Vertreter der Staatsanwaltschaft die Fragen in seinem Namen an den Angesprochenen richten. Die einleitenden Worte „Mr. Cochran möchte wissen ..." wurden zu einer Art Mantra unter der afroamerikanischen Bevölkerung der Stadt. Der DA erhob keine Anklage. Doch damit war die Angelegenheit nicht abgeschlossen. Cochran tat etwas Unerhörtes – er reichte eine Zivilklage auf Schadensersatz gegen die Stadt ein! 1970 ging der Prozeß verloren, weil die Geschworenen nicht einsehen wollten oder konnten, daß die Polizeibeamten gelogen und einen „Fehler" begangen hatten. Die Zeit war noch nicht reif für diese Art Fälle. Aber Cochrans Karriere hatte begonnen. Und er hatte eine Lektion aus dem Deadwyler Fall gelernt: Daß der Gegenstand von Polizeiverfehlungen die Minoritätsgemeinschaft von Los Angeles elektrisieren konnte.

Parker starb 1978. Sein Nachfolger wurde Daryl Gates. Das Wahlverfahren, das zu seiner Berufung führte, schien wie ein Affront gegen die schwarze Gemeinschaft von Los Angeles. Zum Kopf der Kommission wurde der ehemalige Air-Force General Curtis LeMay, ein extremer Rechtsaußen in seiner politischen Einstellung, gewählt. Derselbe LeMay, der 1968 im Vietnamkrieg versprochen hatte, man werde Nordvietnam in die Steinzeit zurückbomben.

Nachdem Gates das Zepter übernommen hatte, wuchs die Liste afroamerikanischer Opfer des LAPD. 1979 starb zum Beispiel Eulia Love im Kugelhagel von Detectives, weil sie ihre Gasrechnung nicht beglichen hatte. 1982, nachdem mehrere Schwarze den seinerzeit üblichen Würgegriff von Polizeibeamten nicht überlebt hatten, offerierte Gates seine wissenschaftliche Erklärung des Phänomens: Daß der Tod dieser Männer durch die unterschiedliche Physiognomie Schwarzer hervorgerufen worden sei, weil sich ihre Venen und Arterien nicht so schnell wie bei „normalen Leuten", wie Gates es wörtlich ausdrückte, wieder öffneten, sobald der Griff gelockert wurde.

Es nutzte nichts, daß Los Angeles seit 1973 einen schwarzen Bürgermeister, Tom Bradley, hatte.

Im August 1988 verwüsteten achtzig Polizeibeamte bei einer Razzia vier Apartments, zerschlugen Möbel, mißhandelten die Bewohner und ließen ein Schlachtfeld zurück mit von ihnen auf die Wände gesprühten Parolen wie „LAPD RULES" (LAPD herrscht). Das Ergebnis? Zwei Verhaftungen wegen geringfügiger Rauschgiftdelikte.

Drei Jahre später wurden die brutalen Mißhandlungen des auf dem Boden liegenden Rodney Kings durch Polizeibeamte von einem Amateurfilmer auf Video festgehalten. Der Prozeß wurde von der Staatsanwaltschaft von downtown in das vorwiegend weiße Simi Valley, wo viele Polizeibeamte lebten, transferiert. Und die Jury dort sprach die Angeklagten frei. Wieder explodierte Los Angeles in Rassenunruhen, die Todesopfer und Milliarden Schäden verursachten.

Die Regierung setzte eine Kommission zur Untersuchung ein, geleitet von dem zukünftigen Außenminister Warren Christopher. Das Ergebnis fiel eindeutig aus. „Das Problem von exzessiver Gewalt wird verschärft durch Rassismus und Vorurteile innerhalb des LAPD", faßte die Christopher Kommission zusammen.

Was hatte Cochran inzwischen getan?

Am 8. Dezember 1969 hatten FBI-Agenten und LAPD-Officer das Hauptquartier der Black Panther, einer militanten afroamerikanischen Organisation, umstellt. Einer der Panther, Melvin Smith, bei dem es sich um einen FBI-Informanten und Agent provocateur handelte, schrie „Die Schweine kommen" – um im nächsten

Augenblick durch ein Fenster das Feuer zu eröffnen. Während der nächsten fünf Stunden beschossen sich die Parteien mit automatischen Waffen, die Polizei setzte Tränengas ein, die Panther warfen Molotow-Cocktails. Schließlich ergaben sich die Panther. Wie durch ein Wunder war niemand getötet worden. Dreizehn Mitglieder der Panther wurden in mehr als siebzig Punkten angeklagt, von illegalem Waffenbesitz bis Konspiration zur Ermordung von Polizeibeamten. Cochran übernahm die Verteidigung eines der Angeklagten. Er und die anderen Verteidiger argumentierten, daß die Panther die Waffen zur Selbstverteidigung bei sich gehabt hätten, weil sie einen gegen sie gerichteten Einsatz der weißen Polizei befürchteten. Ende 1971 wurde nach einem langen Prozeß das Urteil verkündet. Wohl noch nie hatte es in einem amerikanischen Gerichtssaal eine solche endlose Kette an „nichtschuldig" zu hören gegeben. Nur neun der Panther wurden verurteilt – und auch nur wegen Konspiration zum illegalen Waffenbesitz.

Die Rache des Establishments ließ nicht lange auf sich warten. Einer der wichtigsten Panther, Geronimo Pratt, wurde kurz darauf wegen Mordes angeklagt. Er sollte eine weiße Lehrerin und ihren Mann überfallen und dann die Frau wegen 18 Dollar erschossen haben. Wer den stolzen Pratt kannte, wußte, daß der Vorwurf lächerlich war; darüber hinaus waren die Beweise, wenn man sie denn so nennen wollte, äußerst schwach. So dachte auch Cochran, der den Fall übernahm. Der Panther war anderer Ansicht. Sie werden mich verurteilen, sagte er Cochran voraus. Am 29. Juli 1972 behielt er recht. „Ihr rassistischen Hunde!" schrie Pratt in die Urteilsverkündung, bevor er sich an seinen Anwalt wandte. „Ich sagte es dir, Cochran, sie werden tun, was auch immer es braucht, um mich zu kriegen."

Damit hatte auch Cochran seine Lektion gelernt. Was Cochran aus dem Pratt-Fall mitnahm, war, wie er es zu bezeichnen pflegte, eine „gesunde Art von Paranoia". (Erst Mitte der 90er Jahre wurde das Urteil aufgehoben und Pratt freigelassen, nachdem er über zwanzig Jahre im Gefängnis gesessen hatte.)

Obwohl Cochran bis dahin die großen Prozesse weitgehend verloren hatte, war seine Reputation in der schwarzen Gemeinschaft von Los Angeles enorm gestiegen. Außerdem hatte er zu dieser Zeit bereits ein Präzedenzurteil geschaffen: Die Stadt hatte eine Schadensersatzklage durch Zahlung eines Vergleichsbetrages in Höhe von 25.000 US Dollar an die Eltern eines Schwarzen, William Leonards, beigelegt, der, unbewaffnet, von LAPD Beamten erschossen worden war. So niedrig der Betrag auch war, so enorm war die Wirkung. Das LAPD schien zum ersten Mal nicht mehr unangreifbar zu sein. Doch bis zu einer wirklichen Änderung der Rechtsprechung war es noch ein weiter Weg. In der Folge verlor Cochran zwei Fälle, in denen junge Schwarze im Würgegriff der Polizei gestorben waren.

Ende der 70er Jahre bot der Liberale damalige Bezirksstaatsanwalt John Van de Kemp Cochran den dritthöchsten Posten im Büro der Staatsanwaltschaft an. Cochran akzeptierte, sein neuer Job ermöglichte ihm erstmalig, es mit dem LAPD auf nahezu gleichwertigem Niveau aufzunehmen. Er und Van de Kemp organisierten die *rollout unit,* eine Spezialeinheit der Staatsanwaltschaft, die sämtliche Schießereien in der Stadt untersuchte, an denen Polizeibeamte beteiligt waren. Diese *unit* war dem LAPD ein solcher Dorn im Auge, daß sie einen Protestfond gegen Van de Kemp gründete. Es scheint, als habe die Einheit in jenen Jahren dazu beigetragen, ungerechtfertigte Gewaltanwendung durch Polizeibeamte zu reduzieren. Einer der Untergebenen Cochrans damals bei der *rollout unit* war ein junger Staatsanwalt namens Gil Garcetti. (Bemerkenswerterweise sollte erst mehr als fünfzehn Jahre später die Einheit aufgelöst werden – auf Veranlassung des amtierenden Bezirksanwalts Gil Garcetti, weil der Simpson-Prozeß zu viele Ressourcen der Staatsanwaltschaft einnahm ...) Eines Tages wurde Cochran ohne jeden Grund von LAPD Officern angehalten und zum Aussteigen aus seinem teuren Wagen gezwungen. Die Polizeibeamten richteten ihre Waffen auf ihn und seinen kleinen Sohn, der ihn begleitete.

„Daddy, bitte mach, daß sie aufhören“, schluchzte das Kind.

„Daddy ist jetzt in Schwierigkeiten“, belustigte sich einer der Polizeibeamten. Als Cochran seine Marke zeigte, die ihn als Staatsanwalt von Los Angeles auswies, erstarb das Lachen. Doch Cochran hatte genug gesehen.

Anfang der 80er Jahre war er wieder Rechtsanwalt und machte die Bekanntschaft von Helen und Donald Settles, einem afroamerikanischen Paar, dessen 21jähriger einziger Sohn, Ron, tot im Gefängnis von Signal Hill aufgefunden worden war. Ron Settles war er ein hochbegabter Footballspieler, der von den Dallas Cowboys, einem berühmten Profiteam, umworben wurde. Am 2. Juni 1981 war er spät drangewesen für seinen Teilzeitjob als Lehrer und Trainer einer nahegelegenen Junior High School. Deshalb hatte er mit seinem auffälligen Triumph Sportwagen eine Abkürzung durch

Signal Hill genommen. Der offizielle Bericht über das, was dann geschehen sein soll, las sich etwa so: Settles sei wegen Geschwindigkeitsüberschreitung angehalten und, nachdem er ausfällig geworden sei, in Gewahrsam genommen worden. Im Gefängnis habe der junge Mann Polizeibeamte tätlich angegriffen, er sei dann in eine Zelle gebracht worden, wo er sich erhängt habe.

Das einzige Wahre an diesem Bericht war das Datum des Todestages. Die Staatsanwaltschaft erhob, wie üblich, keine Anklage. Cochran dagegen reichte eine Schadensersatzklage über 50 Millionen US Dollar ein. Er ließ Settles Körper exhumieren, man entdeckte Dutzende von Blutergüssen am Kopf, Hals und Oberkörper des Leichnams und stellte fest, daß Settles in einem Würgegriff gestorben war.

Die Stadt verglich sich auf der Basis von 760.000 US Dollar. David hatte Goliath zum ersten Mal finanziell empfindlich getroffen.

In den folgenden Jahren gelang es Cochran, mehr als 40 Millionen Dollar Schadensersatz gegen die Stadt von Los Angeles zu erstreiten, was bedeutete, daß sein Anteil – in den USA sind die Anwälte in derartigen Fällen berechtigt, Erfolgshonorare zwischen einem Drittel und der Hälfte der erzielten Summe zu vereinbaren – an diesen Fällen alleine etwa 15 Millionen Dollar betrug. Tatsächlich waren die finanziellen Schläge, die er der Stadt Los Angeles zufügte, so empfindlich, daß der polizeiliche Würgegriff schließlich untersagt und aufgegeben wurde.

1990 wurde Cochran der erste Anwalt, der von der Prozeßanwaltsvereinigung von Los Angeles sowohl zum Strafprozeßanwalt wie auch zum Zivilprozeßanwalt des Jahres gewählt wurde.

Die Kehrseite der Medaille war, daß Cochran zunehmend eine Kunst entwickelte und verfeinerte, die ihn zwar reich machte, aber mit seiner ursprünglichen Motivation nicht mehr viel zu tun hatte – nämlich, jedem Fall eine Rassismuskomponente zu geben, gleichgültig, ob eine solche tatsächlich bestand oder nicht. Zum Beispiel im Fall Todd Bridges, eines früheren schwarzen Kinderschauspielers, der am 2. Februar 1988 ein Haus betrat und, von mehreren Zeugen beobachtet, mit acht Schüssen seinen Drogendealer niederstreckte. Im Strafprozeß verteidigte er sich damit, unter Kokaineinfluß gestanden zu haben. Cochran beschuldigte das, wie er es nannte, weiße Los-Angeles-Entertainment-Establishment, Bridges in jungen Jahren ausgebeutet und zum Drogenkonsumenten gemacht zu haben. Bridges wurde freigesprochen. Und 1992, nach den Rassenausschreitungen in Los Angeles nach dem Rodney-King-Prozeß, reichte Cochran eine Zivilklage für Reginald Dennys, einen *weißen* Fahrer, ein. Dennys war während der Unruhen im vorwiegend afroamerikanischen South Central Los Angeles von einem schwarzen Mob aus seinem Fahrzeug gezerrt und mißhandelt worden. Die Klage richtete sich allerdings nicht etwa gegen die schwarzen Täter – sie waren arm! –, sondern gegen die Stadt Los Angeles, deren Polizisten den halbtotgeschlagenen Dennys schließlich gerettet hatten. Cochrans Theorie lautete, daß das LAPD Rassendiskriminierung begangen hatte, weil es nicht genügend Kräfte für South Central Los Angeles abgestellt hatte, weshalb Dennys dort von dem schwarzen Mob verletzt werden konnte ...

All dies änderte aber nichts an Cochrans Ruf, den er sich in der Vergangenheit erworben hatte und der es ihm ermöglichte, geradezu magisch mit schwarzen Geschworenen zu arbeiten.

Was ihm nach einem Leben voller Erfolge im Jahre 1994 noch fehlte, war *der eine* gigantische Prozeß, der Prozeß aller Prozesse, beobachtet von der ganzen Welt, die Plattform, um seine Anklage des Rassismus gegen das LAPD überallhin zu tragen. Nachdem, was Shapiro entwickelt hatte, konnte der Simpson-Fall dieser Prozeß sein, also würde er es auch.

Kurz nachdem er das Mandat übernommen hatte, wurde Cochran in der Today Show von Katie Couric interviewt.

„... Der O.J. Simpson-Fall“, führte Cochran aus, „... ist einer dieser Fälle, wo von Anfang an der Beschuldigte sagte ‚Ich bin unschuldig’.“

„Und Sie glauben ihm?“ wollte Couric wissen.

„Und ich glaube ihm“, erwiderte Cochran. „Ich glaube ihm. Absolut.“

„Hundertprozentig, in Ihrem Herzen, daß er nichtschuldig ist?“ insistierte Couric.

„In meinem Herzen, ich glaube das, absolut.“

Der O.J. Simpson, der am 22. Juli 1994 den Regeln des Strafprozesses folgend (die vorschreiben, daß ein Angeklagter sich zweimal zur Anklage äußert – einmal nach der Verhaftung, einmal nach dem Preliminary Hearing –, bevor es zum Prozeß vor dem Superior Court kommt) vor Richter Cecill Mills erschien, hatte nichts mehr gemein mit dem Mann, der etwas mehr als einen Monat zuvor Richterin McKay vorgeführt worden war und seine Antworten nur wie in Trance hatte geben können. Simpson sah wieder aus wie der O. J Simpson, den die Öffentlichkeit aus der Zeit vor den Morden kannte. In Anzug und Krawatte grüßte er seine Unterstützer im Zuschauerraum mit nach oben gestrecktem Daumen. Und als der Richter ihn aufforderte, seinen Antrag in bezug auf die Anklage des Doppelmordes zu stellen, benötigte er diesmal keine Hilfe.

„*Absolut* hundertprozentig nichtschuldig“, sagte er mit fester Stimme.

Ebenfalls noch am 22. Juli 1994 gab Richter Cecill Mills bekannt, daß der Vorsitzender Richter im Strafprozeß Lance A. Ito sein würde. Ito, der auch über gute politische Kontakte verfügte, hatte den Fall unbedingt haben wollen. Da seine Ehefrau, Margaret York, Captain und damit ranghöchste weibliche Polizeibeamtin beim LAPD war (sie und ihre frühere Partnerin waren die Vorbilder für die Serie „Cagney und Lacey“), gewährte Mills der Verteidigung die Möglichkeit, Ito ohne Angabe von Gründen abzulehnen. Doch Shapiro und Cochran waren mit dem einer ursprünglich japanischen Familie entstammenden Richter einverstanden. Nicht zu Unrecht, wie sich noch zeigen sollte.

KOSTSPIELIGE FEHLER

Was tut die Staatsanwaltschaft, wenn sie einen Fall hat, der in bezug auf die Täterschaft klarer nicht sein könnte, plötzlich aber mit der Theorie konfrontiert wird, ein Schwarzer sei mit gefälschten Beweismitteln von weißen, rassistischen Polizeibeamten belastet worden, also mit einer Tintenfischverteidigung, die in Anbetracht des empfindlichen Sujet den wahren Sachverhalt zu vernebeln droht?

Man kam auf Christopher Darden. Er war einige Jahre jünger als Marcia Clark und ebenso wie sie Staatsanwalt in Los Angeles. Obwohl er auf fünfzehn Jahre Berufserfahrung zurückblicken konnte, galt er nicht als ein besonders talentierter Prozeßanwalt. In den letzten drei Jahren hatte er praktisch keinen Gerichtssaal mehr von innen gesehen. Aber Darden hatte zwei Vorzüge: Er war Afroamerikaner, und er gehörte der Special Investigations Division (SID) des Büros des DA an, jener Einheit, die für die Überwachung des LAPD zuständig war. Da die Polizei *der* Verbündete der Staatsanwaltschaft war, entsprach es der Tradition, daß selten und nur bei aufsehenerregenden Fällen Anklage von der SID gegen Polizeibeamte erhoben wurde. Die Regel lautete: Untersuchen ja, Anklagen nein. Von Darden war denn auch nur ein einziger Fall bekannt, den er zur Anklage brachte: Die Razzia der achtzig Polizeibeamten im Jahre 1988, die zur Zertrümmerung der Apartments und Mißhandlung ihrer Bewohner in der 39. Straße und Dalton Avenue geführt hatte. Trotz Dardens Bemühungen waren die drei (!) angeklagten Polizeibeamten freigesprochen worden.

Es war in jenen Tagen, in denen Shapiro die Rassismuskarte erstmals ausspielte und Cochran dem Verteidigungsteam beitrat, als Darden in das Büro Marcia Clarks gerufen wurde. Er traf sie in ihrem riesigen braunen Ledersessel sitzend an, einen überquellenden Aschenbecher vor sich, eine rote Dunhill Zigarette in der Hand. Die Luft war voller Qualm.

„Also", sagte sie, „wenn du die Cowlings-Untersuchung hättest (gegen Cowlings wurde wegen der Flucht-Fahrt Simspons ermittelt), wie würdest du sie führen?" Das war Dardens Einstieg in den Fall.

Taft kalkulierte die Verteidigungskosten neu, nachdem Cochran an Bord gekommen war. Shapiro erhielt 100.000 US-Dollar im Monat mit einer Höchstgrenze von 1,2 Millionen US-Dollar und stellte neben seiner Tätigkeit die seiner Assistentin Sara Caplan. Uelmen und Dershowitz hatten für jeweils 350.000 US-Dollar unterschrieben. Um Bailey und seine Ermittler sollte sich Shapiro kümmern. Was mit den DNA-Spezialisten Scheck und Neufeld für eine Vereinbarung getroffen werden würde, stand noch nicht fest. Hinzu kamen die Kosten für die Sachverständigen, Pavelic, etc. Da auch Simpsons Mittel begrenzt waren, erklärte Cochran sich bereit, mit 50.000 US-Dollar im Monat vorlieb zu nehmen. Und er stellte zwei zusätzliche Leute aus seiner Kanzlei inklusive, Carl Douglas und Shawn Chapman.

Die ungeheure Aufmerksamkeit, die die Medien dem Fall und seinen Hauptakteuren widmeten, löste verschiedene Reaktionen aus. Marcia Clark zeigte erste Abnutzungserscheinungen. Sie erhielt Blumen, Telegramme und Briefe von anonymen Verehrern aus dem ganzen Land, aber auch Drohungen; der Druck war enorm und führte sogar dazu, daß sie einmal weinend vor Vannatter und Lange zusammenbrach. Sie erhielt bewaffneten Personenschutz.

Im Gegensatz dazu genoß Shapiro uneingeschränkt die Aufmerksamkeit, die ihm zuteil wurde. Ob beim Sparring mit einem Boxweltmeister, bei einem Konzert der Rolling Stones, wo sein Bild über Großleinwand eingeblendet wurde, bei einer Fotositzung mit einer berühmten Fotografin, Shapiro konnte sein Gesicht nicht oft genug ins Fernsehen und in die Zeitschriften bekommen. Das war etwas, das auch den übrigen Mitgliedern des Verteidigungsteams und den Vertrauten Simpsons nicht entging.

Als Cochran mit seinen Mitarbeitern Carl Douglas und Shawn Chapman, wie üblich in streng formeller Geschäftskleidung, Shapiro ihren Antrittsbesuch in dessen Kanzlei abstatteten, wurden sie von Sara Caplan begrüßt, die ein augenbrauenhebendes Minikleid trug. Sie informierte sie, daß Shapiro ein Meeting habe. Die afroamerikanischen Anwälte blickten sich an. Sie verstanden, daß Robert Shapiro eine erste Nachricht gesendet hatte. Nach einer Stunde gingen sie wieder. Shapiro war noch immer nicht zurückgekehrt.

Am Dienstag, dem 26. Juli 1994, versammelte sich nahezu das gesamte Team der Verteidigung in Shapiros Büro. Im Gegensatz zu den korrekt gekleideten afroamerikanischen Anwälten trug Shapiro ein offenes Hemd und Freizeitkleidung. Er stand auf, keinen Zweifel daran lassend, wer im Raum das Kommando hatte, und sah sich um.

„Wie viele Leute hier glauben, daß O.J. Simpson schuldig ist? Hebt eure Hände."

Alle starrten ihn an. Keine Hand ging hoch. Als wäre nichts geschehen, machte Shapiro weiter und stellte Cochran und dessen Begleiter vor. Während der Sitzung hielt sich Cochran zurück, überließ Shapiro die Leitung. Nach dem Treffen, als sie alleine im Auto waren, wandte sich Douglas an seinen Boss. Warum er nicht übernommen habe? Er könne das Team nicht leiten, wenn er sich zurücklehne.

„Es ist das Büro des Mannes, Carl", erwiderte Cochran ruhig. „Es ist das erste Treffen. Laß allem Zeit. Alles wird sich herausarbeiten."

Während dieser Tage begann auch Shapiro, Zeichen von Streß zu zeigen. Er brachte Kardashian mehrfach gegen sich auf, indem er diesen z.B. ohne Begründung anzuweisen versuchte, am Gerichtstermin am 22. Juli 1994 nicht teilzunehmen oder ihn nach einem gemeinsamen Essen ein Taxi nehmen ließ, um in die Kanzlei zurückzufahren, obwohl er selber den Weg dorthin nahm. Ein anderes Mal schickte er Douglas und Chapman vor die Tür, weil er etwas „Vertrauliches" meinte mit Cochran allein besprechen zu müssen. Und was war die vertrauliche Angelegenheit? Daß Nicole angeblich ein lesbisches Verhältnis mit Faye Resnick gehabt haben sollte ...

In den Sommermonaten stellte die Verteidigung eine ganze Reihe von Anträgen, die sie verlor und doch nicht verlor. Sie reichten von der Erneuerung der Beschwerde, daß Simpsons Anwesen illegal durchsucht worden war, bis zu dem Vorwurf, die Staatsanwaltschaft habe Blutproben nicht mit der Verteidigung geteilt, so daß deren Wissenschaftler keine unabhängigen Untersuchungen hätten vornehmen können. Natürlich wußten die Verteidiger, daß ihre Anträge zum Scheitern verurteilt waren, doch die Anhörungen vor Gericht verursachten kontinuierliche Trommelgeräusche, die die Vorwürfe gegen die Polizei und ihre Manipulationen in die Öffentlichkeit trugen – aus der sich später die Geschworenen-Jury zusammensetzen würde.

Shapiro, Cochran und ihre Kollegen hatten Erfolg damit. Ito befand in der Begründung seiner ablehnenden Entscheidung hinsichtlich des Antrages der Verteidigung, die in Rockingham gefundenen Beweismittel auszuschließen, daß Vannatter in seiner eidesstattlichen Versicherung „zumindest fahrlässig" die Wahrheit mißachtet hatte. Worte, die von den Medien ins ganze Land getragen wurden.

In diesen Sommermonaten wurden die Weichen in mehr als einer Hinsicht für den bevorstehenden Prozeß gestellt. Nicht zum besseren für die Anklagebehörde, wie sich zeigen sollte.

Dr. Donald Vinson war fünfzig Jahre alt und Millionär. 1976 hatte seine außergewöhnliche Karriere begonnen, als er, seinerzeit noch Marketingprofessor an der University of Southern California, den Anruf einer New Yorker Anwaltskanzlei erhalten hatte, die IBM in einem Anti-Trust Verfahren vertrat. Ob er sie bei der Geschworenenauswahl beraten könne? Vinson konnte nicht nur, er entwickelte in den folgenden Jahren ein neues Betätigungsfeld, das es in dieser Form bis dahin nicht gegeben hatte – das des Jury Consultants, des Beraters bei der Auswahl der Geschworenen. Mit seiner Arbeit, die Fokus-Gruppen enthielt, Schattenjurys, die teilweise im Gerichtssaal plaziert wurden und die Anwälte von Tag zu Tag beurteilten, während deren Prozesse liefen, Testverfahren usw., änderte Vinson die Art, wie sich Prozeßanwälte auf ihre Verfahren vorbereiteten, von Grund auf.

Nach der ersten hängenden, also unentschiedenen Jury im Menendez-Fall war er sehr enttäuscht und hatte das Gefühl, daß etwas Negatives in der Gesellschaft geschah, dem es entgegenzusteuern galt. Also bot er seine Dienste Gil Garcetti pro bono (umsonst) an. In der Zweitauflage des Prozesses später wurden die Menendez-Brüder dann auch problemlos verurteilt. Garcetti war von Vinsons Arbeit so fasziniert und überzeugt, daß er ihn bat, ihnen auch im Simpson Fall pro bono behilflich zu sein. Vinson akzeptierte und versorgte die Staatsanwaltschaft in dem Verfahren mit sämtlichen elektronischen Displays und Grafiken, einem Service, der, hätte er bezahlt werden müssen, etwa eine Million Dollar gekostet hätte. Doch auf dem viel wichtigeren Gebiet der Beratung bei der Geschworenenauswahl, um die Garcetti Vinson ebenfalls ersuchte, prallte er an Clark ab.

Am 23. Juli 1994 kam es zum ersten Test. Vinson hatte eine Fokus-Gruppe organisiert, die sich im Plaza Research Center am International Airport von Los Angeles traf. Zehn „Geschworene" hörten sich jeweils etwa zwanzig Minuten lange Vorträge der Staatsanwaltschaft an.

Clark und Garcetti beobachteten die Fokus-Gruppe durch einen Spiegel, der nur von ihrer Seite aus durchsichtig war. Was sie hörten, erstaunte sie. Decision Quest, die Firma Vinsons, hatte fünf Männer und fünf Frauen zu diesem ersten Test einbestellt, sechs Weiße und vier Schwarze. Alle Weißen stimmten für Verurteilung, alle Schwarzen für Freispruch. Vinson sprach mit den Afroamerikanern. Er wollte wissen, was deren Ansicht ändern könnte. Als Experiment schlug er vor, sie sollten annehmen, daß es 100%ig sicher sei, daß das Blut links der Schuhabdrücke in Bundy von Simpson stamme. Egal. Drei der vier Schwarzen stimmten immer noch nichtschuldig.

Aber es gab noch mehr. Vinson befragte die schwarzen Frauen in der Gruppe genau nach dem Gegenstand von häuslicher Gewalt. Sie sollten sich vorstellen, es sei sicher, daß Simpson Nicole geschlagen und verfolgt habe. Ihre Reaktionen waren eindeutig.

„In jeder Beziehung gibt es immer etwas Ärger."

„Es bedeutet nicht, daß er sie getötet hat."

Clark verstand nichts. Nicht das Verfahren, nicht die Antworten, nicht Vinson, schon gar nicht das Resultat. Der grauhaarige Vinson, der mit ruhiger Selbstsicherheit sprach und es mochte, mit „Dr." angesprochen zu werden, war in ihren Augen nichts weiter als ein Snob. Hatte sie, Marcia Clark, nicht in der Vergangenheit gerade mit weiblichen afroamerikanischen Geschworenen am besten arbeiten können?

Vinson dachte wenig besser von Clark. Für ihn war sie eine engstirnige Staatsbedienstete, die ihren Instinkten und ihren „Erfahrungen" eher vertraute als soliden Informationen.

Bedrängt von Garcetti, der ein Befürworter Vinsons blieb, erklärte sich Clark dennoch zu einem detaillierten Probeprozeß bereit, der aus Sicherheitsgründen – damit niemand davon erfuhr – am 18. August 1994 in Phoenix, Arizona stattfinden sollte.

Bis kurz vor dem Abflug gelang dies auch noch. Doch vor den Metalldetektoren am Flughafen blieb Marcia Clark abrupt stehen. „Verdammt", konstatierte sie und fügte mit Blick auf ihre Handtasche hinzu: „Ich habe meine Waffe da darin." Sie mußte die Lounge am Flughafen aufsuchen, bis das korrekte Formular gebracht wurde, das sie ausfüllen mußte, um mit ihrer Waffe an Bord gehen zu dürfen. Als dieses endlich eintraf, hatte sie nicht nur ihren Flug verpaßt, es tauchten auch ein Reporter und ein Fotograf vom „National Enquirer" auf. Damit war die Geheimhaltung hinfällig. Schließlich wurde der Probeprozeß abgeblasen. Statt dessen einigte man sich mit Vinson darauf, daß den siebzehn „Geschworenen", die er ausgewählt hatte, bestimmte Fragen gestellt werden sollten. Was Clark und ihre Kollegen am nächsten Tag von ihren geschützten Plätzen aus unbemerkt mithörten, war noch schockierender als beim ersten Mal. Vinson wollte von den Testpersonen wissen, wie sympathisch ihnen Simpson auf einer Skala von 1-10 ausgedrückt sei. Von den schwarzen Frauen erhielt er durchgängig 9er oder 10er; Nicole, das Mordopfer, hingegen 7er, 5er und sogar nur 3er. Was sie von Clark hielten? Die Antworten kamen unisono: „Schlampe." Marcia Clark mußte, im Verborgenen sitzend, hören, wie afroamerikanische weibliche Juroren, *ihre* Geschworenen, sie beschrieben!

Trotz weitere Umfragen und Untersuchungen Vinsons mit eindeutigen Resultaten blieb Clark dabei, weibliche afroamerikanische Geschworene zu bevorzugen, weil – statistisch belegt – häusliche Gewalt öfters in afroamerikanischen Haushalten vorkommt als in weißen. Ihre Idee war, daß sie sich mit Nicole identifizierten, wenn sie mit Simpsons Mißhandlungen konfrontiert werden würden. Außerdem war es gleichfalls statistisch bewiesen, daß in einer hohen Zahl der Fälle, in denen Männer ihre Frauen töteten, dem Mißhandlungen vorausgegangen waren. Also – so Clarks Theorie weiter – würden die weiblichen afroamerikanischen Geschworenen in der Jury am stärksten bereit sein, Simpson zu verurteilen.

Es war nur einer der Faktoren, den Marcia Clark nicht beachtete, daß Simpson Nicole zu treffen begonnen hatte, als er in erster Ehe noch mit einer Afroamerikanerin verheiratet war. Also hatte Nicole einer schwarzen Schwester den Mann weggenommen! Vinsons Untersuchungen zeigten, daß bereits nur 23% der schwarzen Männer dachten, daß Simpson schuldig war – aber sogar nur 7% der schwarzen Frauen. Ironischer- aber auch logischerweise (schließlich mußten sie sich auch mit ihrem Schicksal arrangieren) waren gerade schwarze Frauen, die selber Opfer häuslicher Gewalt geworden waren, eher bereit, diese zu vergeben und ihr keine große Bedeutung beizumessen. Und gerade diese Frauen haßten Marcia Clark, die in ihren Augen versuchte, einen prominenten, starken, schwarzen Mann zu vernichten. Alles an Clark war für diese Frauen schroff und stieß sie ab, ihre Erscheinung, ihre Kleidung, sogar ihr schnelles Sprechen, das, wie Vinson herausfand, diejenigen mit einem geringeren Bildungsniveau einschüchterte.

Eines war danach festzustellen: Die Staatsanwaltschaft war im Begriff, den falschen Fall (häusliche Gewalt, die zu Mord führt), den falschen Geschworenen (weiblichen Schwarzen) durch den falschen Boten (Marcia Clark) zu präsentieren.

Kurz bevor die Geschworenenauswahl begann, ging Marcia Clark in sich und dachte über alles nach – die Fokus-Gruppen, die Analysen, Vinson, die Ergebnisse – und traf ihren Entschluß. Donald Vinson konnte zur Hölle fahren, sie würde ihrem Gefühl folgen.

In der Zwischenzeit hatte auch die Verteidigung gehandelt. Und – wie üblich – hatte Shapiro als Jury Consultant den besten Mann (in Ermangelung Vinsons, der für die Verteidigung bereits tätig war) engagiert, den es gab, nur daß dieser Mann eine blonde intelligente Frau war, Jo-Ellan Dimitrius. Sie war Schülerin Vinsons und konnte als ihren größten beruflichen Erfolg den Freispruch der Polizeibeamten im Rodney-King-Prozeß vorweisen, wo sie als

Jury Consultant der Verteidigung fungiert hatte. Wie Vinson führte auch Dimitrius umfangreiche Untersuchungen durch, um zu ermitteln, welche Personengruppe die beste und welche die schlechteste für die Verteidigung war. Das Ergebnis war ein Spiegelbild dessen, was Vinson zur gleichen Zeit herausfand: Afroamerikanische Frauen, speziell zwischen dreißig und vierzig, waren die stärksten Befürworter O.J. Simpsons.

So kam es, daß sowohl die Verteidigung wie auch Marcia Clark für die bevorstehende Geschworenenauswahl ein gemeinsames Ziel hatten – möglichst viele Afroamerikanerinnen in die Jury zu bekommen.

Es war Alan Dershowitz, der seine Kollegen am 15. August 1994 anläßlich einer ihrer Konferenzen verblüffte, indem er vorhersagte, daß die Staatsanwaltschaft ihren Fall mit häuslicher Gewalt beginnen und versuchen würde, eine direkte Linie von dieser zu den Morden zu ziehen. Die anderen Anwälte waren ungläubig. Shapiro lehnte sich vor, Cochran hörte auf, Notizen zu machen. Traditionell werden Mordfälle durch die sogenannte „flashback"-Technik präsentiert, indem man zunächst mit den toten Körpern beginnt, den Autopsieergebnissen, der Todesursache, den am Tatort vorgefundenen Beweismitteln, um sich dann zu dem Angeklagten vorzuarbeiten. Dershowitz hatte das Gefühl, daß Marcia Clark den Simpson-Fall anders darstellen würde, nämlich historisch. Form folgt Funktion, erläuterte er. Mit häuslicher Gewalt anzufangen, sei zu Marcias politischem Vorteil. Auch zu Garcettis. Der DA habe eine harte Wiederwahlkampagne vor sich. Weibliche Wähler würden ihn belohnen.

Nur Simpson, dem es auch und vor allem um seinen guten Ruf in der Öffentlichkeit ging, hatte Angst vor dem Thema. Er wollte um keinen Preis, daß die schmutzigen Details seiner Beziehung zu Nicole ans Tageslicht gelangten. Clark und ihre Kollegen werteten dies falsch dahingehend, daß die Verteidigung *insgesamt* Furcht vor diesem Gebiet hätte, und trugen in der Vorbereitung Beispiel um Beispiel zusammen, um ihren Häusliche-Gewalt-Fall möglichst umfangreich und – wie sie dachten – beeindruckend darstellen zu können.

Doch im Verteidigungsteam bereitete das niemandem Sorge. Nicht nur wegen der Ergebnisse, mit denen sie Joe-Ellan Dimitrius versorgte, sondern auch, weil statistisch nachweisbar war, daß nur einer von zweitausendfünfhundert Männern, der seine Frau mißhandelte, sie auch ermordete. Nur rein vorsorglich engagierte die Verteidigung die nationale Expertin des sogenannten „Mißhandelte-Frauen-Syndroms“, Dr. Leonore Walker, um Simpson zu untersuchen, ob sein Persönlichkeitsprofil zu dem eines „klassischen“ Mißhandlers und häuslichen Mörders passe. Sie kam zu dem Ergebnis, daß es keine gesicherte wissenschaftliche Erkenntnis gebe, die zu diesem Schluß führen könnte. Und sie war bereit, dies notfalls als Zeugin zu bestätigen.

Die Verteidigung war gerüstet.

Ebenfalls noch im Sommer verkündete die Staatsanwaltschaft ihre Entscheidung, im Fall O.J. Simpson nicht die Todesstrafe zu beantragen.

Auch wenn es *immer und ausnahmslos* unmoralisch ist, in einer angeblich zivilisierten Gesellschaft Menschen zu töten, auch wenn dies staatlich legalisiert ist, war die Begründung, wie die Staatsanwaltschaft zu ihrer Entscheidung gelangte, höchst eigenartig und in sich widersprüchlich.

Darden sollte später in seinem Buch schreiben, in dreizehn Jahren seiner Arbeit habe er nie ein so brutales Verbrechen gesehen, und Marcia Clark erklärte in ihrem Buch, daß das Verbrechen grauenhaft gewesen sei und sie deshalb *special circumstances* (besondere Umstände) angenommen hatte, die die Beantragung der Todesstrafe erlaubten. Daß sie diese trotzdem nicht beantragt habe, begründete sie damit, Simpson habe keine kriminelle Vergangenheit gehabt, er sei keine Gefahr für die Gesellschaft, nicht unkorrigierbar gewesen und habe in seinem Leben die Regeln der Gesellschaft nicht so mißachtet, wie dies bei Schwerkriminellen häufig der Fall sei. „Unter diesen Umständen“, formulierte Clark „wäre es unmoralisch gewesen, die Todesstrafe zu beantragen“.

Ginge es darum, die Gesellschaft zu schützen, reichte es aus, eine lebenslange Freiheitsstrafe ohne Bewährungsmöglichkeit zu verhängen, man müßte den Täter dann nicht vergasen, zu Tode spritzen oder was auch immer sich Menschen als angemessene – und natürlich humane – Tötungsmethoden ausgedacht haben.

Abgesehen davon, daß eine kriminelle Vergangenheit schwerlich als Begründung für die Todesstrafe angesehen werden kann, stimmte Clarks Argumentation nicht einmal statistisch: 34% aller Menschen, die in den USA in den Todestrakt geschickt werden, wurden niemals zuvor wegen eines Verbrechens verurteilt, 92% hatten nie vorher einen Menschen getötet. Wenn aber als Kriterium die Schwere der Tat, die Mißachtung der gesellschaftlichen Regeln gelten soll, dann traf dieses doch wohl auf diesen Fall, in dem der Täter nach wochenlangen Vorbereitungen schließlich mit über vierzig Messerstichen zwei Menschen regelrecht hinrichtete, ganz besonders zu?

Die Erklärung lieferte Marcia Clark an einer anderen Stelle ihres Buches. Sie schreibt, daß keine Jury, nicht einmal eine aus weißen, männlichen Republikanern mittleren Alters zusammengesetzte, O.J. Simpson zum Tode verurteilt hätte. In einem Fall, in dem die Todesstrafe beantragt wird, müssen die Geschworenen *death certified* sein, was bedeutet, daß jeder Geschworene prinzipiell bereit sein muß, die Todesstrafe zu verhängen. Clark schreibt über derartige *death-certified*-Geschworene, sie seien harte Redner, die sich, wenn es zur Entscheidung kommt, nicht zu einem Urteil durchringen, weil sie in dem Moment verstünden, daß ihre Handlungen den Tod eines Menschen zur Folge haben können.

Marcia Clark wußte sehr genau, daß sie den Fall verlieren würde, wenn sie *gegen O.J. Simpson* die Todesstrafe beantragte. Nicht, weil es kein besonders grauenhaftes Verbrechen gewesen wäre, sondern weil eine *Berühmtheit*, eine reiche und erfolgreiche Person, ein Sportidol, in den USA niemals zum Tode verurteilt worden ist und aller Wahrscheinlichkeit nach auch niemals zum Tode verurteilt werden wird, selbst dann nicht, wenn es sich um einen Schwarzen handelt, obwohl die Gefahr für einen Afroamerikaner vielfach höher ist als für einen Weißen. Es war demnach keine moralische Entscheidung der Anklage, es war eine politische, taktische. Der bevorstehende große Sieg sollte nicht gefährdet werden.

Aber was kann es unmoralischeres geben als die Todesstrafe in der Hand von Staatsanwälten, die davon aus taktischen und politischen Gründen Gebrauch machen und machen können?

Die Spannungen im Team der Verteidigung wuchsen. Doch während alle mit Volldampf arbeiteten und sich auf den Prozeß vorbereiteten, schien Shapiro durch Abwesenheit zu glänzen. Jeder Anwalt hat seine eigenen Rituale. Aber auf seine Kollegen wirkte es befremdend, daß Shapiro sich die Zeit nahm, zu einem Boxkampf nach Las Vegas zu fliegen. Oder Marlon Brandos Tochter Pietro, die kurz davor stand, Jura zu studieren, dafür einsetzte, in ein Album Presseberichte über ihn feinsäuberlich einzukleben. Ein Album, das wie das eines Fotomodels aussah.

Dann, am dritten Tag ihrer Konferenz im August, war es wieder so weit.

„Sara, Carl, Shawn, Jo-Ellan“, sagte Shapiro, „ihr alle geht jetzt bitte.“

Die drei Frauen und Carl Douglas waren wie vor den Kopf gestoßen. Sie blickten Shapiro an, dann sich gegenseitig. Schließlich nahmen sie ihre Unterlagen und verließen den Raum, in dem Cochran, Kardashian, Uelmen und die beiden Ermittler McKenna sowie McNally zurückblieben, um von Shapiro wieder eine seiner Top-Secret-Mitteilungen zu erhalten.

„Fuck this motherfucker!“ Douglas war außer sich vor Wut. Jo-Ellan Dimitrius fügte hinzu, daß sie in all ihren Jahren als Jury Consultant noch nie von einem Anwalt aufgefordert worden war, den Raum zu verlassen. Bitterkeit solidarisierte die, die sich im Umfeld von Shapiro befanden.

Am 18. August 1994 besuchten die Ermittler aus dem Team der Verteidigung McNally und Pavelic eine Salvadorianerin namens Rosa Lopez, die als Angestellte in einem Haus in direkter Nachbarschaft zu Simpsons Rockingham Liegenschaft arbeitete. Lopez berichtete ihnen, sie habe O.J. Simpsons Bronco zwischen 20.00 Uhr und 20.30 Uhr nahe dem Rockingham Tor am Mordtag geparkt gesehen, und der Wagen habe dort bis zum folgenden Morgen gestanden. Simpson sei um 21.45 Uhr zurückgekommen, später habe sie den Hund ihres Arbeitgebers gegen 22.15 Uhr oder 22.20 Uhr ausgeführt, der Bronco habe sich unverändert an seinem Platz befunden.

Die Ermittler waren zufrieden, besonders Pavelic. Lopez würde eine wichtige Zeitlinienzeugin der Verteidigung sein. Niemand kam auf die Idee, ihre Geschichte und die Person zu überprüfen.

Nach kalifornischem Recht kann die Verteidigung Beweise nur selber untersuchen lassen, sobald die Staatsanwaltschaft ihre Tests abgeschlossen hat. Insbesondere bei Blutfunden kommt es vor, daß die Tests der Anklagebehörde die gesamten Proben verbrauchen. Und die Verteidigung ist nicht verpflichtet, die Proben nach ihren eigenen Untersuchungen zurückzugeben oder ihre Resultate bekanntzugeben, es sei denn, sie sollen im Verfahren verwendet werden.

Anfang August 1994 hatte die Verteidigung den Antrag gestellt, die Staatsanwaltschaft zu verpflichten, die Proben mit ihr zu teilen.

Barry Scheck war dabei, der Staatsanwaltschaft ein Trojanisches Pferd zu senden. Nicht jeder verstand seine Strategie. Scheck wollte überhaupt keine eigenen Tests vornehmen lassen; diese waren zu teuer – und die Resultate konnten dem Klienten schaden ... Tatsächlich erhielt die Verteidigung wider Erwarten das Recht zugesprochen, 10% aller Proben für eigene Untersuchungen zu beanspruchen. Doch dies war nicht der Punkt. Was Scheck wollte, war eine detaillierte Einsicht in die Untersuchungen und Methoden, die von den LAPD Wissenschaftlern angewendet worden waren. Und er erhielt, was er begehrte, als Zeuge um Zeuge vom 22. August 1994 an von der Verteidigung ins Kreuzverhör genommen wurde. Scheck fand eine Menge kleiner Fehler, Ungenauigkeiten, Schlampereien heraus, die begangen worden waren – bei der Sicherstellung der Beweismittel, bei ihrer Handhabung, bei ihrer Untersuchung. Es waren Unzulänglichkeiten und Inkompetenzen, ohne Auswirkungen auf die eigentlichen Ergebnisse. Aber sie würden das Herzstück seiner Verteidigung werden gegen die gefährlichste Waffe der Staatsanwaltschaft, die DNA-Beweise.
Die Labore hatten in der dritten Augustwoche die vorläufigen Ergebnisse der DNA-Untersuchungen gemeldet. O.J. Simpsons Blut war überall: Am Tatort links der Schuhabdrücke, auf dem Rockingham Handschuh und in Rockingham.
Die DNA-Spezialisten Scheck und Neufeld hatten ein Problem nicht nur mit diesen für ihren Klienten katastrophalen Resultaten, sondern auch mit ihren Kollegen, die der Meinung waren, wenn man DNA-Ergebnisse nicht bekämpfen kann, läßt man sie eben in Ruhe. Cochran war noch entspannter: „Niemand versteht diesen DNA-Stoff. Niemand interessiert sich dafür. Wenn wir es nicht verstehen können, wird diese Jury es auch nicht verstehen."
Scheck und Neufeld warnten. „Wir haben Staatsanwälte gesehen, die dieses Material mit vernichtendem Effekt verwendet haben. Jurys können es verstehen, wenn es richtig präsentiert wird." Aber sie wußten, daß die Art, wie sie ihren Angriff auf die Testresultate präsentieren würden, entscheidend für den Ausgang des Falles sein konnte. Sie machten sich an die Arbeit.

Am 7. September 1994 hatte Jo-Ellan Dimitrius ihre Studien so weit abgeschlossen, daß sie dem Verteidigungsteam den idealen Geschworenen für O.J. Simpson vorstellen konnte: Eine schwarze, geschiedene Frau mittleren Alters, Arbeiterin, ohne höhere Schulbildung. Schwarze Geschworene, führte Dimitrius weiter aus, seien empfänglich für eine Verteidigungsstrategie, basierend auf polizeilicher Inkompetenz und Korruption. Häusliche Gewalt werde sie nicht beeindrucken.

Donnerstag, 15. September 1994. Uelmen las den anderen Teammitgliedern im Konferenzraum ruhig die bestürzenden Ergebnisse der ersten Faser- und Haaruntersuchungen vor, die hereingekommen waren. Haare, die auf dem Rockingham Handschuh gefunden worden waren, paßten zu denen Nicoles und Rons und sogar denen des Akitas. Haar, das in der Mütze sichergestellt worden war, zu dem Simpsons, schlimmer noch, auch Haare, die auf Goldmans Hemd gefunden worden waren.

Wenige Tage später begleitete Shawn Chapman O.J.s Kinder Jason und Arnelle zu Katie Couric von der „Today Show", mit der Verteidiger Cochran ein Interview vereinbart hatte. Die Grundregeln waren festgelegt worden: Keine Fragen bezüglich der Beweise, beide Kinder Simpsons kamen als Zeugen der Verteidigung in Betracht. Chapman war trotzdem nervös; wenn etwas schief ging, hatte sie dafür geradezustehen.

„Jason, ist dein Vater ein ‚Frauen-Schläger'?" fragte Couric vor laufender Kamera.

„Was meinen Sie mit ‚Frauen-Schläger'?" fragte Simpsons Sohn zurück.

Ein Mann, der kontinuierlich seine Frau schlägt und ihr weh tut, definierte Couric. Shawn Chapman holte tief Luft. „Stop!" sagte sie.

„Nein, dann nein", antwortete Jason.

„Okay, stop!" Die Anwältin mußte mit ihren Armen winken, um auf sich aufmerksam zu machen. Sie nahm Arnelle und Jason zur Seite.

„Das kann nicht deine Antwort sein", wies sie den Jungen an, bevor sie sich zu Couric wandte. „Sie müssen diese Frage noch mal stellen." Die Grundregeln waren klar. Chapman bestand darauf. Couric akzeptierte.

„Ist dein Vater ein ‚Frauen-Schläger'?" wiederholte sie ihre Frage.

„Absolut nicht", lautete diesmal die Antwort.

Zwei Stunden später trafen Chapman und Simpsons Kinder sich mit Connie Chung von CBS am Flughafen San Francisco. Sie fuhren zum Haus von O.J. Simpsons Schwester. Auch Eunice

Simpson, O.J.'s Mutter, eine Dame von mehr als achtzig Jahren, war anwesend. Connie Chung begann mit ihr.

„Wie fühlen Sie sich dabei, daß Ihr Sohn immer ein Frauentyp gewesen ist? Er konnte jede Frau bekommen, die er wollte, oder konnte er es nicht?"

Eunice Simpson lächelte bei der Erinnerung. „Frauen wäre es egal gewesen, wenn er Jack the Ripper gewesen wäre."

Shawn Chapman glaubte, ihr Herz würde aufhören zu schlagen.

„Stoppt alles!" rief sie. „Sie können das nicht benutzen!"

Chung wandte sich zu ihr. „Werde ich nicht", sagte sie einfach.

Am 21. September 1994 wurde bekannt, daß an Simpsons Socken aus dem Schlafzimmer in Rockingham Blut gefunden worden war. Blut von Nicole. Cochran und Shapiro überprüften ihre Unterlagen. Dennis Fung hatte beim Einsammeln der Socken nicht vermerkt, daß sich auf ihnen Blut befand, und Michele Kestler und Greg Matheson vom LAPD-Labor hatten nach Erhalt der Socken schriftlich festgehalten: „Kein Blut gefunden." Wo also kam jetzt das Blut her?

Der 26. September 1994 war ein stickiger, bewölkter Tag. Mehr als sechzig Wagen mit Satellitenschüsseln hatten sich auf dem Parkplatz vor dem Gerichtsgebäude eingefunden, die Straßen waren überfüllt mit Menschen, Hubschrauber kreisten. Der Medienzirkus wurde mit jedem Schritt, den der Prozeß nahm, größer. An diesem Tag begann die Geschworenenauswahl.

Nach der amerikanischen Verfassung hat jeder Angeklagte das Recht auf einen Geschworenenprozeß, d.h. darauf, daß zwölf Menschen darüber befinden, ob er schuldig oder nichtschuldig ist. Auf dieses Recht kann ein Angeklagter verzichten, so daß dann ein Richter über ihn entscheidet. Simpson hatte natürlich *nicht* verzichtet; es war allemal leichter, zwölf einfache Menschen zu beeindrucken und zu verwirren als einen professionellen Richter.

Von Befürwortern des Jurysystems wird häufig argumentiert, wer die Arroganz, Borniertheit und Dummheit vieler Richter erlebt habe, der begrüße das Geschworenensystem als Ausdruck von Demokratie. Außerdem würden in den allermeisten Fällen Geschworene zu dem richtigen Ergebnis gelangen, da sie sich in den Beratungen gegenseitig auf Details aufmerksam machten und somit das Wissen und Verständnis von zwölf Menschen potenziert zum Tragen käme. Es entspricht wohl eher den Tatsachen, daß die

Jurys zum „richtigen Ergebnis“ gelangen, weil in den allermeisten Fällen, in denen Anklage erhoben wird, der Angeklagte auch wirklich schuldig ist und einer mit der Macht und den Ressourcen des Staates ausgestatteten Anklagebehörde häufig eine Verteidigung gegenübersteht, die mangels Kompetenz und Geld ihren Namen kaum verdient. Das „richtige Ergebnis“ ist dann natürlich eine Verurteilung. Doch was, wenn die Verteidigung gleichfalls über finanzielle Ressourcen verfügt? Was, wenn es ihr gelingt, zwölf wirklich *einfache* Menschen in die Jury zu bekommen? Wessen Wissen und Verständnis soll sich da summieren?

Es gibt unzählige erschreckende Beispiel, wozu Geschworene tatsächlich fähig sind, was ein bezeichnendes Licht auf dieses veraltete System wirft. Eine kleine Auswahl: In New York fand sich ein Angeklagter Beweisen gegenüber, die seine Schuld unzweifelhaft belegten. Dennoch gelangten die Geschworenen zu keinem Urteil. Abstimmung um Abstimmung ergab ein 11:1 für einen Schuldspruch. Der sogenannte „Holdout“, eine weibliche Geschworene, erläuterte später ihre Entscheidung: „Jemand, der so gut aussieht, kann so ein Verbrechen nicht begehen.“ In einem Prozeß, in dem es um Raub ging, bemerkte der Richter, daß eine Geschworene ihre Augen bei einer wichtigen Zeugenaussage geschlossen hielt. In der Pause wollte der Richter wissen, ob sie geschlafen habe? Die Frau zuckte mit den Achseln. „Ich muß wirklich nicht jedem Wort zuhören“, erklärte sie. „Ich kann sagen, ob jemand die Wahrheit sagt, wenn ich sehe, wie er seine Augenbrauen bewegt.“ Und in London mußte eine Jury einen Mordprozeß entscheiden. Nachdem die Geschworenen nicht in der Lage gewesen waren, sich am ersten Tag ihrer Beratungen zu einigen, wurden sie über Nacht in ein Hotel einquartiert. Vier Geschworene bastelten sich dort aus Zeitungsschnipseln und einem Wasserglas ein Ouija-Brett, um Kontakt zu dem Mordopfer im Jenseits aufzunehmen. Jeder der vier hielt einen Finger auf das Glas, das „sich“ zu den Buchstaben bewegte, die im Kreis um das Glas gruppiert worden waren. Die vier erhielten eine eindeutige Anweisung: „Wählt morgen schuldig.“ Am nächsten Tag wurde die Sache mit den anderen Mitgliedern der Jury beim Frühstück diskutiert. Das Resultat war eine einstimmige Verurteilung.

Ein Hauptproblem mit Geschworenen ist deren schlechte Bezahlung. In Los Angeles z.B. erhalten sie nur 5 Dollar am Tag. Außer Rentnern, Hausfrauen und kleinen oder bestenfalls mittleren Angestellten großer Firmen, die das Gehalt während des Jurydienstes weiter entrichten, ist daher fast niemand bereit, als Geschworener zu fungieren. In einer Fernsehsendung wurde es einmal so zusammengefaßt: „Erinnern Sie sich, wenn Sie Schwierigkeiten mit dem Gesetz bekommen und vor Gericht müssen, wird Ihr Schicksal von zwölf Menschen entschieden werden, die so dumm sind, daß sie nicht einmal ihren Geschworenendienst vermeiden konnten."

Richter Ito sorgte für einen großen Pool an potentiellen Geschworenen – mehr als neunhundert Personen. Die Staatsanwaltschaft beantragte Sequestration, später schloß sich die Verteidigung an. Das bedeutete, daß die gewählten Geschworenen bis zum Urteil nahezu vollständig von der Außenwelt isoliert in einem Hotel unter Bewachung leben würden mit nur einer wöchentlichen Gelegenheit, Familienangehörige zu empfangen. Die Sequestration von Jurys ist die absolute Ausnahme, sie kommt nur in den medienwirksamsten High-Profile-Fällen vor. Viele potentielle Geschworene weigern sich, unter diesen Voraussetzungen Jurydienst zu leisten. Obwohl eine Staatsbürgerpflicht in den USA, wird diese sehr lax gehandhabt; auch gegen Personen, die sich ohne gesetzlich vorgesehenen Entschuldigungsgrund weigern, Geschworenendienst zu versehen, werden in der Praxis keine Sanktionen verhängt.

Die Gruppe der mehr als neunhundert Personen war in etwa repräsentativ für die Bevölkerungszusammensetzung von downtown Los Angeles. Etwa gleichviel Männer und Frauen, 28,1% Afroamerikaner, 37,9% Weiße, der Rest Latinos, Asiaten und andere. Es war eine relativ gutgebildete Gruppe, die nahezu dreiviertel Collegeabsolventen oder doch Personen enthielt, die ein College besucht hatten.

Der erste Teil der Geschworenenauswahl war die „hardship"-Phase. In ihr wurden diejenigen entschuldigt, für die die lange Sequestration eine untragbare Härte darstellten. Ito ließ jeden heraus, der heraus wollte. Insgesamt blieben nach vier Tagen noch dreihundertvier Personen übrig. Die am stärksten der Anklage zuneigende Gruppe hatte sich praktisch vollständig entschuldigen lassen. Die Gruppe, die übriggeblieben war, enthielt mehr als 50% Schwarze, von ihnen dreiviertel Frauen.

In den nächsten zehn Tagen arbeiteten beide Seiten einen umfangreichen Fragenkatalog für die verbliebenen dreihundertvier Personen aus, womit die zweite Stufe der Geschworenenauswahl, die *questionnaire stage* eingeleitet wurde. „Der Prozeß der Geschworenenauswahl", erläuterte Jo-Ellan Dimitrius dem Verteidigungsteam, „ist tatsächlich einer der Ausselektierung." Ihr Job war es, die „richtigen" Leute zu identifizieren – und natürlich ebenso die „falschen". Eines ihrer Geheimnisse, das sie auch vor Cochran und den anderen Anwälten verbarg, weil es die Essenz ihres Know-how darstellte, war, den Fragenkatalog mit Trick- und Fangfragen zu versehen, aus denen auf subtilem Niveau abgeleitet werden konnte, ob die beantwortende Person Simpson für schuldig hielt oder nicht. Auf die eine oder andere Art beantwortet, leuchtete Dimitrius Computer auf und entlarvte die Person. Clark hingegen hatte auf weitere Dienste Vinsons verzichtet.

Richter Ito ließ zu, daß den verbliebenen potentiellen Geschworenen schließlich ein monströses, achtzig Seiten starkes Skript mit zweihundertvierundneunzig Fragen unterbreitet wurde, die sie schriftlich beantworten mußten.

Am 8. Oktober 1994 wurde bekannt, daß das an der Konsole von Simpsons Bronco gefundene Blut eine Mischung aus seinem, Nicoles und Ron Goldmans Blut war. In ihrem Konferenzraum warfen die Verteidiger sich vielsagende Blicke zu. Inmitten der Stille, die sich ausbreitete, bewegte sich Shapiro in seinem Stuhl und nickte langsam.

Einen Tag später, sie befanden sich erneut im Konferenzraum in Shapiros Büro, rief Simpson an. Über Lautsprecheranlage verfiel er in sein übliches Lamentieren, daß er es nicht gewesen sei, daß er unschuldig sei ... Nur diesmal noch flehentlicher als sonst. Alle schwiegen. Chapman sah in die Gesichter ihrer Kollegen. Sie war sich sicher, daß jeder in dem Raum dachte, Simpson habe es getan. Schließlich sprach Shapiro.

„Wir haben dich jetzt gehört, O.J.", sagte er höflich. „Wir müssen uns an die Arbeit machen."

Nach Beendigung des Telefonates wandte sich Shapiro an die anderen. Vielleicht sollten wir den besten Deal machen, den wir bekommen können. „Wir können ihm Totschlag besorgen, fünf bis zwölf Jahre."

Die anderen, insbesondere Cochran, starrten ihn an. Für sie war Simpson unschuldig, weil er, der Klient, darauf bestand, unschuldig zu sein. Ein Showdown zwischen Shapiro und dem Rest des Teams konnte nicht mehr fern sein.

Am Dienstag, dem 11. Oktober 1994, wandte sich Shapiro in Itos Gerichtssaal während einer Pause direkt an Simpson und schlug ihm einen Plea-Bargain vor. Simpson war außer sich vor

Wut, er verbot Shapiro, jemals davon auch nur noch zu sprechen. Die Reaktion der Mitglieder des Verteidigungsteams bestand in fassungslosem Schweigen. Kardashian bebte vor Zorn. An diesem Tag verlor Shapiro ihn endgültig als Verbündeten.

Baileys Loyalität gegenüber Shapiro schwand; er, Taft und Kardashian kamen zu der Überzeugung, daß Shapiro nur deswegen so handelte, weil er hoffte, auf diese Weise die Kontrolle über den Fall zu behalten, jetzt, da der Prozeßbeginn nahte und die übrigen Teammitglieder geschlossen hinter Cochran standen. Shapiros Ablösung wurde unausweichlich.

Pavelic sammelte derweil weiter Informationen, um Detective Fuhrman als Rassisten porträtieren zu können. 1984 oder 1985 sollte dieser sich in Redondo Beach geweigert haben, einem afroamerikanischen Vietnamveteranen, Phil Coleman, die Hand zu schütteln. Bereits im Juli 1994 hatte die Verteidigung einen Brief von einer Kathleen Bell erhalten, der sich ebenfalls auf ein Geschehnis in Redondo Beach bezog, wo sich ein Marinerekrutierungszentrum befand, in dem Fuhrman zu dieser Zeit Dienst tat. Hier sollte Fuhrman ihr in einem Gespräch gesagt haben, wenn er einen „Nigger“ mit einer weißen Frau in einem Auto sehe, halte er sie an, einen Grund finde er schon. Ihm würde nichts besser gefallen, als wenn alle Nigger zusammengetrieben und verbrannt oder ausgebombt werden würden.

Vom 12. Oktober 1994 an hatten die Anwälte beider Seiten die Gelegenheit, die in Betracht kommenden Geschworenen individuell zu befragen (das sogenannte *voir dire*, die Wahrheit sagen), womit die dritte Stufe der Geschworenenauswahl begann.

Seit 1990 ist laut Gesetz das Gericht prinzipiell dazu berufen, die Befragung zu leiten, um die Geschworenenauswahl zu beschleunigen und eine Manipulation der Befragten durch suggestive und argumentative Fragen zu vermeiden. Doch Richter Ito ließ den Anwälten völlig freie Hand bei ihren Befragungen. Tag für Tag fanden Positionskämpfe statt, in denen die Staatsanwaltschaft beispielsweise fragte, ob die Berühmtheit des Angeklagten die Fähigkeit zu einem Urteil beeinträchtigen könnte, während Cochran immer wieder Rassismus ins Spiel brachte und der Staatsanwaltschaft vorwarf, sie versuche, keine schwarzen Geschworenen in die Jury zu lassen, ein Vorwurf, der die Debatte weiter anheizte.

Viele potentielle Geschworene schienen dabei zu lügen. Vinsons Untersuchungen hatten ergeben, daß 60% der von ihm interviewten Personen sich eine Meinung darüber gebildet hatten, ob Simpson schuldig war oder nicht. Doch von den dreihundertvier Menschen, die den Questionnaire beantwortet hatten, hatten dies nur 23% eingeräumt. War diese Gruppe außergewöhnlich unparteiisch, oder sagten einfach viele die Unwahrheit, weil sie in die Jury wollten, um teilzuhaben am „Prozeß des Jahrhunderts"?

Wenige Tage später, am 17. Oktober 1994, erschien das Buch „Nicole Brown-Simpson: The Private Diary of a Life Interrupted". Coautorin war Nicoles Freundin Faye Resnick, siebenunddreißig Jahre alt, geborene Kalifornierin mit durchtrainierter Figur und orangefarbenem Haar. Faye Resnick war geschieden und benötigte, um ihren Lebensstil aufrechtzuerhalten, den sie sich in der Zeit ihres Zusammenlebens mit ihrem Ex-Mann, einem wohlhabenden Geschäftsmann, angewöhnt hatte, dringend Geld. In ihrem Buch zeichnete sie ein Bild von ihrer ermordeten Freundin als einer geistlosen, sexbesessenen jungen Frau, deren Banalität nur noch übertroffen wurde durch die ihres Ex-Mannes O.J. Simpson, den sie als krankhaft eifersüchtig charakterisierte. Auch habe er mehrfach öffentlich damit gedroht, seine Ex-Frau zu ermorden.

Die Reaktion des Richters Lance Itos auf das Erscheinen des Buches sagte eine Menge über ihn und den künftigen Kurs aus, den der Prozeß unter seiner Leitung nehmen würde.

Ito hatte eine hohe Meinung von der Bedeutung der Medien. Später sollte er in der Lage sein (aus dem Kopf!), den potentiellen Geschworenen zu untersagen, *fünfundzwanzig* verschiedene Fernsehsendungen anzuschauen, deren Namen er kannte und die regelmäßig über den Simpson-Fall berichteten. Noch während der Geschworenenauswahl ließ er es sich nicht nehmen, Tricia Toyota von KCBS ein Interview zu geben – was prompt dazu führte, daß er einige potentielle Geschworene entschuldigen, also entlassen mußte, die es gesehen hatten. Während des Prozesses sollte er mehr als einmal den Sitzungsbeginn verspäten, um bekannte Medienfiguren, Schauspieler und andere Berühmtheiten in seinem Zimmer zu privatem Geschwätz zu empfangen. Ito, das war bekannt, hatte dieses Verfahren gewollt und alle seine Kontakte spielen lassen, um es zu erhalten. Daß die Verhandlung live im Fernsehen würde übertragen werden können, war für ihn eine Selbstverständlichkeit.

Anstatt Resnicks Buch zu ignorieren, oder, falls es nicht anders ging, die potentiellen Geschworenen daran zu erinnern, daß sie nur die Beweise zu beachten hatten, die ihnen im Gericht vorgelegt wurden, unterbrach Ito am 18. Oktober 1994, ohne daß dies von irgend jemand beantragt worden wäre, das Voir Dire, um zunächst die Auswirkungen des Buches auf Simpsons Recht auf ein faires Verfahren zu prüfen. Die potentiellen Geschworenen wies er an, keine Buchgeschäfte aufzusuchen. Eine besonders intelligente Idee. Resultat war, daß diverse Kandidaten für die Jury bepackt mit Tüten aus Buchgeschäften kommend gesehen wurden und Resnicks Buch innerhalb kürzester Zeit auf Platz 1 der Bestsellerliste der New York Times schoß, nachdem es vor Itos „Werbefeldzug" unter ferner liefen dahingedümpelt war.

In einem absurden Versuch, aus der Veröffentlichung Nutzen zu schlagen, beantragte Shapiro am 19. Oktober 1994, die Anklage gegen Simpson fallenzulassen. Marcia Clark war wutentbrannt, als sie die Verteidigung argumentieren hörte, wie deren Klient unter der vorprozessualen negativen Publicity leide, die die Staatsanwaltschaft angezettelt habe ... Als Clark zu Wort kam, wies sie barsch und mit der ihr eigenen Deutlichkeit darauf hin, wie die Verteidigung ihrerseits versuchte, die Rassismuskarte über Fuhrmans Person auszuspielen und damit die öffentliche Meinung zu beeinflussen. Konfrontiert mit seinen eigenen Fingerabdrücken bei diesem Thema, wich Shapiro zurück. Rassismus sei kein Gegenstand in diesem Verfahren, sagte er, nur Glaubwürdigkeit. Das war mehr, als Cochran ertragen konnte. Cochran wollte die Rassismusfrage als Mittelpunkt des Falles verstanden wissen. Und er dachte nicht daran, sich dafür zu entschuldigen.

„Ich möchte etwas über diese ‚Rassismuskarte' sagen", begann er, nachdem er sich erhoben hatte.

„... Rasse spielt eine Rolle in allem – wir führen das nicht ein ... Es gibt rassistische Dinge. Diese Geschworenen wissen es. Jeder weiß ... Rasse spielt eine Rolle in allem in Amerika."

Für Johnnie Cochran war der Sprung zwischen seinem millionenschweren Klienten zu den Rassismus-Problemen der unteren Klasse kein Problem.

Das ganze war eine große Medienshow, die dankbar im Land verbreitet wurde – mit Richter Ito als Hauptdarsteller.

Durch Faye Resnicks Buch mit Namen und Episoden versorgt, begannen die Staatsanwälte Clark, Darden, Hodgman und Detective Vannatter Gespräche mit den in dem Buch genannten Personen durchzuführen. Die Anklage versuchte weiter, sich auf das Thema häusliche Gewalt einzuschießen.

Faye Resnick erzählte ihnen, daß der einzige Grund, weshalb Nicole bei Simpson blieb, ihre Familie gewesen sei, die ihre finanzielle Unterstützung benötigte. Simpson habe sie zu oft mißhandelt, als daß es einen anderen Anlaß hätte geben können. Einmal habe er sie mit einer Weinflasche im Keller geschlagen, ein anderes Mal ihr mehrere Rippen gebrochen (in der Klinik hatte sie angegeben, vom Fahrrad gestürzt zu sein), wieder ein anderes Mal sie aus dem fahrenden Fahrzeug gestoßen. Dann, im April 1994, hatten Simpson, Nicole, Faye Resnick und deren damaliger Verlobter, Christian Reichardt, ein Chiropraktiker, in der Nähe von Cabo San Lucas Ferien gemacht. Nicole habe sich in sich zurückgezogen. Nachdem Simpson zu Filmaufnahmen nach Puerto Rico geflogen war, habe sie ihr gesagt, daß sie jetzt bereit sei, die Beziehung zu Simpson endgültig zu beenden. Zurück in Los Angeles habe Simpson sie ständig angerufen und gefragt, weshalb Nicole nicht mehr mit ihm spreche, ob sie einen anderen Mann habe. Einige Tage später habe er außer sich vor Zorn gebrüllt: „Es ist vorbei, sie hat gesagt, sie werde niemals wieder zu mir zurückkehren." Faye habe versucht, ihm klarzumachen, daß Nicole Angst vor ihm habe. „Verdammt richtig", habe Simpsons geschrien. „Ich werde sie umbringen, falls ich sie mit einem anderen Mann finde ... "

Resnick berichtete der Staatsanwaltschaft noch mehr. Das meiste hatte den Klang von Wahrheit und wurde gestützt durch andere Zeugen, die in den folgenden Wochen vernommen wurden. Aber Faye Resnick hatte, was sie offen zugab, in der Vergangenheit ein Drogenproblem gehabt. Außerdem hatte sie sehr viel Geld an dem Buch verdient, was ihre Glaubwürdigkeit nicht steigerte. Dennoch hätte Clark sie natürlich als Zeugin verwenden und es den Geschworenen überlassen können, ob sie Resnick glaubten oder nicht. Sie tat es nicht.

Wir erinnern uns: Nicole war der Engel, Simpson das Monster, häusliche Gewalt schlechter (schwarzer?) Männer gegen gute (weiße?) Frauen das Thema. Dazu paßte nicht die Charakterisierung des Opfers durch ihre Freundin als sexbesessen, banal und finanziell berechnend.

Faye wurde in dem bevorstehenden Strafprozeß nie aufgerufen.

Am 23. Oktober wurden weitere DNA-Testresultate bekanntgegeben. Das Blut auf dem Rockingham-Handschuh bestand aus einer Mischung von Simpsons, Nicoles und Ron Goldmans Blut. Einige Tage später wurde bekannt, daß das Blut auf dem Teppichbodenbelag in Simpsons Bronco, wo auch der Teil eines blutigen Schuhabdrucks gefunden worden war, ebenfalls von Nicole herrührte.

Die Verteidigung war inzwischen an diese Art Nachrichten gewöhnt. Die Frage blieb, wie damit umzugehen war. Die wissenschaftliche Verwertbarkeit der DNA-Ergebnisse konnte in einem sogenannten Kelly-Frye-Hearing angegriffen werden. Der Name kommt von zwei Fällen. In Frye gegen The United States entschied das Gericht gegen die Verwertbarkeit von Lügendetektortests wegen nichterwiesener wissenschaftlicher Genauigkeit. Danach wurde vor Gericht die wissenschaftliche Glaubwürdigkeit jeglicher technischer Prozesse als der Frye-Test bezeichnet. Kelly war der Präzedenzfall in Kalifornien bezüglich der gleichen Problematik. Obwohl DNA-Tests, *wenn sie korrekt ausgeführt wurden*, über jeden Zweifel erhaben waren, wiesen Cochran und Shapiro Scheck dennoch vorsorglich an, sich auf das Hearing vorzubereiten, das, wenn es denn stattfand, etwa vier Wochen in Anspruch nehmen würde. Die Entscheidung, ob sie es wirklich beantragten, konnte immer noch gefällt werden.

Zum 1. November verließ der Ermittler McNally das Verteidigungsteam. Simpsons Geldressourcen nahmen schnell ab. Kardashian hatte noch kein Glück damit gehabt, Kredite auf Rockingham und Simpsons Eigentumswohnung in New York aufzunehmen. Er und Taft kürzten das Honorar aller um die Hälfte. McNally war nicht einverstanden. Man schuldete ihm bereits Geld, und er hatte andere Aufträge. Er war wütend auf Shapiro, der mit ihm wegen des ausstehenden Honorars im Wort war.

Larry Schiller, ein Autor, dem man nachsagte, von keinerlei moralischen Skrupeln geplagt zu sein, wurde auf die Zeugenliste der Verteidigung gesetzt, so daß er unlimitiertes Besuchsrecht im Gefängnis erhielt. Wie lange er brauche, um ein Buch mit Simpson zu schreiben? Zwölf Stunden Zeit mit diesem. Schiller wußte, daß es sich sehr, sehr gut verkaufen und die leerwerdenden Kassen der Verteidigung füllen würde.

Der 2. November 1994 war der letzte Tag vor der Geschworenenauswahl. Cochran und Shapiro sowie auch Clark und Hodgman wandten sich noch einmal an die verbliebenen Kandidaten. Cochran kam erneut auf sein Lieblingsthema zu sprechen. Er wollte wissen, ob die Männer und Frauen vor ihm in der Lage seien, ein Urteil nur auf das Basis der Beweise zu fällen und nicht aufgrund der Hautfarbe des Angeklagten? Der Pool antwortete ja.

„So daß die Tatsache, daß Mr. Simpson, ein Afroamerikaner, der mit einer Weißen verheiratet ist, nicht gegen ihn verwandt wird? ..."

Wieder Bejahung, nicken. Kardashian erinnerte sich daran, daß Dimitrius herausgefunden hatte, daß die schwarzen Frauen Nicole haßten, nicht O.J. Simpson.

Dann erhob sich Bob Shapiro und begann seine Befragung.

„Was erwarten Sie von O.J. Simpson in diesem Fall?" wollte er von einem Mann wissen.

„Seine Anwälte sollten, verstehn Sie, seine Unschuld beweisen."

„Ist hier noch irgend jemand, der dieser Aussage zustimmt?"

Niemand nickte. Es war nicht Simpsons Aufgabe, seine Unschuld zu beweisen, sondern die der Anklage, seine Schuld zu beweisen.

Shapiro wandte sich an eine weibliche Geschworene, die Dimitrius als sehr gut für die Verteidigung eingestuft hatte.

„Sind Sie in der Lage, zu dem Ergebnis zu gelangen, daß ein Polizeibeamter an demselben Standard zu messen ist wie andere Zeugen?"

„Ja."

„Würden Sie irgendwelche Probleme damit haben, zuzustimmen, daß ein Zeuge, der zufällig Polizeibeamter ist, tatsächlich nicht die Wahrheit sagen könnte?"

„Nein, ich habe kein Problem."

Shapiro wandte sich rasch einem anderen Kandidaten zu, damit die Staatsanwaltschaft sein Interesse nicht bemerkte.

Dann war Marcia Clark an der Reihe. Und sie begann – mit einer Entschuldigung!

„Wir alle, jeder einzelne von uns, glaube ich, hat einen sehr guten Eindruck von dem Angeklagten. Wir alle sahen ‚Naked Gun'. Er hat uns lachen lassen. Guter Typ im Fernsehen, Sportkommentator ... All-American Hero, das saubere Image eines amerikanischen Mannes ... Das ist kein populärer Fall für die Staatsanwaltschaft. Würden Sie nicht zustimmen? Würden Sie nicht alle zustimmen? Das ist kein lustiger Platz für mich ..." Und an anderer Stelle: „Sie werden mich vielleicht nicht mögen für diesen Fall. Ich gewinne keinen Popularitätswettbewerb dafür.“

Auch wenn Clark durch ihre Fragen deutlich machte, daß sie von Simpsons Schuld überzeugt war und diese zu beweisen gedachte, waren ihre Sätze dennoch taktisch unklug. Besser, sie hätte gezeigt, daß sie eine kraftvolle Anklage zu führen gewillt war, ohne Ansehen der Person. Ihre anbiedernden, schwächelnde Worte würden es den Geschworenen leichter machen, ihren Gefühlen zu folgen, also Simpson freizusprechen. Schließlich: Der Mann machte doch einen guten Eindruck, brachte einen zum Lachen, sauberes Image, kein populärer Fall, oder?

Am Ende kam Clark auf das Rassismusproblem zu sprechen. Nachdem sie das Fehlurteil im Rodney-King-Prozeß abgehandelt hatte, schloß sie: „Rasse ist kein Grund zu verurteilen. Rasse ist kein Grund freizusprechen.“

Der 3. November 1994 war der Tag, an dem die zwölf Geschworenen gewählt werden sollten.

„Die Anklage beginnt mit ihrer ersten *peremptory challenge*“, erklärte Richter Ito. Potentielle Geschworene konnten begründet abgelehnt werden, wenn sich z.B. bei der Befragung herausstellte, daß sie voreingenommen, parteiisch waren. Darüber hinaus gab es aber für beide Seiten auch die Möglichkeit, Kandidaten ohne Grund mit sogenannten *peremptory challenges* abzulehnen. Verteidigung und Staatsanwaltschaft konnten sich auf diese Art jeweils bis zu zwanzig unliebsamer Personen entledigen.

„Das Volk dankt und entschuldigt Juror-Nr. 51“, begann Clark. Der Entlassene stand auf, verließ das Podium und ein neuer Kandidat nahm seinen Platz ein, so daß wieder zwölf Personen zur Wahl standen. Die Verteidigung beriet. Dimitrius fand, daß sie eine solide Anzahl von Kandidaten in dieser Konstellation hatten, die gut für sie waren. Shapiro stand auf.

„Euer Ehren, wir glauben, wir haben eine faire und unparteiische Jury, und wir akzeptieren die Jury wie hier zusammengesetzt.“

Hodgman sandte einen weiteren Geschworenen nach Hause, als die Reihe wieder an der Staatsanwaltschaft war.

Cochran erhob sich. „Euer Ehren, die Verteidigung will die Jury erneut akzeptieren, wie sie hier zusammengesetzt ist.“

Hodgman nahm keine Notiz. Er entschuldigte Juror-Nr. 1217. Nun entschuldigte auch die Verteidigung einen Juror, dann die

Staatsanwaltschaft einen weiteren. Die Spannung stieg. Nach der Mittagspause stand Hodgman auf, um erstmals für die Staatsanwaltschaft die Jury in deren derzeitiger Zusammensetzung zu akzeptieren. Die Verteidigung beriet sich. Wenn sie vier Afroamerikaner bekommen könnten, wäre es sehr gut, hatte Cochran vor der Auswahl zu seinen Kollegen gemeint. Jetzt befanden sich unter den zwölf Menschen, die die Anklage soeben akzeptiert hatte, sechs Afroamerikaner! Mehr, als wir je erträumt haben, kommentierte Shawn Chapman. Jo-Ellan Dimitrius stimmte zu. Aber Cochran war noch nicht zufrieden. „Wir sollten den hier herauswerfen", sagte er und deutete auf Dimitrius Aufzeichnungen. Keiner konnte glauben, daß Cochran gewillt war, ein solches Risiko einzugehen. Wenn er jetzt nicht akzeptierte, konnte sich die gesamte Zusammensetzung der Jury noch ändern. Doch Cochran führte in diesem Moment das Team. Er entließ Juror 1187. Clark entschuldigte einen weiteren Kandidaten, Shapiro noch einen. Wieder akzeptierte die Staatsanwaltschaft die Jury.

Die Verteidigung hatte bereits Geschworene in der Jurybox, die zu bekommen sie niemals erwartet hatte. Afroamerikanische Frauen. Sie zu verlieren konnte verhängnisvoll sein. Aber Cochran wollte sein Glück nochmals versuchen. Er entließ einen männlichen Geschworenen. Clark und Hodgman berieten sich und akzeptierten die Jury ein weiteres Mal.

Die Aufregung im Team der Verteidigung erreichte ihren Höhepunkt. Die jetzige Jury bestand aus *sieben* Schwarzen! Shawn Chapman jubelte. Doch Cochran wollte nicht aufhören. „Fuck it", murmelte er, „ich hole diese Lady heraus!"

„Johnnie, wir müssen akzeptieren", bettelte Carl Douglas nahezu. „Das ist besser, als wir es uns jemals vorgestellt haben!"

Jeder hatte Angst. Cochran setzte sich durch. Er sandte die Geschworene nach Hause. Clark entschuldigte einen weiteren Kandidaten, Shapiro noch einen.

Hodgman stand auf. „Euer Ehren, das Volk akzeptiert die Jury wie hier zusammengesetzt."

Shapiro entschuldigte noch einen Geschworenen. Eine schwarze Frau nahm in dem leergewordenen Sitz Platz.

Marcia Clark stand auf. „Euer Ehren, das Volk akzeptiert die Jury wie hier zusammengesetzt."

Die Verteidigung konnte es nicht fassen: Jetzt befanden sich in der Jurybox *acht* Schwarze. Zeit zum Aufhören. Shapiro und Cochran akzeptierten die Jury.

Die zwölf Personen wurden von Ito eingeschworen.

Cochran warf Douglas und Chapman einen triumphierenden Blick zu. Er konnte nicht ahnen, daß die Staatsanwältin um dieselben Geschworenen gekämpft hatte.

Auch Simpson war aufgeregt. Während er von Douglas begleitet in seine Zelle zurückgeführt wurde, scherzte er: „Wenn diese Jury mich verurteilt, habe ich es vielleicht getan.“

Der Vollständigkeit halber: Das war noch nicht das Ende. Wegen der voraussichtlich langen Prozeßdauer, der Sequestration und dem damit für die Geschworenen verbundenen Druck wurden zwölf Ersatzgeschworene gewählt, was sich als weise Entscheidung herausstellen sollte; denn insgesamt mußten während des Prozesses zehn Geschworene entlassen werden – weil sie gegen Regeln verstießen, die Belastung für sie zu groß wurde etc. Von den vierundzwanzig letztlich gewählten Geschworenen und Ersatzgeschworenen waren fünfzehn Afroamerikaner, sechs Weiße und drei Latinos – und das in einem Land, dessen Bevölkerung nur zu 11 Prozent aus Schwarzen besteht. Die zwölf Geschworenen, die schließlich das Urteil über Simpson fällten, waren alle Demokraten, nur zwei hatten einen Collegeabschluß, keiner las regelmäßig eine Zeitung, acht sahen gerne Boulevardshows (Vinson hatte herausgefunden, daß diese Sendungen gerne Zweifel an Simpsons Schuld aufkommen ließen), fünf hatten selber oder über Familienmitglieder negative Erfahrungen mit den staatlichen Behörden gemacht, ebenfalls fünf vertraten die Ansicht, daß es akzeptabel sei, Gewalt gegen Familienangehörige anzuwenden und neun – also 75 Prozent – meinten, es sei unwahrscheinlich, daß O.J. Simpson seine Frau ermordet habe, weil er ein exzellenter Footballspieler gewesen war. Diese Gruppe bestand aus einem afroamerikanischen Mann, einem männlichen Latino, zwei weißen Frauen und acht schwarzen Frauen.

Eine Jury, wie sie sich Dimitrius besser kaum hätte ausdenken können – zu zwei Dritteln zusammengesetzt aus der Gruppe Simpsons stärkster Befürworter und eindeutig nicht mit dem geistigen Vermögen versehen, um den komplizierten und für ihren Klienten so verheerenden DNA-Beweisen folgen zu können.

Auch Marcia Clark war insgesamt zufrieden. Die Anklage hatte nur zehn ihrer insgesamt zwanzig *peremptory challenges* verwendet.

SHAPIROS ENTMACHTUNG

Während des Sommers waren die Spannungen zwischen dem Lager Shapiros und dem Baileys gestiegen. Während Bailey und seine Ermittler McKenna und McNally Detailanalysen vornahmen – zum Beispiel, wann genau der Hund anfing zu bellen, wie lange man für einen bestimmten Weg brauchte etc. –, unternahmen Shapiro und Pavelic Alles-Oder-Nichts-Versuche, die naturgemäß weniger Mühe und weniger Zeit kosteten. Beinahe täglich offerierte Pavelic atemlos eine neue Theorie. Mal war es, daß der Liebhaber Rons – es gab nie auch nur ein Anzeichen dafür, daß Ron Goldman homosexuell gewesen wäre – seinen Seitensprung mit Nicole herausgefunden und beide deshalb ermordet hatte, ein anderes Mal meldete er begeistert, daß ein Einbrecher die Täter gesehen hatte. Es stellte sich heraus, daß es sich bei dieser Person um einen pathologischen Lügner handelte, der sich immer wieder in derartigen High-Profile-Fällen als „Zeuge" meldete. Oder wieder ein anderes Mal: „Goldman hatte Samen in seinem Anus, und es war ein Schwulenmord" – die Autopsie fand keinen derartigen Beweis –, und schließlich zu einem anderen Zeitpunkt: „Ein Marschierer auf einer Schwulenparade hat zwei blutbespritzte Männer gesehen, die in ein Telefon geschrien haben, O.J. wird dafür zahlen, was er uns angetan hat."

McKenna und McNally sahen schließlich in Pavelic einen Phantasten, mit dem zu arbeiten sinnlos war.

Weihnachten kam, und Shapiro begab sich mit seiner Familie in einen Urlaub nach Hawaii in das Luxushotel Grand Wailea Resort auf Big Island. In einem sinnlosen Versuch, anonym zu bleiben – natürlich erkannte man ihn am Flughafen, an Bord der Maschine und im Hotel –, ließ sich Shapiro unter Pseudonym einchecken.

Von seiner Suite aus rief er Bailey an. Während ihres Gespräches erwähnte er beinahe beiläufig auch dessen finanziellen Status. Bis zu diesem Zeitpunkt war zwischen den beiden Männern noch nie über Geld gesprochen worden. Shapiro hatte Bailey in das Team geholt, und Bailey hatte hauptsächlich aus Ehrgeizgründen angenommen, weniger aus finanziellen. Doch das, was Shapiro ihm mitteilte, traf ihn trotzdem völlig unerwartet.

„Du weißt, du bist ein Freiwilliger, nicht?"

Bailey fühlte sich erniedrigt. Später gelang es ihm, eine moderate Vereinbarung mit Taft zu treffen, die auch ihm ein gewisses

Honorar sicherte. Und Shapiro hatte sich einen ehemals engen Verbündeten zum Feind gemacht.

Als McKenna mit einem Freund, Harris, der gleichfalls Ermittler war, am Abend des 4. Januar 1995 bei einem Drink im Bel Age Hotel saß, läutete dessen Handy. Die Anruferin war eine Reporterin von Court TV. Harris hörte ihr zu und begann zu grinsen.

„O mein Gott, o mein Gott, o mein Gott“, murmelte er wieder und wieder.

Als Harris das Handy an McKenna weitergab, verstand dieser die Reaktion seines Partners. Die Reporterin las aus einer Kolumne, die von Mike McAlory stammte und an diesem Tag in der New Yorker „Dailey News“ erschienen war.

„„... Er hat ein Jahr damit verbracht, die Nation für dumm zu verkaufen, dieser Anwalt ...“, stand da über Shapiro. „Er hat sie alle zu Gläubigen gemacht: Daß er ein heroischer, hart arbeitender Anwalt ist auf der Jagd nach einem großen, phantastischen Urteil. Leider ist Robert Shapiro eine typische Hollywood-Erfindung – ein Charakter, tiefgründig nur in seinem Make-up und seiner Bedeutung.“ Der Artikel war gefüllt mit Details, über die nur eine Handvoll Insider Kenntnis hatten: Shapiros Flug unter Pseudonym nach Hawaii in der ersten Klasse, während seine Kinder in der Coach Klasse mitflogen, daß er extra eine Sekretärin eingestellt hatte, um Zeitungsartikel über ihn auszuschneiden ...

„Anders als Venus“, bemerkte McAlory an einer Stelle, „ist diese Statue kopflos.“

Nach Ende des Gespräches rief McKenna sofort seinen ehemaligen Kollegen McNally an.

„Du verrückter Fuck, wie konntest du diesen Scheiß über Shapiro an die Zeitung geben?“

McNally lachte zurück. „Scheiß auf ihn“, erwiderte er. „Er ist sowieso ein Arschloch. Außerdem schuldet er mir immer noch Geld.“

Wer über McAlorys Artikel nicht lachen konnte, war Shapiro. Sein Zorn richtete sich auf Bailey, den er für die Feindschaft der Ermittler ihm gegenüber verantwortlich machte. Shapiro nannte Bailey öffentlich einen Saboteur.

Der Rest des Teams und insbesondere O.J. Simpson sah das anders. Shapiros wilde öffentliche Attacke auf Bailey zeigte ein weiteres Mal, daß er gewillt war, seine Interessen über die seines Klienten zu stellen. Die Würfel waren gefallen.

Als Shapiro von Hawaii zurückkam, hatte sich das Hauptquartier des Verteidigungsteams mit den Akten in Cochrans Kanzlei verlagert. Simpson hätte Shapiro am liebsten komplett gefeuert, doch er und Cochran fürchteten sich vor dem, was ein in seiner Eitelkeit verletzter Shapiro mit seinen Kontakten zur Presse anrichten könnte. Shapiro blieb daher Teil des Verteidigungsteams.

Shapiro war tief getroffen. Im Gericht saß er schmollend am anderen Ende des Verteidigungstisches von Bailey möglichst weit getrennt, und in den nächsten neun Monaten sollten die beiden Männer kein Wort miteinander wechseln.

ONKEL TOM

Am 11. Januar 1995 wurde die Sequestration der Jury vorgenommen. Begleitet von Polizeibeamten, bezogen die Geschworenen ihre neue und geheimgehaltene Behausung für die Zeit bis zum Ende des Prozesses, das Inter-Continental Hotel. Sie konnten nun offiziell die Daumen drehen, denn bis zu den Eröffnungsplädoyers waren sie im Gerichtssaal nicht zugelassen.

Der 11. Januar war zugleich der Tag, den Richter Ito ausgewählt hatte, um die Argumente der Parteien zu hören, ob und wenn ja in welchem Umfange die Vorfälle der häuslichen Gewalt zuzulassen waren. Bis zu diesem Tag galt für die Besucher der Gerichtsverhandlungen die Devise, wer zuerst kommt, mahlt zuerst. Am 11. Januar waren die Sitze im Gerichtssaal 103 zum ersten Mal mit Nummern markiert, und die Gerichtsdiener erlaubten nur denen den Eintritt, die über speziell hierfür ausgestellte Pässe verfügten, vor allem Familienmitgliedern der Opfer und des Angeklagten, ausgewählten Journalisten und Reportern.

Die Position der Verteidigung im Hinblick auf das Thema des Tages wurde von Uelmen vertreten. Er faßte die Theorie der Anklage zusammen, nach der es sich um einen Fall häuslicher Gewalt handele, der Mord einschlösse, und nicht um einen Mordfall mit häuslicher Gewalt.

„Durch das Festlegen dieses Labels ... versuchen Sie, dieses Verfahren von einer Untersuchung, wer Nicole Brown-Simpson und Ronald Goldman im Juni 1994 getötet hat, in eine generelle Untersuchung des Charakters O.J. Simpsons zu transformieren ..." Das Problem, fuhr Uelmen fort, sei, daß nach dem Recht jemand nur für das, was er getan hat, angeklagt werden könne, und nicht deshalb, weil er sei, wer er sei. Später ging Uelmen auf jeden der einzelnen neunundfünzig Vorfälle ein, die der DA präsentieren wollte. Er tat dies in einer Art Tandem mit O.J. Simpson, der selber seinen Kommentar zu jeder der Beschuldigungen abgab, sicht- und hörbar für die Kameras und Mikrofone und ohne daß er von Richter Ito gestoppt worden wäre. Am Ende dieses langen Gerichtstages kam die Sprache auf den 7. Juni 1994, den Tag, an dem Nicole Brown-Simpson das Sojourn Battered Women's Shelter in St. Monica angerufen und um Hilfe angefleht hatte. Es war ein trauriger Moment. Nur fünf Tage lagen zwischen diesem Anruf und ihrer Ermordung. Nicole war eine wohlhabende Frau gewesen, doch in diesem Moment der Angst hatte sie niemanden gehabt, an den sie sich hätte wenden können, nicht an ihre Familie, keine Freunde, nicht die Polizei – nur eine öffentliche Institution für mißhandelte Frauen. Und auch dieser Hilferuf hatte ihr Leben nicht zu retten vermocht. Cochran und Shapiro sahen betreten aus. Und dieses eine Mal hatte selbst O.J. Simpson nichts zu sagen.

Hank Goldberg vertrat die Position der Staatsanwaltschaft. Er wirkte wie eine Miniaturversion eines Professors, sanft sprechend und mit nahezu ebenso bleicher Haut wie bleichem Haar, schien er zeitweise hinter seinen Worten unsichtbar zu werden. Er begann mit einer hypothetischen Frage: „Lassen Sie uns vorstellen, daß wir den Fall verhandelten, Euer Ehren, ohne den Geschworenen zu sagen, daß Nicole Brown-Simpson jemals mit dem Angeklagten verheiratet war – sie war nur eine Frau, die ermordet wurde. Ronald Goldman war nur ein Mann, der ermordet wurde, und wir sagten ihnen nichts von der Existenz jeglicher Beziehung." Die Geschworenen müßten sich fragen, warum O.J. Simpson zwei völlig fremde Menschen ermordet haben sollte.

„Nur wenn man die Beziehung versteht, die Eifersucht versteht, die Besessenheit, dann ergeben der Mord und die Brutalität der Tötung Nicoles einen Sinn", setzte er fort.

Für Richter Ito hatte Goldberg die richtigen Worte gefunden. Am 18. Januar erlaubte Ito der Staatsanwaltschaft in einer zehn Seiten langen Begründung wenn auch nicht alle, so doch die meisten der Häusliche-Gewalt-Vorfälle in den Prozeß einzuführen. Mit ersichtlichem Bedauern schloß er den Anruf am 7. September beim Sojourn Shelter aus, weil es sich um die Äußerung eines Mordopfers handelte, die Angst vor dem Angeklagten ausdrückte und solche Äußerungen nach – damals – geltendem Recht als Hören-Sagen unverwertbar waren.

Simpsons Team reagierte mit dem Antrag, Ito solle der Anklage verbieten, Begriffe wie „mißhandelte Frau“, „mißhandelte Ehefrau“, „Stalker“ und ähnliches zu verwenden, da diese eine entflammende Wirkung hätten und nicht durch Beweise gestützt wären. Ito bemerkte trocken und kühl: „Solch eine Beschränkung ist nicht gerechtfertigt.“

Der 13. Januar 1995 sollte der wohl wichtigste Tag des gesamten Simpson-Prozesses werden. An diesem Tag war ein Antrag der Staatsanwaltschaft Gegenstand der Verhandlung: der Richter solle „vage, entflammende, irrelevante Charakterbeweise“ aus dem Prozeß ausschließen.

Für die Verteidigung hätte dies bedeutet, Mark Fuhrmans Vergangenheit zu ignorieren, einschließlich der psychiatrischen Akte, in der sich seine rassistischen Äußerungen befanden. Nach der Strategie der Verteidigung sollte Fuhrman als gewalttätiger Rassist vorgeführt werden, der es haßte, schwarze Männer mit weißen Frauen in sexueller Verbindung zu sehen. Das sollte die Glaubwürdigkeit des Argumentes dramatisch erhöhen, der Fund des Rockingham-Handschuhs durch Mark Fuhrman habe den Beginn einer Polizeiverschwörung gegen Simpson dargestellt. Da dies den Eckpfeiler der gesamten Verteidigungsstrategie abgab, war eine ablehnende Entscheidung über den Antrag der Staatsanwaltschaft lebenswichtig. Mark Fuhrman war die Luft zum Atmen, die O.J. Simpson noch blieb.

An diesem Morgen erhob sich zunächst Deputy D.A. Cheri Lewis für die Anklage.

„Früh in diesem Fall hat die Verteidigung die Idee eingepflanzt, um ehrlich zu sein, den Wunsch, daß ein Detective des LAPD Beweise untergeschoben hat – den Handschuh in Rockingham. Nun, das Problem mit diesem Wunsch, und ich nenne es nicht einmal eine Theorie, weil es sich nicht einmal auf den Level einer Theorie erhebt“, führte Lewis nachdenklich aus, „das Problem mit diesem Wunsch ist, daß da absolut keine Beweise sind, um diese Theorie zu unterstützen.“

Lewis faßte Fuhrmans Bewegungen am Mordtag Schritt für Schritt zusammen, bevor sie schließlich auf den Gebrauch des berüchtigten „N-Wortes“ (Nigger) durch den Detective zu sprechen kam. „Es ist bis zu einem gewissen Grad natürlich selbstverständlich, daß, wenn jemand das N-Wort oder jeden anderen rassistischen Ausdruck gebraucht vor irgend jemandem und speziell vor einem Mitglied dieser Minoritätengruppe, es einen entflammenden Effekt hat, der unvergleichbar ist und zu diesem speziellen Punkt möchte sich Mr. Darden an das Gericht wenden." Der Afroamerikaner im Staatsanwaltschaftsteam, der bislang kaum in Erscheinung getreten war, erhob sich. „Es ist ein schmutziges, ekelhaftes Wort. Es ist kein Wort, das zu benutzen ich Menschen in meinem Haushalt erlaube. Ich bin sicher, Mr. Cochran auch nicht ... Es ist so nachteilig und so extrem entflammend, daß dieses Wort in irgendeiner Situation zu benutzen sofort eine emotionaler Reaktion hervorrufen wird bei den afroamerikanischen Geschworenen. Es ist das ekelhafteste, schmutzigste, gemeinste Wort in der englischen Sprache", setzte Darden mit zunehmender Leidenschaft fort, „es hat keinen Platz in diesem Fall oder in diesem Gerichtssaal ... Es wird eines tun – es wird die schwarzen Geschworenen aufregen. Es wird ihnen einen Test geben und der Test wird sein, auf welcher Seite sie stehen, der Seite der weißen Staatsanwälte und der weißen Polizisten oder der Seite des schwarzen Angeklagten und seines sehr prominenten und schwarzen Anwaltes. Das ist es, was es tun wird. Entweder du bist mit dem Mann oder mit dem Bruder." Darden war jetzt sehr emotionell. „Wenn man dieses Wort diesen Geschworenen gegenüber erwähnt oder zu irgendeinem Afroamerikaner, wird es die Menschen verblenden. Es wird die Geschworenen verblenden. Es wird sie gegenüber der Wahrheit blenden. Sie werden nicht mehr in der Lage sein zu unterscheiden, was wahr ist und was nicht. Es wird ihr Urteil beeinträchtigen. Es wird ihre Fähigkeit vermindern, fair und unvoreingenommen zu sein. Es wird extreme Voreingenommenheit verursachen gegenüber dem Fall der Staatsanwaltschaft. Es ist dann ein Rassismusfall, es ist Weiß gegen Schwarz, Afroamerikaner gegen Kaukasier (Weiße werden in den USA als „caucasian" bezeichnet), wir gegen sie, wir gegen das System." Bevor Darden sich setzte, wandte er sich direkt an Ito. „Mr. Cochran möchte ... die Rassenkarte spielen ... aber Sie sollten ihm nicht erlauben, diese Karte zu spielen."

Johnnie Cochran hatte an diesem Tag vorgehabt, das Gericht früh zu verlassen, doch jetzt erhob er sich und schritt langsam zum Podium. Größer, älter und stärker wirkend, dominierte er Darden in physischer Hinsicht.

„Ich habe ein Begräbnis, an dem ich heute teilnehmen muß ... aber ich würde meine Pflichten vernachlässigen, wenn ich nicht jetzt die Gelegenheit ergreifen würde, meinem guten Freund Mr. Chris Darden zu antworten." Der Ausdruck „guter Freund" bedeutete den Beginn des Charakteranschlages, der bevorstand. „Seine Ausführungen heute morgen sind vielleicht die unerhörtesten Ausführungen, die ich in einem Gerichtssaal in den zweiunddreißig Jahren gehört habe, in denen ich Recht praktiziere. Seine Ausführungen sind erniedrigend für Afroamerikaner als eine Gruppe. Und deshalb möchte ich mich, bevor ich zu diesem Begräbnis gehe, bei den Afroamerikanern in diesem Land entschuldigen. Nicht jeder Afroamerikaner fühlt auf diese Weise. Es ist erniedrigend, gegenüber unseren Geschworenen zu sagen, daß Afroamerikaner, die über zweihundert Jahre unterdrückt in diesem Land gelebt haben, nicht innerhalb der Hauptströmung arbeiten können, diese beleidigenden Worte hören können ... Ich bin beschämt, daß Mr. Darden es sich erlaubt hat, ein Apologet für diesen Mann (gemeint ist Fuhrman) zu werden."

Darden war außer sich. Er packte die Lehnen seines Stuhles. Dann stand er auf und ging in einem engen Kreis um ihn herum, als ob er abwägen würde, Einspruch zu erheben oder den Raum zu verlassen. Schließlich besann er sich und setzte sich wieder, rückte seinen Stuhl aber in einer symbolischen, kindischen Geste vom Podium weg, so daß er Cochran nicht mehr ansehen mußte.

„Überall in Amerika", setzte Cochran fort, „glauben Sie mir, sind Schwarze in diesem Moment beleidigt, und so muß ich sagen, das war unnötig ... von jemandem, für den ich eine Menge Respekt habe – und vielleicht ist er etwas zu emotionell darüber geworden."

Nachdem Cochran seinen Charakteranschlag beendet hatte, umarmte er theatralisch Simpson und die anderen Anwälte am Tisch. Douglas betrachtete Darden, der schockstarr wirkte. Kein Wunder, dachte er. Cochran hatte ihn einen Apologeten für Mark Fuhrman genannt. Das hieß übersetzt: „Verräter" mit einem Unterton von „Onkel Tom", dem Synonym für einen angepaßten Hausklaven von Weißen.

Als Cochran den Gerichtsaal verließ, nahm er sich die Zeit, um Darden die klassische, interne, afroamerikanische Zurechtweisung ins Ohr zu flüstern: „Nigger, bitte ..."

Eines wußten die Verteidiger Simpsons nach diesem Tag – es gab bei Christopher Darden einen Knopf, den sie jederzeit drücken konnten, wenn sie wollten. Das hatte sich bereits Monate zuvor angedeutet: Als Darden noch gegen Cowlings wegen des Verdachts der Fluchthilfe ermittelte – was schließlich nicht zu einer Anklage führte –, war es zu einer hitzigen Auseinandersetzung gekommen, bei der er verbal die Kontrolle über sich verlor. Ein entgeisterter Simpson, der anwesend war, hatte sich an ihn gewandt und gemurmelt: „Mann, du mußt lernen, dein Temperament zu zügeln." Doch das war, wie sich herausstellte, keine von Dardens positiven Eigenschaften.

Nach diesem zwar unter Ausschluß der Geschworenen, jedoch landesweit vom Fernsehen übertragenen Schlagabtausch standen bei Darden und seiner Familie die Telefone nicht mehr still. Anonyme Drohanrufe, Beschimpfungen, Morddrohungen. Nach jenem 13. Januar 1995 war Christopher Darden in der afroamerikanischen Gemeinschaft Amerikas ein Pariah.

Für die Verteidigung hatte dies einen angenehmen Nebeneffekt. Dardens Zerstückelung hatte eine Nachricht gesendet: Spiel keine Spiele mit uns, das ist ernst – und wer sich als Schwarzer gegen O.J. Simpson auflehnt, muß die Konsequenzen tragen.

Darden fand nach diesem Tag nie wieder wirklich zu einer gelassenen, professionellen Haltung. In den sogenannten *sidebars,* den Erörterungen zwischen den Anwälten an der Seite des Richtertisches, so daß die Geschworenen diese Gespräche nicht mitanhören können, sollte er häufig ein erstaunliches Maß an Unprofessionalität zeigen, das geprägt war von einer persönlichen Aversion gegen die Anwälte Simpsons und insbesondere Cochran. Einmal protestierte er, Cochran sei ihm auf seine Ferragamo-Schuhe getreten und meinte, er solle ihm ein Paar neue kaufen. Schlimmer noch war, daß er seine Emotionen vor den Geschworenen offen zur Schau trug, muffig da saß und bei ihm nicht genehmen Zeugenaussagen finster blickend mit seinem Schlüssel spielte, das Gesicht verzog, als wollte er seine Meinung den Geschworenen telegrafieren. Die Jury jedenfalls nahm seine Gesten und seine Mimik nur als Zeichen von Nervosität und Unsicherheit auf.

Dabei war Darden durchaus im Recht, auch wenn er seine Position deutlich überzogen hatte (nur die Erwähnung des N-Wortes durch einen Zeugen der Anklage garantierte offensichtlich noch nicht einen Freispruch). Denn sowohl nach dem Gesetz wie auch nach gesundem Menschenverstand hätte Ito verhindern müssen, daß die Verteidigung Rassismus in das Verfahren einführte.

In der Rechtsprechung spezifizierte der United States Supreme Court, daß Erkundigungen nach der Motivation eines Zeugen zwar grundsätzlich zulässig und wichtige Funktionen des verfassungsmäßig garantierten Rechts auf Kreuzverhör seien, daß dies jedoch nicht beinhalte „Befragungen, die... nur am Rande relevant sind".

Wenn jemals ein Fall existierte, in dem die Relevanz der angebotenen Beweise substantiell überlagert wurde von der Möglichkeit nachteiliger Vorurteile hierdurch für die andere Seite, dann der Simpson-Fall. Die Relevanz der Frage, ob Mark Fuhrman in den vergangenen zehn Jahren das N-Wort verwendet hatte – diese Frage wollte die Verteidigung ihm stellen –, war extrem nebensächlich zu der Frage, ob O.J. Simpson Nicole Brown-Simpson und Ronald Goldman ermordet hatte. Daraus, daß Fuhrman möglicherweise in den vergangenen zehn Jahren einen rassistischen Ausdruck gebraucht hatte, sollte darauf geschlossen werden, daß es *deshalb* wahrscheinlich sei, er habe Simpson mit gefälschten Beweismitteln belastet. Zudem wußte auch Ito, wenn die Verteidigung überhaupt Beweise für Fuhrmans Gebrauch des Ausdrucks hatte, dann traf es auf 1985 oder 1986 zu, also die äußerste Grenze des Zehnjahreszeitraumes.

Es war unschwer zu erkennen, daß die Relevanz der zur Entscheidung stehenden Frage an sich nicht existierte, während die mögliche Voreingenommenheit, die sie erzeugen konnte, tatsächlich substantiell war, da sie den Charakter des gesamten Verfahrens ändern konnte – von einem normalen Mordprozeß in einem Prozeß gegen Rassismus mit Symbolen auf beiden Seiten, die den zur Entscheidung stehenden Sachverhalt überschatteten.

Doch Richter Ito sollte zehn Tage später, am 23. Januar 1995, verkünden, daß er das Kreuzverhör über diese Frage zulasse. Vielleicht wollte er um jeden Preis verhindern, selber von Cochran als Apologet eines angeblichen Rassisten dargestellt zu werden. Oder er ging davon aus, daß die Verteidigung ihren gesamten Fall auf der Frage nach dieser völlig unwesentlichen Tatsache aufbaute, und wollte ihr diese einzige „Waffe“ nicht nehmen, weil er am Ausgang des Verfahrens keinen Zweifel hegte. Doch darin irrte er sich gewaltig, nachdem er mit seiner Entscheidung vom 23. Januar 1995 den zukünftigen Kurs des Prozesses vorgegeben hatte.

Drei Tage zuvor war eine weitere wichtige Entscheidung gefallen. An diesem Tage waren die Anwälte in Cochrans Büro versammelt. Bailey hielt ihnen einen Vortrag, wie er beabsichtigte, das DNA-Material zu präsentieren. Während er sprach, sahen sich die anderen unglücklich an. Baileys Ausführungen ergaben keinen Sinn.

„Lee, was zur Hölle erzählst du da?“ entfuhr es schließlich Cochran. „Wenn wir es nicht verstehen können, wie dann die Jury?“

„Kompliziert es ist", gab Bailey zu, ohne allerdings verunsichert zu sein. „Ersuche um genügend Zeit, um eine weitere Erklärung zu geben."

Bob Blasier, ein weiterer Anwalt, der als DNA-Spezialist hinzugezogen worden war, zuckte. Das wird ein Albtraum, dachte er. Scheck und er hatten das erwartet: Lee würde versuchen, seine Inkompetenz durch Rhetorik zu kaschieren. Es war nun jedem klar, daß Scheck übernehmen mußte.

Bailey nahm die Nachricht nicht gut auf. Doch Cochran hatte eine Wiedergutmachung zu bieten. „Sei nicht besorgt", sagte er, „wir geben dir andere Zeugen. Du bekommst Fuhrman."

Scheck war für seine Rolle bereit. Das Team hatte eine Strategie entwickelt, die es *blunders in blue* nannte („Patzer in blau" – für die Farbe der Polizeiuniformen). Darin sollten alle Fehler zusammengefaßt werden, die bei der Sicherstellung der Beweismittel und den anschließenden Untersuchungen den Ermittlern unterlaufen waren.

„Blunders in blue kreiert ein Keystone Kopsbild (eine dusselige Polizeitruppe aus der Stummfilmzeit, der nie etwas gelang)", insistierte Scheck. „Wollen wir, daß die Geschworenen an lustige Clowns denken? Nein, wir müssen über etwas anderes sprechen, das weit über Inkompetenz hinausreicht, etwas Finsteres, Bösartiges."

Scheck gab Cochran eine Übersicht seines Konzeptes, das er „Integrität der Beweismittel" nannte. In der Mitte des Bildes, das er aufzeigte, befand sich ein schwarzes Loch, das LAPD. Dieses war umgeben von den untersuchenden Labors, Cellmark Laboratory und the California Department of Justice lab, FBI. Pfeile, die von dem schwarzen Loch dorthin führten, verdeutlichten, daß alles, was in den Labors getestet wurde, zunächst das schwarze Loch passieren mußte. Darüber kam die Überschrift „kontaminiert, kompromittiert und korrumpiert".

Cochran liebte dieses Bild. In seinem Büro übte er, es einer imaginären Jury zu erklären. „Kontaminiert", mit Grabesstimme, dann noch ernster „kompromittiert" und dann, nach einem „Johnnie-Lächeln", wie Scheck es nannte „und da ist etwas noch Schlimmeres", Pause, Augenkontakt, „korrumpiert".

Am darauffolgenden Tag erhielt die Verteidigung die Nachricht von der Staatsanwaltschaft, mit welchen Zeugen diese beginnen würde. Das Büro des DA ließ mitteilen, man werde mit häuslicher

Gewalt anfangen. Dershowitz hatte mit seiner Vorhersage recht behalten.

Carl Douglas, dem Fall-Koordinator der Verteidigung, wurden die Displays gezeigt, die die Anklage im Eröffnungsplädoyer zu verwenden beabsichtigte. Gemäß den Regeln erwartete die Staatsanwaltschaft nun, auch die Displays der Verteidigung zu sehen. Aber Scheck argumentierte dagegen. Halten wir sie hin, sie haben es auch mit uns getan, meinte er, die Displays verraten zu viel von unserer Verteidigungsstrategie.

„Ich werde dafür in die Hölle kommen", protestierte Douglas.

„Es ist für den Klienten", erwiderte Cochran und sah ihn ruhig an. „Carl, es geht nicht um dich, es geht um den Klienten. Geh und tu es."

Douglas hatte zwar einen harten Kampf erwartet, das war in Ordnung, aber nun sollte er eine eherne Regel brechen, um einen Vorteil zu erringen.

An diesem Sonntag, dem 22. Januar 1995, gab Bailey, an sich ein Turm an Selbstsicherheit, zu, daß ihm das Blut Goldmans Sorgen machte, das im Bronco gefunden worden war. Aber, fügte er hinzu, wenn Fuhrman den zweiten Handschuh in Bundy gefunden, in das Blut der Opfer getaucht, nach Rockingham mitgenommen, zuerst im Bronco abgewischt und erst danach hinter dem Haus deponiert hat, dann, Gentlemen, sind wir komfortabel.

23. Januar 1995. Der Tag, an dem die Eröffnungsplädoyers stattfinden sollten. Dutzende Kameras, Reporter, Hubschrauber über dem Gerichtsgebäude, eine Menschenmasse außerhalb, der Saal 103 bis auf den letzten Platz besetzt.

Richter Ito nahm Platz. Zur Überraschung aller verschlangen vorprozessuale Auseinandersetzungen den Tag. Zunächst ein Antrag der Staatsanwaltschaft, Richter Ito solle Kathleen Bell, die Zeugin der Verteidigung, die rassistische Äußerungen Mark Fuhrmans in Redondo Beach 1985 oder 1986 gehört haben wollte, zunächst in Abwesenheit der Geschworenen verhören und erst danach entscheiden, ob ihre Aussage zuzulassen sei. Ein sinnloser Antrag, zum Scheitern verurteilt und für nichts anderes gut, als die für Clark und Kollegen verheerende Nachricht zu senden, daß die Anklage Angst vor den Rassismusvorwürfen gegenüber Fuhrman hatte.

Dann kam der Moment, in dem die Verteidigung der Staatsanwaltschaft ihre Displays zeigte, die sie bis zum letzten Moment zurückgehalten hatte. Marcia Clark explodierte, als sie dasjenige sah, das die angeblich fehlende Menge des Referenzblutes Simpsons dokumentierte.

„Das ist eine Lüge, das ist nicht wahr, diese Information ist komplett falsch!“ schrie sie in den Gerichtssaal.

Damit nicht genug: Douglas überreichte eine Liste mit neuen Zeugen. Nicht einer oder zwei, die in letzter Minute aufgetaucht waren – vierunddreißig! Ito hatte angeordnet, daß die Listen der Zeugen bis August des vergangenen Jahres ausgetauscht sein sollten. Damals fiel dies noch nicht in den Verantwortungsbereich Carl Douglas, der angenommen hatte, Shapiro und seine Leute hätten es vor der Übernahme durch Cochrans Kanzlei Anfang des Jahres bereits erledigt. Als drei Wochen zuvor der Papierberg bei ihm gelandet war, hatte er sich nicht vergewissert, was davon schon zur Staatsanwaltschaft weitergeleitet worden war und was nicht. Ito verbot der Verteidigung, vierundzwanzig der Zeugen im Eröffnungsplädoyer auch nur zu erwähnen.

ZWEITER TEIL: DER STRAFPROZESS

„KONSISTENT MIT DEM ANGEKLAGTEN."

Der 24. Januar 1995, diesmal wirklich der Tag der Eröffnungsplädoyers. Staatsanwalt Chris Darden erhob sich als erster und schritt nervös vor der Jurybox auf und ab, während er die Geschichte der Beziehung O.J. Simpsons zu Nicole darstellte. „Bitte behalten Sie in Erinnerung, daß all diese verschiedenen Sorten von Mißhandlungen unterschiedliche Methoden waren, um sie zu kontrollieren", führte Darden an einer Stelle aus, nachdem er zuvor häusliche Gewalt, häusliche Mißhandlung, Stalking, Einschüchterung, körperliche Mißhandlung, öffentliche Erniedrigung und Schlagen der Ehefrau aufgezählt hatte. Das Problem war nur, daß die Staatsanwaltschaft lediglich einen einzigen Fall dokumentieren konnte, bei dem Simpson seine Ehefrau tatsächlich geschlagen hatte, den Neujahrstag 1989. Nicole hatte zwar in ihren Tagebüchern weitere Fälle notiert, doch diese waren als Hören-Sagen nicht verwertbar.

Hinzu kam, daß Darden, um seinem Standpunkt Nachdruck zu verleihen, anzweifelbare Thesen aufstellte: Simpson sei so auf Kontrolle aus gewesen, daß er versucht habe, ihre Identität zu definieren. Der Porsche, den sie mit neunzehn von ihm geschenkt bekommen habe? Ein Akt, um sie zu kontrollieren. Simpson sei ihr verfallen gewesen, als sie sich endgültig getrennt und damit seiner Kontrolle entzogen habe, sah er nur noch den Ausweg, sie zu ermorden.

Die Presse gab Darden für seinen Teil des Eröffnungsplädoyers durchweg gute Noten. Viele hatten das Gefühl, daß er aus innerster Überzeugung gesprochen hatte.

Cochran war anderer Ansicht. „Schwach", murmelte er an einer Stelle in Richtung Douglas. Jo-Ellen Dimitrius beobachtete die Geschworenen genau. Keine ersichtliche Reaktion. Die Jury ist nicht beeindruckt, teilte sie Cochran ihre Einschätzung mit.

Dann kam Marcia Clark. Ihr Stil wich von dem ihres Kollegen ab. Geschäftlich stand sie hinter dem Podium und bewegte sich nur, wenn sie zu einem bestimmten Punkt mußte, um die diversen Bilder, Grafiken und Charts zu erläutern, die sie verwendete.

Clark begann, die Geschichte des Abends des 12. Juni 1994 zu erzählen, detailliert, voller präziser Zeit- und Ortsangaben. Das war riskant, ist doch das Eröffnungsplädoyer des Staatsanwaltes nicht mehr und nicht weniger als das Versprechen gegenüber den Geschworenen, was die Beweise aufzeigen werden. Gebrochene Versprechen, selbst in bezug auf relativ unwichtige Punkte, können die Anklagevertreter in Verlegenheit bringen. Von keiner Jury konnte darüber hinaus erwartet werden, sich so viele Details über die nächsten Monate zu merken. Aber es war ein Zeichen von Clarks Sicherheit (oder Überheblichkeit), die Geschehnisse des Abends unangreifbar festgenagelt zu haben.

Clarks Wunsch nach Genauigkeit führte sie bis zu dem bellenden Hund, den Pablo Fenjves gehört hatte. Der Akita Nicoles, der um *Punkt* 22.15 Uhr gebellt hatte, *als* die Morde geschahen. In diesem Moment legte Clark die Staatsanwaltschaft endgültig, weil öffentlich auf die Theorie fest, nach der die Morde um 22.15 Uhr stattgefunden hatten. Dabei wußte sie doch, daß glaubhafte Zeugen existierten, aus deren Aussagen folgte, daß die Morde etwa fünfzehn Minuten später erfolgt sein mußten. Doch sie wollte Simpson unbedingt mehr Zeit für die Rückkehr nach Rockingham geben.

Am Tisch der Verteidigung wurde diese zeitliche Festlegung registriert. Cochran machte sich eine Notiz. Die Anklage hat einen gravierenden Fehler gemacht, dachte Douglas. Bailey war erleichtert; jetzt war es seine Zeitlinie gegen ihre.

Clark arbeitete sich durch die Beweise. Das Blut vom linken Türgriff des Broncos „ist konsistent mit dem des Angeklagten". Ein anderer Blutfleck auf der Konsole des Broncos: „Konsistent mit einer Mixtur des Angeklagten und Ron Goldmans." Ein weiterer: „Dieser Blutfleck auf der Konsole ... ist konsistent mit einer Mixtur des Angeklagten, Ron Goldmans und Nicole Browns." Hinsichtlich der Socken in Simpsons Schlafzimmer: „Das Blut des einen Fleckes ist konsistent mit dem des Angeklagten. Das Blut eines anderen Fleckes ist konsistent mit dem Nicoles." Die Bluttropfen in Rockingham „konsistent mit denen des Angeklagten." Das Blut auf dem Rockingham-Handschuh? Konsistent mit einer Mischung derjenigen Simpsons, Nicoles und Rons ...

Clarks Plädoyer bekam den Klang einer grimmigen Litanei. Shawn Chapman warf Cochran einen Blick zu. Der Effekt des Wortes: „Konsistent“ war beinahe körperlich zu spüren.

Hinsichtlich eines jeden der Bluttropfen links neben den blutigen Schuhabdrücken in Bundy, die von der Mordszene wegführten:

„Konsistent mit dem Angeklagten.“

„Konsistent mit dem Angeklagten.“

„Konsistent mit dem Angeklagten.“

„Konsistent mit dem Angeklagten.“

Das ist beeindruckend, dachte Carl Douglas. Die Bilder, der Klang dieses einen Wortes. Blut, wo kein Blut sein sollte: In Simpsons Auto, in seinem Haus, auf seiner Zufahrt und selbst auf seinen Socken.

Dann die Schlußfolgerungen mit den stärksten Bildern: Die beiden dahingeschlachteten Opfer in ihrem Blut. Als die Aufnahmen aufflammten, schluchzten die Brown- und Goldman-Familien auf. Simpson begann heftig zu atmen und die Decke anzustarren. Arnelle Simpson lehnte den Kopf auf die Schulter ihrer Mutter und brach in Tränen aus. Zuschauer keuchten und schnappten nach Luft. Der muskulöse Oberkörper Goldmans mit den vielen schrecklichen Stichwunden, der See aus Blut, in dem Nicole lag, dazwischen die Abdrücke der Hundepfoten.

Ohne viel Diskussion entschlossen sich die Verteidiger, Simpson an diesem Abend nicht im Gefängnis zu besuchen. Kein Zweifel, daß er für Gesellschaft dankbar gewesen wäre. Aber zu leicht konnte in dieser Situation das Falsche gesagt werden.

Am nächsten Morgen schritt Johnnie Cochran zur Jurybox. Er begann mit Dr. Martin Luther Kings berühmten Worten, Ungerechtigkeit irgendwo sei eine Gefahr für Gerechtigkeit überall, bevor er den Geschworenen für ihren Dienst dankte, indem er Abraham Lincoln zitierte: „Der höchste Akt von Staatsbürgerschaft ist der Jurydienst.“ Cochran fuhr fort, es gehe darum, über „Schuld und Unschuld“ seines Mandanten zu entscheiden und kam auf die Teile des Falles zu sprechen, über die Clark und Darden „gestern nicht gesprochen haben“. Er erwähnte eine Rosa Lopez, die den Bronco um 22.15 Uhr geparkt in Rockingham gesehen haben wollte, kam später auf Mary Anne Gerchas zu sprechen, die kurz nach 22.30 Uhr vier Männer, zwei Spanier/Latinos und zwei Weiße, in Bundy gesehen habe. Die gesamte Zeit über wanderte Cochran durch die Zeiten und die Orte, ohne die Zusammenhänge klarzumachen, sprang von einem Thema zum anderen, wieder zurück, Konfusion erzeugend, wann sich die Geschehnisse in der zeitlichen Abfolge abgespielt haben mochten.

Bei der Erwähnung des Namens Mary Anne Gerchas bemerkte Kardashian, daß sich Marcia Clark mit schadenfrohem Gesichtsausdruck an Chris Darden wandte. Was in aller Welt ging hier vor? Dann dämmerte es Kardashian: Etwas war mit dieser Zeugin nicht in Ordnung. Zu spät.

Cochran kam auf Fuhrman zu sprechen. „Nun, es ist interessant, daß die Staatsanwaltschaft seinen Namen gestern nicht ein einziges Mal erwähnt hat. Es ist so, als wollten sie ihn verstecken. Aber sie können ihn nicht verstecken. Er ist sehr Teil dieses Falles. Und wir fragen uns, warum erwähnten sie ihn nicht?"

Es schien, als würde Cochran den Geschworenen alle Fakten entgegenwerfen, die die Verteidigung hatte, um zu sehen, ob und was haften blieb. Nicoles Sexleben mit verschiedenen Männern wurde ausgebreitet, ihre Bekanntschaft mit Faye Resnick, deren Drogenprobleme, implizierend, daß es sich um Morde im Drogenmilieu gehandelt haben könnte, daß Simpson wohltätige Einrichtungen unterstützte und am Tage der Morde so schwer unter Arthritis gelitten habe, daß er die Karten beim Gin Rummy nicht habe mischen können. Cochran versuchte den Eindruck zu erwecken, Simpson sei physisch nicht in der Lage gewesen, die Morde zu verüben. Schließlich ließ er Simpson den Geschworenen seine Knie zeigen.

Cochrans Eröffnungsplädoyer vermittelte: Das LAPD war korrupt, O.J. tugendhaft und rechtschaffen, Nicole verdiente, was sie bekam.

Auch machte er den Geschworenen allerlei Versprechungen, von denen er wissen oder zumindest annehmen muß, daß er sie nicht würde einhalten können. So sollten weder Mary Anne Gerchas, Faye Resnick noch Leonore Walker von der Verteidigung je als Zeugen aufgerufen werden. Bei Mary Anne Gerchas sollte sich herausstellen, daß sie eine pathologische Lügnerin war, die sich vierunddreißig verschiedenen Anklagen gegenüber sah, viele davon wegen Betruges. Diese Information lag dem DA zum Zeitpunkt des Eröffnungsplädoyer bereits vor, und am darauffolgenden Tag gab die Anklagebehörde das Material der Presse weiter, die prompt alles veröffentlichte, was überaus peinlich für die Verteidigung war.

Während einer Pause im Eröffnungsplädoyer seines Major

Domus stand Carl Douglas auf und gab bekannt, daß die Verteidigung zwölf schriftliche Aussagen von Personen aufgefunden hatte, die sie als Zeugen aufzurufen gedachte, die der Anklage nicht ausgehändigt worden waren. Douglas entschuldigte sich mit den Worten: „Ich sage diesem Gericht mit aller Ernsthaftigkeit, daß es ein Übersehen war, das mir peinlich ist und für das ich die volle Verantwortung übernehme."

Richter Ito hatte die heftige Reaktion des ansonsten eher stoischen Hodgman bemerkt. „Mr. Hodgman", sagte er, „warum atmen Sie nicht tief durch, und wir werfen einen Blick darauf."

Durch die Discovery-Verletzungen der Verteidigung, die er als schmutzigen Trick ansah, fühlte sich Hodgman von Cochran, zu dem er bis dahin ein kollegiales Verhältnis gepflegt hatte, persönlich verletzt. An diesem Tag erlitt er einen Herzanfall und schied aus dem Prozeß aus.

Das Fehlen dieses besonnenen Staatsanwaltes wirkte sich sofort aus. Niemand bremste Marcia Clark am darauffolgenden Tag, als sie eine wilde Schimpfkanonade auf die Verteidigung prasseln ließ.

Am Abend, nachdem die Anwälte in Cochrans Büro zurückgekehrt waren, teilte ihm Jo-Ellen Dimitrius ihre Eindrücke mit, er habe die Geschworenen beeindruckt. Sehr positiv. Die Telefonanrufe vieler Afroamerikaner in seinem Büro gaben ihr recht. Nichts als Lobeshymnen. „O mein Gott, er ist unschuldig, ich hatte ja keine Ahnung", hatte einer enthusiastisch erklärt. Die Presse, das Establishment, sogar das Gericht konnten sagen, was sie wollten. Johnnie Cochran kannte sein Publikum, er kannte diese Jury. Und sie war alles, was zählte.

T.F.C.

Es war 10.05 Uhr am 31. Januar, als Richter Ito die Frage stellte: „Mr. Darden, wer ist Ihr erster Zeuge?"

„Sharyn Gilbert, Euer Ehren."

Gilbert, eine rundliche und freundliche Afroamerikanerin, arbeitete als 911-Telefonistin in den frühen Morgenstunden des 1. Januar 1989. Ihr Telefon hatte damals um 3.58 Uhr geläutet. Christopher Darden ließ das Band ablaufen. Auf ihre Art ließ diese Aufnahme den Zuhörer noch mehr frösteln als Nicoles Anruf im Jahre 1993. Da waren keine Worte, nur eine polternde Ruhe, als sei ein Telefonhörer hingelegt worden und leite nun Geräusche von Geschehnissen weiter, die sich irgendwo abspielten. Dann schrie eine Frau – und schrie. Als nächstes folgte ein Geräusch, das wie eine Ohrfeige oder ein Schlag klang. Nach etwa drei Minuten wurde die Verbindung unterbrochen.

Gilberts Computer hatte registriert, daß der Anruf aus 360 North Rockingham kam. Sie hatte sofort einen Streifenwagen dort hingeschickt. Die Wahl war auf Officer John Edwards gefallen, der in dieser Nacht mit einem Trainee, Patricia Milewski, Streife gefahren war.

Darden rief Edwards als seinen nächsten Zeugen auf. Edwards berichtete, daß ihm bei seiner Ankunft eine Frau aus den Büschen entgegengerannt kam. Nur mit einer Sweathose und einem BH bekleidet, war sie an der Gegensprechanlage des Zaunes zusammengebrochen und hatte geschrien: „Er wird mich umbringen. Er wird mich umbringen."

„Lügner!" schrieb Simpson auf einen Zettel und reichte diesen Cochran. Immer, wenn Aussagen erfolgten, die für ihn nachteilig waren, wurde Simpson, der ansonsten ruhig und gelassen zwischen seinen Anwälten saß, hektisch, flüsterte vornehmlich in Richtung Cochran, murmelte vor sich hin, schnitt Grimassen.

Edwards fuhr fort. „,... Ich sagte, nun, wer wird Sie umbringen? Sie sagte, O.J. ... Ich sagte, O.J. wer? Meinen Sie den Footballspieler, O.J. den Footballspieler?" setzte Edwards fort.

„Das ist nicht wahr!" flüsterte Simpson in Richtung Cochran.

Doch nichts von dem, was Edwards sagte, war so schädlich wie die drei Polaroid-Fotos, die er in dieser Nacht von Nicole in der West L.A. Station der Polizei aufgenommen hatte. Darden zeigte sie auf einem großen Bildschirm und reichte den Geschworenen die Originale. Nicoles Gesicht war rot mit Schrammen, ihr Ausdruck leer, erstarrt, an ihrem Hals war deutlich der Abdruck einer menschlichen Hand zu sehen.

Simpson schüttelte den Kopf, während die Fotos durch die Hände der Geschworenen gingen.

Auf Edwards folgten als Zeugen weitere Polizeibeamte, die in den Vorfall vom Neujahrstag 1989 involviert gewesen waren. Bemerkenswert an all ihren Aussagen war, wie sanft mit O.J. Simpson umgegangen worden war. Mit einer schwer mißhandelten Frau konfrontiert, war Simpson nicht etwa festgenommen worden, sondern durfte sich zunächst allein im Haus umziehen. Und dann hatten Edwards und Milewski tatenlos zugesehen, als

Simpson in seinen Bentley gestiegen und davongefahren war. Mike Farrell, ein anderer Polizist, dem die anschließenden Ermittlungen oblagen, hatte *zunächst* O.J. Simpson angerufen und erst darauf Nicole, wobei er ihr erklärt hatte, wie sie den Vorgang gegen den Mann fallen lassen konnte. „Sie sagte, wenn sie es vermeiden könne, wolle sie keine Anklage", erläuterte Farrell und räumte ein, daß er den Fall nur deswegen an die Staatsanwaltschaft weitergeleitet hatte, weil die gesetzlichen Regelungen bezüglich häuslicher Gewalt dies verlangten.

Über all die Jahre hinweg hatten Mitglieder der West Los Angeles Division des LAPD den Tennisplatz und Swimmingpool Simpsons benutzen dürfen und von dieser Erlaubnis rege Gebrauch gemacht, Autogramme erhalten, Simpson war als Ehrengast bei ihren Weihnachtsparties erschienen. Im gleichen Zeitraum waren sie sieben- oder achtmal auf Hilferufe Nicoles in Rockingham erschienen. Nicht ein einziges Mal war Simpson verhaftet worden. Wie wenig Nicole mit der Hilfe der Polizei rechnen konnte, veranschaulichte auch die Aussage des nächsten Zeugen.

Ron Shipp war ein afroamerikanischer früherer LAPD-Officer, der Simpson seit den 60er Jahren kannte. In den späten 70ern war er als Patrol Officer West Los Angeles zugeteilt. In dieser Zeit hatte er teilweise zweimal in der Woche bei Rockingham gestoppt, um den Tennisplatz oder das Schwimmbad zu benutzen oder einfach die Zeit totzuschlagen. Wegen eines Alkoholproblems war er zunächst suspendiert und 1989 vorzeitig pensioniert worden. Obwohl er Simpson ein treu ergebener Freund blieb, munkelte man, daß er heimlich in Nicole verliebt war. Am Abend des Tages nach den Morden hatte er Simpson aufgesucht, der ihm erzählte, die Polizei habe ihn gefragt, ob er bereit sei, sich einem Lügendetektortest zu unterziehen. Er wolle dies jedoch nicht, „weil", wie Simpson hinzufügte, „ich hatte einige Träume, sie zu töten".

Die Anklage wollte Shipp aufrufen, damit er über dieses Gespräch berichtete. Laut Staatsanwalt Hank Goldberg, der maßgeblich an der Präsentation der Vorfälle von häuslicher Gewalt beteiligt war, sollte damit „der mentale Zustand des Angeklagten und seine Verfassung zur oder um die Zeit der Morde" gezeigt werden. Über den heftigen Protest der Verteidigung hinweg ließ Richter Ito diese sogenannte *dream-testimony* (Traum-Zeugnis) zu. Abgesehen davon, daß es schwer nachzuvollziehen war, warum die Staatsanwaltschaft diesen extrem schwachen Traum-Beweis auch nur einführen wollte, wo sie doch über genügend solide

Beweismittel verfügte, richtet sich die herrschende juristische Meinung in den USA gegen die Verwertbarkeit derartiger Beweise, weil keine empirisch gesicherten medizinischen Erkenntnisse vorliegen, die einen Zusammenhang zwischen Träumen und aktuellem Verhalten bestätigen.

Itos inkorrekte Entscheidung brachte ein Lächeln auf Alan Dershowitz Gesicht. *Falls* es zu einer Verurteilung Simpsons kommen sollte, fand er, daß die Erlaubnis, die Geschworenen den Traum-Beweis hören zu lassen, einen starken Revisionsgrund darstellen konnte.

Als Ron Shipp den Zeugenstand betrat, wirkte er gequält. Er vermied Augenkontakt zu Simpson, der den Kopf schüttelte und vor sich hinmurmelnd unmißverständlich klarmachte, was er von Shipp hielt. Der ehemalige Polizeibeamte wirkte ehrlich gepeinigt und von Gewissensbissen geplagt. Man konnte sich vorstellen, wie sehr er diese Tage genossen hatte, als er in die Welt des Reichtums und der Privilegien hatte eintreten dürfen, wie sie ihm Rockingham eröffnet hatte.

Darden fragte, ob er und Simpson noch Freunde seien.

„Ich liebe den Typ immer noch, aber, hm, ich weiß nicht. Ich meine, das ist eine seltsame Situation, in der ich mich hier befinde."

Shipp hatte seine Liebe zu Simpson zwei Tage nach dem Neujahrsvorfall 1989 demonstriert. Nachdem Nicole ihn aufgesucht und um Hilfe gebeten hatte, war er zu seinem Vorgesetzten gegangen und hatte ihn gebeten, den Fall gegen seinen Freund fallenzulassen. Vor diesem Hintergrund verwundert nicht, daß sich Nicole in der Woche vor ihrer Ermordung an ein Zentrum für mißhandelte Frauen und nicht an die Polizei wandte, als Simpson sie verfolgte.

Nachdem Darden seine Vernehmung des Zeugen beendet hatte, erhielt die Verteidigung das Fragerecht. Ein effektives Kreuzverhör hätte vielleicht aus einer oder zwei Fragen bestanden, aber Carl Douglas, dem der Zeuge von der Verteidigung zugewiesen worden war, wählte in Absprache mit Cochran einen anderen Weg: Krieg. Was folgte, war ein Kreuzverhör, gedacht als Botschaft der Verteidigung, daß im Lager Simpsons kein Verräter toleriert werden würde.

Douglas stellte eine lange Reihe von Fragen, die darauf hinausliefen, daß Shipp das Geschehen anfänglich weder gegenüber der Polizei noch der Verteidigung offenbart hatte. Dann beging

Douglas einen Kardinalfehler; er stellte eine „Warum-Frage“, die es – wenn sie nicht in dem Sinne sorgfältig vorbereitet wird, daß dem Zeugen durch die Befragung vorher plausible Erklärungsmöglichkeiten abgeschnitten werden und er auf die „Warum-Frage“ keine glaubhafte Erklärung mehr hat – dem Zeugen erlaubt zu sagen, was er will: Warum hatte Shipp diesen Leuten am Anfang nichts von dem Traum erzählt? Shipp erwiderte: „Ich wollte wirklich nicht in all das hier verwickelt sein, und ich wollte nicht als die Person enden, die O.J. festnagelt.“

Plötzlich war die Traumerwähnung nicht mehr unbedeutend. Unzufrieden mit der Antwort, schoß Douglas zurück: „Nun, tun Sie nicht. Also machen Sie sich darüber keine Sorgen.“

Douglas war nicht bereit, das Thema loszulassen.

„... Sie sagen, die Konversation mit Mr. Simpson hat Sie gequält, ist das Ihre Aussage?“

„Das ist korrekt.“

„Und hofften Sie, diesen Schmerz loszuwerden, indem Sie zu Sheila Weller sprachen?“ Sheila Weller war eine Autorin und die erste Person, der Shipp sich offenbart hatte.

„Ja, tat ich.“

„Sie dachten nicht, daß Sie den Schmerz loswerden könnten, indem Sie mit dem Police Department sprechen?“

Die Verteidigerbank wurde unruhig. „Stopp diesen Scheiß, Carl“, zischte Cochran schließlich. Douglas hatte Shipp die Gelegenheit für eine dramatische Gewissensattacke gegeben. „Johnnie, mach daß er aufhört!“ flüsterte Simpson wütend. Douglas hörte nicht, er war zu beschäftigt damit, Shipp niederzuringen und beschuldigte diesen, seine Aussage nur zu tätigen, um sich wichtig zu machen. „Ich tue dies für mein Gewissen und den Frieden meines Geistes“, feuerte der Zeuge zurück. „Ich will nicht das Blut von Nicole auf mir haben.“

Bailey saß Douglas am nächsten. Er zog an seiner Kleidung. „Stell ihn ruhig, stell diesen Typen ruhig“, sagte er fast schreiend.

„Mr. Douglas“, fuhr Ron Shipp fort, „ich setze all mein Vertrauen in Gott und mein Gewissen. Seit Nicole tot ist, habe ich nichts gefühlt als Schuld, meine eigene persönliche Schuld, daß ich nicht so viel getan habe, wie ich wahrscheinlich gekonnt hätte.“

Clark schrieb auf einen Zettel: *Danke Carl.*

Die nächsten Fragen von Douglas unterstellten, das Gespräch habe überhaupt nie stattgefunden, weil Simpson sich an dem Abend nach den Morden bereits gegen 20.00 Uhr schlafen gelegt habe, was seine Angehörigen bezeugen könnten. Shipp tat etwas Erstaunliches – er drehte sich direkt zu Simpson. „Ist es das, was sie aussagen werden?“ Er schüttelte den Kopf. Nach einer langen Pause fügte er hinzu. „Das ist traurig, O.J.“.

Simpson war solche Konfrontation nicht gewöhnt. Er sah betroffen aus, rieb sich nervös die Hände. Shapiro bemerkte es und legte den Arm um ihn, als wollte er ihn beschützen.

Douglas fuhr fort: War es nicht richtig, daß Shipp ein paar Tage vor den Morden mit einer blonden Frau in Rockingham aufgetaucht war und gefragt hatte, ob sie den Jacuzzi benutzen dürften?

Clark erhob Einspruch, der abgelehnt wurde. Shipp versuchte zu erklären, daß es sich um eine Freundin von ihm und seiner Frau handelte, aber das war egal. Die Nachricht, die Carl Douglas an die schwarzen Frauen in der Jurybox schickte, war: Ein schwarzer Mann geht einer schwarzen Schwester fremd mit einer weißen Schlampe, wollt ihr das tolerieren?

Douglas nahm Anlauf zum großen Finish.

„Waren Sie und er enge Freunde?“

„Ich würde sagen, wir waren ziemlich gute Freunde“, antwortete Shipp. Douglas hakte nach.

„O.J. Simpson ist ein Football-Fan, ist er nicht?“

„Yeah, er liebt Football, ja, ist er.“

„Er geht oft zu Spielen?“

„Ja, tut er.“

„Sie und Simpson haben nie gemeinsam ein Footballspiel besucht?“

„Nie.“

„In den siebenundzwanzig Jahren, in denen er angeblich Ihr Freund gewesen ist, haben Sie?“

„Nicht eines.“

„Sie und Ihre Frau sind nie zu einer gemeinsamen Verabredung gegangen mit Nicole und O.J. Simpson in der gesamten Zeit, in der Sie sie gekannt haben, sind Sie?“ schnarrte Douglas.

„Sie haben absolut recht.“

„... Sie haben in Ihrem ganzen Leben nie Tennis mit O.J. Simpson gespielt, haben Sie?“

„Nie.“

„Sie sind nicht wirklich der Freund dieses Mannes, sind Sie, Sir?“ sagte Douglas schließlich angeekelt. Shipp seufzte.

„Nun, okay. In Ordnung. Wenn Sie möchten, daß ich es erkläre, denke ich, daß Sie sagen können, ich war, wie jeder andere, einer seiner Diener. Das ist es, was ich war. Ich meine, wie ich sagte, ich liebte den Typ."

In dieser Nacht saß Douglas mit seiner Frau vor dem Fernseher, sie sahen die Nachrichten. Er war schockiert, als ein weißer Kommentator nach dem anderen ihn schwer kritisierte. Er sei sarkastisch gewesen, gemein, überhart. Auf NBC war Gerry Spence, der Cowboy-Anwalt aus Wyoming, der inzwischen ebenfalls zu einem der Talking Heads geworden war, besonders deutlich. Douglas' Kreuzverhör habe wie das eines haßerfüllten Henkers gewirkt. Man attackiere keinen offensichtlich netten, ruhigen Mann, indem man ihn als Frauenjäger und Dummkopf darstelle, selbst wenn er einer sei. Die Dynamik sei einfach: Wenn Geschworene den Anwalt abstoßend fänden, sei es wahrscheinlicher, daß sie auch den Klienten nicht mögen.

Doch dann sah Douglas, wie Reporterin Andrea Ford und Anwalt Leo Terrell, beide Schwarze, im Fernsehen meinten, Douglas sei auf der Höhe gewesen. Douglas war deprimiert. Nun fühlte er es selber: Rasse definierte die Sicht dieses Prozesses. Schwarze mochten, was er getan hatte, Weiße schlugen deshalb auf ihn ein. Für solche Situationen hatten die Anwälte der Verteidigung einen internen Kurzkommentar gefunden: T.F.C. – *this fucking case* – dieser beschissene Fall.

Am nächsten Morgen wurde Gerry Spence in den NBC-Studios gerade mit einem Mikrofon und einem Ohrstöpsel ausgerüstet.

„Was dachten Sie über Douglas' Kreuzverhör von Shipp?" wollte er von einem Kameramann wissen, der schwarz war.

„Ich dachte, er war wundervoll", lautete die Antwort. Spence war erstaunt.

„Meinen Sie das ernst?"

„Absolut."

„Ich dachte, er war ein unerträglicher Schläger."

„Ich habe es nicht auf diese Weise gesehen", beharrte der Kameramann. „Dieser Shipp hatte keinen Grund, sich so gegen einen Freund zu wenden."

„Sie dachten, Shipp verdiente Douglas' Prügel?"

„Darauf können Sie wetten. Es gibt nicht eine schwarze Mutter in Amerika, die nicht stolz wäre, Douglas als Sohn zu haben."

In diesem Moment verstand auch Spence. Schwarze und Weiße, jeder betrachtete diesen Prozeß durch dieselben menschlichen Augen, doch was sie sahen, waren unterschiedliche Fälle.

Die Stimme eines Opfers zu hören, die Stimme der ermordeten Nicole, verfehlt nie die emotionale Wirkung. „Er ist zurück. Bitte ... er ist O.J. Simpson. Ich denke, Sie kennen sein Register. Können Sie bitte gleich jemanden herüberschicken", erklang Nicoles weinende Stimme vom Band. Es war die 911-Aufnahme vom 25. Oktober 1993, die Darden einem totenstillen Auditorium im Gerichtssaal vorspielte. „Können Sie bitte jemanden herüberschicken?" Die furchtbare Angst in ihrer Stimme war unüberhörbar.

Simpsons Reaktionen waren ein einfaches Barometer: Je stärker es weh tat, desto mehr redete er. Jetzt brabbelte er ununterbrochen vor sich hin.

Was er an jenem 25. Oktober 1993 gesagt hatte, war kaum zu verstehen, er war in Rage, das zeigte die Intensität seiner Tiraden wie auch ihre Dauer. Für die vollen dreizehneinhalb Minuten des Telefonanrufes schrie Simpson und schrie und schrie.

„O.J. O.J., die Kinder. O.J., O.J., die Kinder schlafen", bettelte Nicole. Für einen der wenigen Momente war klar zu verstehen, was Simpson antwortete."

„Du hast einen Scheiß auf die Kinder gegeben, als du seinen Schwanz im Wohnzimmer geblasen hast. Sie waren hier. Hast dich nicht um die Kinder gesorgt."

„Ist er aufgebracht wegen etwas, was Sie getan haben", schaltete sich der Verbinder ein.

„Vor langer Zeit", seufzte Nicole.

„Es kommt immer wieder." Gemeint war Nicoles Episode mit einem Liebaber, Keith Zlomsowitsch, im Jahre 1992, die Simpson durch das Fenster beobachtet hatte.

Nicole: „Könntest du bitte gehen, O.J., O J., O.J., O.J., könntest du bitte gehen? Bitte geh. Bitte geh."

„Ich gehe mit meinen beiden Fäusten, das ist, wenn ich gehe."

Die nächsten Zeugen, ein Ehepaar, das neben Nicole in Gretna Green gewohnt hatte – von dort war sie nach Bundy gezogen –, berichtete, Simpson sei im April 1992 gegen 23.00 Uhr zwei oder drei Minuten vor dem Haus auf- und abgegangen. Sie vermochten weder zu sagen, was Simpson dort gewollt hatte, noch ob Nicole überhaupt zu Haus gewesen war. Darden hatte diese Episode als weiteres Beispiel für Simpsons Stalking gedacht.

Verteidiger Douglas erwartete, daß Darden als nächsten Zeugen Keith Zlomsowitsch aufrufen würde. Seine Aussage wäre geeignet gewesen, O.J. Simpson als Spanner darzustellen, der seine

Ex-Frau beim Liebesspiel bespitzelte. Das wäre unangenehm. Zlomsowitsch war anwesend im Gerichtsgebäude, bereit, den Zeugenstand zu betreten. Zu Douglas Erstaunen rief Darden statt dessen Nicoles ältere Schwester Denise Brown auf. Noch war der Verteidigung nicht klar, daß sich die Anklage entschlossen hatte, Nicole als „Frau ohne Unterleib“ darzustellen.

Es war der 3. Februar, als Nicoles Schwester den Zeugenstand betrat. Denise Brown war wie ein dunkelhaariges Ebenbild der Ermordeten. Sie war ganz in Schwarz gekleidet und trug ein großes, goldenes Kreuz am Hals. Obwohl eine schöne Frau, war eine unübersehbare Härte in ihren Zügen.

Darden begann mit einigen unverfänglichen Fragen nach ihren weiteren Schwestern. Dann wollte er wissen, wann sie Simpson kennengelernt hatte. In Buffalo 1977, lautete die Antwort. Ob etwas Ungewöhnliches passiert sei, wollte Darden wissen.

„Yeah“, erwiderte Denise. „O.J. regte sich richtig auf und begann, Nicole anzuschreien.“

Cochran und Shapiro sprangen aus ihren Sitzen auf und erhoben Einspruch. Ito war verblüfft und ließ die Anwälte zu einer Sidebar nach vorne kommen. Von diesem Vorfall hatte er noch nichts gehört, demzufolge war auch nicht darüber entschieden worden, ob er in den Prozeß eingeführt werden durfte. Ein amateurhafter Fehler Dardens, darüber hinaus auch eine schlechte Strategie. Die Schwester Nicoles hätte ein umfassendes Bild des Verhältnisses zwischen O.J. Simpson und Nicole darlegen können und wäre in den Augen der Geschworenen glaubwürdig geworden, wenn sie dann schließlich auch über die Tiefen berichtet hätte. Statt dessen versuchten Clark und Darden über ihre Aussage Simpson als unberechenbares Monster darzustellen.

Darden stammelte eine Erklärung und begab sich zurück zum Podium. „Miss Brown, wir werden über nichts sprechen zwischen 1977 und dem 31.12.1984, verstehen Sie das?“

Nicht nur Nicoles Schwester verstand. Darden übersprang einfach acht Jahre, um direkt den nächsten Vorfall häuslicher Gewalt anzusteuern. Denise erinnerte sich an eine Szene 1987 im Red Onion Restaurant in Santa Ana.

„An einer Stelle packte O.J. Nicole im Schritt und sagte: ‚Das ist, wo Babies herkommen und das gehört mir‘, und Nicole tat es einfach so ab, als wäre es nichts, wie – wissen Sie, als wäre sie diese Art Behandlung gewöhnt, und es war – ich dachte, es war richtig erniedrigend, wenn Sie mich fragen.“

Es war offenkundig, daß Denise ihr Bestes gab, um Simpson zu diskreditieren. An der Sidebar protestierte Cochran über die hinzugefügten Details. Wir können nicht erlauben, daß so etwas passiert, erläuterte Cochran. Ito fordete Darden zu einer Antwort auf.

„Euer Ehren, ich weiß nicht, was Mr. Cochran mit ‚Wir können es nicht erlauben' meint", erwiderte Darden erregt und setzte mit einem persönlichen Angriff fort: „Trägt er heute die Robe im Gerichtssaal?"

„Ich sagte, wir können es nicht ohne Einspruch erlauben. Das ist alles, was ich sagte, Counsel", erwiderte Cochran.

Ito wies Darden an, bessere Kontrolle über seine Zeugin auszuüben. Dieser steuerte daraufhin ohne Einführung auf den nächsten Domestic-Violence-Vorfall zu. Mitte der 80er Jahre, berichtete Denise, habe Simpson sie und Nicole in Rockingham angeschrien, Bilder von den Wänden gerissen, schließlich beide gepackt und aus dem Haus geworfen, wo Nicole weinend auf ihren Ellenbogen und ihrem Hintern gelandet wäre. Denise begann zu schluchzen.

„Sind Sie in Ordnung, Miss Brown?" wollte Darden wissen.

„Yeah", erwiderte Denise zwischen den Tränen, „es ist nur so hart. Ich bin in Ordnung."

Darden wandte sich an das Gericht.

„Euer Ehren, wenn es dem Gericht recht ist, können wir unterbrechen und montagfrüh fortfahren?"

Es ist eine klassische Strategie, die Freitagssitzung mit einem dramatischen Moment zu beenden, worüber dann die Geschworenen das ganze Wochenende nachdenken können. In einer hitzigen Sidebar-Konferenz machte Cochran keinen Hehl aus seiner Meinung über diesen Schachzug.

An diesem Abend stand das Telefon in Cochrans Kanzlei nicht still. Viele Afroamerikaner waren außer sich vor Wut. Sie lügt, bekundeten die Anrufer zornig. Eine lügende Schlampe. Getürkte Tränen. Das Gefingere am Kruzifix nichts als religiöser *bullshit.* Einige drohten sogar, sie umzubringen.

Cochran strahlte, als er zur Teambesprechung den Konferenzsaal betrat. Jeder der Anwälte hatte das Gefühl, daß die schwarzen Geschworenen Nicoles Schwester nicht mochten.

Der Montagmorgen begann mit einem weiteren Darden-Desaster. Kurz nachdem er seine Befragung Denise fortgesetzt hatte, ließ er eine Fotografie zeigen, die eine mißhandelte Nicole zeigte, aber von denen abwich, die bislang gezeigt worden waren. „Was erzählte sie Ihnen über dieses Foto?“ wollte Darden wissen. Shapiro schoß aus seinem Sitz: „Einspruch, Hören-Sagen.“

Ito rief die Parteien zur Sidebar. Welchen Vorfall dieses Foto dokumentiere, wollte Ito wissen.

„Ich weiß nicht, was der Vorfall ist, der direkt mit diesem Foto zusammenhängt“, gab Darden zur Antwort. Ito holte tief Luft und schickte die Geschworenen in den Jury-Raum. Dann verlangte er von Darden eine Erklärung, auf welche Weise das Foto in diesem Fall verwendbar sein solle. Darden erläuterte, daß es nach Nicoles Tod in ihrem Safe zusammen mit einem Brief Simpsons gefunden worden war, in dem er sich bei ihr für die Mißhandlungen am Neujahrstag 1989 entschuldigt hatte.

„Counsel“, sagte Ito mit wachsendem Unmut, „Sie können nicht nur einfach schreckliche Fotos zeigen, ohne sie mit irgend etwas Relevantem aus diesem Fall zu verbinden.“

Ito rief die Geschworenen wieder herein und instruierte sie, das Foto nicht zu beachten. So zurechtgewiesen nahm Darden schnurstracks Kurs auf die nächste Katastrophe. Wie O.J. Simpsons Verhalten anläßlich Sydneys Tanzveranstaltung am Nachmittag des Mordtages gewesen sei, fragte er, aus seinen Vorgesprächen mit Nicoles Schwester um ihre Antwort wissend.

„Hm“, begann Denise, „er hatte einen bizarren Ausdruck in den Augen. Es war ein weit entfernter Blick ..., es war nicht wie O.J. ... glasige, furchteinflößende, dunkle Augen.“

Bei diesem Bild ließ Darden es bewenden.

Wie es Shapiros Stil entsprach, begann er sein Kreuzverhör höflich und eher sanft. Nachdem er herausgefunden hatte, daß bei den meisten Geschehnissen, die Denise geschildert hatte, sie selber mehrere alkoholische Getränke zu sich genommen hatte, zückte er die Hauptwaffe: ein Video, das jemand am Ende der Tanzveranstaltung aufgenommen hatte. Es zeigte Denise Brown, die Simpson enthusiastisch küßt, dann O.J., der Judy Brown küßt, lächelt und die Brown-Familie grüßt, seinen Sohn Justin hochhebt, sich verabschiedet. Nichts als gute Laune.

„Ist es das, wie O.J. nach dem Recital aussah?“ fragte Shapiro.

„Ich war nicht da, als der Film aufgenommen wurde.“

„Ich sagte, ist das die Art, wie O.J. nach dem Recital ausgesehen hat?“

„Ich glaube“, räumte Denise ein.

Shapiro dankte der Zeugin und setzte sich.

Im Presseraum im 12. Stock des Gerichtsgebäudes debattierten die Reporter über Denises Aussage. Das überwiegend aus Weißen bestehende Pressecorps verheimlichte nicht, daß man Simpson für schuldig hielt. Doch unabhängig davon hagelte es jetzt negative Kommentare. Dabei hatte Denise die Wahrheit gesagt. Der Staatsanwaltschaft waren mehrere Zeugen bekannt, die bei dem Recital anwesend waren und bestätigten, daß Simpson *während* der Aufführung finster vor sich hinstarrte und erst *danach,* bei der Verabschiedung, sein öffentliches Gesicht wieder aufsetzte. Hätte Darden Denise Brown sorgfältig vorbereitet, hätte er sie genau das schildern lassen müssen. So dagegen war es Shapiro gelungen, bei den Geschworenen den Eindruck zu erwecken, daß Denise log. Da das Video nicht nur der Verteidigung, sondern auch der Staatsanwaltschaft bekannt war, mußte Darden damit rechnen, daß die Verteidigung Denise damit konfrontieren würde. Daß er dem nicht vorgebeugt hatte, offenbarte ein hohes Maß von Inkompetenz.

Simpson Anwälte verfolgten seit Monaten zwei Ziele. Erstens ihren Klienten aus dem Gefängnis zu holen, also einen Freispruch zu erwirken. Aber fast ebenso wichtig war das zweite Ziel, seine Reputation in der Öffentlichkeit wiederherzustellen. Nachdem Denise Brown ausgesagt hatte, wußten Cochran und die anderen Verteidiger, daß das zweite Ziel unerreichbar geworden war. Die Bänder, die Zeugen – ihr Klient war als Frauen-Mißhandler überführt worden, seine Tage als Werbeträger für Konzerne beendet. Simpson war nicht bereit, diese Tatsache zu akzeptieren. Das erste Ziel blieb. Und es war nähergerückt als je zuvor.

Ito hatte vorprozessual entschieden, daß die Staatsanwaltschaft den Geschworenen mehr als ein Dutzend Geschehnisse präsentieren durfte, bei denen Nicole von Simpson geschlagen, eingeschüchtert oder verfolgt worden war. In seinem Eröffnungsplädoyer hatte Chris Darden der Jury erzählt, daß die Morde der Höhepunkt einer siebzehnjährigen Mißhandlungsgeschichte gewesen seien. Doch jetzt, nach Denise Aussage, beendete die Anklage ihre Domestic-Violence-Präsentation, obwohl erst etwa die Hälfte der Vorfälle behandelt worden war. Der Grund hiefür ist nie bekannt geworden, es ist nur zu vermuten, daß Clark und Darden meinten, Shipp und die anderen hätten nicht den gewünschten Eindruck bei den Geschworenen hinterlassen.

Während der Tage, an denen Denise aussagte, veröffentlichte der „Enquirer“ Oben-Ohne-Fotos von Marcia Clark, die vor Jahren während eines Aufenthalts in Italien aufgenommen worden waren. Ihre frühere Schwiegermutter, die inzwischen in Israel lebte, hatte die Bilder an das Boulevardblatt verkauft.

Marcia Clark brach zusammen. Zurück im Gerichtssaal konnte sie die Tränen nicht mehr unterdrücken. Ito, dem ihr Zustand nicht entging, unterbrach die Verhandlung. Clark eilte in ihr Büro, um ihre Selbstbeherrschung wiederzufinden. Darden folgte ihr und trat ohne zu klopfen ein.

„Laß sie dich nicht zu Boden schicken. G“, sagte er („G“ steht im afroamerikanischen Jargon für Gangster, ist aber nicht negativ gemeint). „Nebenbei, ich fand. Du sahst richtig gut aus auf den Bildern.“

„Denkst du wirklich?“

„Sicher.“

„Du dachtest nicht, daß ich fett aussah?“

Darden lachte. „Kein Weg, Mann. Es gab mir ein Hölzchen.“

Es dauerte einen Moment, bis Clark begriff. Dann begannen beide zu lachen.

FALSCHE THEORIEN

Als nächstes präsentierte Marcia Clark zehn Zeugen, die die Zeit der Morde bestätigen sollten. Sie berichteten, wie Juditha Brown um 21.37 Uhr im Restaurant Mezzaluna angerufen und mitgeteilt hatte, daß sie ihre Brille vergessen hatte und wie Ron Goldman um 21.50 Uhr das Lokal verlassen hatte, um die Brille ihrer Tochter zu bringen. Dann kamen Fenjves und Schwab mit ihren Hundegebell-Geschichten. Für die Presse war es ein pures Melodram.

Die Verteidigung nahm es gelassen. Sie hatte ihre eigenen Zeugen, besonders Robert Heidstra, der seine Hunde am Mordabend ausgeführt und den Akita erst von 22.45 Uhr an bellen gehört hatte. Ihr Auftritt würde später kommen – und, nachdem Clark diese Zeugen selber nicht aufgerufen hatte, mit weitaus größerem Effekt, weil es für die Geschworenen den Anschein bekommen würde, die Anklage habe sie zu verbergen gesucht.

Den 12. Februar hatte Ito als den Tag bestimmt, an dem die Geschworenen die Tatorte in Bundy und Rockingham besichtigen sollten.

An diesem Morgen waren die Autobahnen gesperrt, um der

Kolonne von Polizeifahrzeugen und dem Bus mit den Geschworenen ungehinderte Fahrt zu ermöglichen.

Man begann in Bundy. Über den Protest Clarks hinweg gestattete Ito den Geschworenen, auch das Innere des Hauses zu besichtigen. In ihrem Bestreben, die Vergangenheit hinter sich zu lassen, hatte die Brown-Familie Bundy bis auf die Wände leergeräumt. Da war nichts mehr, was die Geschworenen an die ermordete junge, lebenslustige Frau hätte erinnern können. Einen sympathischen Angeklagten freizusprechen fällt leichter, wenn man das Opfer nicht als Person erleben muß.

Der Gegensatz hierzu in Rockingham hätte nicht größer sein können. Den kompletten vergangenen Samstag hatten Mitglieder des Verteidigungsteams daran gearbeitet, O.J. Simpsons afroamerikanische Identität im Haus zu etablieren. Aus Cochrans Büro wanderte das Poster von Norman Rockwells berühmtem Bild *The Problem We All Live With,* in dem ein kleines, schwarzes Mädchen zur Schule in den Südstaaten von Bundesmarshalls begleitet werden muß, an die Wand über der Treppe. Außerdem brannte in jedem Kamin ein Feuer, für 1.000 Dollar Blumen schmückten die Räume. Die Pokale im Trophäenraum waren blank geputzt. Eine Bibel lag auf dem Nachttisch an Simpsons Bett. Das Nacktfoto Paula Barbieris und die vielen Aufnahmen seiner in überwältigender Mehrheit weißen Freunde, Geschäfts- und Golfpartner waren ersetzt worden durch Bilder von Familienmitgliedern und seiner Mutter. Marcia Clark tobte vor Wut. Die Räume sind manipuliert worden, protestierte sie. Cochran bestritt. Ito bestimmte nur, daß die Feuer in den Kaminen ausgemacht werden mußten, dann ließ er die Geschworenen das Haus betreten.

Auf dem Weg zurück blickte Simpson im Vorgarten nach oben.

„Ihr habt vergessen, die Flagge zu hissen", beklagte er sich gegenüber Cochran. „Die amerikanische Flagge hätte dort sein müssen."

In seinem Eröffnungsplädoyer hatte Cochran die Kontaminationstheorie der Verteidigung wieder und wieder bemüht, also auch das „Mist-Rein-Mist-Raus-Argument". Sobald die Blutfunde kontaminiert waren – was bereits nur eine Theorie war, für die Simpsons Anwälte keinerlei Beweise hatten –, war es Mist, und wenn man diesen Mist untersuchte, konnte man auch nur ein Mistresultat erhalten.

Dabei verhält es sich so: Wenn Blutproben kontaminiert werden, z.B. durch Bakterien oder Hitze, und danach auf DNA untersucht werden, kann es sein, daß sie aufgrund der Verunreinigungen kein gesichertes Resultat erbringen. Kontaminierte Proben können aber niemals zu einem falschen positiven Ergebnis führen! Hier hatten alle Untersuchungen immer wieder ergeben, daß die Funde Simpsons Blut waren. Selbst wenn also Kontamination vorgelegen hätte und *trotzdem* die Resultate so waren, dann wäre dies sogar noch ein Argument für die Anklage und keines für die Verteidigung!

Der DNA-Experte Scheck war sich wohl bewußt, auf welchem dünnen Eis er und seine Kollegen sich bewegten. Deshalb erfand er die „Kreuz-Kontaminations-Theorie“: Das gefundene Blut sei so durch Kontamination degradiert worden, so daß die ursprünglich in ihm enthaltene DNA völlig verschwunden sei, danach sei eine Verunreinigung bei dem Test mit Simpsons Referenzblut erfolgt und deshalb sei dann ein positives Resultat entstanden.

Unabhängig davon, daß so etwas kaum auch nur theoretisch möglich ist und im Simpson-Fall auch keinerlei Anhaltspunkte existierten, hätte Schecks Kreuz-Kontaminations-Theorie definitiv als Schwindel entlarvt werden müssen. Denn Simpsons Referenzblutprobe war mit dem Konservierungsmittel EDTA versetzt worden. Wären z.B. die fünf frischen Bluttropfen neben den Schuhabdrücken in Bundy von jemand anderem als Simpson gewesen und durch Kontamination bis zum totalen Verlust der ursprünglich enthaltenen DNA degradiert worden und wäre dies mit Simpsons Referenzblut geschehen – was die Verteidigung behauptete –, hätten die Tropfen eine hohe Konzentration von DNA und EDTA enthalten müssen. Doch tatsächlich war die DNA in vier der fünf Tropfen so degradiert, daß nur noch geringe Spuren gefunden wurden, die gerade für einen PCR-Test reichten, und selbst der fünfte Tropfen, der genügend DNA enthielt, um den aussagekräftigeren RSLP-Test durchzuführen, war in gewisser Weise von den Elementen, der Witterung degradiert worden. Das war die eindeutige Widerlegung der „Kreuz-Kontaminations-Theorie“. Oder wäre es gewesen, wenn einer der fünfundzwanzig Staatsanwälte, die den Simpson-Fall bearbeiteten, dieses Argument jemals vorgebracht hätten – was jedoch bis zum Ende des Prozesses nicht der Fall sein sollte.

Nachdem das negativ besetzte Wort Kontamination im Raum stand und insbesondere bei einfachen Menschen zum Nachteil der Anklage Assoziationen auszulösen vermochte, wäre es sinnvoll gewesen, die DNA-Experten zu befragen, die diese Dinge ins rechte Licht rücken konnten. Auch die Alternative, nämlich den Coroner aufzurufen, um ihn über das Ergebnis der Autopsie berichten zu lassen, wählte die Staatsanwaltschaft nicht, obwohl in Tötungsdelikten grundsätzlich so verfahren wird. Und schließlich versäumte sie, sich der Frage zu stellen: Wie können wir den Vorteil Simpsons als schwarze Berühmtheit und Sympathieträger neutralisieren? Ihn als einen Schwarzen zeigen, der nicht nur seine Wurzeln vergessen, sondern sich völlig von der schwarzen Gesellschaft abgewendet hat.

Die Taktik, Simpson so zu zeigen, wäre unethisch gewesen, wenn die Verteidigung den Fall nur auf der Basis der Beweise behandelt hätte. Doch Cochran hatte in seinem Eröffnungsplädoyer die Tür für einen derartigen Charakteranschlag weit geöffnet. „Dieser Mann spendet jedes Jahr 5.000 Dollar an die Angel City Links, die schwarze Organisation der Innenstadt, und die einzige Bedingung für dieses Geschenk ist jedes Jahr, daß es anonym sein muß, daß er nicht will, daß sie wissen, daß er es getan hat", war es aus ihm herausgeplatzt. Die Staatsanwaltschaft hätte danach das Recht gehabt zu erwidern und problemlos recherchiert können, daß Simpson nie bereit gewesen war, sich für afroamerikanische Belange einzusetzen und in keiner Weise Präsenz in der schwarzen Gemeinschaft gezeigt hatte.

Die Anklage ließ es der Verteidigung durchgehen, Simpson vor den überwiegend schwarzen Geschworenen nicht nur als Sporthelden darzustellen, sondern darüber hinaus als Heros der schwarzen Sache – was Simpson vor dem Prozeß weder gewesen war noch gewollt hatte und niemals verdiente zu sein.

Staatsanwältin Clark aber rief als nächstes die Polizeibeamten auf, die in den Fall involviert waren. Am 13. Februar betrat als erster Robert Riske den Zeugenstand.

„Im Lauf Ihres Ausbildung, Sir, in der Akademie", wollte sie wissen, „wurden Sie trainiert in Tatortpräservation?"

„Sie behandeln es am Rande. Sie trainieren dich nicht wirklich", lautete die Antwort, die die Anwälte der Verteidigung innerlich jauchzen ließ; der erste Polizist am Tatort und im Zeugenstand hatte der Jury soeben erzählt, daß das LAPD-Training nicht ausreichend war für die hohen wissenschaftlichen Bedürfnisse und Voraussetzungen von DNA-Tests. Robert Riske hatte damit die Kompromittiert-Kontaminiert-Korrumpiert-Strategie mit einem Katapultstart eröffnet.

Marcia Clarks Frage zeigte, daß sie *ihren eigenen* Zeugen vor der Vernehmung nicht befragt hatte, ein unentschuldbarer Fehler, wie er schlimmer nicht sein kann, wenngleich sich im weiteren Verlauf des Prozesses zeigen sollte, daß nicht nur die Anklagebehörde versäumt hatte, Zeugen im Vorfeld zu vernehmen.

Während die Polizeibeamten einer nach dem anderen aussagten, arbeiteten Scheck und Blasier jeden Tag bis weit nach Mitternacht in ihrem Hotelzimmer. Auf dem Videorecorder sahen sie sich Hunderte Stunden Bänder an, die an den Tatorten von Polizeibeamten, Reportern und anderen Personen aufgenommen worden waren. Die bevorstehenden Vernehmungen Fungs und Mazzulas, der beiden Kriminalisten, würde entscheiden, ob die Blut-Beweise in den Augen der Geschworenen diskreditiert werden konnten. Dazu war es essentiell, Fung als Pfuscher darstellen zu können, der schwere Fehler begangen hatte. Manche Bänder betrachteten die beiden Anwälte bis zu dreißigmal. Dann hatten sie, was sie wollten. Als sie fertig waren, sendeten sie die unbeschrifteten Bänder an den DA als Discovery und fügten eine Mitteilung bei, daß sie beabsichtigten, Ausschnitte als Beweise zu präsentieren. Das war alles, wozu sie verpflichtet waren.

15. Februar. Staatsanwalt Rockne Harmon, DNA-Spezialist und eigens zu diesem Prozeß vom Büro des DA von Alameda County hinzugezogen, war bereit, Cochrans Bluff zu hinterfragen. Eine Woche zuvor hatte Cochran vor Gericht erklärt, das Blut an den Socken und dem hinteren Tor in Bundy sei manipuliert worden. Seiner Ansicht nach zu reich an DNA, seien diese Beweismittel nachträglich gefälscht worden mit dem Referenzblut Simpsons. Da unstreitig und unbestreitbar war, daß das Referenzblut der Probe mit EDTA versetzt war, um die Gerinnung zu verhindern, bedeutete dies, daß, wenn die Verteidigung recht hatte, EDTA im Blut auf den Socken und dem Tor hätte gefunden werden müssen. Harmon kündigte an, daß Proben an das FBI zur Untersuchung geschickt worden waren.

Am Ende dieses Tages bei der Vernehmung von Detective Ron Phillips von der Mordabteilung wollte Marcia Clark wissen, wie Simpson auf die Nachricht vom Tod seiner Ex-Frau reagiert hatte. Der Detective antwortete, Simpson habe ausgerufen „O mein Gott, Nicole wurde getötet“, habe aber nie nach den Umständen gefragt.

Sie versuchte damit den Eindruck zu erzeugen, Simpson habe bereits gewußt, auf welche Art Nicole gestorben war. Im Kreuzverhör brauchte Cochran nur einen Moment, um diesen Eindruck wieder wegzuwischen, indem er aus Phillips Polizeireport zitierte. Phillips hatte darin festgehalten, daß Simpson noch gefragt hatte: „Was meinen Sie, sie wurde getötet?“ Er, Phillips, habe jedoch keine Chance mehr zur Antwort gehabt. Weshalb? Weil Simpson hysterisch geworden war.

Inzwischen hatte Dr. Leonore Walker, die Expertin der Verteidigung in bezug auf häusliche Gewalt, ihren Abschlußbericht über Simpson fertiggestellt, den sie der Verteidigung in Cochrans Büro vorstellte. Das Team entschied, sie solange nicht aufzurufen, wie die Staatsanwaltschaft keinen eigenen Experten berief. Dr. Leonore Walker sollte nie im Strafprozeß aussagen. Und doch sollten ihre Unterlagen später noch Bedeutung erlangen.

Als nächstes stand die Vernehmung von Lange an. Da die Verteidigung inzwischen überdeutlich klar gemacht hatte, daß ihre Strategie darauf abzielte, die Polizei und die Kriminalisten als inkompetent und als korrupt darzustellen und derartige Vorwürfe geeignet waren, mit den Erfahrungen afroamerikanischer Geschworener zu korrespondieren, die selber oder über Bekannte und Verwandte genügend Beispiele polizeilichen Fehlverhaltens gegenüber Minoritäten kannten, hätte die Staatsanwaltschaft den Geschworenen dringend eines verdeutlichen müssen: Die kollektive schwarze Erfahrung in Amerika war, daß ihnen gegenüber Polizei*brutalität* an der Tagesordnung war und Polizisten logen, um *hierbei* nicht überführt zu werden. Schwarze mit gefälschten Beweismitteln für Verbrechen haftbar zu machen, die sie nicht begangen hatten, gehörte jedoch nicht hierzu. In dreißig Jahren und unzähligen Prozessen gegen die Stadt ging es in Cochrans Kanzlei immer und ausschließlich um exzessive Gewalt durch Polizeibeamte, *nie* um gefälschte Beweismittel. Für die meisten Schwarzen lag es auf einer Linie, ob Rodney King vor laufender Videokamera von Polizeibeamten halbtot geprügelt wurde oder O.J. Simpson mit gefälschten Beweismitteln überführt werden sollte. Und es sieht so aus, daß dieser Unterschied den Staatsanwälten selber bis zum Ende des Prozesses entging.

Die Verteidiger mochten Detective Tom Lange. In Verhandlungspausen stand er manchmal bei ihnen am Tisch, und sie hielten ein entspanntes Schwätzchen.

„Vielleicht sage ich ihnen, daß du in Simi Valley wohnst, Tom“, kündigte Cochran an. Alle lachten. Seit die Jury in Simi Valley die vier Polizeibeamten freigesprochen hatte, die Rodney King mißhandelt hatten, war der Name der Stadt zu einem Synonym für polizeilichen weißen Rassismus geworden.

Im Kreuzverhör versäumte Cochran denn auch tatsächlich keine Gelegenheit, den Wohnort Langes zu erwähnen. Unter Cochrans Befragung räumte Lange bereitwillig ein, daß die Blutspuren am hinteren Tor in Bundy erst am 3. Juli 1994 eingesammelt worden waren. War Nicole auf eine Vergewaltigung untersucht worden? Nein. Brannten Kerzen in ihrem Haus? Ja. War ihre Badewanne gefüllt? Ja. Spielte romantische Musik? Ob sie als romantisch zu bezeichnen war, darauf wollte sich der Polizeibeamte nicht festlegen. Dann stellte Cochran eine Reihe von Fragen, die mit anderen Besuchern in Bundy zusammenhingen, allen voran Marcus Allen, dem Footballstar und Geliebten Nicoles. Lange beantwortete sie auf seine stoische Art. Die Fragen waren völlig bedeutungslos und dienten nur dazu, den Geschworenen wieder und wieder vor Augen zu führen, wie sie Nicole zu sehen hatten – als Schlampe, die Männer verschlang, insbesondere schwarze Männer.

Lange als langjähriger Profi nahm diese Art der Befragung nicht persönlich, wirkte gelassen, beinahe schläfrig. Doch bei Chris Darden wuchs die Frustration und entlud sich auf spektakuläre Weise.

An diesem Abend gab es in „Rivera Live“ auf CNBC wie an jedem Tag eine Diskussionsrunde über den Stand des Prozesses. Plötzlich bemerkte der Talkmaster Geraldo Rivera Aufregung bei seinen Mitarbeitern. Ein Telefonat wurde durchgestellt. Die männliche Stimme am anderen Ende der Leitung beklagte sich über Langes Auftritt. „Ich wünschte mir die Officer ein bißchen aggressiver. Sie beantworten die Fragen, die ihnen gestellt werden, und ich denke, einige dieser Fragen sind ein wenig lächerlich. Ich wünsche mir, daß sie das bei Gelegenheit der Jury verdeutlichen.“ Die Stimme gehörte Chris Darden, der live vor einem landesweiten Publikum einen Zeugen des DA kritisierte! Selbst für ein fernsehverrücktes Land wie die USA war das eine ungewöhnliche und peinliche Situation.

Der Effekt dieses Anrufes auf die weitere Befragung Langes war gering, Cochran machte noch drei Tage lang weiter wie bisher, Lange blieb stoisch. Mit einer Ausnahme: Bei ihm wie bei vielen anderen Polizeibeamten ließ allein die Erwähnung von Dardens Name den Adrenalinspiegel hochschießen.

Der 9. März 1995 stellte dramaturgisch den bisherigen Höhepunkt des Prozesses dar. Es war der Tag, an dem die Staatsanwaltschaft Mark Fuhrman als Zeugen aufzurufen gedachte.

Die Staatsanwaltschaft wußte, daß die Verteidigung Fuhrman brauchte wie ein Fisch das Wasser. Fuhrmans angeblicher Rassismus war ihre praktisch einzige Chance auf Rettung, und hätte die Staatsanwaltschaft ihn nicht aufgerufen, hätte die Verteidigung auf jeden Fall dafür gesorgt, daß Fuhrman in den Zeugenstand kam.

Die Staatsanwaltschaft wußte, daß die Strategie der Verteidigung lautete, den Detective als Rassisten zu präsentieren, der in Bundy zwei Handschuhe gefunden, einen nach Rockingham mitgenommen, im Bronco zum Aufbringen des Blutes benutzt und danach hinter Kaelins Bungalow weggeworfen hatte, um ihn dort schließlich zu entdecken.

Und genauso waren dem Büro des DA die Zeugenaussagen über Fuhrmans verbale Ausfälle über die „Nigger“ bekannt. Itos Entscheidung, die N-Frage zu erlauben, indizierte jedoch, daß da bei Fuhrman nicht nur Rauch sein mochte, sondern auch Feuer. Falls Mark Fuhrman ein Rassist war, so bestimmt nicht der große, als den ihn die Verteidigung zeichnen wollte. Und wiederum versäumte die Staatsanwaltschaft, sich mit diesem Zeugen zusammenzusetzen und den Tatsachen ins Auge zu schaun. Man hätte sagen sollen, daß man keinen Zweifel daran habe, daß er in den vergangenen zehn Jahren rassistische Ausdrücke gebraucht habe und daß er den Fall ruinieren könnte, wenn er dies abstritt und nachher bei dieser Lüge überführt werden würde. Das Credo einer solchen Befragung hätte lauten können:

„Detective Fuhrman, sind Sie ein Rassist?“

„Ich wurde als solcher bezeichnet, vielleicht zu Recht. Mein Umgang mit kriminellen Elementen auf der Straße über die Jahre hat mich dazu gebracht, zeitweise rassistische Dinge zu sagen. Ich schäme mich, das vor den schwarzen Mitgliedern dieser Jury zugeben zu müssen, doch ich muß es.“ Fuhrman hätte hinzufügen können, daß er das N-Wort nicht länger gebrauchte.

Mit einer solchen Aussage hätte man die Angelegenheit hinter sich lassen können.

Marcia Clark wählte eine andere Methode. Sie versuchte, einen feinen Sattel auf das Schwein zu packen und es dadurch zum Rennpferd zu machen. Das begann schon mit dem Desaster, daß ausgerechnet der Afroamerikaner Darden Fuhrman zugeteilt wurde – die Nachricht, die die Anklage den schwarzen Geschworenen damit sandte, war arrogant und laut: Wir, die Staatsanwaltschaft, haben für euch Schwarze einen schwarzen Ankläger in diesen Fall geholt. Ein schwarzer Mann, der zu einer schwarzen Jury spricht, die einen schwarzen Mann verurteilen soll. Das ist unsere Idee. Auf diese Weise können wir auch einen Cop durchschmuggeln, der vielleicht rassistisch ist.

Niemandem entging diese Intention der Staatsanwaltschaft. Darden wurde zum Inbegriff des „Onkel Tom".

Cochran sprach es aus. Dieser Bruder, Darden, wurde vom weißen Mann benutzt. „Christopher Darden ist ein feiner Anwalt, aber ich denke, er sollte nicht in diesem Fall sein."

„Fuck him, wenn er es machen will, laß ihn", hatte sein Kollege erwidert.

„Carl, er ist immer noch schwarz, er ist noch ein junger Anwalt. Er muß schwarz sein, wenn er hier fertig ist. Ich werde ihm sagen, daß er es nicht tun soll."

Cochran hatte Darden erniedrigt, aber das ging zu weit. Tu nicht die Arbeit der Weißen, wollte er ihm mitteilen. Du bist bereits als Verräter bezeichnet worden. Wenn du Fuhrman vernimmst, wirst du zum Beschützer eines Rassisten.

Cochran nutzte jede Möglichkeit, um mit Darden zu sprechen. Einmal legte er während einer Pause den Arm um Dardens Schulter und flüsterte ihm etwas ins Ohr, ein anderes Mal, während sie nebeneinander standen. Jedes Mal war die Nachricht dieselbe: Du weißt, Fuhrman ist ein schlechter Typ. Laß dich da nicht reinziehen. Laß die weißen Typen mit ihm umgehen.

Das alles ging nicht spurlos an Christopher Darden vorüber. Der enorme Druck der schwarzen öffentlichen Meinung lastete schwer auf ihm, so daß er schließlich Marcia Clark bat, Fuhrman zu übernehmen.

In einem Gespräch mit ihr, vor seiner Vernehmung, fragte Fuhrman sie, was aus dem blutigen Fingerabdruck geworden war. Clark zögerte vor ihrer Antwort; er war nie sichergestellt oder fotografiert worden. Fuhrman war fassungslos. Er hatte ihn doch in seinen Notizen erwähnt, die er Phillips und Vannatter noch in der Mordnacht ausgehändigt hatte. Clark sah ihn mit Sympathie an. „Mark, sie haben Ihre Notizen nicht gelesen!" Deshalb auch waren die Bluttropfen am hinteren Tor in Bundy, die in Fuhrmans Notizen bereits erwähnt waren, erst Wochen später sichergestellt worden;

Vannatter und Phillips hatten sie übersehen und, da sie die Notizen Fuhrmans nicht gelesen hatten, auch auf diesem Wege keine Kenntnis von ihnen erhalten. Entsprechendes galt für die dunkle Kleidung in der Waschmaschine und die offene Box des Swiss Army Messers, nur daß diese Beweismittel komplett verloren waren. Das Holzstück von einem Zaun, das neben dem Bronco gefunden worden war, hatte gleichfalls nicht zugeordnet werden können.

Fuhrman, der verständlicherweise einerseits schockiert, andererseits wegen der Unterstellungen nervös war, schlug Clark mehrfach vor, Brad Roberts in den Zeugenstand zu rufen. Denn sein Partner hatte all die Dinge auch gesehen und konnte daher seiner eigenen Aussage mehr Glaubhaftigkeit verleihen. Doch Clark weigerte sich jedes Mal. Wir brauchen Roberts nicht, erklärte sie lapidar. Schließlich dämmerte es Fuhrman. Die krassen Fehler Vannatters und Phillips sollten nicht herauskommen, um die beiden Detectives und das sowieso schon unter Beschuß stehende LAPD nicht noch mehr zu schädigen. Clark wollte beides – Fuhrman durchschleusen und die anderen Polizeibeamten nicht bloßstellen. Wie so vieles, sollte ihr auch dies nicht gelingen.

Als Mark Fuhrman am 9. März im Gerichtssaal erschien, erhob sich Chris Darden aus seinem Sitz, als wollte er die Befragung beginnen. Cochran zuckte. Plötzlich drehte sich der Staatsanwalt in seine Richtung und zeigte ihm, so daß nur er es sehen konnte, den Mittelfinger. Dann setzte er sich wieder, Cochran verstand; Darden hatte seinen Rat befolgt, aber er mußte noch einmal die Nadel hineinbohren. Marcia Clark stand auf.

„Das Volk ruft Detective Mark Fuhrman auf“, deklarierte sie.

Fuhrman trat ein, umrahmt von einem Quartett finster aussehender Bodyguards. Bereits dieser Auftritt schien die Anschuldigungen der Verteidigung zu bestätigen: Clark und ihr Büro beschützten Fuhrman.

Mark Fuhrman war eine imposante Gestalt. Muskulös und etwa 1.90 m groß, war er der erste Mann im Gerichtssaal, der ein physisches Äquivalent zu dem Angeklagten darstellte. Er trug einen blauen Anzug, der ihm wie angegossen saß, ein weißes Hemd und eine dezente Krawatte, die gut zu seinem frischgeschnittenen dunkelblonden Haar paßte.

Marcia Clark begab sich zum Podium

„Detective Fuhrman, können Sie uns sagen, wie Sie sich heute bei dem Gedanken auszusagen fühlen?“

„Nervös“, entgegnete Fuhrman, überhaupt nicht nervös wirkend.

„Okay.“

„Widerstrebend.“

„Können Sie uns sagen, warum?“

„Durchgehend – seit dem 13. Juni – scheint es, daß eine Menge Beweise ignoriert wurden und eine Menge persönliche Dinge in den Vordergrund kamen. Ich denke, das ist schlecht.“

Nachdem sie ihn kurz zu weiteren Themen befragt hatte, kam Clark auf die Zeugin Kathleen Bell zu sprechen.

„Nun, zurück in 1985 und 1986, Sir, können Sie uns sagen, ob Sie jemanden mit dem Namen Kathleen Bell kannten oder trafen?“

„Ja, kann ich Ihnen sagen“, erwiderte Fuhrman kühl. „Habe ich nicht.“

Clark konfrontierte Fuhrman mit den Aussagen Bells. Ob eine solche Konversation stattgefunden habe. Fuhrman verneinte auch diese Frage. Der Rest ihrer direkten Befragung unterstrich, was für eine geringe Rolle Fuhrman in den Ermittlungen gespielt hatte. Ein halbes Dutzend Polizeibeamter, die vor ihm am Tatort in Bundy gewesen waren, hatten bereits auf denselben Punkt hingewiesen: Daß da nur ein Handschuh gewesen war und daß Fuhrman niemals auch nur die Gelegenheit gehabt hatte, Beweismittel zu fälschen oder zu manipulieren, selbst wenn er es gewollt hätte.

„Ein gutes Kreuzverhör“, hatte Bailey einst geschrieben, „leidet unter einem öffentlichen Mißverständnis ... Zu viele Geschworene warten auf Perry Mason; sie erwarten vom Anwalt, daß er den Zeugen zu dem Punkt bringt, an dem er ausruft, daß der Angeklagte unschuldig ist und daß er derjenige ist, der die Go-Go-Tänzerin getötet hat. Nun, es passiert – im Fernsehen.“

Als F. Lee Bailey sich nun erhob, um Mark Fuhrman ins Kreuzverhör zu nehmen, waren die Erwartungen der Öffentlichkeit präzise dieser Art. Allerdings war Bailey selber hierfür weitgehend verantwortlich. Frustriert von seiner bis dahin geringen Rolle im Prozeß und hungrig nach Scheinwerferlicht, hatte er noch während Fuhrmans direkter Befragung durch Clark eine Reihe von Pressekonferenzen abgehalten, in denen er ein „Begräbnis Fuhrmans“ angekündigt und die Meßlatte der Erwartung so hoch gelegt hatte, daß nicht einmal ein Perry Mason es hätte meistern können. Während der direkten Befragung durch Clark hatte er nicht ein einziges Mal Einspruch gegen eine Frage erhoben, sondern affektiert grinsend der Vernehmung gelauscht. Jetzt, da sein Auftritt gekommen war, hetzte er wie getrieben ans Podium. Auf den Fußballen wippend, stellte er seine Fragen und sprang dabei von Gebiet zu Gebiet. Die Antworten, die er erhielt, waren sachlich, stoisch und – für die Verteidigung – unbrauchbar. Während Fuhrman zunehmend selbstbewußter und selbstsicherer wurde, wuchs Baileys Frustration. Am Ende des ersten Tages war er bereit für einen verzweifelten Ausfall.

„Haben Sie einen Handschuh im Bronco abgewischt, Detective Fuhrman?“

Fuhrman lächelte dünn, eine Art schwaches Glucksen war zu hören. Für ihn war Baileys Frage nicht nur an den Haaren herbeigezogen, sie war nicht einmal logisch. Denn das Blut im Bronco enthielt eine Mischung des Blutes beider Opfer *und Simpsons.* Selbst wenn er daher das getan hätte, was Baileys Frage suggerierte, woher wäre das Blut Simpsons gekommen, wenn nicht vom Tatort in Bundy? Doch alles, was er antwortete, war: „Nein.“

„Haben Sie nicht?“ fragte Bailey noch einmal

„Nein.“

Am nächsten Morgen kam Bailey auf Kathleen Bell und eine weitere Zeugin, Andrea Terry, zu sprechen. In diesem Zusammenhang erwähnte er, daß ein früherer Marine, Maximo Cordoba, der seinerzeit ebenfalls in Redondo Beach stationiert gewesen war, aussagen würde, daß Fuhrman ihn Nigger genannt habe.

Clark war erstaunt. „Wir haben Max Cordoba vor langer Zeit interviewt, er hat niemals so eine Aussage gemacht und niemals behauptet, daß Mark Fuhrman jemals so eine Aussage gemacht hat.“

„Euer Ehren“, erwiderte Bailey feierlich, „ich habe mit ihm persönlich am Telefon gesprochen, Marine zu Marine. Ich habe nicht den geringsten Zweifel, daß er zu diesem Zeugenstand marschieren und der Welt sagen wird, wie ihn Fuhrman genannt hat.“

Es folgte ein weiterer fruchtloser Tag von Kreuzverhören. An diesem Abend, dem 14. März, sendete NBC in „Dateline“ ein Interview mit Max Cordoba, in dem der Ex-Marine bestritt, überhaupt jemals mit Bailey gesprochen zu haben – Marine zu Marine oder wie auch immer.

Am nächsten Morgen im Gerichtssaal spielte Marcia Clark als erstes den Ausschnitt der Sendung vor. Baileys Gesicht war noch röter als sonst, als er sich erhob, zornig. Er erklärte, er habe mit Cordoba gesprochen, nur nicht über die Fakten des Falles, das habe er McKenna überlassen. In einem Telefongespräch, das er gestern abend noch mit Cordoba geführt habe, habe dieser ihm mitgeteilt, er sei bei „Dateline“ mißverstanden worden.

„Das ist die Art Unsinn, die Anwälten einen schlechten Namen gibt, Euer Ehren", sagte Clark.

Baileys Hände zitterten, sein Gesicht glich einer Landkarte feiner roter Adern. Er versuchte, Clark vom Podium wegzudrängen, die keinen Millimeter nachgab.

„Mr. Bailey – Sie können sehen, wie erregt er ist – ist bei einer Lüge erwischt worden, und wissen Sie was? Nicht in diesem Fall. Man kommt mit so etwas nicht davon. Es schauen einfach zu viele Leute zu."

Clark wollte noch mehr aus „Dateline" vorspielen.

„Ich erhebe Einspruch hiergegen, Euer Ehren", rief Bailey, die Hände am Podium. Die Gesichter nur noch Zentimeter voneinander entfernt, wies Clark Bailey zurecht.

„Entschuldigen Sie, Mr. Bailey. Stehen Sie auf und sprechen Sie, wenn es Ihr *turn* ist."

Bailey sah aus, als würde er im nächsten Moment ausholen, riß sich aber doch zusammen. Und so brannte auch diese Konfrontation aus, ohne daß am Ende ein klares Ergebnis gestanden hätte.

Bailey hatte einen Wunsch, bevor er sein Kreuzverhör beenden wollte. Marines, erläuterte er, würden Dinge in ihren Socken transportieren – da Fuhrman in der Mordnacht kein Sakko getragen hatte, blieb, um die Theorie weiterzuspinnen, als möglicher Transportort für den Handschuh nur ein Socken übrig. Er habe einen Handschuh und einen Plastikbeutel mitgebracht. Mark Fuhrman solle den Handschuh in den Plastikbeutel stecken und beides dann in seine Socken.

Clark explodierte vor Wut. Das sei lächerlich, erklärte sie. „Da ist kein Zusammenhang mit diesem Fall. Ein Lederhandschuh anderer Größe, anderer Farbe, anderer Marke, anderen Stils ... Das ist eine Phantasie, gesponnen von der Verteidigung, für die es keine beweiserhebliche Basis gibt, keine logische oder faktische Verbindung zu diesem Fall."

Ito überprüfte den Handschuh.

„Was ist die Größe des Handschuhs, der in Bundy gefunden wurde?" wollte er wissen.

„Extra large", antwortete Clark.

„Der Handschuh hier ist ein Brooks Brother Größe small", bemerkte Ito.

„Sie haben keine extra large mehr", warf Bailey ein.

„Nicht nur das", fuhr Clark fort, „aber der Handschuh, um den es geht, ist ein Aris und kein Brooks Brother. Ich kann nicht einmal sagen, ob es ein Männer- oder Frauenhandschuh ist." Clark betrachtete den Handschuh einen Moment schweigend. Dann bemerkte sie: „Größe small – ich glaube es ist Mr. Baileys."

Es dauerte einen Augenblick, bis den Anwesenden dämmerte, daß Clarks Bemerkung darauf anspielte, daß von der Größe der Hand eines Mannes auch auf eine andere Dimension geschlossen werden könne.

Ito sagte nichts, verbarg seine eigenen Hände allerdings unter dem Tisch.

Nachdem Bailey Fuhrman nicht hatte erschüttern können, wollte er nur noch eines – das Wort Nigger in den Ohren der Geschworenen läuten lassen, so oft es ging.

„Benutzen Sie das Wort ‚Nigger', um damit Menschen zu beschreiben?"

„Nein, Sir", erwiderte Fuhrman.

„Haben Sie das Wort ‚Nigger' in den vergangenen zehn Jahren benutzt?"

„Nicht daß ich mich erinnere, nein."

„Sie meinen, wenn Sie jemanden als ‚Nigger' bezeichnet haben, haben Sie es vergessen?"

Fuhrman blieb noch einen Moment ausweichend, verneinte dann aber rigoros.

„Sagen Sie also, daß Sie das Wort ‚Nigger' nicht in den vergangenen zehn Jahren benutzt haben, Detective Fuhrman?"

„Ja, das ist, was ich sage", entgegnete Fuhrman mit einer Stimme, in der ein Anflug von Nervosität mitschwang.

„Und Sie sagen unter Eid, daß Sie keine schwarze Person als ‚Nigger' angesprochen oder über Schwarze als ‚Nigger' in den vergangenen zehn Jahren gesprochen haben, Detective Fuhrman?"

„Das ist, was ich sage, Sir."

„So daß jeder, der den Gerichtssaal betritt und Sie als jemanden bezeichnet, der dieses Wort im Umgang mit Afroamerikanern benutzt, ein Lügner wäre ...?"

„Ja, wäre er."

„Jeder von ihnen, korrekt?"

„Jeder von ihnen."

Clarks Redirect (nach Beendigung des Kreuzverhörs erhält die Seite, die den Zeugen aufgerufen hat, das Recht, ihn nochmals zu befragen, was als „redirect" bezeichnet wird) bestand aus lediglich sieben Frage, die verdeutlichen sollten, daß, welche Defekte auch immer Mark Fuhrmans Charakter haben mochte, es zum Zeitpunkt des Eintreffens am Tatort völlig abwegig für ihn war, irgendwelche Beweismittel zu manipulieren. Hatte er den Zeitpunkt der Morde gekannt? Nein. Hatte er gewußt, ob Simpson ein Alibi hatte? Nein. Hatte er gewußt, ob es Augenzeugen der Morde gab? Nein.

Das war alles schön und gut, aber in Anbetracht der ungeheuren Bedeutung, die diese Punkte hatten, viel zu kurz.

Nachdem Mark Fuhrman den Zeugenstand verlassen hatte, waren Bailey und Shapiro wieder in der Lage, sich um ihre Top-Prioritäten zu kümmern: Sich selber.

Bailey begann eine PR-Tournee durch die Fernsehstationen, in der er nicht müde wurde zu erläutern, wie phantastisch sein Kreuzverhör Fuhrmans gewesen sei. Die meisten sahen das anders. Objektiv betrachtet war Bailey Kreuzverhör so effektiv gewesen wie Fußtritte gegen eine Wand. Aber mit den Ohren Schwarzer gehört, hatte Fuhrman nur wie der Prototyp des lügenden Polizisten gewirkt, der, in die Ecke gedrängt, so ehrlich klingen konnte wie ein Pfadfinder beim Eid.

Shapiro hatte seine eigene Image-Strategie. Sein Problem war, daß ihm nicht nur die Kontrolle des Falles entglitten war, sondern er in seiner jüdischen West-LA Gesellschaft zunehmend zum Pariah wurde. Die jüdische Gemeinde mochte dem Verteidigungsteam und damit auch ihm die Rassismus-Strategie nicht vergeben, die den Mörder ihres Mitgliedes Goldman befreien sollte. Was also tat Shapiro? Direkt nachdem Fuhrman den Zeugenstand verlassen hatte, gab er noch auf den Stufen des Gerichtsgebäudes ein Interview, in dem er sich vom Rest des Teams zu distanzieren suchte. „Meine Präferenz", erklärte er in die Kameras, „war, daß Rasse kein Gegenstand dieses Falles ist und kein Gegenstand dieses Falles sein sollte, und von meinem persönlichen Blickwinkel bedauere ich, daß sie zu einem Gegenstand dieses Falles geworden ist." Das war vor dem Hintergrund, daß niemand anders als er der Erfinder der Rassismus-Strategie im Simpson-Fall war, besonders schamlos.

STOCKHOLM-SYNDROM

In der darauffolgenden Woche setzte Shapiro sein Rückzugsgefecht fort.

Philip Vannatter war erst der zweite Zeuge, der Shapiro zugewiesen worden war, und Shapiro nutzte die Gelegenheit zu einer

Demonstration. Der Chef des LAPD, Willie Williams, hatte eine Kampagne zur Unterstützung der Polizei gestartet, als deren Symbol die Menschen einen blauen Pin tragen sollten. Explizit sollten sie dadurch zeigen, was sie von den Angriffen der Anwälte O.J. Simpsons auf die Polizeibeamten hielten. Während Shapiro einen kompetenten Auftritt beim Kreuzverhör Vannatters lieferte, indem er auf die falsche eidesstattliche Versicherung für den Durchsuchungsbeschluß, den Entschluß des Detectives, die Referenzblutprobe nach Rockingham mitzunehmen und das Verhalten dort in der Mordnacht, das nicht zu der Aussage paßte, man habe Simpson nicht von Anfang an als Verdächtigen angesehen, fokussierte – trug er eben jenen blauen Pin.

Das war eine Geste, die seinen Auftraggeber fast durchdrehen ließ. Simpson machte Shapiro klar: Noch ein solcher Stunt und er war endgültig draußen.

Hätte der Verteidiger wirklich aussteigen wollen, wäre jetzt Gelegenheit gewesen. Doch Shapiro genoß das Rampenlicht, in dem er immer noch stand. Er entschied, daß es besser war, weiter Gast an der Tafel des Teufels zu bleiben, nach Möglichkeit aber nur ein kosheres Mahl zu sich zu nehmen.

Marcia Clark hatte ihre eigenen Probleme. Denn zeitgleich mit dem Simpson-Prozeß lief ihr eigener Sorgerechtsfall um ihre beiden kleinen Söhne. Sie kam kaum zum Schlafen und wirkte in Verbindung mit ihrem hohen Zigarettenkonsum ständig krank; mit wäßrigen, geröteten und geschwollenen Augen, einer nicht abklingenden Erkältung und einer ungesunden Gesichtsfarbe verrichtete sie ihren Dienst.

Und jetzt trat auch noch Kato Kaelin auf, dessen Leben die Antithese ihres eigenen darstellte – sorglos, ziellos, ohne Plan oder Verantwortung.

Als der permanente Hausgast Simpsons, wie ihn die Medien belustigt nannten, den Zeugenstand betrat, bekam der Prozeß zum ersten Mal eine komische Note. Kaelin war rhetorisch unterbemittelt, auf seiner Suche nach Satzbausteinen und Worten war er geradezu kryptisch, trieb er mit seinem Mopp aus langen blonden Haaren und seiner so offen zur Schau gestellten bravourösen Beschränktheit selbst den ansonsten stoischen Geschworenen immer wieder ein Grinsen in die Gesichter.

An einer Stelle fragte ihn Clark nach der Uhr in Simpsons Bentley.

„War das eine Digitaluhr?"

„Nein", erwiderte Kaelin, stoppte und begann mit seinen Armen in der Luft zu wedeln, als wolle er die Zeiger einer Uhr darstellen. „Es war eine numerierte Uhr. Nun, ich meine Zahlen", stammelte er weiter. „Eine digitale würde das auch sein, aber Sie wissen, was ich meine."

Ito beendete schließlich den Auftritt. „Analog", bemerkte er trocken.

Wer über all das nicht lächeln konnte, war Clark. Ungeduldig und wütend ließ sie Kaelin durch den Richter zum *hostile witness*, zum feindlichen Zeugen, erklären, was ihr erlaubte, führende Fragen zu stellen.

Immerhin brachte sie eine interessante Tatsache an Tageslicht. Bei der Planung seines Alibis hatte Simpson Kaelin nach einer Fünf-Dollar-Note als Trinkgeld für den Limousinenfahrer gefragt. Kaelin, der kein Kleingeld hatte, hatte ihm einen Zwanzig-Dollar-Schein gegeben. Bei diesem Besuch hatte Simpson Kaelin gegenüber erwähnt, daß er etwas essen gehen würde. Wäre alles nach Simpsons Plan verlaufen, hätte Kaelin später gegenüber der Polizei von diesem Gespräch berichtet. Doch zu seinem Erstaunen hatte sich Kaelin eingeladen, Simpson zu McDonald's zu begleiten, etwas, das er noch nie zuvor getan oder besser: gewagt hatte. Notgedrungen hatte Simpson ihn mitgenommen, auf der Fahrt jedoch praktisch nicht mit ihm gesprochen, so daß bei Kaelin das Gefühl entstanden war, zu weit gegangen zu sein. Bei McDonald's schließlich hatte Simpson mit dem Zwanzig-Dollar-Schein bezahlt, den Kaelin ihm gegeben hatte. Das war nicht weiter interessant. Interessant war jedoch, daß er Kaelin das gesamte Wechselgeld zurückgegeben hatte. Dies war ein indizieller Beleg dafür, daß Simpson zuvor, als er Kaelin aufgesucht hatte, in Wahrheit gar kein Geld haben, sondern nur sich zeigen wollte.

Alan Park, der Fahrer vom Mordabend, war – zu Recht – der Zeuge, vor dem die Verteidigung sich am meisten fürchtete. Ein aufrichtiger, junger, intelligenter Mann, hatte er allen Verlockungen der Medien und Boulevard-Blätter widerstanden, seine Geschichte für Geld zu verkaufen. Dazu kam, daß er sie durch die Aufzeichnung der Telefongesellschaft belegen konnte. Von seiner Mutter, einer Strafverteidigerin, vorbereitet, wirkte der gepflegte Park so ehrlich, daß die Verteidiger Simpsons ihn intern als den „jungen Abraham Lincoln" bezeichneten. Und was er zu berichten hatte, konnte für ihren Klienten nicht tödlicher sein. Nervös, weil er zum ersten Mal eine Berühmtheit hatte abholen und zum Flughafen bringen sollen, war Park am Mordabend über zwanzig Minuten früher als bestellt, also um 22.20 Uhr statt 22.45 Uhr, in Rockingham angekommen. Zu diesem Zeitpunkt parkte der Bronco nicht vorm Haus. Park war nach rechts, Ashford, abgebogen und hatte gewartet. Um 22.40 Uhr klingelte er, doch niemand reagierte. Also begab er sich um die Ecke zum Rockingham-Tor. Noch immer stand dort kein Bronco, und aus dem Haus kam kein Lebenszeichen. Park bekam Angst, Simpson könnte seinen 23.45-Uhr-Flug nach Chicago verpassen. Also rief er seinen Boss und sogar seine Mutter an und setzte außerdem sein Klingeln fort. Umsonst. Um 22.52 Uhr rief ihn sein Boss zurück. Ein oder zwei Minuten später schließlich bemerkte er Bewegungen am Haus. Zunächst trat ein Mann langsam aus dem Schatten hinter dem Haus hervor – Kato Kaelin. Danach huschte ein zweiter großer und kräftiger Mann, den Park nicht genau erkennen konnte, durch den Haupteingang in das Haus hinein. Park klingelte daraufhin erneut. Lichter gingen an, das Tor öffnete sich und O.J. Simpsons erklang über die Gegensprechanlage.

„Ich habe verschlafen", sagte Simpson. „Ich komme gerade aus der Dusche und bin in einer Minute unten."

In der Einfahrt, später, bestand Simpson darauf, daß Park und Kaelin ihm zwar beim Einpacken des Gepäcks helfen konnten, jedoch eine kleine schwarze Tasche nicht anfassen sollten. Und jetzt parkte auch der Bronco in der Nähe des Rockingham-Tores.

Der nächste Zeuge, James Williams, war der Skycap, der Simpsons Gepäck von Los Angeles nach Chicago am Flughafen eingecheckt hatte. Clark ließ Williams erzählen, daß sich ein großer Mülleimer in der Nähe der Stelle befand, wo Parks Limousine gehalten hatte. Ohne es ausdrücklich zu sagen, war die Implikation klar: Daß die kleine schwarze Tasche, die niemals wieder aufgetaucht war, die Mordwaffe und Mordkleidung enthalten hatte und Simpson sie genau an dieser Stelle losgeworden war.

Carl Douglas führte das Kreuzverhör. „Mr. Williams", bellte er los, „Sie erinnern sich nicht, Mr. Simpson irgendwo in der Nähe des Mülleimers am 12. Juni gesehen zu haben, tun Sie es, Sir?"

„Ja, er stand nahe des Mülleimers", antwortete Williams ohne zu zögern, einen Douglas zurücklassend, der dreinblickte, als sei er in einen Punch Mike Tysons gelaufen.

Es war der 29. März, als Williams den Zeugenstand verließ. Mit ihm verschwand auch Marcia Clark für drei Monate von der Bildfläche des Falles. Bis zum 21. Juni sollte sie keine Zeugen mehr befragen. Mit ihrem eigenen Familienrechtsfall beschäftigt, kam sie, wenn sie das Department 103 aufsuchte, auch noch häufig zu spät, Akten, Essen, ihre Tasche und was auch immer balancierend, um sich laut in ihren Sitz fallen zu lassen. Die Geschworenen, die jeden Morgen um 5.30 Uhr aufstehen mußten und keine Wahl hatten, ob sie pünktlich sein wollten oder nicht, begleiteten ihre sporadischen Auftritte mit langen und kalten Blicken.

Am 4. April begann der Verteidiger und DNA-Spezialist Barry Scheck sein Kreuzverhör mit Dennis Fung. Fung war – neben Fuhrman – der zweite Schlüssel für einen möglichen Freispruch Simpsons. Nur und vor allem über ihn konnten die Beweisfunde diskreditiert werden.

Unter seiner nach außen hin getragenen harten New Yorker Schale war Scheck voller Zweifel. Seit Monaten hatten ihm Kollegen und enge Freunde geraten, er solle nur ein paar Fragen stellen und nicht mehr versuchen. Cochran und Shapiro hätten ihn auserkoren, derjenige zu sein, der sich lächerlich mache.

In der Nacht vor dem Kreuzverhör hatte Scheck eine Angstattacke; Herzrasen, Hyperventilation, Schweißausbrüche. Doch er entschied sich für Angriff.

Womit Scheck nicht hatte rechnen können, war, daß der für Fung bestimmte Staatsanwalt, Hank Goldberg, seinen Zeugen *überhaupt nicht* präpariert hatte. Goldberg war so schwach, daß ihm später entgehen sollte, daß die Verteidigung nie behauptete, die fünf Bluttropfen neben den Schuhabdrücken in Bundy seien manipuliert worden, und ebenso fiel ihm nicht auf, daß die Simpson-Anwälte mitnichten in Frage stellten, daß ihr Klient in der Mordnacht im Bronco, zu Hause und auf der Zufahrt geblutet hatte – jedenfalls von dem Moment an, als ihr eigener Zeuge, Dr. Baden, einräumte, Simpson habe ihm erzählt, daß er geblutet habe. Der Dennis Fung, der sich einem bis ins kleinste Detail vorbereiteten Barry Scheck präsentierte, war eine sitzende Ente, auf die der Anwalt nur noch anlegen mußte.

Zunächst zerstörte Scheck methodisch Fungs Glaubwürdigkeit. Das begann damit, daß er ihn mit seinen früheren Aussagen konfrontierte, in denen er seine eigene Rolle bei der Sicherstellung der Beweise stärker betont und damit die seines Trainees, Andrea

Mazzola, für die es erst der dritte Tatort gewesen war, heruntergespielt hatte. In einem für die kommenden langen Tage typischen Muster bestritt Dennis Fung erst, zuvor eine fehlerhafte Aussage gemacht zu haben, wurde von Scheck dann anhand von Videobändern und Aufnahmen überführt und gab sich schließlich geschlagen. Scheck arbeitete sich dabei gründlich vor, Schritt für Schritt. Manchmal stellte er die gleiche Frage sechsmal, sie jedes Mal schärfend, bevor ihn die Antwort zufriedenstellte – um danach mit weiteren sieben Variationen der Frage fortzusetzen und den Punkt sicher einzufahren.

Nachdem Scheck Fungs Glaubwürdigkeit erschüttert hatte, machte er sich daran, seine Kompetenz zu hinterfragen, wobei er sowohl Polizeiaufnahmen wie auch solche der Medien benutzte, die belegten, daß Fung versäumt hatte, ein Stück Papier in der Nähe von Goldmans Füßen aufzusammeln, daß die Decke aus dem Haus von Detective Lange benutzt worden war, um Nicoles Körper zu verhüllen, hierbei die Gefahr von Kontamination verursachend, daß der Handschuh und der Umschlag mit der Brille erst sichergestellt worden waren, nachdem Goldmans Leiche vom Coroner über sie hinweggezogen worden war usw.

Das ging Tag um Tag, ein Medley der Fehler Fungs. Jeder einzelne für sich trivial und nichts an den Ergebnissen der Blutanalysen ändernd, gelang es Scheck hierdurch doch, die verschiedenen Fehler außerhalb jeder Proportion aufzublasen, wobei ihm zugute kam, daß Fung einfach ein schwacher, blasser Zeuge war.

Zunächst war sich Fung sicher, keine Beweise mit den blanken Händen entfernt zu haben, dann nicht mehr. Zuerst war er sich gewiß, keine Beweise bis zum Verlassen des Coroners sichergestellt zu haben, dann, nachdem Scheck ihm ein Video gezeigt hatte, mußte er das Gegenteil einräumen. Nein, er hatte die Gummihandschuhe nicht so oft gewechselt, wie er es vielleicht hätte tun sollen. Ja, er hätte mehr Blutproben aus dem Bronco sicherstellen sollen. Nein, erst hatte er kein Blut an den Socken Simpsons bemerkt, als er sie hinter dem Fußende des Bettes hochgehoben hatte.

Es war kein brillantes, aber ein vernichtendes Kreuzverhör und erfüllte seinen Zweck. Daß es für so viel Aufsehen in den Medien und auch noch nach dem Prozeß sorgte, lag daran, daß es trotzdem noch die beste Leistung war, die ein Mitglied beider Teams zuwege brachte.

Am 17. April bemerkte Ito während einer Sidebar, er habe noch nie zuvor einen Zeugen so restlos am Boden zerstört gesehen wie Dennis Fung. Er bat Scheck, dem ein Ende zu bereiten. Simpsons Verteidiger lehnte respektvoll ab. Er war noch nicht fertig, noch galt es, den Grund für die künftigen Kreuzverhöre der anderen Zeugen vorzubereiten.

Tage zuvor, am 11. April, hatte Scheck wissen wollen: War es richtig, daß Fung das Blut am hinteren Tor in Bundy erst am 3. Juli 1994, drei Wochen nach den Morden, sichergestellt hatte? Fung bejahte, er hatte es am Morgen nach den Morden einfach vergessen und erklärte dies auch so. Darauf hatte Scheck nur gewartet. Unter den vielen Fotos hatte er eines vom hinteren Tor in Bundy gefunden, das am Tage nach den Morden aufgenommen worden und so unscharf war, daß das Blut darauf nicht zu sehen war.

„Wo ist es, Mr. Fung?" fragte Scheck mit einem Schnarren in der Stimme. Fung vermochte in seiner unsicheren Art keine befriedigende Antwort zu geben – und Scheck erreichte, was er erreichen wollte: Die Geschworenen fragten sich, ob das Blut nachträglich an das Tor gespritzt worden war. Wie? Thano Peratis, der Simpson am Nachmittag des 13. Juni 1994 im Parker Center das Blut abgenommen hatte, hatte – im Preliminary Hearing danach gefragt – gedankenlos zu Protokoll gegeben, er habe Simpson 8 ml Blut abgenommen. Scheck hatte in seiner Vorbereitung nachgerechnet, wieviel Blut für die anschließenden Tests verwendet worden war. Und hierbei war er auf 6,5 ml gekommen. Die „fehlenden" 1,5 ml konnten, so seine These, für das Tor in Bundy und die Socken, an denen Blut auch erst Wochen später gefunden worden war, verwendet worden sein.

Fung befand sich schließlich neun Tage lang im Zeugenstand. Im Redirect wollte Hank Goldberg ihm einen sanften Abgang verschaffen.

„Mr. Fung, haben Sie jemals zuvor in einem Fall ausgesagt, in dem Sie acht Tage lang im Zeugenstand waren?"

„Nie."

„Sind Sie froh, fertig zu sein?"

„Sehr."

Dann stand Dennis Fung auf, trat aus dem Zeugenstand – und begab sich direkt zum Tisch der Verteidigung. Niemand dort war auf die bizarre Geste gefaßt, die nun folgte.

„Ihr Leute habt einen großartigen Job gemacht", sagte er und begann, Hände zu schütteln. „Viel Glück für euch."

Nach einem Augenblick ungläubigen Schweigens wurde Fung wie ein Held begrüßt, Cochran grabschte nach seiner Hand, Shapiro umarmte ihn, selbst O.J. Simpson gab dem Kriminologen ein breites Lächeln und streckte ihm seine Hand entgegen. Alle am Tisch Simpsons schienen vergessen zu haben, daß sie doch vor den Geschworenen die Ansicht vertreten hatten, bei Fung handele es sich um eine der Personen, die in die Konspiration verstrickt waren, um einem Unschuldigen einen Mord anzuhängen. So war diese Reaktion entlarvend, belegte, daß Simpsons Team wußte, wie absurd diese Idee war. Doch ihre kühnsten Träume waren übertroffen. Kein Wunder also, daß Simpsons Team Fung mit strahlenden Gesichtern empfing. Was den Kriminologen betraf, so konnte man ihn wohl unter der Bezeichnung Stockholm-Syndrom laufen lassen, nämlich Fälle, in denen sich die Opfer unter dem psychischen Dauerdruck den Tätern anschließen.

ALICE IM WUNDERLAND

Andrea Mazzola, der Trainee Fungs, folgte ihrem Boss in den Zeugenstand und blieb dort eine Woche unter Befragung Peter Neufelds, des Partners von Scheck. Ihr widerfuhr keine andere Behandlung als Dennis Fung. So endete der Monat April mit gerade einmal zwei Zeugen, die vernommen worden waren.

Was folgte, hätte das Highlight für die Staatsanwaltschaft werden müssen, die Präsentation der Resultate der DNA-Tests. Garcetti hatte eigens zu diesem Zweck zwei der Top-Staatsanwälte auf diesem Gebiet herangezogen, um diesen Teil des Falles zu demonstrieren, Rockne Harmon aus Oakland und Woody Clarke aus San Diego. Allerdings waren beide eher Techniker als Prozeßanwälte, die in ihrem Versuch, gründlich zu sein, ihre Sujets langweilig und unverständlich machten.

Als Woody Clarke Dr. Robin Cotten, die Laboratoriumsdirektorin von Cellmark, dem Institut, das die DNA-Analysen gemacht hatte, in den Zeugenstand rief, ließ er sie zunächst eineinhalb Tage lang die Technologie erklären. Die Geschworenen schienen zeitweise Mühe zu haben, wach zu bleiben. Doch als er dann zu den Testresultaten kam, waren diese mehr als eindrucksvoll. In bezug auf einen der Bluttropfen von Bundy war die Wahrscheinlichkeit 1 : 170 Millionen, daß er von jemand anderem als dem Angeklagten stammte, im Hinblick auf das Blut an den Socken 1 : 6,8

Milliarden, daß es nicht von Nicole Brown-Simpson war. In jedem der Dutzenden Tests paßten DNA-Resultate zur Theorie der Anklage: O.J. Simpsons Blut links der blutigen Schuhabdrücke in Bundy, im Foyer seines Hauses, Ron Goldmans Blut im Bronco und auf dem Rockingham Handschuh usw. Und Dr. Cotten hatte noch mehr zu berichten: Ob durch Degradierung von Blut die DNA einer Person in die DNA einer anderen verwandelt werden könne, wollte Clarke wissen. Ob dies durch Sonnenlicht, Feuchtigkeit, Regen, Hitze oder ähnliches denkbar sei? Unmöglich, war die Antwort. „Man kann die DNA so degradieren, daß man sie nicht identifizieren kann", erklärte Dr. Cotten. „Aber sie können sie nicht von einem Typ zu einem anderen ändern."

Peter Neufeld fiel die undankbare Aufgabe des Kreuzverhörs zu. Immerhin konnte er herausarbeiten, daß die Statistiken, die zu den astronomischen Zahlen geführt hatten, von lediglich zweihundertvierzig afroamerikanischen Spendern aus Detroit stammten.

Am 19. Mai war Barry Scheck wieder an der Reihe. Sein Gesprächspartner im Zeugenstand war Gary Sims, ein hochangesehener DNA-Wissenschaftler des California crime lab.

„Mr. Sims, sind Sie Teil irgendeiner Konspiration, um Beweismittel in diesem Fall zu frisieren? Sind Sie?"

„Nein. Nein, bin ich nicht." Sims lächelte fast.

„Soweit Ihnen bekannt ist", setzte Scheck fort, „Dr. Cotten von Cellmark ist kein Teil einer Konspiration, um Beweismittel in diesem Fall zu frisieren?"

Diesmal lächelte Sims wirklich. „Nein, ich glaube nicht, daß sie das ist."

Natürlich war dies Scheck klar. Als nächstes führte er Sims durch dessen gründliche und saubere Laboratriumsprozeduren. Später würde er diesen Standard benutzen, um einen Kontrast zu der Technologie der LAPD-Laboratorien zu bilden.

Sims hatte unter der direkten Befragung Rockne Harmons zuvor ausgesagt, daß im Bronco das Blut O.J. Simpsons und das beider Mordopfer gefunden worden war. Außerdem Goldmans Blut am Rockingham Handschuh und Nicole Brown-Simpsons Blut an den Socken.

Doch heute stellte Scheck die Frage, die für seine Strategie entscheidend war: „Wissen Sie aus Ihrer eigenen persönlichen Kenntnis, wie und wann das Blut an die Socken gelangt ist?"

„Nein", antwortete Sims.

Schecks Job war es, den Grundstein für die „Mist-Rein-Mist-Raus-Theorie“ der Verteidigung zu legen. Bald würde Collin Yamauchi, der junge LAPD-Techniker, der vor Sims und Cotten mit den Beweisstücken gearbeitet hatte, aussagen. Für die Verteidigung war es lebensnotwendig, Yamauchis Untersuchungen unter einem Vergleich mit der gründlichen Arbeit Sims leiden zu lassen. Also führte Scheck den angesehenen Wissenschaftler tagelang durch die Art der Untersuchungen, die vorgenommen worden waren und hierbei insbesondere durch die dabei verwendeten Safeguards gegen Kontamination.

Für die anderen Mitglieder der Verteidigung – Neufeld und Blasier ausgenommen – war die Diskussion der beiden unvorstellbar technisch. Kardashian war frustriert. Er hatte Jura studiert, das Examen bestanden, trotzdem war er nicht in der Lage, das zu verstehen. In einer Pause begab sich Scheck zu Douglas.

„Hast du es verstanden?“ wollte er wissen

„Barry, ich weiß nicht, was zur Hölle du in den letzten vierzig Minuten gesagt hast“, erwiderte Douglas.

„Es ist so, als hätten du und Sims eine private Konversation.“

Douglas war Schecks Test. Wenn er es verstand, verstand es auch die Jury. Wenn nicht, gab es keine Hoffnung, daß die Geschworenen es taten.

Am Montag, den 22. Mai, hatte sich Scheck so in technischen Abstraktionen begeistert, daß er sogar Sims verlor.

„Verstehen Sie die Faktoren, die in dieser Frage enthalten sind?“ wollte Ito von dem Zeugen auf einen Einspruch Harmons hin wissen, der die zuvor von Scheck gestellte Frage als unsauber hypothetisch gerügt hatte.

„Ich denke, ich verstehe ihre erste Hälfte“, Sims grinste, „und dann habe ich es irgendwie bei der zweiten Hälfte verloren.“

Carl Douglas wußte, daß keine Hälfte bei ihm angekommen war.

Am 24. Mai 1995 befragte Rockne Harmon Collin Yamauchi, den jungen Kriminalisten des LAPD, der in den dortigen Laboratorien die Untersuchungen mit Simpsons Referenzblut vorgenommen hatte.

Der Staatsanwalt wollte belegen, daß Yamauchi sich zu diesem Zeitpunkt noch keine Meinung zur Frage gebildet hatte, ob Simpson die Morde begangen hatte oder nicht, und fragte: „Bevor Sie die Tests in diesem Fall durchgeführt haben, hatten Sie eine Erwartung, wie das Ergebnis der Tests sein würde?“

„Ich hörte in den Nachrichten, daß er, Simpson, ein luftdichtes Alibi hat“, erwiderte Yamauchi. „Er ist in Chicago und es ist seine Ex-Frau und ... nun, er ist wahrscheinlich nicht verbunden mit der Szene.“

Ein Moment erstaunten Schweigens schloß sich Yamauchis Worten an, ehe Ito eilig eine Sidebar anordnete. Was nun folgte, war eine der bizarrsten Diskussionen des gesamten Prozesses.

„Das Volk hat dies herausgebracht und jetzt denken wir, daß wir das Recht haben, Mr. Simpsons gesamte Aussage einzuführen. Sie haben die Tür geöffnet, Euer Ehren ... und wir denken, wir können hindurchgehen“, argumentierte Cochran und berief sich hierbei auf den California Evidence Code, Section 356, wo bestimmt ist, daß, wenn eine Seite einen Teil einer Aussage in einen Prozeß einführt, die andere Seite das Recht hat, den Rest der Aussage einzuführen, damit die auszugsweise zitierte Stelle nicht aus dem Zusammenhang gerissen wird. Anscheinend wollte Cochran also die Aussage seines Klienten vor der Polizei in den Prozeß einführen, eine Aussage, die Simpson nur vernichten konnte.

Die „Los Angeles Times“ berichtete: „Marcia Clark, ihre Stimme zu einem Schreien erhoben, argumentierte hitzig gegen die Einführbarkeit der Aussage“. Ito entschied schließlich, daß Section 356 nicht griff, weil, was Yamauchi gehört hatte, nicht Teil von etwas war, das Simpson den Polizeibeamten am Tage nach den Morden erzählt hatte.

Während des gesamten Prozesses agierte die Verteidigung so, als wollte sie die Aussage Simpsons einführen, diese Aussage, die allein genügte, Simpson zu überführen. Ein Beleg dafür, daß im Gegensatz zu Cochrans Ankündigung, die Verteidigung wolle das *gesamte* Statement Simpsons einführen, dies in Wirklichkeit nicht beabsichtigt war, kam, als Ito die Parteien zu Eingaben über diesen Gegenstand aufforderte und Simpsons Anwälte darum baten, *nur* die Teile von Simpsons Aussage einzuführen, die davon handelten, was er auf seinem Grundstück zur Zeit der Morde getan hatte – mithin wollte die Verteidigung also nicht, daß die Jury etwas über all die Blutungen hörte, über die ihr Klient berichtet hatte und daß er nicht wußte, wo und wie er sich die Verletzungen zugezogen hatte.

Nach außen hin sah die Essenz so aus: Die Anklage versuchte verzweifelt, Beweise aus dem Verfahren herauszuhalten, mit denen sie den Prozeß gewinnen konnte, während die Verteidigung sich bemühte, Beweise in den Prozeß hineinzuzwingen, mit denen sie ihn nur verlieren konnten. Das war Logik auf den Kopf gestellt, eine Szene wie bei Alice im Wunderland, wo Nonsens Sinn ergibt.

Der Arzt, der die Autopsien Nicoles und Rons gemacht hatte, war Dr. Irwin Golden. Daß er kein guter Zeuge war, hatte schon das Preliminary Hearing deutlich gemacht. Er sprach mit wenig Autorität und reagierte mit seltsamen Blicken auf Fragen.

In seinen Autopsien hatte er eine Menge Fehler begangen, keine gravierenden, aber doch immerhin dreißig Stück. Er hatte eine Probe falsch beschriftet, die Körper nicht röntgen lassen usw.

In dem Gefühl, daß er eine Peinlichkeit im Zeugenstand sein würde, entschied die Anklage sich zu einem Schritt, wie er verkehrter nicht hätte sein können. Sie rief seinen Supervisor, Dr. Lakshamanan Sathyavageswaran, genannt Dr. Lak, in den Zeugenstand und erzeugte damit ein weiteres Mal den Eindruck, als versuchte sie etwas zu verheimlichen. Im Kreuzverhör mußte Dr. Lak denn auch einräumen, daß es das erste Mal in seiner Karriere war, daß die Anklage jemand anderen aufrief als den Doktor, der die Autopsien vorgenommen hatte.

Statt ihn mit konzentrierten Fragen zu klaren Aussagen zu zwingen, ließ Brian Kelberg, der Staatsanwalt, der für den Zeugen designiert war, Dr. Lak acht Tage lang in Details schwelgen – was bei der Jury den Eindruck hervorrief, daß die Staatsanwaltschaft fand, es gebe eine Menge kritischer Punkte bei den Autopsien, was nicht stimmte. Kelberg ging noch weiter. Er wollte, daß Dr. Lak den Geschworenen erzählte, wie *exakt* die Morde stattgefunden hatten. Dabei oblag der Staatsanwaltschaft nur der Beweis, *daß* Simpson die Morde begangen hatte und nicht *wie*. Dr. Lak und Kelberg verloren sich immer mehr in Spekulationen.

Kein Wunder, daß Shapiro im Kreuzverhör sofort den Finger auf die Wunde legte.

„Doktor, können Sie uns mit einem angemessenen Grad medizinsicher Sicherheit sagen, wie viele Mörder in diesen Fall involviert waren?"

„Nein", antwortete Dr. Lak.

„Ist es nicht wahr, Doktor, daß nach acht Tagen Aussagen es nur vier Fakten gibt, über die Sie mit einem angemessenen Grad medizinsicher Sicherheit Zeugnis geben können: Daß die Tode gewaltsam waren, daß die tödlichen Verletzungen Stichwunden waren, daß die Opfer verblutet sind und daß sie zwischen 21.00 Uhr und kurz nach Mitternacht getötet wurden?"

Dr. Lak gab eine lange, defensive Antwort, aber ihre Essenz war, daß Shapiro recht hatte.

Das Desaster, das Kelberg angerichtet hatte, war noch größer. Am dritten Tag der direkten Befragung, dem 6. Juni 1995, hatte der Staatsanwalt die Autopsiefotos auf großen Display-Tafeln in den Gerichtssaal bringen und nach Absprache mit dem Gericht so aufstellen lassen, daß nur die Geschworenen sie sehen konnten. Offiziell dienten sie dazu, Dr. Lak seine Ergebnisse erläutern zu lassen. Aber daneben verfolgte Kelberg eine klassische Anklagetechnik: Mach die Tat überwältigend real und ruf bei den Geschworenen das Bedürfnis hervor, jemanden dafür büßen zu lassen.

Als die Fotos hereingebracht wurden, schirmte Kardashian Simpson vor den Kameras ab. Die Geschworenen kämpften hart darum, ihre Beherrschung zu bewahren. Eine Frau hielt sich die Hand vor den Mund, ein anderer Geschworener atmete tief auf, wieder andere vermieden es, die Tafeln anzusehen und richteten ihre Blicke statt dessen auf ihre Schreibblöcke. Auf dem Monitor am Tisch der Verteidigung flammten die Bilder auf.

„Schau nicht hin!“ zischte Kardashian Simpson zu, doch es war zu spät. Simpson grimassierte, kämpfte gegen die Tränen und bewegte sich heftig in seinem Stuhl, rapide und hörbar atmend.

Die Bilder blieben während der gesamten weiteren Vernehmung Dr. Laks an ihrer Stelle; eine endlose Woche lang. Während dieser Zeit beobachteten die Reporter im Gerichtssaal die betroffenen Gesichter der Geschworenen. Was sahen die Geschworenen? Und wie – wenn überhaupt – würden die Aufnahmen ihre Sicht auf die Beweise beeinflussen? Was zeigten die Bilder? Die Reporter fanden, daß sie, um angemessen berichten zu können, es wissen müßten. Nachdem Dr. Lak den Zeugenstand verlassen hatte, erlaubte Ito schließlich den Reportern im leeren Gerichtssaal eine Besichtigung. Was sie sahen, ließ sie sprachlos werden. Die Bilder zeigten große Aufnahmen der Toten, eingerahmt in das Blau der Tafeln, das die blutigen leblosen Körper größer und intensiver erscheinen ließ. Auf vielen Aufnahmen waren Nicoles Augen offen. Ihr Kopf war zurückgebogen und zeigte den fürchterlichen Schnitt an ihrer Kehle. Niemand sprach. Keiner war dazu imstande. Einige der Journalisten waren einen Moment lang unsicher auf den Beinen. Es war ruhig wie in einer Kirche.

Und es wurden Meinungen laut, Kelberg könnte übertrieben haben. Gut möglich, daß die Geschworenen diesen Versuch ihrer

Manipulation heftig ablehnten. Wir sind nicht stupide, mochten sie denken. Zeig uns die Bilder für fünf Minuten – aber nicht eine Woche lang. Warum uns diesem Horror aussetzen?

„ZU ENG"

Seit Monaten schon hatte Shapiro Kardashian erklärt, daß derjenige den Fall gewinnen würde, der es vermied, „sich auf den eigenen Schwanz zu treten". Genau das aber passierte der Staatsanwaltschaft im Zusammenhang mit einem der wichtigsten Beweisstücke: den Handschuhen.

Die Ermittler hatten herausgefunden, daß die in Rockingham und Bundy gefundenen Handschuhe braune Aris Isotoner Light Lederhandschuhe der Größe extra large waren. Im Jahre 1990 waren nur dreihundert Paare exklusiv an Bloomingdale's in New York ausgeliefert und dort nur zweihundert bis zweihundertvierzig Paare veräußert worden. Kreditkartenabrechnungen Nicole Brown-Simpsons und die Aufzeichnungen des Geschäftes belegten, daß die Ermordete am 18. Dezember 1990 dort zwei Paare für 77 US-Dollar erworben hatte. Außerdem lagen dem DA Fotos vor, aufgenommen anläßlich eines Footballspiels der Chicago Bears am 29. Dezember 1990, die Simpson die Handschuhe tragend zeigten. Ziemlich gute Indizienbeweise der Schuld, sollte man meinen.

Nachdem Dr. Laks epische Aussage am Morgen des 15. Juni 1995 endlich endete, rief Chris Darden die Angestellte Brenda Vemich von Bloomingdale's, in den Zeugenstand, die bestätigte, daß der Rechnungsbeleg sich auf diese Handschuhe bezog. Cochran wußte mit der Zeugin im Kreuzverhör nichts anzufangen, so daß Darden sich selbstsicher fühlte, als er Richard Rubin, den früheren Geschäftsführer von Aris, nach der Mittagspause als nächsten Zeugen aufrief.

Rubin war erst am Tage zuvor in Los Angeles angekommen, und – wie üblich – hatte es kein Vorgespräch gegeben. Auch hatten die Ankläger nicht mitbekommen, was sich in der Mittagspause abgespielt hatte. Shapiro war zu den Handschuhen, die auf dem Tisch der Beweisstücke lagen, gegangen und hatte in einem unbeobachteten Moment diese kurz angezogen. Dann hatte er sich zu Simpson in die Zelle begeben und ihre Hände verglichen. Die des Angeklagten waren wesentlich größer. Shapiro berichtete den anderen Anwälten der Verteidigung darüber und daß die Handschuhe schon bei ihm eng gesessen hatten. Cochran wiederholte das Experiment.

Währenddessen diskutierten auch Clark und Darden, ob sie Simpson die Handschuhe anprobieren lassen sollten und entschieden, daß es das Risiko nicht wert war. Die Handschuhe waren intensiven DNA-Tests unterzogen worden und konnten geschrumpft sein. Schlimmer noch, Simpson würde Latex-Handschuhe darunter zu tragen haben, die den Sitz sicherlich beeinträchtigen würden. „Tu es nicht", wies Clark schließlich Darden an, der sein Einverständnis nickend signalisierte.

Rubins direkte Vernehmung dauerte gerade einmal zehn Minuten, ihr Gegenstand war die Anzahl der Handschuhe, die 1990 an Bloomingdale's geliefert worden waren. Wiederum war Cochrans Kreuzverhör fruchtlos, und Rubin stand kurz davor, entlassen zu werden.

Gerade in diesem Moment betrat ein Mitarbeiter der Staatsanwaltschaft mit einem neuen Paar Handschuhe, aus dem Hauptquartier des DA im 18. Stock kommend, den Gerichtssaal. Als es so aussah, als wollte Darden die Handschuhe für eine Demonstration während Rubins Redirect nutzen, bat Cochran, zur Richterbank vortreten zu dürfen. Darden erläuterte, es handele sich um Handschuhe desselben Modells und derselben Größe, die Simpson anprobieren solle und mit denen er zeigen wolle, daß die in Bundy und Rockingham gefundenen ihm passen müßten. Cochran erhob Einspruch.

„Ich denke, es wäre angemessener für ihn, die anderen Handschuhe anzuprobieren ..., ich meine, die richtigen Handschuhe, die gefunden wurden", gab Ito zu bedenken.

Clark hatte eine vorbereitete Antwort parat. „Das einzige Problem ist, er muß Latex-Handschuhe darunter tragen ... und sie werden den Sitz beeinträchtigen."

Ito entschuldigte die Geschworenen und ließ Rubin die neuen Handschuhe begutachten, um zu entscheiden, ob sie dasselbe Modell waren. Bailey trat zu Darden.

„Du hast die Eier einer Zuchtfeldmaus", flüsterte er ihm zu. „Du wirst unseren Klienten diese Handschuhe nicht anziehen lassen, wirst du? Sie werden wahrscheinlich nicht passen, und du könntest das nicht wissen wollen. Aber wenn, wie ich vermute, dir die Eier fehlen, um das herauszufinden, werden wir es für dich herausfinden."

Darden lächelte, sagte jedoch nichts. Inzwischen hatte Rubin seine Untersuchung beendet. Das neue Paar war nicht dasselbe Modell, gab er bekannt. Natürlich erlaubte Ito danach nicht den Gebrauch. Darden war sichtlich durcheinander.

„Bevor die Geschworenen zurückkommen", – also *nicht* in Gegenwart der Jury –, „würden wir gerne Mr. Simpson die originalen Beweisstücke anprobieren lassen", sagte der Ankläger. Ito aber, irgendwie abgelenkt, rief die Geschworenen wieder herein. Von seiner eigenen schlechten Vorbereitung in Verlegenheit gebracht und durch Bailey aufgestachelt, stürmte Darden nach vorne – in Gegenwart der Geschworenen.

„Euer Ehren", sagte er, „zu dieser Zeit möchte der Staat Mr. Simpson bitten, nach vorne zu treten und den in Bundy gefundenen Handschuh ebenso wie den in Rockingham gefundenen Handschuh anzuprobieren."

Marcia Clarks Augen weiteten sich vor Erstaunen.

Ein Paar Latex-Handschuhe wurden an den Tisch der Verteidigung gereicht. Für schier endlose Minuten kämpfte Simpson darum, diese ganz anzuziehen, doch Licht, das zwischen den Fingern hindurchschimmerte, belegte, daß er es nur zur Hälfte getan hatte. Dennoch, obwohl danach klar war, daß die Handschuhe niemals passen würden, reichte sie Darden dem Angeklagten, *ohne die Anprobe zu überwachen oder besser noch durch einen Dritten vornehmen zu lassen*! Das war effektiv gleichbedeutend, als wäre Darden zu Simpson getreten und hätte gesagt: „Hier, O.J., hast du die Handschuhe. Probier sie an. Wenn sie dir passen, kannst du die Sonne den Rest deines Lebens durch Metallstäbe betrachten. Wenn sie dir allerdings nicht passen, hast du eine Chance, demnächst wieder Golf im Country Club zu spielen. Also, sag uns, passen dir die Handschuhe oder nicht?"

Simpson trat vor die Jurybox und – welch Wunder – begann, mit verzerrtem Gesicht den linken Handschuh anzuziehen, ohne daß es ihm gelang. Die ganze Zeit spreizte er dabei den Daumen ab, was ein Anziehen des Handschuhs selbstverständlich unmöglich machte. O.J. grimassierte und bemerkte mehr oder weniger zu Cochran, der ihm gefolgt war, tatsächlich aber für die Geschworenen: „Zu eng."

Darden begriff nichts. „Euer Ehren", sagte er mit zitternder Stimme, „offenbar scheint Mr. Simpson Probleme damit zu haben, den Handschuh auf seine Hand zu bringen."

Dann begann Simpson mit dem rechten Handschuh zu kämpfen und zwischen die Finger zu drücken, als versuche er, den Handschuh passend zu machen. Doch der Latex beschränkte den Weg und der abgespreizte Daumen tat den Rest. Die Katastrophe bemerkend, die er heraufbeschworen hatte, versuchte Darden zu retten, was nicht mehr zu retten war.

„Können wir ihn bitten, ein Objekt in die Hand zu nehmen, einen Marker vielleicht, Euer Ehren?"

Simpson ergriff einen Marker und hielt ihn so in der Faust, wie es ein Baby tun würde, den Daumen immer noch abgespreizt. Nun geriet Darden in Panik. Er wollte, daß Simpson eine Bewegung wie beim Zustechen machen sollte, doch Cochran erhob Einspruch, dem Ito stattgab.

Dershowitz mußte sich die Hand vor den Mund halten, um angesichts des Fiaskos, in das sich Darden manövriert hatte, nicht loszulachen.

Als Simpson sich wieder an seinen Platz begab, vergaß er einen Moment seine Rolle und zog die Handschuhe mit einer einzigen fließenden Bewegung ab, wozu er nicht imstande gewesen wäre, wenn sie wirklich nicht gepaßt hätten.

Im 18. Stock sank Darden geschockt in seinen Stuhl. Clark verließ das Büro, ohne noch ein Wort mit ihm zu reden. Als sie nach Hause fuhr, rief ihre Freundin Lynn Reed Beragano an.

„Denkst du, das war es?" fragte Clark, ohne wirklich eine Antwort zu wollen. „Denkst du, es ist jetzt vorbei?"

Am 19. Juni betrat FBI-Schuhabdruckexperte William Bodziak den Zeugenstand. Was er zu berichten hatte, war eindrucksvoll. Die Schuhabdrücke in Bundy stammten von einem Einzeltäter mit Bruno Magli Schuhen, die den Modellnamen „The Lyon and The Lorenzo" trugen und die für 160 US-Dollar veräußert wurden. Die Schuhe hatten Größe 12 (nur 9% der Bevölkerung haben diese Schuhgröße, darunter O.J. Simpson) und, basierend auf den Abdrücken, maß ihr Träger wahrscheinlich etwas mehr als 6 Fuß. (Simpsons Größe ist 6 Fuß 2 Inches). Im Bronco hatte Bodziak am Teppichboden leichte Abdrücke gefunden, die er den Sohlen der Schuhe zuschrieb, ebenso am Kleid und auf dem Rücken Nicoles. Das stand im Einklang mit der Spekulation Dr. Laks, daß der Killer Nicole niedergeschlagen, den Fuß auf ihren Rücken gestellt, ihren Kopf an den Haaren hochgezogen und ihr dann die Kehle durchschnitten hatte.

Die Anklage erholte sich nie wirklich von dem Handschuh-Fiasko. Peter Neufeld konnte zeigen, daß ein DNA-Experte der Staatsanwaltschaft, Bruce Weir, Kalkulationsfehler in bezug auf die statistischen Wahrscheinlichkeiten begangen hatte, die zwar an dem Gesamtergebnis nichts änderten, die DNA-Beweise aber in den Augen der Geschworenen weiter schwächten.

Clarks letzter Zeuge war Douglas Deedrick, ein Haar- und Faserexperte des FBI. Obwohl Clark nahezu drei Monate Zeit gehabt hatte, um Deedricks Aussage vorzubereiten, hatte sie es versäumt, sämtliche Fotografien, auf die der Experte Bezug nehmen würde, der Verteidigung auszuhändigen. Als Simpsons Verteidiger dies am Abend vor der angesetzten Aussage herausfanden, erhielten sie von Ito eine Extranacht, um die Fotos zu überprüfen und Deedrick zu interviewen. Dabei fanden sie heraus, daß auch noch ein langer schriftlicher Bericht über die Beweise und die Ergebnisse seiner Untersuchungen existierte, der ihnen gleichfalls nicht ausgehändigt worden war. Als Sanktion verlangte Cochran, Deedricks Aussage insgesamt auszuschließen. Clark weinte fast, als sie Ito anbettelte, sie fortfahren zu lassen: „Wenn das Gericht findet, daß wir nachlässig gewesen sind, dann würde ich das Gericht dringend bitten, uns persönlich zu bestrafen oder mich persönlich. Aber bitte, bitte bestrafen Sie nicht den Beweis des Falles."

Ito entschied, daß Deedrick aussagen konnte, die im Bericht erwähnten Ergebnisse der Faseruntersuchungen allerdings nicht erwähnen durfte. Die Geschworenen erfuhren auf diesem Wege nie, daß die in Bundy gefundenen Fasern extrem selten waren und von Teppichböden stammten, die nur in Ford Bronco-Modellen der Jahre 1993 und 1994 verwendet worden waren. Simpsons Bronco war Baujahr 1994. Dennoch war Deedrick immer noch in der Lage, einen erstaunlichen Katalog an Beweisen zu präsentieren, die Simpson mit den Tatorten verknüpften: Haare in der Skimütze passend zu Simpsons, Haare auf Goldmans Hemd ebenso, Haare, die zu Nicole paßten, befanden sich am Rockingham Handschuh, schwarz-blaue Baumwollfasern, passend zu dem Outfit, das Simpson getragen hatte, als er mit Kaelin zu McDonald's gefahren war, befanden sich auf dem Rockingham Handschuh, den Socken und Goldmans Hemd, Fasern von Goldmans Hemd paßten zu denen, die an den Handschuhen gefunden worden waren, und Teppichbodenfasern, die am Rockingham Handschuh und der Skimütze gefunden worden waren, paßten zu Simpsons Bronco.

Während Deedrick sich im Zeugenstand befand, begab sich Shawn Chapman aus Cochrans Team am 4. Juli zum Flughafen, um Cris Arguedas und Penny Cooper, zwei Kolleginnen, abzuholen. Monatelang hatte es im Team der Verteidigung heftige Diskussionen darüber gegeben, ob Simpson aussagen sollte oder nicht. Insbesondere Cochran und Bailey waren dafür, Shapiro strikt dagegen. Schließlich war man übereingekommen, einen geheimen Testlauf durchzuführen mit Strafverteidigerinnen, die Simpson nicht kannte und die Marcia Clarks Rolle übernehmen sollten. Eben Arguedas und Cooper.

Nachdem die beiden im Biltmore Hotel eingecheckt hatten, begaben sie sich ins Gefängnis. Simpson begrüßte sie, charmant, wie er es immer gegenüber Frauen war. Chapman und Bob Blasier nahmen als stille Zuhörer und Zuschauer Platz.

Arguedas begann mit Fragen hinsichtlich seiner Beziehung zu Nicole. O.J. Simpson antwortete wie üblich, ließ seinen Charme spielen.

„Mr. Simpson, gibt es einen Grund, weshalb Sie das lustig finden?“ wollte Arguedas kalt wissen. Simpson lächelte nur weiter.

„Ist es nicht wahr, daß Sie verheiratet waren, als Sie dieses junge Mädchen trafen, ist das nicht wahr?“

„Yeah, aber wissen Sie, Marquerite und ich waren irgendwie, wissen Sie, wir waren irgendwie ...“ Simpson lächelte wieder, ein Lächeln wie: Muß ich das wirklich erklären?

„Finden Sie es amüsant, daß Sie zu dieser Zeit mit jemandem verheiratet waren?“

Simpson konnte bei den beiden Anwältinnen nicht O.J. sein. Sein Charme war nutzlos. Jedes Mal, wenn er versuchte, ihn einzusetzen, unterbrachen sie ihn kühl und abrupt. Wurden sie tough, begann er sich sichtlich unwohl zu fühlen, seine Antworten wirkten verwaschen, jede leichte, unter einem Lächeln erbrachte Antwort bescherte Simpson ein scharfes „Warum finden Sie das lustig?“

Shawn Chapman fand es fürchterlich.

Dann kamen Arguedas und Cooper auf die Auseinandersetzung Simpsons mit Nicole zu sprechen.

„Nun, wie kommt es, daß sie Kratzer an sich hatte?“

„Nun, wissen Sie, ich glaube, wir waren im Schlamm und sie fiel, oh, sie fiel hin.“

„Wie fiel sie hin?“

Shawn Chapman saß grimmig da, während O.J. sich durch jedes

ernsthafte Thema zu scherzen versuchte. Sie begann, ihn zu hassen. Einfach zu hassen. Sie wußte, jedem anderen würde es auch so gehen. Schließlich konnte sie es nicht mehr aushalten. Sie verließ den Raum und rief Cochran an.

„Baby, du scherzt", sagte Cochran.

„Nein, tue ich nicht. Es ist schrecklich. Einfach geschmacklos."

Später an diesem Tag kam Carl Douglas in Cochrans Büro, als Chapman gerade ihre Geschichte wiederholte. „Oh shit", waren seine Worte.

Am nächsten Morgen waren Kardashian und Cochran im Gefängnis und sahen Arguedas und Cooper bei der Arbeit zu. Simpsons „Zeugenaussage" war keinen Deut besser als am Vortag. Kardashian gab seinem Freund eine Sechs.

Am 6. Juli 1995, nach zweiundneunzig Tagen Zeugenaussagen, achtundfünfzig Zeugen und vierunddreißigtausendfünfhundert Seiten Protokollen, erhob sich Marcia Clark und sagte Richter Ito und den Geschworenen: „The People rest." Der Fall der Anklage war abgeschlossen.

DER HILFSSTAATSANWALT

Nach Monaten in der Defensive hungerten Simpsons Anwälte danach, der Jury ihren eigenen Fall präsentieren zu können. Jetzt war es so weit. Unterstützt wurden sie dabei von ihrem Klienten, der den Prozeß auch in Football-Metaphern sah: Jetzt hatten sie den Ball, konnten ihn über das Spielfeld tragen und Punkte erzielen. Allerdings kann die ballführende Mannschaft den Ball auch verlieren, und Ballverluste führen häufig zu direkten Punkten des Gegners. Auf den Prozeß übertragen hieß das, besser also, Löcher in den Fall der Anklage zu schießen und keinen eigenen Fall zu präsentieren.

Am Anfang spielte Cochran noch auf Sicher; in schneller Abfolge wurden die Familienmitglieder Simpsons aufgerufen, alles schwarze Frauen, alle in gelb gekleidet, alle loyal zu O.J. – und alle ohne substantiellen Beitrag zum Prozeß. Als nächstes folgte eine Reihe von Personen, die Simpson in den Tagen vor den Morden gesehen hatten und aussagten, er habe sich angemessen und freundlich verhalten.

Dann folgten die Zeitlinienzeugen. Zunächst Ellen Aaronsen

und Danny Mandel. Am Abend der Morde hatten sie sich zu ihrem ersten und zugleich letzten Blind-Date im Mezzalunas verabredet. Aaronsen lebte in der Nähe von Nicoles Haus, und nach dem Essen waren sie und Mandel am Vordereingang von Bundy vorbeigegangen, ohne einen bellenden Akita zu hören oder irgend etwas zu sehen. Das Entscheidende hierbei war die Zeit: Die Restaurantrechnung war um 21.55 Uhr ausgedruckt worden, danach hatten sie sich noch eine kurze Weile unterhalten, gegen 22.15 Uhr das Lokal verlassen, so daß sie ca. 22.25 Uhr an Bundy vorbeigekommen waren.

Es war schwer, sich glaubwürdigere Zeugen vorzustellen. Aaronsen produzierte Videos für Kinder, Mandel hatte einen Job im Finanzbereich bei Sony Pictures. Sie waren gebildet, konnten sich artikulieren, hatten keinen Grund zu lügen, das Scheinwerferlicht nicht gesucht, sondern verantwortlich gehandelt und die Polizei sofort über ihre Wahrnehmungen informiert, nachdem sie von den Morden gehört hatten. Und ihre Geschichte ließ O.J. Simpson noch eine Menge Zeit, die Morde zu begehen.

Aber das paßte nicht zur Zeitlinie Marcia Clarks. Also mußten Aaronsen und Mandel Lügner sein oder betrunkene Möchtegerns, die versuchten, sich ihre fünfzehn Minuten Berühmtheit zu erhaschen. In einem überaus frostigen Kreuzverhör hielt Clark fest: Die Rechnung lautete über US-Dollar 47,50, da wären doch sicherlich alkoholische Getränke dabei gewesen? Aaronsen verneinte. War das nicht eine große Summe nur für zwei Dinner und Cappuccino? Eine lächerliche Frage bei den überhöhten Preisen in den Lokalen in Brentwood. Doch Clark ließ nicht locker.

„Bob, du mußt das stoppen", flüsterte Cochran zu Shapiro, dessen Zeugin Aaronsen war. „Erhebe mehr Einspruch!"

Shapiro lehnte ab. Marcia sieht dumm aus, argumentierte er. Die Geschworenen sehen es. Ich lasse es weiterlaufen.

„Du mußt die Zeugin schützen", insistierte Cochran.

„Mrs. Aaronsen", fuhr Clark grollend fort, „erzählen Sie der Jury, daß da niemand am Fuße der Treppenstufen in 875 South Bundy lag, als sie vorbeigingen?"

„Ich habe keine Ahnung", erwiderte die Zeugin, die Clark ansah, als wäre die Staatsanwältin nicht mehr zurechnungsfähig.

Drei weitere Frauen aus der Nachbarschaft sagten aus, daß die Szene um 22.15 Uhr ruhig gewesen war, und eine von ihnen gab darüber hinaus zu Protokoll, der Akita habe erst um 22.35 Uhr angefangen zu bellen.

Cochran ließ es sich nicht nehmen, auch noch Robert Heidstra aufzurufen. Der gebürtige Franzose, in dessen Gesicht Jahre harter Arbeit geschrieben waren und der ärmlich gekleidet war, hätte den Gegensatz zwischen Nicoles neuer Nachbarschaft in Bundy und ihrer früheren zu Zeiten ihrer Ehe mit O.J. nicht deutlicher machen können. Mit zwei alten Hunden in einem kleinen Ein-Zimmer-Apartment in Bundy lebend, verdiente er in der autoverrückten Gesellschaft des feineren Los Angeles seinen spärlichen Lebensunterhalt als „car detailer", was nichts anderes bedeutete, als daß er sich mit Bürstchen und Q-Tipps ausgerüstet zu den Reichen begab und deren Luxusautos säuberte.

Am Mordabend hatte Heidstra, wie üblich, seine beiden Hunde ausgeführt und um 22.35 Uhr den Akita bellen gehört. Gegen 22.40 Uhr hatte er sodann eine Stimme „hey, hey, hey" vernommen, dann eine zweite Stimme, die er wegen des Gebells nicht hatte verstehen können. Dann hatte er ein Tor zuschlagen gehört und gesehen, wie ein „weißer Wagen" von Bundy rasch weggefahren war. Ob er den Wagen beschreiben könne?

„Könnte ein Blazer sein oder Jeep Cherokee."

Cochran selber hatte damit den einzigen Zeugen aufgerufen, der ein Auto, das Simpsons Ford Bronco zumindest ähnelte, den Tatort verlassen sehen hatte!

Unter Dardens Kreuzverhör räumte Heidstra zunächst ein, daß er normalerweise seine Hunde um 22.00 Uhr ausführte, was ihn, wenn er es auch am Mordabend getan haben sollte, gegen 22.15 Uhr den Akita bellen hätte hören lassen, also genau um die Zeit, die Marcia Clark für die Morde wünschte. Dann räumte er auch noch ein, daß das Fahrzeug auch ein Ford Bronco gewesen sein konnte.

Schließlich kam Darden auf die Stimmen zu sprechen. Das „hey, hey, hey" klang wie die Stimme eines jungen Mannes? Heidstra bejahte. Die eines weißen jungen Mannes? Cochran erhob Einspruch, wissend, worauf dies hinauslief, aber Ito gebot ihm, sich wieder zu setzen. Heidstra wurde ausweichend. Und die zweite Stimme, klang sie nicht tiefer als die erste? Heidstra bejahte. Älter? Cochran erhob wieder Einspruch.

„Die zweite Stimme, die Sie hörten, klang wie die Stimme eines schwarzen Mannes, ist das korrekt?" fragte Darden endlich.

Cochran sprang aus seinem Stuhl. „Ich erhebe Einspruch!" Ito entschuldigte die Jury und bat auch Heidstra, für einen Moment draußen Platz zu nehmen, bevor er Darden aufforderte, seine Frage zu erklären. Der Staatsanwalt erläuterte ruhig, daß eine Bekannte Heidstras, eine Frau namens Patricia Barets, Detective Tom Lange erzählt hatte, Heidstra habe ihr gesagt, er habe das „sehr wütende Schreien eines älteren Mannes, das schwarz geklungen habe" gehört. Also, fuhr Darden fort, habe er jedes Recht, die Frage zu stellen.

„Ich lehne diese Aussage ab", donnerte Cochran. „Man kann nicht anhand der Stimme sagen, ob jemand schwarz ist ... Das ist rassistisch."

Darden sah betroffen aus. Er erklärte nochmals, daß er Heidstra nur mit einer eigenen früheren Aussage konfrontieren wollte. Dann fügte er mit einer Art ruhigen Würde hinzu: „Das hat eine Menge Probleme für mich und meine Familie geschaffen, die Statements, die Sie über mich und Rasse machen, Mr. Cochran."

„Wartet, wartet, wartet", unterbrach Ito. „Ich nehme genau jetzt eine Pause, weil ich von Ihnen beiden so genug habe, ich bin kurz davor, Sie beide wegen Mißachtung des Gerichts zu belangen." Ito rief eine zehnminütige Pause aus.

Cochrans Ausbruch hatte sich bezahlt gemacht. Gerade in dem Moment, als sein eigener Zeuge auszubrechen drohte, hatte er das Übliche getan – eine Rassismusstinkbombe geworfen. Zurück am Tisch der Verteidigung nahm Carl Douglas seinen Boss zur Seite. „Wenn du das gesagt hast, um Darden aus der Fassung zu bringen, war es brillant. Wenn du es gesagt hast, weil du es glaubst, stimme ich nicht zu."

„Es war beides", entgegnete Cochran.

„Johnnie, das ist *bullshit*", beharrte Douglas

Während der Unterbrechung begaben sich die Verteidiger zu Simpson in die Zelle und lasen das Protokoll von Patricia Barets Aussage. „Ich weiß, daß es O.J. war", sagte sie, habe Heidstra ihr erzählt. Schlechte Neuigkeiten für die Verteidiger. Alle erwarteten, daß die Anklage sie als Zeugin aufrufen würde. Aber auch dies sollte nie geschehen.

Als nächstes rief die Verteidigung den Piloten der American Airlines Maschine, mit der Simpson nach Chicago geflogen war, und Passagiere desselben Fluges auf, die bezeugen sollten – und es auch taten! –, daß sie keine Schnittverletzungen an den Händen des Angeklagten gesehen hatten. Das stand in diametralem Gegensatz zu dem, was Simpson selber in seiner Vernehmung durch Vannatter und Lange der Polizei erzählt hatte: Nämlich daß er sich am linken Mittelfinger *vor* seinem Abflug nach Chicago geschnitten und Rockingham vollgeblutet hatte. Niemand fragte nach diesen Widersprüchen.

Es war der 14. Juli 1995, als Shapiro seinen Auftritt als Hilfsstaatsanwalt hatte. Bis dahin, bei den wenigen Zeugen der Anklage, die er ins Kreuzverhör genommen hatte, waren seine Fragen intelligent und zielgerichtet gewesen, hatte er herausbekommen, was er herausbekommen wollte. Nun rief Shapiro den Arzt, der Simpson drei Tage nach den Morden, am 15. Juni 1994, in Rockingham untersucht hatte, in den Zeugenstand. Dr. Huizenga sollte darüber aussagen, daß Simpsons arthritische Kondition ihn daran gehindert hätte, die Morde zu begehen. Im Zeugenstand gab der Arzt sein Bestes, um Simpson zu helfen, sagte aus, obwohl Simpson „aussah wie Tarzan", sei er „eher wie Tarzans Großvater gegangen".

Im Parker Center, am Tage nach den Morden, hatten die Polizeibeamten es versäumt, Simpsons Verletzungen gründlich zu untersuchen. Die Staatsanwaltschaft war deshalb im *case-in-chief* (wie der erste Teil des Prozesses, in dem die Staatsanwaltschaft ihre Beweise präsentiert, heißt) nur in der Lage gewesen, den Geschworenen mitzuteilen, daß Simpson *zwei* Schnitte gehabt hatte, beide am linken Mittelfinger, einer von ihnen tief und lang. Auch war nur einer dieser Schnitte fotografisch dokumentiert worden. Im Gegensatz zu den Polizeibeamten hatte Huizenga alle vorgefundenen Verletzungen gründlich festgehalten. Und so war das Team Shapiro/Huizenga in der Lage, den Geschworenen freiwillig davon zu berichten, daß da *zwei weitere* Schnittverletzungen gewesen waren, eine tiefe am Ringfinger der linken Hand und eine am vierten Finger der rechten Hand. Außerdem habe Simpsons linke Hand auch noch *sieben Kratzer und Abschürfungen* aufgewiesen. Shapiro führte exzellente Fotos *aller* Verletzungen ein, die von Huizenga aufgenommen worden waren!

Das anschließende Kreuzverhör wurde von Brian Kelberg geleitet, der dafür bekannt war, die Geschworenen geradezu in den Schlaf zu lullen. Doch unter seiner Befragung räumte Huizenga schnell ein, daß Simpson physisch sehr wohl in der Lage war, die Morde zu begehen. Kelberg zeigte ein Video, aufgenommen am 31. März 1994, in dem Simpson Werbung für ein Arthritisbeschwerden-Produkt machte und äußerte, daß es ihm sehr geholfen habe, danach ein Workout-Video, aufgenommen im Mai 1994 mit einen muskulösen, fitten Simpson beim Marschieren, bei Liegestützen u. ä. Bemerkenswert an diesem Video aber war, was Simpson während einer Boxeinlage vor sich hin in Richtung Kamera murmelte: „Beschleunige deine Geschwindigkeit, wenn du mit der Frau Workout machst." Und dann, mit glucksender Stimme: „Wenn du weißt, was ich meine, Du kannst es immer auf das Workout schieben."

Das Fazit war: Von ihrem Zeugen Huizenga, der seine Sympathie für Simpson in Leuchtlettern auf der Stirn trug, erhielten Simpsons Anwälte zweierlei: Daß Simpson physisch zur Begehung der Morde imstande gewesen war und eine perfekte Dokumentation all seiner Verletzungen, die der Polizei entgangen waren. Und als Bonus zwei Videos, wie sie schlimmer nicht hätten sein können. Wirklich, diese Anwälte verdienten den Titel Dream Team, der ihnen von den Talking Heads verliehen worden war.

Einer der „Schlüsselbeweise" für die Konspirationstheorie der Verteidigung waren die blutigen Socken, die am Tage nach den Morden von der Polizei vor Simpsons Bett gefunden worden waren. Auf dem Flug nach Chicago hatte Simpson bezeichnenderweise keine Socken getragen. Fung hatte ausgesagt, diese Socken gegen 16.30 Uhr eingesammelt zu haben. Cochran rief Willie Ford, den afroamerikanischen Fotografen des LAPD auf, der um 16.12 Uhr eine Videoaufnahme des Schlafzimmers gemacht hatte, auf der die Socken nicht zu sehen waren. Sollte der schwarze Zeuge Ford als einziger nicht Mitglied der Konspiration zur Fälschung von Beweismitteln gegen Simpson gewesen sein?

Doch im Kreuzverhör gab Ford zu Protokoll, daß er die Aufnahme erst gemacht hatte, *nachdem* Fung die Sicherstellung der Beweisstücke beendet hatte. Das ließ zwei unschuldige Erklärungen zu: Entweder hatte Fung sich bei seiner Zeugenaussage in der Zeit geirrt oder die Uhr an Fords Videokamera lief falsch. Die dritte Möglichkeit war die Konspiration, auf die Cochran hinauswollte.

Statt diese drei Eventualitäten im Raum stehen zu lassen, rief Cochran Detective Adelberto Luper in den Zeugenstand. Luper sagte unter der direkten Befragung Cochrans aus, daß er die Socken um 12.30 Uhr am Bett gesehen hatte, hierdurch bestätigend, daß die Socken dort die ganze Zeit gewesen waren. Das war also ein nicht unwichtiger Zeuge im „Prozeß des Jahrhunderts", von dem keine Seite vor der Vernehmung erfragt hatte, was er aussagen würde.

Wenige Tage später, zwischen dem 24. und 26. Juli, wiederholte sich das Spiel des „Einen-Zeugen-Zuviel-Aufrufens“. Die EDTA-Tests, die Roger Martz, Chef der chemischen und toxikologischen Einheit des FBI durchgeführt hatte, lagen vor. Die Verteidigung verfügte über einen Toxikologen aus Philadelphia, Frederic Reiders, der aussagte, die schriftlichen Ergebnisse der Analysen belegten, daß das Blut auf den Socken und am hinteren Tor in Bundy, also jenes, das erst Wochen nach den Morden aufgefallen bzw. sichergestellt worden war, EDTA enthalte. Damit erhielten die Verteidiger genau das, was sie wollten: Einen Verdacht, daß hier mit der Referenzblutprobe Simpsons manipuliert worden war.

Aber Cochran & Co ließen es dabei nicht bewenden, sie riefen noch Roger Martz in den Zeugenstand, der die Dinge prompt wieder geraderückte. Die Messungen zeigten lediglich zwei Ausschläge – für eine eindeutige EDTA-Identifikation sind drei erforderlich. Vor allem aber sagte Martz aus, daß, wenn tatsächlich EDTA versetztes Blut verwendet worden wäre, die Ausschläge 100- bis 1000-fach höher hätten sein müssen.

Auch ihr nächster Zeuge brachte die Verteidigung nicht weiter. Am 27. Juli betrat Dr. Herb MacDonell den Zeugenstand. Seine Aufgabe sollte es sein, auszusagen, daß das Blut an O.J. Simpsons Socken nicht aussah, als sei es daran gespritzt, sondern als sei es aufgetragen worden. Im Kreuzverhör mußte der Doktor einräumen, daß es mehrere natürliche Möglichkeiten gab, wie das Muster entstanden war, u.a. die, daß Nicole den Fußknöchel im Sterben umklammert hatte, ein Bild von schockierender Intensität, das gewiß nicht geeignet war, den Belangen der Verteidigung zu nützen.

Am 22. August betrat Dr. Henry Lee, der Leiter des staatlichen Polizeilabors in Connecticut und von der Verteidigung als Fachmann hinzugezogen, den Zeugenstand. Seine Reputationen waren eindrucksvoll und schier endlos. Um so grotesker wirkte, was dann passierte.

Unter Schecks Befragung war der Hauptgehalt von Lees Aussage, daß die Kriminalisten einen einzelnen Schuhabdruck am Tatort in Bundy übersehen hatten, der nicht von den Bruno Magli

Schuhen stammte, womit die Anwesenheit eines zweiten Täters nahegelegt werden sollte. Dunkel und vage murmelte er: „Something is wrong“, und seine nebulösen Worte erweckten den Eindruck, alles sei in Frage zu stellen und auf *sämtliche* Beweisstücke zu beziehen.

Da war wirklich „something wrong“, sogar ganz falsch – und zwar an der Aussage Dr. Lees. Der angebliche Fußabdruck des zweiten Killers war ein Abdruck, den ein Arbeiter in dem noch nicht ausgehärteten Zement Jahre zuvor zurückgelassen hatte. Hank Goldberg erbrachte anhand von Fotografien bereits im Kreuzverhör umgehend den Beweis dafür. Es hatte also einer der besten Kriminalisten der USA einen Schuhabdruck mit einem Eindruck in Zement verwechselt!

Doch trotz dieses peinlichen Fehlers waren die Geschworenen von diesem „hochintelligenten, wortgewandten“ und „glaubwürdigsten“ aller Zeugen – wie Interviews mit den Geschworenen nach dem Prozeß belegen sollten – tief beeindruckt.

MANNA

All das aber sollte nebensächlich werden, weil der Verteidigung ein Beweisstück geradezu wie Manna vom Himmel in den Schoß fiel.

Anfang Juli 1995 begannen Gerüchte zu kursieren, nach denen Tonbandaufnahmen Mark Fuhrmans existierten, auf denen er rassistische Ausdrücke gebrauchte. Simpsons Anwälte gingen dem sofort nach und wurden fündig: Im Februar 1985 hatte die attraktive Laura Hart McKinny in einem Café in Westwood gesessen und an ihrem Laptop geschrieben, einem Gerät, das in jenen Tagen noch neuartig war und Aufmerksamkeit auf sich zog. Ein junger Mann hatte die Gelegenheit genutzt und sich neugierig nach dem Computer erkundigt – Mark Fuhrman. Beide waren ins Gespräch gekommen. Fuhrman hatte wissen wollen, woran McKinny arbeitete. An einem Drehbuch (welch Wunder in Los Angeles, wo jeder an einem Drehbuch arbeitet) über einen weiblichen Polizei-Officer, hatte McKinny erwidert. Das war lustig, hatte Fuhrman bemerkt, er selber sei LAPD-Officer.

Beide waren sodann übereingekommen, daß Fuhrman McKinny eine Reihe von Interviews geben sollte, die die aufstrebende Autorin aufzeichnen und für ihr Drehbuch verwenden wollte; Fuhrman sollte insoweit als technischer Berater fungieren und, wenn es gelang, das Skript zu veräußern, 10.000 Dollar erhalten.

In den folgenden Jahren war es zu diversen Sitzungen der beiden gekommen, das Drehbuch jedoch hatte keinen Abnehmer gefunden. 1993 schließlich hatte McKinny Bankrott erklären müssen, ihr Projekt jedoch nie aufgegeben. Mitte 1994, möglicherweise zusammenfallend mit der neu entstandenen Popularität ihres technischen Beraters, war es McKinny dann gelungen, ein Treffen mit Fred Dryer, dem Star aus der Serie Hunter, zu arrangieren, an dem auch Fuhrman teilnahm. Dieses Treffen hatte am 28. Juli 1994 stattgefunden, sechs Wochen nach den Morden und zehn Tage nach Toobins Artikel über Shapiro im „New Yorker". Während dieses Gesprächs, das von McKinny aufgenommen worden war, zog ein wütender Fuhrman über Shapiro her, gab allerdings zugleich seiner Zuversicht Ausdruck, das LAPD würde hinter ihm stehen. „Ich bin der Schlüsselzeuge im größten Prozeß des Jahrhunderts", hatte der Detective trompetet, „und wenn ich untergehe, verlieren sie den Prozeß. Der Handschuh ist alles. Ohne den Handschuh – bye bye."

Dryer hatte letztlich kein Interesse an dem Projekt. Doch Laura McKinny sah Chancen für einen Verkauf des Drehbuches und engagierte einen Agenten, Jim Preminger, den Sohn des berühmten Regisseurs Otto Preminger. Obwohl Preminger die Bänder nie abgehört hatte, war ihm die Brisanz des Inhalts bewußt, und er riet McKinny, sich vorsichtshalber einen Rechtsvertreter zu nehmen. Dieser Anwalt schlug ihr vor, das „Wasser zu testen", mit anderen Worten, den Wert der *Bänder* (nicht des Drehbuches!) auf dem Markt zu prüfen. Kein Wunder also, daß die Gerüchte kurze Zeit später Simpsons Anwälten zu Ohr gekommen waren.

McKenna aus dem Verteidigungsteam nahm Kontakt zu dem Anwalt auf, der ihn Teile der Bänder hören ließ. Fuhrman gebrauchte darauf wiederholt den Ausdruck „Nigger", jenes Wort, dessen Benutzung er so vehement im Zeugenstand verneint hatte, darüber hinaus war die Rede von der Fälschung von Beweismitteln, cover-ups, exzessiver Gewalt. Am 12. Juli 1995 suchten Cochran und Shapiro den Anwalt auf und fragten, ob sie Zugang zu den Bändern haben könnten. Er lehnte ab und teilte mit, seine Mandantin sei nicht bereit, die Bänder freiwillig herauszugeben, sie betrachte sich selber in bezug auf die Treffen mit Fuhrman als „Journalistin" und wolle die Früchte ihrer Arbeit nicht mit anderen (gemeint war wohl: umsonst) teilen.

Damit konnte Cochran sich nicht zufriedengeben. Er schickte

Carl Douglas zu einem geheimen Treffen mit Richter Ito. Der stimmte zu, daß die Bänder Bedeutung für den Simpson-Prozeß haben konnten und unterzeichnete eine Beschlagnahmeanordnung, die die Verteidigung nunmehr in McKinnys Heimatstaat North Carolina durchsetzen mußte. Bei der dort am 28. Juli 1995 stattfindenden Verhandlung konnte Cochran zum ersten Mal die Transkriptionen der Aufnahmen sehen. Sie übertrafen alle Erwartungen. Als McKinny den Zeugenstand betrat, konnte Cochran es nicht abwarten, ein paar Beispiele vor der versammelten Presse zu zitieren.

„Sagte Detective Fuhrman während dieses ersten Interviews: ‚Wir haben Frauen und dumme Nigger und all eure Mexikaner, die nicht einmal den Namen der Autos schreiben können, die sie fahren ...' ?"

McKinny bejahte.

Und doch entschied der Richter unerwarteterweise gegen Simpsons Anwälte, was er damit begründete, er erkenne in den Bändern keine relevanten Fakten für die Entscheidung des Simpson-Prozesses.

Simpsons Verteidiger legten sofort Berufung ein. Und Cochran tat noch etwas anderes. Im Lichte der sich ständig steigernden Begierde der Öffentlichkeit nach dem Inhalt der Bänder würde er für den Freispruch seines Klienten nicht mehr nur vornehmlich im Gerichtssaal, sondern im ganzen Land kämpfen, als selbsternannter Führer einer Bürgerrechtsbewegung.

Am 7. August wurde die richterliche Entscheidung in North Carolina aufgehoben. Zwei Tage später trafen die Bänder in Cochrans Büro ein. Allerdings entschied Richter Ito, daß diese geschützt seien und unter Siegel zu bleiben hätten, was bedeutete, daß nur die Staatsanwälte und Verteidiger Zugang bekommen durften. Und doch fanden durch irgendwelche Lecks in den folgenden Tagen Ausschnitte aus den Bändern ihren Weg zur Presse. Die Veröffentlichungen dieser kurzen Passagen heizten die Öffentlichkeit weiter auf; es war wie ein einmütiger Schrei, die Bevölkerung war begierig danach, alles zu hören, was Fuhrman in das Mikrofon gesprochen hatte.

Das Auftauchen der Bänder brachte ein weiteres überraschendes Problem. Itos Frau, Captain Margaret York, hatte vor Beginn des Prozesses eidesstattlich versichert, keine Erinnerung an Fuhrman zu haben. Erst dies hatte es ihrem Mann ermöglicht, als Richter dem Fall vorzusitzen. Die Bänder enthielten indes diverse

Schilderungen über Auseinandersetzungen zwischen Fuhrman und – damals noch – Lieutenant York, zu jener Zeit Fuhrmans Commander in der West Los Angeles Division. Die waren so heftig gewesen, daß es schwer vorstellbar war, Captain York könne sie vergessen haben. In anderen Worten: Es bestand der Verdacht, daß York in ihrer beschworenen schriftlichen Aussage gelogen hatte. Damit entstand, wenn eine Seite die Vernehmung Yorks forderte, die Möglichkeit eines Prozeßabbruchs. Cochran, einen Freispruch in greifbarer Nähe, wehrte sich vehement und versicherte Ito, daß die Verteidigung keinesfalls beabsichtigte, York aufzurufen. Damit oblag die Entscheidung Marcia Clark. Hier bot sich ihr die Möglichkeit, den freien Fall zu beenden, in dem die Anklage sich befand, und einen neuen Prozeß anzustreben, doch nach einigem Zögern verzichtete auch sie auf eine Benennung Yorks als Zeugin. Vermutlich ging der DA auch zu diesem Zeitpunkt noch davon aus, eine Verurteilung Simpsons erzielen zu können. Damit blieb nur noch zu entscheiden, ob Ito in Anbetracht der Erwähnung seiner Frau auf den Bändern überhaupt noch den Vorsitz haben durfte. Am 15. August 1995 teilte ein den Tränen naher Ito den Anwälten im Gerichtssaal mit, er werde durch einen anderen Richter eine Entscheidung hierüber herbeiführen lassen.

„Ich liebe meine Frau zutiefst", brachte er mit zitternder Stimme hervor, „und ich bin verletzt durch die Kritik an ihr, wie jeder Ehegatte es wäre."

Drei Stunden später hatte Richter John Reid entschieden, daß Ito den Prozeß fortsetzen könne.

Von nun an begann Cochran einen PR-Feldzug, der nur ein Ziel hatte: Die Veröffentlichung des gesamten Inhalts der Bänder. Am 29. August 1995 zahlte sich der Druck aus. Über den massiven Protest der Staatsanwaltschaft hinweg entschied Ito, daß Simpsons Anwälte im offenen Gerichtssaal vor laufenden Kameras, allerdings in Abwesenheit der Geschworenen, das Recht hatten, die einundsechzig Ausschnitte der Bänder abzuspielen, die sie der Jury zu präsentieren gedachten. Itos Begründung war, daß das Gericht sich nicht dem Vorwurf aussetzen wollte, „Informationen, die in vitalem öffentlichen Interesse" seien, „zu unterdrücken". Aber wenn das sein Beweggrund war, hätte er bestimmen können, daß die Bänder nach Ende des Prozesses veröffentlicht werden konnten, einem Zeitpunkt, der gerade einmal einen Monat entfernt war.

So konnte ein Millionenpublikum an den Bildschirmen im ganzen Land Fuhrmans Tiraden verfolgen. „Du tust, was man dir sagt, verstanden, Nigger?“ Weibliche Polizeibeamte „tun nichts. Die gehen nicht nach draußen und lassen sich nicht mit einem 2-m-Nigger ein, der sieben Jahre im Gefängnis Gewichte gestemmt hat.“ Und: „Diese Nigger, sie rennen wie Hasen.“ Als das Band mit den Ausschnitten zu Ende war, herrschte atemlose Stille im Gerichtssaal, wie es sie seit Beginn des Prozesses noch nie gegeben hatte.

Zwei Tage später, am 31. August 1995, demonstrierte Ito, daß er jegliche Orientierung zu rationell nachvollziehbaren Entscheidungen verloren hatte. In einer seitenlangen schriftlichen Begründung befand er, daß es der Verteidigung nur gestattet sei, den Geschworenen zwei Ausschnitte der Bänder zu präsentieren, und führte dazu aus – praktisch Dardens Plädoyer wiederholend –, das Wort „Nigger“ sei im modernen Amerika geeignet, die Geschworenen voreingenommen zu machen, außerdem sei das meiste auf den Bändern für die Entscheidung des Falles irrelevant. Ito sah offenichtlich keinen Widerspruch zu der Tatsache, daß er selber sie zuvor zugelassen hatte und öffentlich abspielen ließ – wodurch die Angehörigen der Geschworenen, die diese jeden Samstag für mehrere Stunden besuchen durften, ihre sequestrierten Lieben umfassend informieren konnten – und schließlich später die Aussage der Zeugin McKinny zuließ, daß Fuhrman den Ausdruck Nigger neben den beiden Beispielen auf den Bändern noch neununddreißigmal verwendet hatte.

Cochran jedenfalls schäumte vor Wut, nachdem ihm Itos Entscheidung per Fax bekanntgegeben worden war. Eiligst trommelte er eine Pressekonferenz zusammen, die wenig später am Fuße seines Bürogebäudes am Wilshire Boulevard stattfand. In diesem Interview griff Cochran Ito persönlich an, nannte dessen Entscheidung „eine der vielleicht grausamsten, unfairsten Entscheidungen, die jemals von einem Strafgericht getroffen wurden“, die all jene unterstütze, „die sagen, daß das Strafjustizsystem korrupt ist“.

Am 6. September rief die Verteidigung Laura Hart McKinny in den Zeugenstand. Während ihrer Vernehmung wurden die Geschworenen mit den beiden Ausschnitten der Bänder konfrontiert, die Ito zugelassen hatte. Christopher Darden eilte im Kreuzverhör als Retter der Verteidigung herbei. Nach einer überaus gehässigen und feindseligen Befragung McKinnys hinsichtlich ihrer Motive (was änderten diese an der Existenz der Bänder?), mit der er die Zeugin gegen sich aufbrachte, stellte Darden ihr eine „Warum-Frage“: Wenn sie durch das Wort „Nigger“ abgestoßen worden war – was McKinny auf eine Frage Dardens geantwortet hatte –, warum hatte sie Fuhrman dann nicht gestoppt?

„Aus demselben Grund, aus dem ich ihn nicht gestoppt habe, als er von Polizeiprozeduren, *cover-ups* und anderen Dingen erzählte, von denen ich fand, daß sie wichtig für mich waren“, feuerte die Zeugin wohlartikuliert zurück. Es war das einzige Mal – dank der Staatsanwaltschaft –, daß die Geschworenen im Prozeß etwas über Cover-ups hörten.

Aber Darden war in der Lage, es noch schlimmer zu machen. Im Redirect sprang Cochran auf den fahrenden Zug, argumentierend, daß Dardens Befragung die Tür zur Einführung der Cover-up-Sequenzen aus den Bändern geöffnet hatte, die Ito mit seiner Entscheidung ursprünglich fest verschlossen hatte. Jedes Mal, wenn Cochran versuchte, McKinny nach diesen Stellen zu fragen, unterbrach ihn Darden mit wilden Einsprüchen. Nicht weniger als dreizehnmal. Hätte er McKinny aussprechen lassen, wäre herausgekommen, daß die Sequenzen Cover-ups nach exzessiver Gewalt behandelten und nicht gefälschte Beweismittel. So hingegen mußten sich die Geschworenen fragen, was denn die Staatsanwaltschaft augenscheinlich so verzweifelt vor ihnen zu verbergen suchte.

Am Nachmittag des 6. September 1995 war es die Verteidigung, die nochmals Detective Mark Fuhrman in den Zeugenstand rief. Begleitet von seinem Anwalt, Daryl Mounger, und seinen Bodyguards betrat ein Mark Fuhrman, aus dem alles Leben gewichen zu sein schien, den Zeugenstand. Mounger blieb neben ihm stehen. Chris Darden wandte sich ab, Marcia Clark blickte ostentativ in eine andere Richtung. Da der Verteidigung bekannt geworden war, daß Mounger Fuhrman geraten hatte, sich auf den 5. Verfassungszusatz zu berufen – der es einem Zeugen erlaubt, die Aussage zu verweigern, wenn er sich selbst belasten würde, und dieses Recht es nicht gestattet, einzelne Fragen zu beantworten und andere nicht –, hatte Bailey dem bis dahin weitgehend beschäftigungslosen Uelmen Platz gemacht, der die Vernehmung durchführte.

„Mr. Fuhrman, war die Aussage, die Sie in diesem Fall im Preliminary Hearing gaben, komplett wahr?“

Fuhrman und Mounger konferierten kurz.

„Ich wünsche, mich auf mein 5. Verfassungsprivileg zu berufen", antwortete Fuhrman.

„Haben Sie jemals einen Polizeireport gefälscht?"

Uelmen erhielt dieselbe Antwort.

„Ist es Ihre Absicht, sich auf jede Frage, die ich Ihnen stelle, auf Ihr 5.-Verfassungszusatz-Privileg zu berufen?" wolle Uelmen wissen. Am Tisch der Verteidigung entstand Bewegung. Cochran versuchte eindringlich, Uelmen Signale zu geben.

„Ja", entgegnete der Zeuge.

Panik begann sich bei der Verteidigung auszubreiten. Uelmen beendete die Befragung zu schnell und ohne die für Simpsons Anwälte wichtigste Frage gestellt zu haben. Douglas sprang fast aus seinem Sitz und murmelte: „Haben Sie Beweismittel gefälscht? Das ist die Frage, die du ihm stellen willst!" Selbst Simpson gestikulierte in Richtung Uelmen. „Komm her, Gerry", zischte Cochran. „Komm *her*." Uelmen bemerkte schließlich Cochrans wilde Signale. Er bat Ito um Erlaubnis für eine kurze Konferenz.

„Gerry, frag ihn, ob er den Handschuh deponiert hat!" zischte Cochran wütend, während sie sich beratschlagten.

„Stell die Schlußfrage! Was zum Teufel stimmt nicht mit dir?"

Weitere Fragen würden keinem Zweck dienen, bemerkte Mounger in das Vakuum, das entstanden war.

„Ich habe nur noch eine Frage, Euer Ehren", bat Uelmen. Ito erlaubte sie.

„Detective Fuhrman, haben Sie irgendwelche Beweismittel in diesem Fall manipuliert oder gefälscht?"

Cochran und Douglas stöhnten. Uelmen hatte den Handschuh wieder nicht erwähnt.

„Ich berufe mich auf mein 5.-Verfassungszusatz-Privileg", antwortete Fuhrman. Ein paar Momente später war alles vorbei.

Was blieb, war die Entscheidung, wie die Anklage von nun an mit Fuhrman umgehen sollte. Doch Clark und Darden ließen ihn von dem Moment an, als die Bänder auftauchten, fallen wie eine heiße Kartoffel. Sie konnten sich gar nicht weit genug von ihrem einstigen Starzeugen distanzieren, und das war für die Anklage tödlich. Manchmal bedeutet die Chance, einen Prozeß zu gewinnen, lediglich, einmal öfters wieder auf die Beine zu kommen als der Gegner. Es gab nämlich noch eine andere Seite Fuhrmans, die starke Indizien dafür bot, daß sein Rassismus sich alleine auf schwarze Straßenkriminelle bezog. Folgende Informationen lagen der Anklage vor, die sie allesamt nicht verwendete:

Das letzte Mal, daß Fuhrman auf den Bändern das N-Wort gebraucht hatte, war 1988 gewesen, sechs Jahre vor den Morden. Sergeant Roberto Alaniz, ein Latino, war im Jahre 1984 Fuhrmans Partner gewesen. Er war von den schrecklichen Äußerungen auf den Bändern schockiert, beharrte aber zugleich darauf, daß er Fuhrman nie als Rassisten erlebt hatte. Ebenso reagierten Sergeant Ed Palmer und Detective Carlton Brown, der für die meiste Zeit des Jahres 1993 Fuhrmans Partner gewesen war, beide Schwarze, beide überzeugt, daß Mark Fuhrman kein Rassist war. Sergeant Paul Partridge konnte sich daran erinnern, daß Fuhrman lange Zeit eine Latina als Freundin gehabt hatte. Officer Toxsh Ellerson, eine Afroamerikanerin, war zwei Monate lang Partnerin Fuhrmans gewesen und hatte nie Schwierigkeiten mit ihm gehabt. Als die schwarze Staatsanwältin Danette Meyers während eines gemeinsamen Falles bedroht worden war, hatte Fuhrman es sich freiwillig und ohne Bezahlung außerhalb seiner Dienstzeit zur Aufgabe gemacht, sie zu beschützen. Im Oktober 1994 war in West Los Angeles Shawn Stewart, ein Weißer, bei einem Drogendeal auf offener Straße erschossen worden. Zeugen hatten Arrick Harris, einen Schwarzen, als den Schützen identifiziert, und Fuhrman, der für den Fall zuständig war, hatte ihn verhaftet. Während die Anklage den Prozeß vorbereitet hatte, waren Fuhrman Zweifel an der Schuld Harris gekommen und er hatte hart und mit vielen Überstunden daran gearbeitet, die Unschuld des Verhafteten zu beweisen, was ihm schließlich gelungen war.

Paßt all dies zu einem Rassisten? Vor allem aber: Wenn Mark Fuhrman der bigotte Rassist gewesen wäre, als den ihn Verteidigung und Anklage nach dem Erscheinen der Bänder darstellten, wäre es Cochran dann nicht möglich gewesen, eine Parade von Zeugen aufmarschieren zu lassen, die bestätigt hätten, daß Fuhrman sie während seiner langjährigen Polizeiarbeit mit rassistischen Ausdrücken belegt hatte? Simpsons Verteidigung war nicht in der Lage, auch nur einen einzigen solchen Zeugen zu präsentieren.

Im Hinblick darauf, wie wie wichtig die Handschuhe für das gesamte Gebäude der Konspirationstheorie der Verteidigung waren, hätte die Staatsanwaltschaft diese Personen als Zeugen dafür benennen müssen, daß Fuhrman kein blindwütiger Rassist mehr war, um die Theorie von den gefälschten Beweismitteln aus der Welt zu schaffen. Sie hätte die immerhin vierzehn Polizeibeamten als Zeugen aufmarschieren lassen müssen, die vor Fuhrman in Bundy angekommen waren und alle nur einen Handschuh gesehen hatten.

Doch nichts dergleichen geschah. Statt dessen sollte Clark ihr Schlußplädoyer später mit folgenden Worten beginnen: „Log Fuhrman, als er sagte, er habe das N-Wort in den vergangenen zehn Jahren nicht benutzt? Ja. Ist er das Schlimmste, was das LAPD zu bieten hat? Ja. Sollte eine solche Person Polizeibeamter sein? Nein. Tatsächlich, wünschen wir, daß da keine solche Person auf dem Planeten wäre? Ja."

Auch Darden schlug in seinem Teil des Schlußplädoyers in die gleiche Kerbe: „Ich bitte Sie, Fuhrmans Lüge in die richtige Perspektive zu setzen. Sie entscheiden, was es bedeutet. Wenn es Ihnen hilft, seine Glaubwürdigkeit anzuzweifeln – und es sollte oder seinen Mangel an Glaubwürdigkeit, ich weiß nicht – dann verwenden Sie es."

War das nicht gleichbedeutend mit einer Erlaubnis Dardens gegenüber den Geschworenen, aus der Lüge über die Benutzung des N-Wortes den Schluß zu ziehen, er müsse auch die Frage, ob er den Rockingham Handschuh dort plaziert habe, mit einer Lüge beantwortet haben?

ZUSAMMENGEFALTET

Nach Abschluß des Falles der Verteidigung erhielt die Anklage das Recht, zusätzliche Zeugen aufzurufen, die zu den getätigten Aussagen vernommen werden durften.

Am 13. September rief Marcia Clark Stephan Oppler, einen Ermittler aus dem Büro des DA, in den Zeugenstand. Oppler hatte zuvor Thano Peratis, der seinerzeit Simpson das Blut abgenommen hatte und jetzt wegen eines Herzanfalls verhandlungsunfähig war, zu Hause aufgesucht und eine ergänzende Aussage auf Video aufgenommen. Es ging um die „fehlenden" 1,8 cc Blut. Peratis erklärte, bei seiner Aussage im Preliminary Hearing einen Fehler begangen zu haben, nein, er habe Simpson nicht 8 cc Blut entnommen, sondern – wie üblich – nur etwa 6,5 cc.

Nach einigem weiteren Hin und Her hatten beide Seiten schließlich keine weiteren Zeugen mehr, die sie aufzurufen gedachten.

Jetzt ging es darum, ob Simpson aussagen würde oder nicht. Am

22. September fragte Ito den Angeklagten in Abwesenheit der Geschworenen, ob er auf sein Recht verzichte. Cochran ergriff das Wort. Er bat Ito darum, Simpson das Recht auf eine kurze Stellungnahme einzuräumen – die zuvor genauestens von der Verteidigung ausgearbeitet worden war! Clark protestierte, sie wußte, was bevorstand. Das ist ein durchsichtiger Versuch, eine Aussage von Simpson ohne die Möglichkeit zum Kreuzverhör zu erhalten, die über die Besuche von Familienangehörigen zu den Geschworenen dringen soll, warnte sie und fügte beinahe flehend hinzu: „Bitte tun Sie es nicht, Euer Ehren, ich beschwöre Sie."

„Das ist immer noch Amerika", donnerte Cochran. „Und wir können sprechen. Wir können reden. Niemand kann uns stoppen."

Wieder knickte Ito ein. Simpson erhob sich.

„Guten Morgen, Euer Ehren", begann er. „So sehr ich es mir wünschen würde, zu einigen der Fehldarstellungen über mein und Nicoles Leben etwas zu sagen, vertraue ich doch ... dieser Jury. Ich habe Vertrauen, eine Menge mehr als Mrs. Clark anscheinend hat, in ihre Integrität und daß Sie erkennen werden – wie das Ergebnis jetzt ist –, daß ich dieses Verbrechen nicht begangen habe, nicht begehen würde und nicht begehen könnte. Ich habe vier Kinder – zwei, die ich ein Jahr nicht gesehen habe. Sie fragen mich jede Woche: ‚Dad, wie lange noch?'"

Ito, dem sein Fehler dämmerte, unterbrach Simpson. „In Ordnung."

„Danke", endete Simpson.

Jeder im Gerichtssaal wußte, daß Clark richtig vermutet hatte. Ob Simpson nicht im Zeugenstand Platz nehmen könne, damit sie ihn über seine Aussagen befragen könne, feuerte sie zornig in Richtung Ito, der sofort das Thema wechselte.

Nunmehr mußten die Schlußplädoyers gehalten werden. Nach amerikanischem Recht fängt die Anklage mit dem *opening argument* an. Daran schließt sich das einzige der Verteidigung zustehende *argument* an. Da die Anklage den Beweis der Schuld erbringen muß, erhält sie sodann das letzte Wort, genannt *rebuttal, closing* bzw. *final argument* oder *final summation.*

Die Schlußplädoyers sind der wichtigste Moment eines Verfahrens, sein Höhepunkt, an dem die Anwälte die letzte und beste Möglichkeit haben, die Jury von der Rechtmäßigkeit ihres Falles zu überzeugen. Gute Anwälte arbeiten daher „rückwärts". Im Wissen darum, was man am Schluß des Verfahrens vorbringen möchte, fällt es auch leichter zu entscheiden, welche Zeugen aufgerufen und was sie gefragt werden sollen. Und ebenso ist es während des Prozesses unerläßlich, an seinem Plädoyer zu feilen, also Ergebnisse von Zeugenaussagen einzuarbeiten – die Erfahrung zeigt, daß Jurys ihre Urteile oft auf Nebenpunkte stützen – und effektive Argumente festzuhalten. Mark Twain wußte, wovon er sprach, als er das Bonmot kreierte: „Es braucht drei Wochen, um ein gutes ad lib argument vorzubereiten." Ein Plädoyer ist nichts anderes als eine Ansprache. Abraham Lincolns berühmte Gettysburg Rede bestand nur aus zehn Zeilen und zweihunderteinundsiebzig Worten. Doch diese Rede durchlief fünf Fassungen und war das Resultat von zwei Wochen Arbeit.

Die Vorstellung, die Clark und Darden am 26. und 27. September 1995, den Tagen ihrer Opening Arguments, boten, war armselig. Das Herzstück der Verteidigung während des gesamten Prozesses war der Vorwurf, Simpson sei in einer massiven Konspiration mit gefälschten Beweismitteln von rassistischen Polizisten belastet worden. 90% von Cochrans fünfstündigem Argument und 60% von Schecks zweistündigem sollten auf die eine oder andere Weise eine Konspiration nahelegen. Die Staatsanwaltschaft hätte diese Strategie durchkreuzen und die Einwände entkräften müssen, doch Marcia Clark behandelte diesen eminent wichtigen Gegenstand, als existiere er nicht oder würde sich in Luft auflösen, wenn sie ihn nur nicht erwähnte. Erst am Ende Ihres Plädoyers widmete sie diesem Thema einen einzigen Absatz, indem sie wenigstens erwähnte, wie viele Personen in die Konspiration hätten verstrickt sein müssen, damit sie möglich gewesen wäre. Und Dardens einzige Worte darüber waren: „Sie wollen ihnen erzählen, daß die Polizei gegen O.J. Simpson konspirierte. Nicole sagte, daß sie dort draußen achtmal zuvor gewesen waren und niemals etwas gegen ihn unternommen haben. Ich weiß nicht."

De facto bekämpften Clark und Darden damit den entscheidenden Gegenstand des Prozesses nicht. Es war, als hätten sie Cochran & Co zugerufen: „Dieser Gerichtssaal ist zu klein für uns alle, also verlassen wir ihn."

Dabei war dies nicht das einzige Mal, daß die Anklage der Verteidigung Raub am hellichten Tage durchgehen ließ. Für eine Verurteilung im Strafprozeß ist es erforderlich, daß die Anklage die Schuld des Angeklagten „beyond (im Sinne von: ausschließend) reasonable doubts (vernünftige, begründete Zweifel)" nachweist. In seiner Summation teilte Cochran der Jury mit: „Was (reasonable doubt) wirklich ist, ist ein Zweifel, basierend auf einem Grund." Chris Darden wußte, daß diese Definition falsch war und wies die Geschworenen darauf hin, ließ es jedoch dabei bewenden und widersprach hiermit Marcia Clark, die ihrerseits den Begriff ebenfalls verkehrt definiert hatte als „ein Zweifel beruhend auf Gründen". Im meistbeachteten Prozeß der US-amerikanischen Geschichte definierten also die führenden Anwälte beider Seiten diesen so eminent wichtigen Grundsatz falsch *und* zum Nachteil der Anklage. Reasonable doubt ist nicht irgendein möglicher Zweifel – schließlich ist alles, was mit Menschen zu tun hat, offen für Zweifel –, sondern ein begründeter, vernünftiger, *logischer* Zweifel, basierend auf der *Gesamtheit* der Beweise des Falles.

Insbesondere Scheck nutzte diesen Umstand in seinem Argument aus, wies wieder und wieder auf kleine Ungereimtheiten im Fall der Anklage hin und erweckte dabei den Eindruck, es gebe „viele reasonable doubts" in diesem Fall. Dadurch änderte sich die Fährte, auf die die Geschworenen gelockt wurden: Die Frage, ob die Anklage Simpsons Schuld über jeden berechtigten Zweifel hinweg bewiesen hatte, wurde zu einer Frage, ob irgendwo im Fall in bezug auf irgend etwas ein berechtigter Zweifel bestand.

Obwohl es Anklägern – aufgrund des Aussageverweigerungsrechtes nach dem 5. Verfassungszusatz – grundsätzlich untersagt ist, vor den Geschworenen zu argumentieren, das Schweigen eines Angeklagten sei ein Indiz seiner Schuld, legte Cochran den Geschworenen nahe, Simpson habe nicht einmal das Recht gehabt, auszusagen und sich zu verteidigen: „Lassen Sie mich jedem von Ihnen eine Frage stellen. Sind Sie jemals in Ihrem Leben fälschlich beschuldigt worden? Mußten Sie jemals dasitzen ... und zuschauen und warten und warten und warten ... *alles, was Sie während dieses Prozesses tun konnten*, ist wirklich, Ihre Würde zu bewahren ..." Auf diese juristisch unsauberen Bemerkungen hätte die Anklage zumindest erwidern können, daß Simpson jederzeit in den Zeugenstand hätte treten können, um sich zu verteidigen, es jedoch vorgezogen hatte, dies nicht zu tun. Doch weder Clark noch Darden kamen darauf, dies der Jury mitzuteilen.

In seiner Summation machte Cochran die Handschuhdemonstration zu einer entscheidenden Frage und argumentierte gegenüber der Jury: „If it doesn't fit, you must acquit" (Wenn sie nicht passen, müssen Sie freisprechen), einem an ein Kinderlied erinnernden Reim, der ihm von Uelmen vorgeschlagen worden war.

Die Rechnung ging auf, der markante Spruch prägte sich ein. Noch nach dem Prozeß traten mehrere Geschworene mit diesem Satz vor die Medien: „If it doesn't fit, you must acquit."

Und schließlich ließ die Staatsanwaltschaft Cochran einen Aufruf nach „Jury Nullification" durchgehen. Jury Nullification bedeutet, die Geschworenen zu ersuchen, die Beweise und das Gesetz zu mißachten und statt dessen ihrer eigenen Sicht von Gerechtigkeit zu folgen. Obwohl ungesetzlich, hat die Jury Nullification eine wichtige Rolle in der amerikanischen Geschichte gespielt. Während der Kolonialzeit z.B. benutzten Jurys ihre Kraft, um angeklagte Kolonisten von politischen Verbrechen gegen die Krone freizusprechen. Mitte des 19. Jahrhunderts sprachen Jurys der Nordstaaten Bürger frei, die entflohenen Sklaven Obdach gewährt hatten, obwohl dies nach dem Gesetz damaliger Zeit ausdrücklich ein Verbrechen war. Und später, im 20. Jahrhundert, wurden von Jurys in den ehemaligen Südstaaten weiße Angeklagte trotz eindeutiger Schuldbeweise freigesprochen, die wegen Morden, Vergewaltigungen, Lynchen oder ähnlichen Verbrechen gegen Schwarze angeklagt worden waren.

Die Sprache, die Cochran wählte, konnte nicht deutlicher machen, daß er genau darum bat. Auf Fuhrman bezogen verlangte er von den Geschworenen: „... Stoppen Sie dieses Cover-up ... Wenn Sie es nicht tun, wer dann?... Sie sind mit der Kraft versehen zu sagen, wir werden das nicht mehr hinnehmen ... Wer also überwacht die Polizei? Sie überwachen die Polizei. Sie überwachen sie mit Ihrem Urteil. Sie sind diejenigen, die eine Nachricht senden. Niemand sonst wird es in unserer Gesellschaft tun ... Niemand hat den Mut ... Vielleicht sind Sie die richtigen Leute zur richtigen Zeit am richtigen Ort, um zu sagen: nicht mehr. Wir werden dies nicht mehr zulassen."

Erst in ihrem Rebuttal und auch nur auf einen Einspruch der Verteidigung hin sagte Clark: „Ich habe niemals einen Verteidiger gesehen, der aufsteht und auf diese Weise um Jury Nullification bittet." Ein schwacher Protest.

Und Darden machte es noch schlimmer, als er während seines Rebuttals bemerkte: „Sie können keine Nachricht zu Fuhrman senden, Sie können keine Nachricht zum LAPD senden, Sie können Rassismus nicht ausradieren im LAPD oder in der Gemeinde von Los Angeles oder in der Nation als Ganzes, indem Sie ein Nichtschuldig-Urteil in diesem Fall liefern", womit er den Geschworenen nicht etwa mitteilte, daß es falsch und ungesetzlich wäre, etwas derartiges zu versuchen, sondern nur ineffektiv – es war, als hätte er mit einem roten Tuch vor einem wütenden Stier gewedelt.

In den äußerst schwachen Schlußplädoyers begingen die Anklagevertreter auch noch in den Rebuttals, also dem Letzten, was die Jury von einem Anwalt zu hören bekam, den Kardinalfehler, lediglich defensiv auf das zu reagieren, was Cochran und Scheck zuvor in ihren Arguments vorgebracht hatten. Eine übermüdete Marcia Clark trug ihren offensichtlich erst in der Nacht zuvor vorbereitete Rebuttal vor, verhaspelte sich ständig und verlor mehr als einmal den Faden: „Vannatter und Lange kamen nach Bundy und ich glaube, sie trafen dort ein gegen 4.00 Uhr, 4.30 Uhr, denke ich war es ... Sie begaben sich noch nicht nach Rockingham, okay. Ich kann mich nicht erinnern, ich glaube er sagte, es war um diese Zeit ... Es war nicht, glaube ich bis 5.00 Uhr, als sie sich schließlich nach Rockingham begaben ... Und diese Instruktion ist 2? – 2.80? Haben Sie es auf Ihrer Bank, Euer Ehren? Warten Sie. Ich habe es. Danke. Ich habe vergessen, wo ich stehen geblieben bin ... “ und so weiter und so fort.

Am Ende enthüllte sie eine Grafik, die mit „unwiderlegte Beweise“ betitelt war.

„Wenn Sie hierzu Notizen machen möchten, kann ich es für eine Weile stehen lassen“, bemerkte die Staatsanwältin in Richtung der Geschworenen. Nicht einer schrieb etwas auf.

„WIR MÜSSEN UNS SCHÜTZEN"

Am Freitag, dem 29. September 1995, wurden die Geschworenen für das Wochenende in ihr Hotel geschickt. Ito wies sie an, nicht vor Montag mit den Beratungen zu beginnen.

Es gibt zwei Möglichkeiten, wie Geschworene ihre Beratungen anfangen können; entweder mit einer Diskussion des Falles oder mit einer ersten geheimen Abstimmung. Die zwölf Geschworenen des Simpson-Prozesses wählten die letztere. Die erste Abstimmung ergab ein 10 : 2 für Freispruch. Eine Weiße, Anise Aschenbach, der „Dämon“, wie sie von der Verteidigung intern genannt worden war, hatte für schuldig gestimmt. Wer der andere Geschworene war, sollte nie herauskommen.

In der anschließenden Diskussion drehten sich die Argumente um Nebensächlichkeiten. Warum war da so wenig Blut am

Rockingham-Handschuh? Weshalb hatte Goldman Kratzer an den Handknöcheln? Einer der Geschworenen demonstrierte, wie man sich mit Tae Kwon Do verteidigte. Er fand, Goldman habe einen guten Kampf geliefert. Mehrere Geschworene fanden, daß der Handschuh Simpson nicht gepaßt hatte. Nur einmal wurden die DNA-Tests erwähnt. Schließlich diskutierte man Parks Aussage, er habe nicht gewußt, wie viele Autos dagestanden hätten. Sie ließen sich die Protokolle von Parks Aussage bringen. Kurze Zeit später schien niemand mehr etwas sagen zu wollen.

Es schloß sich die zweite Abstimmung an. Diesmal, nach weniger als zwei Stunden Erörterung, war das Ergebnis 12 : 0 für Freispruch.

Ito bestimmte den darauffolgenden Tag, 10.00 Uhr, zur Urteilsverkündung.

Pünktlich um 10.00 Uhr am Dienstag, dem 3. Oktober 1995, eröffnete Ito die letzte Sitzung im Simpson-Prozeß. Nach Überprüfung der Unterlagen und nach Bestätigung durch die Sprecherin der Geschworenen, daß es die original signierten waren, händigte er sie der Gerichtssprecherin aus und forderte O.J. Simpson auf, sich zu erheben. Ohne aufgefordert zu sein, standen auch die Mitglieder des Verteidigungsteams auf. Shapiro beugte sich in Cochrans Richtung und sagte direkt zu Simpson: „Ich glaube, es werden schlechte Nachrichten sein."

„Fuck nein, Bob, wir werden gewinnen!" zischte Cochran scharf zurück.

Deirdre Robertson, die Gerichtssprecherin, begann zu lesen, während Millionen Amerikaner vor ihren Fernsehern gebannt zuschauten. „Superior Court of California, County of Los Angeles, in Sachen des Staates von Kalifornien gegen Orenthal James Simpson, Fall Nr. BA 097211. Wir die Geschworenen ... befinden den Angeklagten, Orenthal James Simpson, nichtschuldig des Verbrechen des Mordes ..."

Simpson benötigte fast zwei Sekunden, um das Urteil zu realisieren. Er biß sich auf die Lippen. Cochran, hinter ihm stehend, legte sofort seine rechte Hand auf die rechte Schulter seines Klienten, dann plazierte er seinen Kopf auf Simpsons linker Schulter. Er umarmte Simpson. Es war eine formelle, geradezu stilisierte Geste. Robert Shapiro sah verstört aus. Die Entfremdung zu seinen Kollegen und seinem Mandanten wurde niemals deutlicher als in diesem Moment. Simpsons Ausdruck fand den Weg zu einem

Lächeln, er ballte die Fäuste. Chapman und Dimitrius schluchzten auf. Kardashian hatte das Gefühl, sein Herz würde aus seiner Brust springen.

„Danke, Gott", murmelte Simpson.

Dann explodierte der Gerichtssaal. Ins Stimmengwirr mischten sich ungläubige Ausrufe: „Was ist los? Was ist geschehen?" Der Reporter, der den Prozeß für Vanity Fair beobachtete, blieb wie erstarrt auf seinem Platz sitzen.

Die Simpson-Familie weinte vor Glück, betete. Patti Goldman, die Stiefmutter Rons, vergrub ihren Kopf in der Schulter ihres Mannes Fred, während Kim, Rons Schwester, aufheulte wie ein verwundetes Tier. Fred Goldman murmelte: „Mörder, Mörder."

Lou und Judy Brown waren im Schockzustand.

Shapiro entfernte sich vom Team der Verteidigung.

Ito dankte der Jury und entließ sie. Als die Geschworenen aus dem Gerichtssaal marschierten, drehte sich der Geschworene Nr. 6, Lionel Cryer, ein früheres Mitglied der Black Panther, plötzlich in Richtung des Verteidigungsteams und erhob die Faust zu einem *black power salute.*

Zurück in der Lounge im 11. Stock des Gerichtsgebäudes fielen die Geschworenen in die Couches und Sessel. In das Schweigen hinein murmelte Jurymitglied Carrie Bess, an niemanden speziell gerichtet: „Wir müssen uns schützen."

Im Gerichtssaal trat Shapiro zu Cochran. „Ich werde im Fernsehen etwas zu meinen Ansichten über diesen Fall sagen. Ich möchte, daß Sie das wissen", sagte er in höflichem, professionellem Ton. Cochran nahm es als Warnung. Shapiro verließ das Gerichtsgebäude und begab sich direkt zu den ABC-Studios, wo er ein lang versprochenes Interview gab. „Nicht nur, daß wir die Rassismuskarte gespielt haben, wir haben sie oben vom Schlitten ausgeteilt", bemerkte er und teilte einer Reporterin mit, er werde nie wieder mit Cochran und Bailey ein Wort reden.

In Sand Pointe, Idaho, wo Mark Fuhrman wortlos den Urteilsspruch im Fernsehen verfolgte, warf ihm seine Frau einen Blick zu. „Sie werden alles auf dich schieben", sagte sie. Fuhrman erwiderte nichts.

Marcia Clark und Christopher Darden sahen aus, als wäre alles Leben aus ihnen gewichen. Bei dem Versuch, eine Pressekonferenz zu geben, kam Darden plötzlich nicht mehr weiter, schluchzte, brach zusammen und mußte von seinen Kollegen gestützt werden.

Simpson durfte nach Hause. Während überall im Land Schwarze in Freudentaumel verfielen, schien eine Lähmung Besitz von der weißen Bevölkerung ergriffen zu haben. Simpsons Nachbarschaft in Rockingham war weiß. Sie empfingen ihn mit Plakaten, auf denen Mörder zu lesen war.

Zu der Victory Party in O.J.'s Haus fanden sich an diesem Tage alle Familien- und außer Shapiro auch alle Teammitglieder ein, einige Bekannte und Freunde Simpsons kamen hinzu. Als O.J., dem es im Haus zu warm geworden war, auf den Balkon trat, bat ein Fotograf einen der Freunde, sich näher zu Simpson zu stellen, damit er ein Foto von beiden machen könnte. Der Freund entfernte sich stillschweigend. Auch andere vermieden es, sich mit Simpson ablichten zu lassen.

DRITTER TEIL: DER ZIVILPROZESS

DREI BOMBEN

Daniel Petrocelli war ein zweiundvierzig Jahre alter, unbekannter Zivilprozeßanwalt und Partner in der Kanzlei Mitchell, Silberberg & Knupp. Er konnte sich noch genau an den Moment erinnern, seit dem er wußte, daß Simpson schuldig war. In einem California Pizza Kitchen Restaurant bei einem frühen Dinner mit seiner Familie im Juni 1994 hatte er sich weder auf sein Essen noch auf das Gespräch mit seiner Frau und seinen beiden Kindern konzentrieren können, sondern wie gebannt den Fernseher angestarrt, in dem die langsame Bronco-Verfolgungsjagd übertragen worden war. Zeit seines Lebens ein Sportfan – eines seiner Idole war O.J. Simpson gewesen –, hatte er in den vorangegangenen Tagen immer wieder versucht, den Gedanken beiseitezuwischen, Simpson könnte den Doppelmord begangen haben. Aber daß er jetzt vor der Polizei floh, war für ihn wie ein Geständnis. Dieses Verhalten ließ sich einfach nicht mit Simpsons Position vereinbaren. Kein Zweifel mehr, Simpson mußte der Täter sein.

Den 3. Oktober 1995 verbrachte Petrocelli zu Hause. Natürlich saß auch er um 10.00 Uhr vor dem Fernseher. Als das Urteil verkündet wurde, hatte er ein flaues Gefühl im Magen. Ein schrecklicher Justizirrtum war passiert. Simpson hatte das System geschlagen, die Familien der Opfer würden mit diesem ohnmächtigen Schmerz leben müssen.

Direkt nach dem Urteil gab Cochran ein Interview. Gefragt, was nun mit dem Zivilprozeß gegen seinen Mandanten werde, antwortete er, daß dieser sicherlich fallengelassen werde. Cochran und sein Team hatten gerade eine der massivsten und teuersten Anklagen aller Zeiten zerschmettert, sie schienen unbesiegbar. Die Familien der Opfer, die über keine finanziellen Ressourcen verfügten, würden kein Gegner sein.

Je mehr er darüber nachdachte, desto wütender wurde Petrocelli, obwohl dies doch gar nicht sein Problem war, er hatte mit dem Fall schließlich nichts zu tun.

Als er zwei Tage später auf dem 405 freeway in Richtung seines Büros fuhr, klingelte sein Autotelefon. Am anderen Ende der Leitung meldete sich Bob Briskins, ein befreundeter Anwalt. Eine Freundin hätte mit einigen wohlhabenden Bekannten einen Lunch gehabt, alle wären außer sich vor Wut über das Urteil und hätten beschlossen, für den Prozeß der Familie Goldman Geld zu sammeln. Jemand hätte Petrocellis Namen genannt und vorgeschlagen, daß er die Vertretung übernehmen solle.

„Bob“, sagte Petrocelli, „das ist bizarr.“ Er hatte noch nie einen derartigen Prozeß geführt.

Am darauffolgenden Tag hielt sich Petrocelli bei seinen wichtigsten Klienten auf, den Marciano-Brüdern, denen die Kleidungsfirma „Guess?“ gehörte. Er erwähnte den Anruf Briskins vom vergangenen Tag und erwartete, daß auch Paul Marciano ihm sagen würde, er solle die Finger davon lassen. Doch Marciano reagierte anders.

„Dan“, sagte er, „du solltest das tun. Ich bin zornig, daß Simpson mit diesen Morden davongekommen ist. Jeder andere ist es auch. Goldman braucht eine gute Kanzlei und einen guten Anwalt, sonst wird er vernichtet. Du mußt es tun.“

Petrocelli war unsicher. Einerseits war es verlockend, ein Stück Rechtsgeschichte mitzuschreiben, andererseits ließ ihm seine umfangreiche Tätigkeit für die Marciano-Brüder keine freien Kapazitäten, um den Fall zu übernehmen. Paul Marciano sicherte ihm zu, daß er seine Arbeit für „Guess?“ zurückstellen könne, bis der Zivilprozeß beendet sei.

„Nun, wenn er mich anruft, werde ich mit ihm reden“, sagte Petrocelli schließlich.

Zehn Minuten später hatte Marciano den ersten telefonischen Kontakt zwischen Fred Goldman und Daniel Petrocelli hergestellt, und am Samstagabend, dem 14. Oktober 1995, fuhr Petrocelli zum ersten persönlichen Treffen mit den Goldmans zu deren Haus in Agoura Hills, einer netten, ruhigen Vorstadt in der Nähe des San Fernando Valley. An der Eingangstür war eine Mezuzah, das jüdische Zeichen des Segens, angebracht. Es war 19.00 Uhr, als er klopfte. Fred Goldman öffnete ihm und führte ihn ins Wohnzimmer, wo er Petrocelli mit seiner Frau Patti und seiner Tochter Kim bekannt machte.

Das Haus war dunkel und mit einer derart traurigen Atmosphäre gefüllt, als würde die Beerdigung Rons niemals enden. Petrocelli fühlte den furchtbaren Schmerz und Verlust, den diese Familie erlitten hatte, beinahe körperlich.

Fred Goldman machte ihm schnell klar, was er wollte: Zwölf Menschen, die aussprechen sollten, daß Simpson, den er niemals beim Namen, sondern nur „den Killer" nannte, seinen Sohn ermordet hatte.

Petrocelli erklärteden Goldmans die Unterschiede zwischen Strafprozeß und Zivilprozeß. Während im Strafprozeß mit an Sicherheit grenzender Wahrscheinlichkeit, also über jeden ernsthaften Zweifel *(beyond reasonable doubts)* die Täterschaft für eine Verurteilung bewiesen werden mußte, genügte im Zivilprozeß eine überwiegende Wahrscheinlichkeit *(preponderance of the evidence).* Außerdem bedurfte es keiner einstimmigen Entscheidung der Geschworenen, ein 9:3 wäre für eine Verurteilung ausreichend. Anders als im Strafprozeß hatte Simpson kein Recht auf einen *speedy trial*, sondern es gab genügend Zeit für umfangreiche Recherchen, die sogenannten *pretrial discovery*. Dazu gehörte auch das Recht der Anwälte, Zeugen bereits im Vorfeld unter Eid und notfalls unter Zwang zu befragen *(pretrial depositions).*

Fred Goldman hatte dies alles nicht gewußt. Am meisten faszinierte ihn, daß Petrocelli ihm erklärte, Simpson müsse im Zivilprozeß sowohl im Rahmen der *pretrial depositions* wie auch im eigentlichen Verfahren aussagen. Im Strafprozeß freigesprochen, konnte sich Simpson nicht mehr hinter seinem verfassungsmäßigen Recht gegen Selbstbelastung verstecken. Das war eine phantastische Nachricht für Goldman. Falls Simpson sich dennoch weigern sollte auszusagen, würde er automatisch vom Richter verurteilt werden, setzte Petrocelli hinzu.

„Wie können wir das verhindern?" wollte Goldman sofort wissen.

„Nein, Sie verstehen nicht", erwiderte Petrocelli. „Das bedeutet, wir gewinnen den Fall."

Doch Goldman verstand genau. Er wiederholte sehr ernst seine Frage: „Was ist, wenn er nicht aussagen will? Wie können wir das verhindern?"

Petrocelli begriff, daß es Goldman weder um Geld noch um den Sieg an sich ging. Sein Bestreben war, Simpson im Zeugenstand mit all den Fakten konfrontiert zu sehen. Die Welt sollte erfahren und erkennen, wie Simpson seinen Sohn und Nicole ermordet hatte. Er wollte keinen Sieg durch juristische Kniffe oder Taktierereien. Er brauchte einen Racheengel. Das hier war etwas Persönliches, und wenn Petrocelli die Vertretung Goldmans übernehmen wollte, müßte er es auch zu seiner persönlichen Angelegenheit machen.

Am darauffolgenden Montag trafen sich die Partner von Mitchell, Silberberg & Knupp. Es gab eine lange Diskussion, ob der Fall übernommen werden sollte und wie er sich auf die Kanzlei auswirken würde. Am Ende stimmten alle zu. Die Chance, die er bot, um bekannt zu werden, war zu groß, um sie sich entgehen zu lassen, auch wenn für einen langen Zeitraum gewaltige Kapazitäten blockiert werden würden. Obwohl die Familie Goldman aus dem gesamten Land finanzielle Unterstützungen erhielt und die Gebrüder Marciano den Ronald-Goldman-Gerechtigkeitsfond gegründet hatten, um weiteres Geld für den Prozeß zu sammeln, war zu vermuten, daß sich der Fall für die Kanzlei nicht rentieren würde. Man einigte sich auf der Standardbasis eines Erfolgshonorares von einem Drittel dessen, was ausgeurteilt und eingezogen werden würde.

Dienstags hatte es sich bereits herumgesprochen, daß Daniel Petrocelli den Zivilprozeß gegen Simpson für die Goldman-Familie führen würden. Vor den Kanzleiräumen drängten sich Journalisten, Fernsehreporter, Kameramänner, Fotografen.

„Dieser Ort ist ein Zoo", kommentierte Tom Lambert, einer der Partner von Mitchell, Silberberg & Knupp, als er in Petrocellis Büro kam. Dieser war völlig unvorbereitet für eine Pressekonferenz und hatte keine Erfahrung im Umgang mit Medien. Fred Goldman lachte grimmig, als Petrocelli ihn anrief und ihm berichtete.

„Gewöhnen Sie sich besser daran", riet er.

Eine Stunde später traten beide Männer gemeinsam vor die Kameras. Petrocelli wurde als Goldmans Anwalt vorgestellt.

Der nächste Schritt mußte sein, eine schlagkräftige Mannschaft zusammenzustellen, die es mit Simpsons „Dream-Team" aufnehmen konnte, das nahezu intakt geblieben war. Im Hintergrund zog noch immer Cochran die Fäden. Als Hauptanwalt Simpsons im bevorstehenden Zivilprozeß stellte er der Presse Robert Baker vor, einen erfolgreichen Zivilanwalt, der sich einen Ruf damit gemacht hatte, Versicherungen, Krankenhäuser und Ärzte zu verteidigen. Co-Anwälte würden dessen Sohn Phil, der „kleine Baker" genannt,

Bob Blasier und Daniel Leonard sein. Leonard war Partner Baileys und ersetzte diesen, denn: Bailey saß im Gefängnis!

Folgendes war geschehen: Shapiro und Bailey hatten 1994 einen weiteren Klienten gemeinsam vertreten, Claude Duboc, einen der weltgrößten Marihuana-Händler. Einen Monat vor den Morden in Bundy war es zu einem Deal mit der Staatsanwaltschaft gekommen. Als Teil der Absprache verpflichtete sich Duboc, sein gesamtes Vermögen an die Vereinigten Staaten zu übertragen. Darunter befand sich auch eine Aktienbeteiligung an einer kanadischen Gesellschaft, die zu dieser Zeit etwa sechs Millionen US-Dollar wert war. Da Duboc meinte, daß der Wert steigen würde, behielt Bailey die Aktienbeteiligung nach Absprache mit der Staatsanwaltschaft für die Zeit in seinem Besitz, bis ein formelles Urteil gegen Duboc ergangen war. Zwei Jahre später war der Wert der Aktienbeteiligung um mehr als zwanzig Millionen gestiegen. Bailey vertrat nunmehr die Ansicht, der Gewinn stünde ihm zu und nicht der Regierung. Bei einer Anhörung vor Gericht im Februar 1996 war Hauptzeuge für die Regierung – Robert Shapiro! Er bezeugte, die Vereinbarung so verstanden zu haben, daß die Vereinigten Staaten und nicht Bailey an einem eventuellen Gewinn der Aktienbeteiligung partizipieren sollten. Als Bailey die Beteiligung nicht herausgab, warf der Richter den inzwischen 62jährigen Anwalt ins Gefängnis. Bailey blieb dort für vierundvierzig Tage, bis er schließlich klein beigab.

Petrocelli stellte sein Team zusammen. Er sprach Ed Medvene an, Senior-Partner der Kanzlei, Mitte Sechzig und erfahren sowohl im Strafrecht als auch im Zivilrecht. Marlon Brando hatte ihn für seinen Sohn im Zivilprozeß engagiert, nachdem Shapiro das Strafverfahren geführt hatte. Obwohl Medvene an sich immer Sympathie mit den Angeklagten hatte, war es hier anders. Das Rassismusproblem war von Simpson ausgebeutet worden und Medvene wußte, daß das andere Angeklagte in Zukunft schädigen konnte, die vielleicht einen legitimeren Grund hatten, mit solchen Argumenten zu arbeiten. Obwohl er dreißig Jahre lang keinen Fall mehr vertreten hatte, in dem er nicht die totale Kontrolle ausübte, stimmte er jetzt zu, unter Petrocelli mitzuarbeiten.

Der nächste war Tom Lambert, der bereits in mehreren Fällen mit Petrocelli zusammengearbeitet hatte.

Peter Gelbblum war ebenfalls Partner von Mitchell, Silberberg & Knupp. Er und Petrocelli waren befreundet. Beide waren Absolventen der Southwestern Law School – Petrocelli als Bester seiner

Klasse, ein Jahr später hatte Gelbblum dasselbe erreicht. Während des Strafprozesses hatten sie gewitzelt, daß Marcia Clark nur im Mittelfeld von Petrocellis Klasse gewesen war. Jetzt fragte Gelbblum Petrocelli, ob er im Team mitarbeiten dürfte. Großartig, Petrocelli war einverstanden.

Cochran hatte im Vorfeld der Presse gegenüber arrogant und siegessicher erklärt, Bob Baker würde der beste Anwalt im Gerichtssaal sein.

Am 31. Oktober 1995 prallten die beiden Teams zum ersten Mal aufeinander. Simpsons Anwälte hatten beantragt, diesem seine gesamten beschlagnahmten Besitztümer wieder auszuhändigen, nachdem er freigesprochen worden war. Das entsprach geltendem kalifornischen Recht. Petrocelli und seine Kollegen fürchteten, daß all die Beweismittel wie seine Gepäckstücke, Kleidung, Golfschläger, blutigen Socken, der falsche Bart usw. verschwinden und nie wieder auftauchen würden. Simpson hatte eine Liste eingereicht, die sämtliche Gegenstände verzeichnete, die er zurückerhalten wollte. Unter sich bemerkten Petrocelli und seine Kollegen sarkastisch, er würde auch noch die blutigen Handschuhe zurückfordern, und überprüften sogar die Liste daraufhin. Aber so weit ging Simpson nicht. Petrocelli stellte der Staatsanwaltschaft und der LAPD gerichtliche Anweisungen zu, das gesamte Beweismaterial auszuhändigen. In dem Saal, in dem Simpson nicht einmal einen Monat zuvor freigesprochen worden war, fand vor Richter Ito die Verhandlung über die Anträge statt. Weil besondere Umstände vorlägen, forderte er, Ito solle die Beweisstücke zurückhalten und die Entscheidung Richter Haber, dem zu diesem Zeitpunkt designierten Zivilrichter für den bevorstehenden Prozeß, überlassen. Für Simpson vertrat Carl Douglas vehement den Herausgabeanspruch seines Mandanten. Ito war spätestens seit dem Urteil mit vernichtender Kritik für seine Verhandlungsführung überzogen worden. Ob Ito ein schlechtes Gewissen hatte oder Wiedergutmachung betreiben wollte, zum Erstaunen aller entschied er für Goldman. Haber würde die endgültige Entscheidung treffen, bis dahin würden die Gegenstände nicht an Simpson herausgegeben werden. Cochran, der während der Verhandlung selbstsicher lächelnd an der Rückwand im Gerichtssaal gelehnt hatte, wirkte konsterniert. Gleich die erste, wenngleich kleine Schlacht war für sein Team verlorengegangen.

In der Kanzlei wurde ein „Kriegsraum“ speziell für den Fall eingerichtet. Die logistische Arbeit in der Vorbereitungsphase war gewaltig. So mußten beispielsweise alleine 50.000 Seiten Protokolle des Strafprozesses kopiert werden. Das Gericht wollte einen Dollar pro Seite, also kopierte man selbst. Die Kosten explodierten dennoch in allen Bereichen. Durch den Fonds der Marciano-Brüder und private Unterstützungen kamen immerhin 1,2 Millionen Dollar zusammen, Geld, mit dem man arbeiten konnte.

Es existierten vier Zivilrechtsklagen, die koordiniert und unter einer Führung vereint werden mußten, um erfolgreich sein zu können. Fred Goldman und Sharon Rufo, die erste Frau von Fred und Mutter von Ron Goldman, klagten jeweils alleine, außerdem die Familie Goldman und die Familie von Nicole Brown-Simpsons.

Bei einem Fall wie dem vorliegenden gab es in Kalifornien zwei Formen der Klage. Die eine war die *wrongfull death* Klage (fehlerhafter Tod), die andere die *survival* Klage (Klage der Überlebenden). Ron Goldman war attackiert, geschlagen und mißhandelt worden. Hätte er überlebt, hätte er Schadensersatz *(damages)* verlangen können, außerdem auch *punitive damages* (einen Straf-Schadensersatz für die Tat). Da Ron den Anschlag nicht überlebt hatte, blieben nur die *punitive damages*. Das Nachlaßgericht hatte, weil Ron ohne Testament gestorben war, Fred Goldman legitimiert, die Sache vor Gericht zu bringen. Das Geld allerdings würde, so es denn zu einer Verurteilung kommen sollte, zwischen den Erben zu verteilen sein. Ron hatte keine Kinder und war nicht verheiratet gewesen, also waren seine Erben seine leiblichen Eltern zu gleichen Teilen, mithin Fred Goldman und Sharon Rufo. Sie hatte seit der Scheidung über viele Jahre hin weder Kontakt zu Fred noch zu Ron Goldman gehabt. Zur Beerdigung Rons war sie mit einem Anwalt erschienen, wenige Wochen später bereits hatte sie ihre eigene Klage eingereicht. Die Goldmans waren von ihrem Verhalten brüskiert, doch Petrocelli machte ihnen klar: Das Letzte, was sie brauchten, war, schmutzige Wäsche in der Öffentlichkeit zu waschen.

Sharon Rufos Klage war eine Wrongfull-Death-Klage, eine weitere wurde von Fred Goldman eingereicht. Solche Wrongfull-Death-Klagen konnten von den Erben eines Verstorbenen erhoben werden, die den Verlust an finanzieller und emotioneller Unterstützung geltend machten, den sie in der Zukunft durch den Verstorbenen voraussichtlich erfahren hätten, wenn er nicht verschieden wäre. Petrocelli entschied, daß sie sich auf die Beziehung zwischen Vater und Sohn beschränken und nicht auf eine eventuelle finanzielle Unterstützung in der Zukunft abstellen sollten, um bei den Geschworenen nicht den Eindruck von Habgier zu erwecken.

Haupterben Nicoles waren ihre beiden Kinder, Sydney und Justin, die neun und sechs Jahre alt waren, als ihre Mutter ermordet wurde. Die Familie hätte für sie eine eigenständige Klage einreichen können, doch um die Kinder in jeder Beziehung zu schützen, entschieden sich die Browns dazu, dies zu unterlassen. Theoretisch könnten beide Kinder daher, sobald sie achtzehn Jahre alt wären, nochmals jeweils Klage gegen ihren Vater erheben! Die Familie Brown klagte auf Schadensersatz und Punitive Damages wegen der Mißhandlungen Nicoles durch Simpson.

Den Geschworenen würden daher zur Entscheidung letztlich folgende Fragen vorgelegt werden:

Hat O.J. Simpson Ron Goldman angegriffen und mißhandelt?

Hat er ihn getötet?

Hat er Nicole Brown-Simpson angegriffen und mißhandelt? Nicht gefragt werden würde hingegen, ob er Nicole getötet hatte.

Das Hauptproblem mit diesen vier Klagen war, daß die drei Parteien (die Goldmans, Sharon Rufo und die Browns) eigene Anwälte hatten. Sharon Rufo wurde von Michael Brewer vertreten, dessen Kanzlei viel Erfahrung und Erfolg in Wrongfull-Death-Prozessen aufweisen konnte. Der Bevollmächtigte der Browns war John Q. Kelly, ein früherer Staatsanwalt in Manhattan, ebenso erfahren und erfolgreich. Ein Anwalt mußte die Führung übernehmen. Brewer verstand, daß Fred Goldman in der Öffentlichkeit als moralisch integere Partei angesehen wurde und durch die Fonds und Unterstützungen über die finanziellen Mittel verfügte, die kostspieligen Vorarbeiten zu leisten. Also erklärte er sich bereit, auf dem Rücksitz Platz zu nehmen. Auch Anwalt Kelly, der mit Petrocelli vereinbarte, daß die Goldman Foundation die Kosten von Kellys Zeugen einschließlich der Vernehmungen, Mitschriften und nötigen Reiseauslagen übernehmen würde, trat hinter Petrocelli zurück.

Für Petrocelli begann eine Zeit, in der all seine Gedanken um den Fall kreisten, er lebte geradezu in diesem Verfahren. Seine Familie und seine Kinder sahen ihn kaum noch, zu privaten Gesprächen war er nicht mehr in der Lage. Jeden Abend sprachen er und Fred Goldman über die Ereignisse und Fortschritte, die der Tag gebracht hatte.

Am 15. November 1995 vereinigte Richter Haber die vier Fälle in einen und setzte den Prozeßbeginn auf den 2. April 1996 fest. Die offizielle Bezeichnung war nun: Sharon Rufo, et al. v. Orenthal James Simpson.

Auch Simpsons Team hatte die Initiative ergriffen und Anträge eingereicht, um zu verhindern, daß Simpsons Aussagen während der Deposition auf Video aufgenommen wurden. Sie sollten geheimgehalten und niemandem außerhalb des Prozesses zugänglich gemacht werden, um den Rechtsstreit mit möglichst wenig Aufsehen hinter sich zu bringen. Im Strafprozeß hatte Simpsons Verteidigungsteam ununterbrochen die Presse benutzt, um Stimmung gegen die Polizei, die Labore, die Zeugen der Anklage, gegen jeden zu machen, der nicht auf der Seite seines Klienten stand. Diesmal waren es Petrocelli und seine Mannschaft, die in der Öffentlichkeit massiv gegen Simpson vorzugehen gedachten und sich darin einig wußten mit Fred Goldman, dessen Ziel es war, daß nicht nur zwölf Geschworene erfuhren, was geschehen war.

An diesem Tag traf Petrocelli zum ersten Mal auf Bob Baker und war von dem grauhaarigen, gutaussehenden und redegewandten Mann beeindruckt. Er wirkte selbstsicher und war an seinem Tisch die dominierende Kraft. Die Verhandlung war hitzig, Baker ständig aggressiv. Petrocelli argumentierte, daß es nichts Geheimes, Privates in diesem Fall mehr gab, das es zu schützen galt. Man mußte schon auf dem Mars gelebt haben, um der Berichterstattung vom Strafprozeß entgangen zu sein.

Richter Haber entschied zugunsten der Kläger. Die Aussagen würden nicht versiegelt werden, Simpson konnte dabei auf Video aufgenommen werden, die allerdings der Öffentlichkeit nicht zugänglich gemacht werden durften. Trotz der Einschränkung: Auch die zweite Schlacht war für Simpson verlorengegangen.

Diese *depositions* sind ein wichtiger Teil des US-amerikanischen Zivilprozesses, für den es in Deutschland kein Äquivalent gibt. Sie gestatten es den Anwälten, vor der Hauptverhandlung durch Zustellung von gerichtlichen Anweisungen, Zeugen vorzuladen und zu zwingen, unter Eid Fragen zu beantworten, die protokolliert werden. Die Informationen haben maßgeblichen Einfluß auf die Strategie und Taktik des weiteren Verfahrens. Präzise ausermittelt, gibt es danach praktisch keine Überraschungen mehr, weil die Prozeßbeteiligten wissen, was die Zeugen aussagen werden.

Nach dieser Entscheidung intensivierten Petrocelli und sein Team die Vorbereitung und teilten den Fall auf. Gelbblum erhielt den Bereich der häuslichen Gewalt, Medvene die Polizei, Lambert übernahm Blut und DNA, Petrocelli selber den Bereich Motiv und Möglichkeiten, wobei ihnen bewußt war, daß es nicht, wie im Strafprozeß, passieren durfte, daß die von verschiedenen Anwälten präsentierten Teile nicht ineinander griffen und kein Gesamtbild ergaben. Sämtliche Zeugen mußten im Vorfeld freiwillig oder im Rahmen erzwungener Depositions erneut vernommen werden. Medvene hatte es dabei am leichtesten. Polizei, SID, sogar das FBI waren nur zu bereit, ihn zu unterstützen. Alle fühlten sich von Clark und Darden im Stich gelassen, waren zornig wegen deren Fehler.

Am 21. November 1995 erhielten alle Parteien die Erlaubnis vom Gericht, die körperlichen Beweismittel zu untersuchen, die sich bei der SID im Parker Center befanden, mithin alles, was aus Simpsons Haus, den Fahrzeugen usw. sichergestellt und beschlagnahmt worden war. Das gesamte Anwaltsteam der Kläger war anwesend, für Simpson nur Phil Baker und einer seiner Kollegen.

Anschließend trafen sich Petrocelli, Medvene, Lambert und Gelbblum mit Vannatter und Lange, die beide kurz vor ihrer Pensionierung standen. Die Polizisten waren verbittert, ihr Ruf war ruiniert worden, ohne daß sie von der Staatsanwaltschaft verteidigt worden waren. Sie erzählten von den vielen Beweismitteln, die die Staatsanwaltschaft nicht verwendet hatte, von der Vernehmung Simpsons am 13. Juni 1994, der Bronco-Verfolgungsjagd mit den Telefonaten, die Lange mit Simpson geführt hatte, den Schlüsseln zu Nicoles Haus, die bei Simpson gefunden worden waren. Selbstverständlich würden sie als Zeugen zur Verfügung stehen.

Medvene und Petrocelli hatten auch ein kurzes Gespräch mit Darden. Er wirkte niedergeschlagen, wußte wohl, daß er und Clark versagt hatten. Ito hat den Prozeß ruiniert, sagte er, er ließ sie alles fragen, was sie wollten. Nach einer halben Stunde war das Gespräch mit Darden beendet.

Marcia Clark wich einem Treffen über mehrere Tage hinweg aus. Petrocelli hatte das Gefühl, daß sie in ihr Leben zurückfinden und nicht mehr in den Simpson-Fall hineingezogen werden wollte. Er rief sie nicht mehr an.

Der seinerzeit aus Krankheitsgründen ausgeschiedene Bill

Hodgman verhielt sich anders, kooperativ. Wir haben Fehler gemacht, berichtete er. Wir haben nicht zusammengearbeitet, machen Sie nicht denselben Fehler. Jeder ging in seinem Bereich zu sehr ins Detail, es fehlte die große Linie.

Petrocellis Team besichtigte den Tatort in Bundy. Alle waren schockiert, als sie feststellten, wie winzig klein die Fläche war, auf der die Morde stattgefunden hatten. Goldman war wie in einem Käfig gefangen gewesen, hinter ihm der Zaun, seitlich Zweige eines Baumes, die den Weg zu der hinteren Allee versperrten. Es gab so wenig Platz, daß es schwierig gewesen sein mußte, die Hände zur Verteidigung einzusetzen. Simpson war ein kräftiger Athlet. In seinem Sport hatte er Männer von 150 kg Gewicht über den Haufen gerannt. Niemals konnte dieser Kampf fünfzehn Minuten gedauert haben, wie es Simpsons Team im Strafprozeß behauptet hatte, um die Zeitlinie der Staatsanwaltschaft zu Fall zu bringen, und wie es im Zivilprozeß sicherlich wieder behauptet werden würde.

Als nächstes engagierte Petrocelli Decision Quest, die Firma des Dr. Donald Vinsons. Anders als Clark wollte er bei der Auswahl der Geschworenen nicht seinen Instinkten vertrauen.

Am 14. Dezember 1995 nahm Petrocelli die erste Deposition. Ein gewaltiges Medienaufkommen hatte sich vor dem Trident Center versammelt, in dem die Kanzlei ihre Büroräume unterhielt. „O.J. II“, wie der Zivilprozeß unter den Reportern bereits genannt wurde, trat in die heiße Phase ein.

Paula Barbieri erschien mit drei Anwälten. Einen Monat zuvor hatte sie sich endgültig von Simpson getrennt. Sie hatte während des gesamten Strafverfahrens zu ihm gestanden, vielleicht, weil Simpson ihr für die Zeit danach ein ruhiges, idyllisches Leben versprochen hatte. Statt dessen war er nach seinem Freispruch mit einer Kamera-Crew des „Star Magazine“ bei ihr in Florida aufgekreuzt – 450.000 Dollar bekam er für die Bilder.

Gleichwohl war sie freiwillig nicht zu einer Aussage bereit gewesen. Man hatte ihr eine formelle Ladung *(subpoena)* zuzustellen. Paula, ihre Anwälte, Petrocelli und sein Team sowie der Court Reporter, der das Protokoll zu fertigen hatte, nahmen an dem großen Konferenztisch Platz. Die Videoaufzeichnungsanlage wurde angestellt. Kurz vor Beginn der Vernehmung erschien Simpson mit Phil Baker. Petrocelli empfing sie in der Vorhalle.

„Ich bin O.J.“, sagte Simpson lächelnd und streckte Petrocelli die rechte Hand hin. Petrocelli nahm sie automatisch und erwiderte den Händedruck. Sekunden später erst realisierte er, daß er soeben die Hand geschüttelt hatte, die den Sohn seines Klienten ermordet hatte. Simpson hatte ihn einfach überfahren. Nie wieder, versprach er sich, nie wieder.

Dann begann die Vernehmung. Paula Barbieri überlegte sich jede ihrer Antworten genau und versuchte, diese möglichst vage zu halten, wobei sie schwer ein- und ausatmete. Petrocellis Fragen wurden von einer Flut von Einsprüchen unterbrochen. Da kein Richter anwesend war und über diese direkt entscheiden konnte, mußte dies später nachgeholt werden; war ein Einspruch begründet, würden die Fragen und Antworten gestrichen werden, ansonsten nicht. Petrocelli ließ sich nicht beirren. Je mehr er mit seinen Fragen auf den Tag des Mordes zusteuerte, desto heftiger versuchten ihn die gegnerischen Anwälte vom Weg abzubringen. Es mußte etwas geben, über das alle außer ihm Bescheid wußten. Paula hatte zuvor berichtet, daß sie und Simpson von April 1993 bis April 1994 getrennt waren und danach versucht hatten, ihre Beziehung wieder aufzubauen.

„Und gab es eine Zeit, in der dieser Prozeß zu einem Ende kam?“ versuchte es Petrocelli.

„Ja.“

„Wann war das?“

„Am Morgen des 11. Juni.“

„Sonntagmorgen?“

„Ja.“

Paula hatte sich im Datum vertan. Sonntag war der 12. Juni gewesen, der Tag der Morde. Es war wie eine Bombe! Sie hatte soeben zugegeben, daß ihre Beziehung mit Simpson just am Tage der Morde endete. Cochran hatte im Strafprozeß immer wieder argumentiert, Simpson habe kein Motiv gehabt, seine Ex-Frau zu ermorden, auch weil er mit Paula Barbieri in einer glücklichen neuen Beziehung zusammengelebt habe.

„Haben Sie Mr. Simpson angerufen und ihm gesagt, daß sie die Beziehung beenden wollen?“ fragte Petrocelli.

„Ja.“

Die zweite Bombe! Es war Paula, die Simpson den Laufpaß gegeben hatte.

„Wo haben Sie ihn erreicht?“

„Ich habe ihn nicht erreicht, habe eine Nachricht hinterlassen.“

„Wo haben Sie die Nachricht hinterlassen?“
„Ich glaube, es war sein Autotelefon.“
„Es gibt einen Anrufbeantworter bei seinem Autotelefon?“
„Ja.“
„Wann haben Sie die Nachricht hinterlassen?“
„Ungefähr um 7.00 Uhr früh.“

Nun war es wichtig zu erfahren, ob und wenn ja, wann Simpson das Band abgehört hatte.

„Haben Sie irgendwelche Nachrichten von ihm am 12. Juni zurückerhalten?“ wollte Petrocelli wissen.

„Ja.“ Sie erinnerte sich, daß Simpson drei Nachrichten auf ihren Anrufbeantworter gesprochen hatte.

„Was war ihr Inhalt?“

„Daß wir am Abend zuvor noch davon gesprochen hatten, daß wir das Haus mit Babys füllen wollten und was nun verkehrt war.“

„Haben Sie das so verstanden, daß Mr. Simpson schon Ihre Nachricht abgehört hatte?“ fragte Petrocelli nach. Baker erhob Einspruch.

„Spekulativ“, unterbrach er.

„Sie können antworten“, beharrte Petrocelli.

„Ja“, sagte Paula. „Ich nehme es an.“

„In anderen Worten, vom Inhalt der Nachricht, die er hinterlassen hat, haben Sie verstanden, daß er Ihre Mitteilung schon erhalten hatte. Ist das richtig?“

„Ja.“

Die dritte Bombe. Paula hatte Simpson nicht nur am Morgen des Mordes verlassen, Simpson hatte diese Nachricht auch erhalten. Der 12. Juni 1994 hatte nicht gut für ihn begonnen.

Petrocelli schloß seine Vernehmung, indem er sanft fragte: „Und Sie haben ihn geliebt?“

„Ja, Sir“, erwiderte Paula noch sanfter. Petrocelli blickte sie an.

„Und Sie lieben ihn immer noch oder nicht?“

Paula vermied seinen Blick, zum ersten Mal an diesem Tag sah sie statt dessen direkt Simpson an.

„Ja, Sir.“

Simpson blickte auf. Ein dümmliches Lächeln breitete sich auf seinem Gesicht ausg. Er genoß es, wenn Frauen ihn liebten, Frauen ließen ihn nicht fallen, schließlich war er O.J. Er war sehr zufrieden mit ihrer letzten Aussage. Petrocelli ebenfalls. Paula hatte gezeigt, in wessen Lager sie stand. Niemand von Simpsons Team würde jemals ihre Antworten damit in Frage stellen können, sie sei gegen Simpson eingestellt gewesen. Für Petrocelli begann das Motiv für die Morde sich langsam, Puzzlestein für Puzzlestein, zusammenzusetzen.

Noch im Dezember kassierte Simpsons Team die dritte schwere Niederlage. Punitive Damages hängen, was die Höhe betrifft, von den Vermögensverhältnissen ab, weswegen die finanzielle Situation des Beklagten aufzuklären ist. Nach kalifornischem Recht muß der Kläger dafür belegen, daß seine Klage Aussicht auf Erfolg hat, um vom Gericht die Entscheidung zu erhalten, daß die Vermögensverhältnisse offenzulegen sind. Petrocelli argumentierte, daß im Strafprozeß die Anklage zur Hauptverhandlung zugelassen worden und vor die Jury zur Entscheidung gekommen war. Richter Haber stimmte zu und entschied für die Kläger. Bob Baker legte wütend sofort Beschwerde ein und verlor auch diese.

SEKTION

Die Deposition Simpsons wurde auf den 22. Januar 1996 angesetzt. Eines war unzweifelhaft: Simpson würde bei jedem wichtigem Punkt lügen, lügen und nochmals lügen. Über seine Beziehung zu Nicole, die Mißhandlungen, über alles, was negativ für ihn war. Er mußte dazu gebracht werden, sich auf Versionen festzulegen, aus denen er später während der Verhandlung nicht mehr herauskommen konnte.

Als der Tag näherrückte, verstärkten sich die Gerüchte, Simpson würde nicht erscheinen und lieber den Prozeßverlust in Kauf nehmen. Wenn sich die Medienaufmerksamkeit verflüchtigt haben würde, könnte er in sein normales Leben zurückzukehren versuchen. Fred Goldman war besorgt über diese Gerüchte, äußerte aber auch gegenüber Petrocelli: „Der Scheißkerl ist so arrogant, daß er denkt, er kann alle in die Tasche stecken."

Am Morgen des 22. Januar war der gesamte Vorplatz vor dem Trident Center überfüllt mit Kamera-Crews, Übertragungswagen, Reportern, Journalisten und Schaulustigen. Metalldetektoren waren im Gebäude installiert worden, Sicherheitskräfte überwachten alles. Laute Schreie „Da ist er! Da ist er!" und „Er ist hier! Er ist hier!" sowie tumultartiger Lärm kündigten an, daß Fred Goldman recht behalten hatte. Simpson erschien mit seinen Anwälten und seinem Bodyguard.

Kurze Zeit später nahmen alle im Konferenzraum Platz. Simpson setzte sich mit Bob Baker, Dan Leonard und Bob Blasier ans Ende des Tisches. Direkt links neben Simpson saßen Petrocelli, dann kamen Gelbblum, Medvene und ein weiterer Senior-Partner der Kanzlei, Arthur Groman, ihnen gegenüber die Anwälte John Kelly und Michael Brewer. Am anderen Ende des Tisches saß Fred Goldman, der zum ersten Mal mit dem Mörder seines Sohnes an einem Tisch saß. Er war ruhig, vermied es, Simpson anzusehen, hörte aufmerksam zu. Simpson wirkte gelassen, er streckte sich öfters. Fünfzehn Monate war er im Gefängnis gewesen, hatte sich nur noch mit seinem Fall beschäftigt. Er mußte annehmen, daß er das Material besser kannte als jeder andere.

Nach einigen Fragen über frühere Zeugenaussagen Simpsons kam Petrocelli auf das Verhör mit Lange und Vannatter am 13. Juni 1994 zu sprechen.

„Haben Sie die Wahrheit gesagt?"

„So gut ich es damals konnte, ja", erwiderte Simpson und ließ sich damit eine Tür offen. Petrocelli hatte Zeit, darauf zurückzukommen. Zunächst wechselte er das Thema.

„Mr. Simpson, hatten Sie am 17. Juni irgendwelche Informationen, die Sie zu glauben veranlaßten, daß Sie von der LAPD mit gefälschten Beweismitteln belastet wurden?"

„Nein", erwiderte Simpson einfach. Diese Antwort gefiel Petrocelli.

Dann fragte er ihn nach dem Abschiedsbrief, den Kardashian der Presse vorgelesen hatte.

„Und Sie haben ihn am Morgen des 17. geschrieben?"

Der Brief trug das Datum des 15. Juni.

„Ja."

Simpson vermied Augenkontakt mit Petrocelli. Er fixierte einen imaginären Punkt auf dem Konferenztisch. Sein Atem ging schwer, er sprach leise und ohne Energie. Frage um Frage wurde er ernster, fühlte sich sichtlich unwohler. Er schien innerlich wieder in die Zeit zurückzukehren, in der er den Brief geschrieben hatte. Petrocelli verstand, daß er einen wunden Punkt getroffen hatte.

„Sie waren selbstmordgefährdet in dieser Woche, richtig?"

„Sicherlich, ja. Ich dachte daran, das zu beenden, was ich fühlte."

„Was haben Sie gefühlt?"

Das war eine wichtige Frage. Was sollte Simpson antworten?

„Eine Menge Schmerz." Simpsons Stimme war kaum noch hörbar.

„Was für eine Art Schmerz?“
„Schmerz.“
„Schmerz weswegen?“
„Meine Frau war ermordet worden, und ich wurde angegriffen.“
„Von wem?“
„Den Medien.“

Petrocelli wunderte sich, daß dies das Beste war, womit Simpson nach so langer Zeit aufwarten konnte. Es belegte vor allem, wie eminent wichtig ihm sein öffentliches Ansehen war.

Nach einer Reihe weiterer Fragen zum Grund seiner Selbstmordabsichten mußte Simpson einräumen, daß er diesen nicht genauer anzugeben vermochte. Das genügte. Während der Verhandlung würde er damit nicht in der Lage sein, mit einer besseren Erklärung aufzuwarten, ohne sich in Widerspruch zu dieser Aussage zu setzen.

Als nächstes mußte Simpson zu Protokoll geben, seine Kinder Sydney und Justin erst zwei Tage nach den Morden gesehen zu haben. Danach räumte er unter Petrocellis Befragung ein, sich niemals zuvor mit einem falschen Bart verkleidet zu haben und behauptete außerdem, Ron Goldman nie getroffen zu haben.

Um 14.24 Uhr endete der erste Tag der Deposition Simpsons. Doch Petrocelli war das egal. Er würde sich Zeit nehmen, um Simpson unter Eid vor der Verhandlung zu befragen.

Kim Goldman, die ihren Bruder über alles geliebt hatte, war es nicht gestattet, mit im Raum anwesend zu sein. Sie wartete in einem Nebenzimmer und ließ sich in den Pausen informieren. Während einer dieser Unterbrechungen am ersten Tag musterte Simpson sie vom Türrahmen aus, ließ seinen Blick an ihr herauf- und wieder hinabgleiten, als befänden sie sich in einem Nachtclub.

„Tu... das... nicht!“ brachte Kim heraus. Es waren die einzigen drei Worte, die sie jemals zu ihm sprach.

Der zweite Tag brachte Petrocelli eine wichtige Erkenntnis über die Verhaltensweise Simpsons. Dessen Kokainkonsum in der Vergangenheit war ein offenes Geheimnis, das ihm den Spitznamen „Hoover“ eingebracht hatte. Petrocelli befragte ihn intensiv danach.

„Waren Sie im Juni 1994 ein Kokainkonsument?“
„Nein“, antwortete Simpson förmlich. Baker unterbrach ihn.
„Beantworten Sie das nicht. Sie ...“

Doch Simpson ignorierte ihn. „Nein“, wiederholte er.

„Die Antwort ist, Sie waren keiner?“

„Nein.“

„Im Mai 1994?“

„Nein.“

Baker unterbrach erneut. Petrocelli ließ sich nicht beirren.

„Haben Sie irgendwann zwischen Januar und dem 12. Juni 1994 Kokain genommen?“

„Nein“, erwiderte Simpson, ohne Baker zu beachten, der inzwischen schrie: „Ich weise Sie an, nicht auf ...“

„Nahmen Sie ...“, setzte Petrocelli fort. Baker unterbrach ihn. „Bin ich eine eingetopfte Pflanze?“

„Nahmen Sie irgendwelche Amphetamine in dieser Zeit?“ fuhr Petrocelli einfach fort.

„Nein.“

Baker zitterte vor Zorn und war kurz davor, aufzustehen und zu gehen. Erst jetzt war Simpson bereit, den Anweisungen seines Anwaltes zu folgen.

„Es tut mir leid“, sagte er in Richtung Bakers.

Petrocelli war klar geworden, daß Simpson alles stur verneinen würde, was sich ungünstig auf seine öffentlichen Ansehen auswirken konnte, gleichgültig, was seine Anwälte ihm rieten, egal, wie viele Zeugen das Gegenteil bekunden konnten. Er würde, wie in seinem früheren Sport, den Kopf nach unten nehmen und damit gegen die Mauer seiner Gegner rennen. Das war gut zu wissen.

Dann kam Petrocelli auf die Verletzungen an Simpsons linker Hand zu sprechen.

„Und wie erlitten Sie den Schnitt am Mittelfinger?“ wollte er nach einigen Fragen wissen. Simpson antwortete so leise, daß er kaum zu verstehen war, man bat ihn, lauter zu sprechen.

„Ich zerbrach ein Glas, als ich in Chicago war, und während ich es aufräumte, habe ich mich sicherlich geschnitten.“

„Können Sie sich daran erinnern, Ihren Finger geschnitten zu haben?“

„Ich erinnere mich, geblutet zu haben.“

Petrocelli fragte nochmals nach, Simpsons Antwort blieb vage.

„Wie genau haben Sie sich mit dem Glas geschnitten?“

„Ich versuchte, das Glas aus dem Waschbecken mit etwas Toilettenpapier und, ich glaube, einem Handtuch zu holen.“

„Ein Trinkglas?“

„Ja.“

Simpsons Stimme war dumpf, er blickte während der gesamten Fragen nicht zu Petrocelli, konzentrierte sich auf seine Antworten.

„Wie ist das Glas zerbrochen?"

„Ich weiß nicht. Ich war ... Ich weiß nicht. Ich war außer mir, und ich machte ein paar Sachen, und das Glas zerbrach, und ich ging immer wieder zu dem Telefon, und vielleicht habe ich es heruntergeworfen. Vielleicht habe ich es zerschlagen. Ich weiß es wirklich nicht."

Petrocelli ging methodisch vor, wiederholte seine Fragen, um Simpson zu präziseren Angaben zu zwingen, fragte Details ab, umsonst. Er war eine seltsame Erkenntnis, etwas, das Petrocelli nicht vermutet hatte – Simpson war ein schlechter Lügner. Es wäre für ihn leicht gewesen, etwa zu behaupten, nach Erhalt der Nachricht vom Tode Nicoles im Zorn das Glas zerdrückt und sich dabei geschnitten zu haben. Statt dessen schützte er Erinnerungslücken vor.

Nach insgesamt über dreihundert Fragen allein hinsichtlich der Schnitte wirkte Simpson ausgelaugt, am Ende seiner Kräfte. Als Petrocelli ihn nach seinen Handlungen im Hotelzimmer vor dem Abflug nach Los Angeles fragte, mußte bei Simpson der Eindruck entstanden sein, die Befragung zu diesem ihm so unangenehmen Themas käme endlich zum Abschluß.

„Nun, an welchem Punkt während dieser Handlungen haben Sie Ihren Finger geschnitten?" fragte Petrocelli kalt. Simpson war fassungslos.

„Noch mal?!"

„Ja."

Simpson war nicht mehr Herr seiner Nerven. Die Venen an seinen Schläfen begannen zu pulsieren, und seine Gesichtsmuskulatur verkrampfte sich. Er griff sich ins Gesicht und strich sich mit der Hand etwas aus dem Auge, das wie eine Träne wirkte.

„Können wir eine Pause machen?" bat er. Baker eilte ihm zu Hilfe.

„Ja, sicher."

Bevor Simpson schwerfällig aufstand, das Mikrofon fahrig abnahm, auf den Tisch warf und hinauswankte, blickte er in Petrocellis Richtung, ohne Augenkontakt mit diesem aufzunehmen. „Jesus Christus!" entfuhr es ihm.

Die Anwälte Simpsons waren verärgert, daß ihr Klient sich gehenließ und Gefühle zeigte. Offenbar hatten sie entschieden, daß Simpson immer „cool" bleiben sollte. Was war der Grund für die strikten Regieanweisungen an ihren Schauspieler, überlegte Petrocelli? Vielleicht, daß sie ihn kannten und nicht wußten, wie er reagieren würde, wenn er seinen Emotionen freien Lauf ließ, mit anderen Worten: Was er dann tun würde!

Neun Minuten, nachdem Simpson um die Pause gebeten hatte, wurde die Vernehmung fortgesetzt. Simpson schien sich wieder im Griff zu haben, er wirkte beinahe wie jemand, der ein Beruhigungsmittel genommen hatte.

Am dritten Tag kam Petrocelli auf Paula Barbieris Nachricht zu sprechen, die sie ihm am Mordtag auf seinem Anrufbeantworter hinterlassen hatte.

„Nun, wann haben Sie Miss Barbieris Nachricht, die sie für Sie um 7.06 Uhr dagelassen hat, diese acht Minuten lange Nachricht, abgehört?“ wollte er wissen.

„Ich glaube nicht, daß ich das jemals getan habe“, erwiderte Simpson.

„Den ganzen Tag nicht?“

„Ich glaube nicht. Nein.“

Petrocelli konfrontierte ihn mit Paulas Aussage.

„Nun, als Sie diese Nachricht hinterlassen haben, haben Sie bestätigt, ihre frühere Nachricht, daß sie mit Ihnen Schluß macht, erhalten zu haben. Richtig?“

„Nein, das ist nicht korrekt.“

„Sie waren anwesend, als ich Ihre Deposition genommen habe?“

„Ja.“

„Und Sie hörten sie aussagen, daß sie Ihnen früh am Morgen eine Nachricht hinterließ, daß sie mit Ihnen abbrach. Richtig?“

„Ja.“

„Haben Sie diese Nachricht jemals abgehört?“ fragte Petrocelli nochmals lauernd.

„Ich glaube nicht“, erwiderte Simpson und füge dann hinzu: „... Ich habe diese Nachricht, daß sie mit mir Schluß macht, nie gehört, nein.“

Simpson legte sich damit unwiderruflich auf diese Antwort fest. Jetzt mußte ihm bewiesen werden, daß er die Nachricht erhalten hatte, um ihn der Lüge unter Eid zu überführen und seine Glaubwürdigkeit vor den Geschworenen zu vernichten.

Später an diesem Tag kam Petrocelli auf die Schnitte zurück, diesmal jedoch in anderem Zusammenhang.

„Und Sie wissen nicht eindeutig, ob Sie drei oder vier Schnitte an Ihrer linken Hand hatten, bevor Sie nach Chicago gingen. Korrekt?“ begann er.

„Ich sah sie nicht“, antwortete Simpson.

„Sagen Sie, daß Sie diese Schnitte nicht an Ihrer Hand hatten?“

„Ich sage, daß ich keine Schnitte an meiner Hand sah.“

„Sie können nicht sagen, daß Sie keine Schnitte an Ihrer linken Hand hatten. Korrekt?“

„Ich kann sagen, daß ich keine Schnitte an meiner Hand gesehen habe“, beharrte Simpson.

Nach dem dritten Tag der Vernehmung gab Simpson dem Kabelsender Black Entertainment Television sein erstes Fernsehinterview seit den Morden. Es war das Startzeichen für seine Promotion Tour in Sachen Unschuld. Simpsons 29,95 US-Dollar Video, in dem er beteuerte, nichts mit den Morden zu tun gehabt zu haben, war auf dem Markt und verkaufte sich prächtig. Petrocelli nahm Kontakt mit dem Chefredakteur der juristischen Abteilung der „Los Angeles Times“, Henry Weinstein, auf. Sie verabredeten, daß Petrocelli der Zeitung Informationen über die Deposition Simpsons zukommen lassen würde, die umfangreich berichten würde. Petrocelli wußte, daß das nur gut für seinen Fall sein konnte und war nicht bereit, auch nur einen Fuß breit auf den Nebenkriegsschauplätzen zurückzuweichen.

Am fünften Tag kam Petrocelli auf die Bruno Magli Schuhe zu sprechen.

„Es gibt Schuhe, die Sie vor Nicoles Tod getragen haben und deren Hersteller- oder Markennamen Sie nicht kennen. Korrekt?“

„Ja, korrekt.“

„Also würden Sie nicht wissen, ob solche Schuhe, deren Namen Sie nicht kennen, Bruno Maglis waren. Korrekt?“

„Ja.“

Kein schlechter Beginn. Wie sollte Simpson jetzt noch ausschließen können, jemals Bruno Magli Schuhe besessen zu haben?

„Haben Sie jemals Schuhe gekauft, von denen Sie wußten, daß es Bruno Magli Schuhe waren?“

„Nein.“

„Woher wissen Sie das?“ fragte Petrocelli.

„Weil ich weiß, daß, wenn Bruno Magli Schuhe macht, die so aussehen wie die Schuhe, die Sie im Gericht hatten, das in diesen Fall involviert war, ich niemals solche ugly-ass (wörtlich: häßlicher Arsch) Schuhe besessen hätte“, erwidert Simpson. Das also war sein vorbereiteter Clou. Eine Phrase, die ihm einen Lacher bei den Geschworenen bescheren sollte.

„Warum waren das ugly-ass Schuhe?“ wollte Petrocelli wissen. Simpson hatte keine rechte Erklärung. Petrocelli forschte weiter. Simpson mußte einräumen, daß es nichts Spezielles gab, nur allgemein ästhetische Gründe. Für Petrocelli wichtig war nur, daß Simpson sich mit seinem farbigen ugly-ass Ausdruck an die Aussage gekettet hatte, niemals Schuhe der Marke besessen zu haben, die der Mörder getragen hatte.

Simpson und Anwalt Baker zeigten deutliche Ermüdungserscheinungen. Als am siebenten Tag am Anfang der Sitzung routinemäßig nach den Namen der Anwesenden gefragt wurde, die sich identifizieren und angeben mußten, wen sie vertraten, sagte Petrocelli wie üblich in die Videokamera: „Daniel Petrocelli für den Kläger Fred Goldman.“ Die anderen Anwälte stellten sich entsprechend vor. Als die Reihe an Baker war, bemerkte dieser sarkastisch: „Bob Baker, als Geisel gehalten, siebter Tag, für O.J. Simpson.“

Petrocelli fragte die übrigen Felder ab, die ihn interessierten. Auf die Handschuhe angesprochen, erklärte Simpson, er wisse nicht, ob er jemals Aris Leather Light Isotoner Handschuhe getragen habe, räumte jedoch ein, daß dies der Fall gewesen sein könnte.

„Sie trugen warme Handschuhe, die eng anliegen. Richtig?“

„Wenn sie passen, passen sie. Wenn sie nicht passen, passen sie nicht. Ich weiß nicht, was eng anliegend bedeutet.“

Später erläuterte Simpson, daß er am Ende jeder Saison seiner Football-Berichterstattungen seine Kleidung in New York verschenkte. Petrocelli wollte wissen, an wen.

„Einige an einen Typen namens Fuhrman, ob Sie es glauben oder nicht ...“

„Sie sagen nicht, daß Sie ein Paar Aris Light Handschuhe Mr. Fuhrman gaben oder doch?“ belustigte sich Petrocelli. Baker unterbrach ihn sofort.

„Antworten Sie nicht darauf!“ wies er seinen Klienten an, bevor er sich zu Petrocelli wandte. „Obschon das eine großartige Frage ist.“

„Ich konnte ihr nicht widerstehen“, bemerkte Petrocelli.

Schließlich kam er zu den Schweizer Armeemessern. Simpson

gab zu, für den Hersteller Forschner tätig gewesen zu sein. Welche Art Messer Forschner mache? Schweizer Armeemesser. Ob er welche besessen habe? Ja. Wo sie sich befänden? Überall, er habe sie als Geschenke verteilt.

„Waren sie in Kisten?“ Petrocelli war auf der richtigen Spur, obwohl er zu diesem Zeitpunkt noch nichts von dem Fund Fuhrmans wußte, den dieser am Tage nach den Morden in Simpsons Badezimmer gemacht hatte.

„Die meisten von ihnen, ja“, antwortete Simpson.

Als Petrocelli seine Deposition Simpsons nach neun Tagen beendete, war Simpson ohne Energie, keine Spur mehr charismatisch. Trotz der Videokamera, die die gesamte Zeit auf ihn gerichtet gewesen war, hatte er Augenkontakt vermieden, schwer geatmet, nach unten geblickt. Das war alles andere als der Auftritt, den Petrocelli befürchtet und erwartet hatte.

Danach wurde Simpson noch zwei weitere Tage von Brewer befragt. Brewer kam nochmals auf die Schnittverletzungen zurück, ob Simpson etwas überempfindlich gewesen sei, als er das Blut an seiner Hand gesehen habe und sich deshalb nicht mehr erinnern könne?

„Nein. Meine Gedanken waren bei anderen Dingen, die wichtiger waren“, erklärte Simpson.

„Das war Nicole, der Verlust Ihrer Ex-Frau?“

Baker unterbrach. „Er hat darüber schon mehr als fünfzehnmal gesprochen!“

„Nun, ich weiß nicht, ob es seine Reisevorbereitungen waren oder seine Ex-Frau.“

„Sie sind jetzt wirklich ein Arschloch“, meinte Simpson.

Zehn Minuten später wurde Brewer auch von Baker so tituliert. Petrocelli fragte sich, warum ihm dies nicht widerfahren war. Er konnte sich nicht helfen, aber er war eifersüchtig auf Brewer.

Nach elf Tagen Vernehmung durfte Simpson die Kanzlei verlassen.

EIN EHRENWERTER MANN

Faye Resnick war nicht nur während des Strafprozesses für Simpsons Verteidigung interessant. Auch jetzt wurde das Team nicht müde, unaufhörlich in den Medien zu behaupten, die Antwort auf

Nicoles Tod sei in der Drogenwelt ihrer Freundin Faye Resnick zu suchen. Marcia Clark hatte u.a. auf sie als Zeugin verzichtet, weil sie der Ansicht gewesen war, daß Faye ihre Glaubwürdigkeit dadurch verloren hatte, daß sie, anstatt sich zur Verfügung zu stellen, ein Buch geschrieben hatte.

Bevor Petrocelli sich entschloß sie zu vernehmen, sprach er mit Freunden Nicoles, Kris Jenner und Cynthia Shahian, über ihr Buch. Sie bestätigten, daß die darin geschilderten Ereignisse wahr klangen. Als Faye in New York in Begleitung zweier Bodyguards zu ihrer Vernehmung erschien, war für die Verteidigung nur Dan Leonard anwesend, nicht einmal Simpson selber. Faye schilderte, daß sie und Nicole seit 1992 enge Freundinnen waren, der Zeit der Scheidung Nicoles von Simpson. Von 1991 bis einen Monat vor Nicoles Tod hatte sie keine Drogen mehr genommen, danach für etwa 200 Dollar Kokain konsumiert. Nicole und andere Freunde hatten ihr daraufhin eine Drogenkur besorgt, und zwei Wochen vor den Morden war sie deshalb aus Bundy ausgezogen, wo sie zuletzt mit Nicole gewohnt hatte.

Sie hatte Simpsons Wutanfälle persönlich miterlebt. In einem Sushi-Restaurant in Hermosa Beach war Simpson alleine bei der Erwähnung des Namens eines Mannes, mit dem sie sich getroffen hatte, durch Nicole so zornig geworden, daß er sie in der Öffentlichkeit angebrüllt hatte. „Es war, als ob eine andere Person in ihn gefahren wäre und es war, als würde man einen besessenen Mann betrachten ... Sein Kiefer trat hervor, seine Zähne waren zusammengepreßt, Schweiß strömte aus seinem Kopf ... Er schwitzte durch seine Kleidung. Seine Augen wurden eng und schmal. Er wurde – der einzige Weg, um es zu beschreiben – animalisch, sobald er wütend auf Nicole war. Es geschah innerhalb von Minuten ... Er wurde überlebensgroß ... Ich kam mir sehr klein und unwichtig vor. Ich hatte Angst um mich selber“.

Sie sprach über Nicoles Verhältnis mit Marcus Allen. Nicole hatte es Simpson selber gestanden, während sie versucht hatten, wieder zusammenzukommen. Doch Faye wußte, daß dieses Verhältnis wenige Wochen vor ihrem Tod wieder aufgeflammt war. Als Faye eines Tages an Nicoles Haus vorbeigefahren war, hatte sie Marcus Allens Wagen erkannt, der dort geparkt stand. „Ich hatte das Gefühl, daß sie damit ihre Ermordung startete.“

Nachdem Simpson Cabo verlassen hatte, um „Frogmen“ zu drehen, hatte Nicole noch dort eine kurze Affäre gehabt. Direkt vor der Rückkehr nach Los Angeles hatte ihr Nicole in einem

Restaurant in Palmilla zum ersten Mal das ganze Ausmaß der Mißhandlungen, Schläge und Drohungen berichtet. „Von dieser Nacht an war sie eine andere Person. Sie erinnerte sich an all die Mißhandlungen. Sie durchbrach die Gitter, die sie um die Mißhandlungen geformt hatte und durchlief eine Katharsis, indem sie darüber sprach ... Er hatte ihr Leben viele Male bedroht, damit gedroht, ihr die Kinder wegzunehmen. Er hatte sie zu oft geschlagen, um es zählen zu können, er hatte sie in einen Schrank eingeschlossen und sie mit einer Weinflasche geschlagen. Er hatte sie grün und blau geschlagen, ihre Rippen gebrochen, sie ins Krankenhaus geschickt, wo sie den Ärzten erzählen mußte, vom Fahrrad gefallen zu sein ... Er schlug sie, trat sie, gab ihr Ohrfeigen, zerrte sie an den Haaren, warf sie in den Schrank und ließ sie fünfzehn Minuten dort und dann kam er zurück und öffnete die Tür und sie dachte, er würde sie herauslassen und er schlug sie wieder und er setzte das die ganze Nacht lang fort ... Sie dachte, er würde sie in dieser Nacht totschlagen ... Sie erzählte mir über die Schläge während der Schwangerschaften, als er sie immer wieder in den Bauch trat und er sagte, daß sie wertlos sei ...“

So brisant Fayes Aussagen waren, so viele logische Fragen warfen sie auf. Was sie selber erlebt hatte, war ebenso verwertbar, wie das, was ihr Simpson mitgeteilt hatte. Doch dieser Teil machte kaum 20% aus. Die übrigen 80% bestanden aus dem, was Nicole ihr erzählt hatte. Und das war Hören-Sagen und damit ebenso wenig in den Prozeß einführbar wie das Tagebuch Nicoles.

Wie bei Faye Resnick verbrachte Petrocelli auch bei Kato Kaelin einige Tage damit, die Deposition vorzubereiten. Er erfuhr eine Menge interessanter Details. Trotz seines kalifornischen Beachboy-Aussehens war Kaelin wohl der naive „gute Junge“ aus der Provinz in Wisconsin geblieben, wo er geboren worden war. Er hatte Nicole kurz nach ihrer Scheidung von Simpson in Aspen im Dezember 1992 kennengelernt, beide waren Freunde geworden. Als sie nach Los Angeles zurückkehrten, bot Nicole ihm gegen eine geringe Miete und für gelegentliches Babysitten ihrer Kinder das Gästehaus in 327 North Gretna Green Way an, wo sie zu dieser Zeit lebte. Kato war einverstanden und zog bei ihr ein. Beide hatten oft zusammengesessen und sich über ihre Probleme unterhalten. Auch Simpson war dabei ein Thema. Während eines dieser Gespräche hatte Nicole, die eine Phobie vor Messern und Schneidegeräten hatte, ernst zu Kato gesagt: „Ich weiß, wie O.J.

mich töten würde. Mit einer Schere. Wenn O.J. mich jemals tötet, wird er damit davonkommen, weil er O.J. ist".

Im Januar 1994 erwarb Nicole ein neues Haus in Bundy. Dort gab es kein Gästehaus. Trotzdem bot sie Kaelin ein Zimmer im Haus an. Simpson und sie bemühten sich zu dieser Zeit wieder zusammenzukommen, weshalb Simpson nicht wollte, daß ein fremder Mann mit Nicole unter einem Dach lebte. Also bot er Kaelin einen seiner Gästebungalows in Rockingham mietfrei an.

Nach den Morden war Kaelin zu einer zentralen Figur in dem Verfahren geworden. Er war seinem Naturell nach ein Mensch, der Konfrontationen aus dem Wege ging. Außerdem sprach er ein schlechtes Englisch, baute seine Sätze nicht nach normalen grammatikalischen Regeln. Petrocelli war außerstande, einfache Antworten aus ihm hervorzubringen.

Petrocelli war davon beeindruckt, daß Kaelin nie Geld von den Medien für Informationen entgegengenommen hatte, obwohl ihm über eine Million US-Dollar angeboten worden waren. Und das, obwohl er kein reicher Mann war. Er kannte niemanden, der ein solches Angebot ausgeschlagen hatte.

Schließlich hatte Petrocelli die Idee. Bei jeder Frage sollte Kato die Frage wiederholen, ergänzt um eine Bejahung oder Verneinung. Kaelin lachte. Aber es war genau die richtige Methode für sein Problem. Von da an funktionierte die Vernehmung.

In der Nacht des 13. auf den 14. Juni 1994 war Kato, der sich bei einem Freund einquartiert hatte, nach Rockingham bestellt worden. Simpson hatte inmitten seines Familienclans auf der Couch gesessen, vor sich drei Fernseher, die alle auf Nachrichtensendungen eingestellt waren und in Richtung der Bildschirme geschrien. Eine blutige Bandage hatte sich um seinen Finger befunden.

„Kato weiß, wo ich war." Simpson hatte sich ihm zugewandt. „Ich war zu Hause, Kato weiß, wo ich war."

Kaelin war wortlos in die Küche geflüchtet und Simpson ihm dorthin gefolgt.

„Du sahst mich ins Haus gehen, nachdem wir von McDonald's zurückgekommen waren. Richtig? Du weißt, ich war im Haus", hatte Simpson versucht, ihn zu coachen. Kato hatte es geschafft, den Mut aufzubringen, die Wahrheit zu sagen. „Nein, O.J., ich habe nicht gesehen, wie du hereingegangen bist."

Am darauffolgenden Tage war Kaelin von Shapiro in Tafts Büro vernommen worden. Danach hatte Kato seine Sachen zusammengepackt und sich schleunigst aus dem Staub gemacht. „Ich dachte, mir könnte etwas passieren“, teilte er Petrocelli mit. Seitdem hatte er nie wieder mit Simpson gesprochen.

Bei der Deposition war diesmal auch Simpson anwesend. Petrocelli führte Kaelin durch die Ereignisse des 11. und 12. Juni 1994. Am Nachmittag des 11., berichtete Kaelin, war er zu seinem Bungalow gegangen, als Simpson ihn plötzlich gerufen hatte. Das war ungewöhnlich, denn Simpson beachtete ihn sonst kaum und pflegte ebenso wenig Kontakte zu ihm, sie waren weder Freunde noch auch nur gute Kumpel. Simpson hatte einen Film im Fernsehen gesehen. Nach einigen Minuten hatte er zu Kato gesagt: „Sieh dir diesen Teil an.“ Es war eine Sexszene gekommen, in der eine Frau einen Mann oral befriedigt hatte. Simpson hatte Kato darauf von Keith Zlomsowitch und Nicole erzählt, ein Thema, bei dem sich Kaelin unwohl gefühlt hatte.

Am Morgen des 12. Juni 1994 hatte Simpson sehr früh Golf gespielt, und es kam zu einer heftigen verbalen Auseinandersetzung mit einem seiner Partner auf der Runde, einem Filmproduzenten namens Craig Baumgarten. Von der Platzrunde zurückgekehrt, unterhielt er sich erneut eine Stunde lang mit Kato. Nach der Tanzveranstaltung seiner Tochter Sydney suchte Simpson zum dritten Mal an diesem Wochenende und zum zweiten Mal an diesem Tag Kontakt zu ihm. Eine viertel Stunde lang lamentierte Simpson, wie wütend er auf Nicole war, daß sie ein unangemessen kurzes Minikleid getragen habe, daß er sie der IRS (Steuerfahndung) melden werde und daß sie ihn die Kinder nicht sehen ließe. „Sie spielt hart mit mir“, hatte Simpson gesagt. „Es sind auch meine Kinder.“ Kato fühlte sich unwohl in seiner Haut und wußte nicht, wie er reagieren sollte. Um dem Gespräch zu entfliehen, hatte er schließlich Simpsons Erlaubnis erbeten, den Jacuzzi benutzen zu dürfen.

Als er sich anschließend in seinem Zimmer aufhielt, war Simpson plötzlich bei ihm aufgetaucht und beschwerte sich darüber, daß Kaelin die Düsen des Jacuzzi nicht ausgestellt hatte. Noch nie zuvor hatte er Kato in seinem Zimmer aufgesucht. Einige Minuten später kam er nochmals, diesmal um nach Geld zu fragen. Zur Erklärung hatte er angegeben, er wolle zum Abendessen gehen, habe jedoch nur Hunderter und wolle sich etwas Kleingeld für den Flughafen borgen. Kato, selber hungrig, hatte sich zu dem Abendessen miteingeladen. Simpsons Reaktion war ein gemurmeltes „Sicher“ gewesen. Um 21.10 Uhr waren die beiden Männer zu einem McDonald's drive-through gefahren. Als Geste hatte ihm Kaelin einen weiteren 20-Dollar-Schein ausgehändigt. Simpson hatte gezahlt und Kaelin das Restgeld zurückgegeben, was diesen erstaunte, weil Simpson seinen erst kurz zuvor gemachten Angaben zufolge das Kleingeld für den Flughafen benötigte. Aus Angst, den Bentley zu verschmutzen, wagte Kato es nicht, seinen Chicken-Sandwich im Fahrzeug zu verzehren. In Rockingham angekommen, begab er sich mit seinem Essen in sein Zimmer, während Simpson beim Bentley stehenblieb und keine Anstalten machte, ihm Gesellschaft zu leisten. Das war um 21.36 Uhr.

Für Petrocelli war klar, daß Simpson versucht hatte, sich ein Alibi zu verschaffen. Spätestens als er Kaelin in dessen Zimmer aufsuchte und nach dem Kleingeld fragte, mußte er bereits den Plan gefaßt haben, an diesem Abend seine Ex-Frau zu ermorden.

Kaelin erzählte weiter, daß er um 22.51 Uhr mit seiner Freundin Rachel Ferrara telefoniert hatte, als er die drei lauten Schläge an der Rückwand hörtee. „Haben wir ein Erdbeben?" fragte er. Ferrara verneinte. Darauf nahm Kato eine Taschenlampe und begab sich zur Rückseite der Bungalows, wobei er von Alan Park gesehen worden war, der mit der Limousine noch außerhalb wartete. Der Weg hinter den Bungalows war so finster, daß Kaelin der Mut verließ weiterzugehen. Statt dessen öffnete er Park und fragte auch diesen, ob sie ein Erdbeben hätten. Im Anschluß unternahm Kato noch einen zweiten Versuch, die Rückseite der Bungalows abzusuchen, brach aber auf halbem Wege ab, weil er sich fürchtete.

Während er und Park kurz darauf das Gepäck Simpsons einluden, war dieser in Blue Jeans und Jeanshemd erschienen. Kato bemerkte eine schmale rucksackartige Tasche in der Nähe des Bentley und wollte einladen. Simpson war ihm zuvorgekommen „Nein, nein. Ich werde sie nehmen", sagte er und verstaute die Tasche im Fahrzeug. Es war die Tasche, die niemals wieder gesehen werden sollte.

Später am Abend gab es dann den Anruf von Simpson, der ihm auftrug, die Alarmanlage im Haus scharf zu stellen.

Gegen 1.30 Uhr morgens hatte er Frauenabsätze auf dem Weg vor den Bungalows klackern gehört und geschlossen, daß es Arnelle war, die nebenan wohnte und wohl gerade nach Hause kam.

Danach war er eingeschlafen und durch die Polizei geweckt worden.

SHOPPING-TOUR

Petrocelli begab sich als nächstes auf „Shopping Tour" durch den Freundeskreis Nicoles.

Von Robin Greer, die Nicole bei der Scheidung von Simpson geholfen hatte, erfuhr er, daß sie und Nicole am 9. Juni 1994 ein Gespräch über den IRS-Brief Simpsons gehabt hatten, in dem dieser seiner Ex-Frau untersagt hatte, Rockingham weiter als Wohnsitz zu benutzen. Nicole hatte von Simpson 1985 eine Wohnung in San Francisco geschenkt bekommen und als Abfindung für die Scheidung rund 400.000 Dollar. Nach der Scheidung mietete sie das teure Grundstück in Gretna Green und entschloß sich, die Wohnung in San Francisco zu verkaufen. Mit dem Erlös und der Scheidungsabfindung erwarb sie daraufhin die Liegenschaft in Bundy und verfügte danach noch über etwa 90.000 US-Dollar in bar. Da sie die Wohnung in San Francisco mit erheblichem Profit verkauft hatte, wäre der Gewinn an sich zu versteuern gewesen. Das ließ sich nur umgehen, wenn sie eine neue Liegenschaft zur Vermietung erwarb. Der Erwerb Bundys erfolgte im Januar 1994, inmitten des Versöhnungsversuches mit Simpson. Nicole und er waren übereingekommen, daß Nicole Rockingham als ihren Wohnsitz anmeldete und Bundy als Vermietungsobjekt deklarierte. Nach dem endgültigen Bruch mit Simpson untersagte dieser ihr dann mit Schreiben vom 6. Juni 1994, Rockingham weiter als Wohnsitz anzugeben. Nicole entschied, Bundy zu veräußern und beauftragte eine Maklerin. Simpsons Drohung war nach hinten losgegangen. Anstatt sie in die Knie zu zwingen, hatte er sie weiter von sich getrieben. Wenige Tage später war sie tot.

Greer berichtete Petrocelli, daß es in Cabo gewesen war, wo Nicole sich entschieden hatte, mit Simpson definitiv zu brechen. Dort hatte sie auch eine kurze Affäre mit einem jungen Mann begonnen. Das war etwas, das Simpson bis ins Mark erschüttert hatte. Er war es, der Nicole aus ihrem Kellnerinnendasein in die Welt der Schönen und Reichen geführt, sie angekleidet, sogar ihre Brustimplantate bezahlt hatte. Sie war seine lebendige Trophäe geworden. Jetzt, da er im Jahre 1994 siebenundvierzig Jahre alt war und Arthritis hatte, warf sie in ihn weg und trieb es mit jüngeren Männern. Es mußte Simpson aufgefressen haben.

Am offenen Sarg, erzählte Greer, hatte Simpson geschluchzt und immer wieder wiederholt: „Es tut mir leid." Jeder habe verstanden, daß er sie getötet hatte, kommentierte Greer.

Am Ende riet Greer Petrocelli, sich bei den älteren Simpson-Kindern auf Jason zu konzentrieren, der ein sehr enges Verhältnis zu Nicole gehabt habe. Jason sei nie der Stolz und Liebling seines Vaters gewesen, weil er nicht in der Lage war, im Sport in dessen Fußstapfen zu treten. Mehr als einmal habe Nicole für ihn Partei ergriffen. Bei der Trauerfeier sei er tief erschüttert gewesen. Arnelle hingegen würde 100%ig zu ihrem Vater stehen.

Cynthia Shaian war eine Cousine Bob Kardashians und über dreizehn Jahre lang mit Nicole befreundet gewesen. Sie bestätigte, was Petrocelli bereits von den Mißhandlungen Nicoles wußte. Von ihr erfuhr er den Grund für den Versöhnungsversuch Nicoles mit Simpson. Im März 1993 hatten er und Nicole einen langen Spaziergang um Rockingham gemacht, währenddem sie Simpson sagte, daß sie wieder mit ihm zusammenkommen wolle. Sie habe später Cynthia erläutert, daß nach ihrer ersten Trennung von Simpson dieser sich an allen ihren Freunden und Verwandten, die von ihm abhängig waren, rächte: Er hatte die Haushälterin Maria entlassen, die mit einem Neffen von Nicoles Mutter verheiratet war, dessen Unterstützung Simpson ebenfalls eingestellt hatte, so daß dieser sein Pioneer Chicken Franchise verlor. Der Autohandel Lou Browns war ebenso den Bach hinuntergegangen wie die Reiseagentur ihrer Mutter. Ihre Schwester Denise durfte nicht mehr in einem von Simpsons Monarch Bay Bungalows leben. Nicole fühlte sich moralisch in der Schuld für die finanziellen Einbußen ihrer Familie, hatte ein schlechtes Gewissen und klagte auch, daß sie sich von ihrer Familie im Stich gelassen fühlte.

Für ihre Wiedervereinigung hatte Simpson zwei Bedingungen gestellt: Wenn er sie je mit einem anderen Mann erwischen würde, würde er sie töten. Und: Wenn er sie nicht haben könnte, dann niemand. Nicole war darauf eingegangen.

Das letzte Mal hatten Cynthia und Nicole sich am 11. Juni 1994 getroffen, um gemeinsam zu joggen. Nicole erzählte dabei, daß sie ein paar Hausschlüssel vermißte, worauf Cynthia sarkastisch erwiderte, wer diese wohl haben könne. Beide hatten gewußt, daß es Simpson war. Beim Abschied sagte Nicole: „Er liebt mich nicht. Er ist besessen von mir. Er wird mich töten, und meine Freunde werden mich verkaufen.“

Auch bei diesen Zeugenaussagen ergab sich wieder das Problem, daß es sich weitgehend um unverwertbares Hören-Sagen handelte. Was Petrocelli brauchte, war ein Zeuge, der ihm bestätigte, daß Simpson ihm erzählt hatte, daß Nicole ihre Beziehung beendet hatte. Das Gesetz nannte dies eine Party Admission (das Eingeständnis einer Partei). Und ein solches war verwertbar. Es war Nicoles Freundin Kris Jenner, die ihn wissen ließ: „Da ist eine andere Person, die Sie, glaube ich, anrufen sollten. Sein Name ist Alan Austin. Ich denke, er wird mit Ihnen sprechen."

Petrocelli war erstaunt. Austin war einer der engsten Freunde und regelmäßiger Golfpartner Simpsons.

„Im Vertrauen, er hofft, daß Sie ihn anrufen werden. Er möchte vorgeladen werden", fügte Kris hinzu.

Alan Austin war ein erfolgreicher Mann im Bekleidungsgeschäft gewesen, der sich zur Ruhe gesetzt hatte. Nachdem sie sich telefonisch verabredet hatten, suchte er Petrocelli in dessen Kanzlei auf. Petrocelli fragte ihn direkt: „Wo stehen Sie? Denken Sie, er hat es getan?"

„Ja, ich glaube, er war es", antwortete Austin geradeheraus.

„Waren Sie nicht einer der Leute, die auf seiner Seite während des Strafprozesses standen?"

„Ja, am Anfang, weil ich mir nicht vorstellen konnte, daß er es war."

Austin hatte Simpson oft im Gefängnis besucht und wie viele andere seinen Zusicherungen vertraut, daß er aussagen und alles richtigstellen würde. Als Simpson schließlich von seinem Aussageverweigerungsrecht Gebrauch gemacht hatte, fühlte er sich betrogen. Besonders angewidert habe ihn und viele der früheren Freunde das Ausspielen der Rassenkarte und daß Simpson nach dem Freispruch in schwarzen Kirchen Reden gehalten hatte.

„O.J. gibt einen Scheiß auf die schwarze Gemeinschaft!" sagte Austin scharf.

Es hatte ihn gewundert, daß Simpson extra von New York zu Sydneys Tanzveranstaltung geflogen war, um noch am selben Abend wieder zurück nach Chicago zu fliegen. Einen Monat zuvor hatte er sich nicht die Mühe gemacht, an der Erstkommunion seiner Tochter teilzunehmen, fünf Tage vor der Tanzveranstaltung hatte er nicht an Justins Schlußfeier von der Grundschule teilgenommen. Warum plötzlich diese Mühe? Petrocelli und Austin fühlten, was die Antwort war. Simpsons Reise hatte ein anderes Ziel.

Eine Woche nach ihrem ersten Gespräch trafen sich Petrocelli und Austin zum Abendessen. Austin bestätigte, daß Simpson

Nicole wiederhaben wollte. Im Mai hatte Simpson ihm erzählt, daß Nicole die Beziehung definitiv beendet hatte, erwähnte Austin beiläufig. Petrocelli zuckte zusammen. Das war es! Das direkte Eingeständnis Simpsons gegenüber einem Freund, daß nicht sie beide zu dem Entschluß gekommen waren, sondern Nicole ihn fallengelassen hatte. Austins Erinnerung an die Party Admission Simpsons war verwertbar!

Austins Ansicht nach war Marcus Allen ein wichtiger Grund für die Morde gewesen. Simpson und Allen verband eine außergewöhnliche Rivalität. Beide waren Running Backs im Football, hatten Rekorde gebrochen, den wichtigsten Preis im College-Football, die Heisman Trophäe gewonnen, waren in die Pro Football Hall of Fame gewählt worden. Aber im Gegensatz zu Simpson war der jüngere Allen noch aktiv.

Selbst beim Golfen, diesem Gentleman-Sport par excellence, hatte Simpson immer wieder zu betrügen versucht, bemerkte Austin angeekelt. Petrocelli schien es, als ob dies schon alleine ihn an Simpsons Schuld glauben ließ.

Austin stellte den Kontakt zu Pam und Allen Schwartz her. Auch Schwartz war einer der Geschäftsfreunde und Golfpartner Simpsons. Beide Eheleute waren intellektuell von Simpsons Schuld überzeugt, gefühlsmäßig aber nach wie vor nicht in der Lage, diese zu akzeptieren. Petrocelli las ihnen den Brief Nicoles vor, den sie kurz vor ihrer Scheidung Simpson geschrieben hatte und in dem sie all ihren Schmerz, die Mißhandlungen, Beleidigungen, denen sie ausgesetzt war, schilderte. Als er zum Ende gekommen war, weinten Pam und ihr Ehemann hemmungslos.

„Nicole hat das verborgen, sie sprach nicht über solche Dinge", sagten sie.

Bei einem Dinner in ihrem Haus stellten die Schwartz Petrocelli Jackie Cooper vor. Cooper war Tennislehrer im La Quinta Country Club in Palm Springs, wo Simpson mit Paula Barbieri das Memorial Day Wochenende zwei Wochen vor den Morden verbracht hatte. Simpson hatte mit Cooper eine Platzrunde Golf gespielt und ununterbrochen darüber gesprochen, daß Nicole ihn endgültig verlassen hatte. Er hatte auf Cooper einen völlig gebrochenen Eindruck gemacht. Paula war nach einem Streit früher als geplant abgereist, weil Simpson sich nicht um sie kümmerte. „Du liebst sie immer noch, oder etwa nicht?" hatte sie ihm an den Kopf geworfen, und Simpsons Antwort war: „Ja, das tue ich." Nach

Paulas Abreis hatte Simpson gegenüber Cooper erneut sein Klagelied angestimmt.

Damit hatte Petrocelli seine zweite Party Admission, die ein Zeuge bestätigen konnte.

Schließlich kam Petrocelli mit Bob Bender, einem weiteren früheren Geschäftsfreund Simpsons, in Kontakt. Bender erzählte ihm, daß Simpson am 9. Juni 1994 bei ihm in Long Island während seines New York Aufenthalts die Nacht verbracht hatte. Simpson war so depressiv, weil Nicole ihn verlassen hatte, daß Bender ihn nicht aus seinem Stuhl, in den er sich hatte fallen lassen, auf die Füße bekommen konnte. Party Admission und Zeuge Nr. 3.

Und dann war da noch eine Freundin Alan Austins, Donna Estes, die beim Memorial Day Dinner Tischpartnerin Simpsons gewesen war. Während des gesamten Essens hatte dieser nicht aufhören können, über Nicole und das Ende ihrer Beziehung zu klagen. „Sie ist die Liebe meines Lebens“, hatte er ihr gesagt. Damit hatte Petrocelli seine nächste Party Admission.

DER INNERE KREIS

Im Gegensatz zu den Freunden Nicoles und denen, die sich von Simpson abgewendet hatten, versuchte ein anderer Kreis, die Zustellung von Vorladungen zu vermeiden. Petrocelli engagierte eine Firma, die professionell Zustellungen vornahm, statt Erfolgen wurden nur Kosten produziert. Man kam nicht weiter.

Bis Steve Foster, ein 23jähriger Jurastudent, der ein Praktikum in der Kanzlei machte, seine Hilfe anbot. Irgendwann gab Petrocelli nach. Sollte er seine Chance haben. Petrocelli wußte nicht, daß Foster ein Geschenk des Schicksals an ihn war.

Craig Baumgarten war erfolgreicher Künstlermanager, angehender Filmproduzent und nach wie vor Golfpartner Simpsons. Er wurde das erste Opfer Fosters. Niemandem war es gelungen, zu ihm in sein Büro vorzudringen, Baumgarten hatte sich abgeschottet und seine Angestellten angewiesen, keine Unbekannten zu ihm vorzulassen. Foster erschien und bat darum, Baumgarten sprechen zu können. Die Empfangsdame blickte ihn fragend an. „Sie benötigen einen Termin“, sagte sie.

„Nun, wissen Sie, ich traf Mr. Baumgarten gestern mit meinem Onkel auf dem Golfplatz und er sagte, er habe ein großartiges Buch, das ich lesen müsse. Er wird sich nicht an meinen Namen erinnern, sondern an mein Gesicht. Kann ich kurz mal rein und das Buch mitnehmen?" erläuterte Foster unschuldig. Er war der Sekretärin sympathisch.

„Ich gehe und sehe mal nach", teilte sie ihm mit und stand auf. Foster wartete, bis sie um die erste Ecke gebogen war und lief ihr dann nach. Wie in einem Film drückte er sich an die Wand, peilte um die Ecke und wartete, bis sie in einen anderen Gang abbog. Dann wiederholte er sein Manöver, bis sie schließlich in ein Zimmer trat. Foster folgte ihr, ohne zu klopfen in den Raum und fand sich vor einem Schreibtisch, hinter dem Baumgarten ein geschäftliches Telefonat führte. Bevor dieser oder seine Sekretärin etwas unternehmen konnten, knallte Foster die Subpoena auf die Schreibtischplatte.

„Mr. Baumgarten, ich bin Steve Foster, und ich stelle Ihnen diese Ladung für Ihr persönliches Erscheinen zu. Sie sind geladen!"

Während Baumgarten in einen unkontrollierten Schreianfall ausbrach, verließ Foster sein Büro. Ähnlich einfallsreich ging er bei anderen Freunde und Partnern aus dem Simpson-Kreis vor. Trotz all ihrer Versuche, Simpson zu schützen, erfuhr Petrocelli von dessen Kreis wichtige Einzelheiten während der Depositionen.

Am 28. Februar trafen sich die Anwälte vor dem Vorsitzenden Richter des Los Angeles Superior Court West District in Santa Monica zu einer Status Conference, wie sie im amerikanischen Recht etwa einen Monat vor Verhandlungsbeginn vorgeschrieben ist. Petrocelli sagte, daß noch zu viel Arbeit vor ihm lag und beantragte, den Verhandlungsbeginn zu verschieben. Richter Perez bestimmte als Verhandlungsbeginn den 9. September 1996. Das Team der Kläger würde also genug Zeit haben, die Vorbereitungen abzuschließen.

In den darauffolgenden beiden Monaten drangen die Anwälte der Kläger zu dem innersten Kreis der Verbündeten Simpsons vor und nahmen Depositionen von Al Cowlings, Robert Kardashian, von den Kindern Jason und Arnelle, von Simpsons Privatsekretärin Cathy Randa sowie seinem Geschäftsanwalt Skip Taft.

Al Cowlings war gespalten; einerseits wollte er seinem Freund nicht schaden, andererseits war er nicht bereit, zu seinen Gunsten hemmungslos zu lügen. Cowlings und Simpsons Freundschaft reichte bis in deren Jugend zurück, die sie in San Francisco verbracht hatten. Beide waren in einer Jugendgang, den „Superiors", und Als Freundin Marguerite war später Simpsons erste Frau geworden. Im Football war es Cowlings Aufgabe, Simpson bei den Läufen vor gegnerischen Spielern zu schützen. Das prägte ihr Verhältnis auch im privaten Bereich. Allerdings war Cowlings auch sehr gut mit Nicole befreundet. Mehr als einmal hatte sie seinen Schutz und seine Hilfe in bezug auf Simpson gesucht und erhalten. Anwalt Kelly nutzte das in seiner Befragung geschickt aus, übte nicht zu starken Druck aus, und möglicherweise war das der Grund, weshalb er von Cowlings wertvolle Informationen erhielt. Daß Simpson nach der schweren Auseinandersetzung mit Nicole am Neujahrstag 1989 vor der Polizei aus Rockingham geflohen war, war bekannt. Doch Cowlings berichtete, was danach geschehen war. Einige Stunden nach seiner Flucht war Simpson im Fahrzeug eines Freundes nach Rockingham zurückgekehr, hatte dieses um die Ecke abgestellt, war über den Zaun geklettert, auf einem Schleichweg auf sein Grundstück gelangt und über den Hintereingang in das Gebäude.

Kelly durchfuhr es wie ein elektrischer Schlag. Hatte Simpson an jenem 1. Januar 1989 denselben Heimweg genommen wie fünfeinhalb Jahre später nach der Tat?

Kelly wollte wissen, was der Grund dafür war, daß Simpson damals nach Hause zurückgekehrt war. Cowlings antwortete, Simpson befürchtete eine Hausdurchsuchung durch die Polizei und wollte eine Schachtel mit Juwelen in Sicherheit bringen. Eine lächerliche Erklärung. In dieser Schachtel mußte sich etwas befunden haben, das die Polizei nicht finden durfte – Drogen. Doch er ließ Cowlings weiter berichten: Simpson hatte vorgehabt, denselben Weg zurück zum Fahrzeug zu nehmen und mit der Schachtel wegzufahren. Aber in der Dunkelheit hatte er die Schlüssel zum Wagen verloren, was für ihn, einen schwarzen Mann inmitten einer weißen Nachbarschaft, nachts mit einer Schachtel Drogen, gefährlich werden konnte. Simpson hatte die Schachtel loswerden müssen. „Er hat die Schachtel im Mülleimer eines Nachbarhauses versteckt", erzählte Cowlings. „Er sagte, er sei über den Holzzaun der Wattses gesprungen, der um Ashford herumführt, also ging ich dorthin ... Er ist etwa 1,20 m bis 1,50 m hoch. Ich weiß nicht genau. Also ging ich ungefähr dahin, wo er es gesagt hatte und ... Ich sah die Schlüssel ..."

Kelly faßte nach. „Erzählen Sie mir, was er Ihnen sagte, welchen Weg er nahm."

„Er ging über den Tennisplatz in den Hinterhof der Wattses."

„Okay. In Ordnung. Sagen Sie mir, was Sie taten, nachdem Sie die Schlüssel gefunden hatten."

Cowlings beschrieb den Weg, den er genommen hatte, bis er die Schachtel gefunden und an sich gebracht hatte.

Kelly wußte daß Simpson kein sehr erfindungsreicher Mann war. Er kopierte sein Verhalten, von dem er aus der Vergangenheit wußte, daß es einmal funktioniert hatte. Als er nach Rockingham zurückgekehrt war, hatte er das Auto nicht wie sonst am Ashford Tor abgestellt, war über den Nachbarzaun auf sein Grundstück gelangt, hatte das eine Mal seine Schlüssel verloren, das andere Mal den Handschuh und dann im Mülleimer der Nachbarn etwas verstaut, was nicht gefunden werden sollte. Für Kelly war der Weg der Mordwaffe damit klar. Nie im Leben hatte Simpson das Risiko auf sich genommen, diese mit sich nach Chicago oder sogar von dort wieder zurück nach Los Angeles zu nehmen. Doch die Kleidung, die er während der Morde trug, hatte er später loswerden müssen. Zum Beispiel mit der rucksackartigen Tasche an den Mülleimern beim Flughafen.

Robert Kardashians Deposition war wenig ergiebig. Es war deutlich zu spüren, daß er sich zunehmend von Simpson distanzierte, um seinen Weg in die Gesellschaft zurückzufinden. An einer Stelle beklagte er sich: „Das ist so hart für mich. Ich habe eine schwere Zeit. Ich bekomme keine Reservierungen in Restaurants. Menschen schneiden mich, ich kann nicht verstehen, warum mein Ruf so getrübt worden ist."

Petrocelli betrachtete ihn erstaunt. Am Tage nach den Morden war es Kardashian gewesen, der Simpsons Louis Vuitton Kleidersack von Rockingham zu sich nach Hause gebracht hatte, wo er monatelang aufbewahrt worden war. Den Kleidersack, in dem möglicherweise etwas war, das mit den Morden zusammenhing. „Sie müssen scherzen, Bob", entgegnete Petrocelli. „Jedesmal, wenn Sie sich umdrehen, sieht man sie mit einem Gepäckstück O.J. Simpsons. Was meinen Sie damit, Sie wissen nicht, weshalb?"

Das Interessanteste an Kardashians Aussage war die Episode mit Simpsons Golfsack, die sich am Tage nach den Morden zugetragen hatte. Dieser Golfsack war versehentlich nicht mit dem Flug von Chicago nach Los Angeles befördert, sondern mit einer späteren Maschine nachgeflogen worden. Als das Polizeiverhör Simpsons beendet war, war dessen erste Handlung, zusammen mit Kardashian zum Flughafen zu fahren, um den Golfsack persönlich abzuholen, obwohl American Airlines angeboten hatte, ihn direkt zu Simpson nach Hause zu bringen. Hatte sich auch in ihm etwas befunden? Oder Spuren von etwas, die es zu beseitigen galt?

Arnelle Simpson blieb bei ihrer Version der Ereignisse in der Mordnacht, die sie im Strafprozeß geschildert hatte, daß sie mit den Polizisten zum Vordereingang des Hauses gegangen war, um die Alarmanlage an einem Schlüsselschalter, der am Eingang angebracht war, abzustellen. Kato und die vier Polizeibeamten hatten allerdings bestätigt, daß sie das Gebäude durch den Hintereingang betraten, wo sich kein Schalter befand, und daß die Alarmanlage, die Kato auf Anweisung Simpsons nach dessen Abfahrt scharf geschaltet hatte, nicht angegangen war.

Wenn sich nicht fünf Personen irrten, bedeutete dies, daß jemand nach Simpsons Abfahrt noch im Haus gewesen war, jemand, der die Alarmanlage dafür abgeschaltet und nach seinem Verlassen des Gebäudes vergessen hatte, sie wieder zu aktivieren. Als die Polizei das Haus später am Morgen des 13. Juni 1994 durchsucht hatte, hatte sie eine Waschmaschine mit frischgewaschener Kleidung Simpsons und auch Arnelles gefunden. In Petrocellis Gedanken formte sich ein Bild: Simpson, der auf dem Weg zum Flugplatz eine ihm vertraute Person anruft und sie bittet, die Spuren zu beseitigen, die er in seiner Eile zurückgelassen hat.

Ein weiterer Zeuge, von dessen Aussage sich Petrocelli wenig versprach, war Skip Taft. Als Geschäftsanwalt Simpsons hatte er das Privileg, Fragen nach dem Inhalt vertraulicher Gespräche mit seinem Mandanten nicht beantworten zu müssen. Was sich dann abspielte, grenzte vor diesem Hintergrund allerdings an eine Sensation.

Vannatter und Lange hatten Schnittverletzungen nur am Mittelfinger Simpsons wahrgenommen. Erst Shapiros „hilfsstaatsanwaltschaftliche“ Befragung seines eigenen Zeugen Dr. Robert Huizenga im Strafprozeß hatte hervorgebracht, daß dieser am 15. Juni 1994, dem Tag seiner Untersuchung Simpsons, insgesamt elf Schnittwunden festgestellt hatte. Selbst an den Glasscherben in Chicago konnte sich Simpson unmöglich elfmal geschnitten haben. Doch die Zeit bis zu der Untersuchung durch Dr. Huizenga ließ die theoretische Möglichkeit offen, daß Simpson sich in den zwei dazwischenliegenden Tagen mehrfach geschnitten haben konnte.

Petrocelli erwartete denn auch keine brauchbare Antwort auf seine Frage, ob Taft am Montag nach den Morden irgendwelche

Schnittverletzungen an Simpsons Händen bemerkt hatte. Zu seinem maßlosen Erstaunen erwiderte Taft, daß dieser bereits im Parker Center zwei oder drei Schnittwunden bemerkt hatte, unter anderem auch die tiefe am vierten Finger. Petrocelli deutete auf eine der Fotografien, die Dr. Huizenga von Simpsons Händen gemacht hatte und die diese Verletzung dokumentierte.

„Sahen Sie diesen Schnitt an ihm während der Woche des 13. Juni?“ fragte er ungläubig nach.

„Ich könnte. Ich könnte ihn im Parker Center gesehen haben“, entgegnete Taft, dem sichtlich die Bedeutung seiner Antworten verborgen blieb. Baker wurde unruhig.

„Spekulieren Sie nicht“, wies er Taft an.

„Ja, ich glaube, dort war es wahrscheinlich, wo ich ihn gesehen habe.“

Petrocelli blieb beim Thema. Baker erhob mehrfach Einspruch, Taft solle nicht raten oder spekulieren. Umsonst. An Skip Taft ging alles vorbei.

„Ich sah den Schnitt“, berichtete er bezogen auf die Verletzung am vierten Finger Simpsons freimütig weiter. „Und dann sah ich den Schnitt auf seinem Fingerknöchel, auf seinem linken Fingerknöchel.“

Damit hatte Taft zwei Schnitte freiwillig und unbedrängt eingeräumt. In der Folge brachte ihn Petrocelli sogar noch dazu, einen dritten Schnitt zu erwähnen, auch wenn Taft einschränkte, daß er sich in bezug auf diesen nicht ganz sicher war. Wenn Simpson diese Verletzungen im Parker Center bereits gehabt hatte, dann war er der Mörder. Eine andere Möglichkeit existierte nicht.

Auch die übrigen Vorbereitungen für den Prozeß liefen auf Hochtouren. Ein besonderer Diskussionspunkt im Lager der Anwälte der Kläger war die Frage der Zeitlinie, die man den Geschworenen präsentieren sollte. Marcia Clark hatte auf das Hundegebell abgestellt und ihren Fall auf Gedeih und Verderb an die angenommene Mordzeit von 22.15 Uhr gekettet. Doch Robert Heidstra hatte seine Wahrnehmungen um 22.35 Uhr gemacht. Petrocelli und Goldman glaubten, daß dies die Mordzeit war. Für Goldman war das „Hey, hey, hey“, das Heidstra gehört hatte, genau das, was sein Sohn gesagt hätte, wenn er mit einer solchen Szene konfrontiert worden wäre.

„Wenn es die Wahrheit ist, dann soll es so sein“, entschied Petrocelli schließlich.

Aber diese Zeitlinie bedeutete ein großes Problem. Dr. Baden hatte im Strafprozeß ausgesagt, daß die Morde sich über fünfzehn Minuten erstreckt haben konnten, vielleicht länger. Das ließ Simpson nicht genug Zeit, um nach Hause zurückzukehren, sich umzuziehen und kurz nach 22.50 Uhr von Park und Kaelin gesehen zu werden. Es mußte alles schneller gegangen sein, viel schneller. Das Team brauchte einen eigenen Experten mit mindestens gleichwertiger Reputation wie Dr. Baden, der bestätigte, daß der Kampf in wenigen Minuten beendet gewesen sein konnte.

Am 14. März 1996 traf sich Medvene mit Dr. Spitz, dem Lehrer und Mentor Dr. Badens, im Wyndham Hotel in der Nähe des Flughafens von Los Angeles. Die beiden Männer gingen die Fotografien und Berichte der Autopsie und die Tatortbilder durch. Dr. Spitz entschied, daß Goldmans Aorta in dem Kampf sehr früh durchtrennt worden war und daß er durch die massiven inneren Blutungen schnell bewußtlos geworden war. Wie lange der ganze Kampf gedauert haben konnte? Eine oder zwei Minuten, legte sich Dr. Spitz fest.

DAS SCULL-FOTO

Am 15. April 1996 hielt sich John Kelly in seiner Kanzlei in New York auf, als ein Anwalt namens Conner aus Buffalo anrief und wünschte, zu ihm durchgestellt zu werden, weil er wichtige Informationen für den Simpson-Fall habe. Kelly nahm das Telefongespräch entgegen.

„Ich habe einen Klienten, der ein Foto von O.J. Simpson gemacht hat“, begann Conner und setzte dann hinzu: „Und Simpson trägt Bruno Magli Schuhe!“

Kelly konnte nicht glauben, was er hörte. War das Foto echt? Conner versicherte es; das Rochester Institute of Technology hatte es bereits untersucht und die Authentizität bestätigt.

„Ich möchte das Foto sehen“, beendete Kelly das Gespräch.

Am nächsten Tag erhielt er einen großen Farbabzug. Dieser zeigte Simpson bei einem Football Spiel am 26. September 1993. Die Schuhe, die er trug, waren deutlich zu erkennen. Sofort suchte Kelly das Bruno Magli Geschäft in der Fifth Avenue auf und zeigte dem Verkäufer das Foto.

„Absolut“, erwiderte der Mann. „Bruno Magli.“

Auf Anweisung Petrocellis sendete Medvene das Foto zu Bill

Bodziak, dem Schuhexperten des FBI. Die Antwort ließ nicht lange auf sich warten. Bei den Schuhen handelte es sich zweifelsfrei um Bruno Maglis. Aber damit noch nicht genug. Die Farbe in der Endzone des Stadions, wo Simpson entlanggelaufen war, als das Foto von ihm geschossen worden war, reflektierte an der Schuhsohle und enthüllte deren Muster – das Muster, das der Mörder am Tatort zurückgelassen hatte.

„Heilige Scheiße!" Zum ersten Mal in diesem Fall fühlte er sich wirklich aufgeregt.

Harry Scull, ein freier Fotograf, der es an jenem 26. September 1993 aufgenommen hatte, konnte noch mehr bieten. Im Herbst 1993 hatte Scull unter anderem genau dieses Foto dem Fachmagazin Pro Football Weekly angeboten. Die Zeitschrift hatte abgelehnt. Das Bild jedoch befand sich noch in den dortigen Archiven.

Kelly bat Scull, das Foto nicht zu verkaufen, um den Überraschungsmoment im Prozeß nicht zu gefährden. Aber Scull hatte die Aufnahme bereits an den National Enquirer veräußert.

Simpson kommentierte das Scull-Foto auf seine eigene Art: „Es ist eine Fälschung." Er blieb bei einer Aussage. Nie hatte er solche „ugly-ass" Schuhe besessen. Bob Baker ließ sich von seinem Mandanten überzeugen und verkündete gegenüber der Presse, daß die Verteidigung im Prozeß durch einen Experten beweisen würde, daß das Foto manipuliert sei.

Niemand konnte zu diesem Zeitpunkt ahnen, was wenig später entdeckt werden sollte.

Noch während Petrocelli sich durch Simpsons Kreis hindurcharbeitete, nahm Ed Medvene Fuhrmans Deposition in Sand Point, Idaho. Aufgrund des Strafprozesses hatte Fuhrman seine Karriere beim LAPD beenden müssen. In Idaho arbeitete er als Elektriker. Da das Verfahren gegen ihn wegen Meineides noch nicht abgeschlossen war, verweigerte Fuhrman die Antwort auf alle Fragen.

Einige Woche später erhielt Medvene einen Anruf Fuhrmans. „Nehmen Sie Kontakt auf zu meinem Partner Brad Roberts", sagte Fuhrman. „Roberts weiß eine Menge über den Fall", schloß er und hängte ein. Medvene verstand, daß Fuhrman den Klägern gerne helfen wollte, es nur nicht direkt konnte.

In dieser Zeit kämpfte sich Peter Gelbblum durch die Interviews mit Polizisten und anderen Zeugen. Vom Büro der Staatsanwaltschaft hatte Gelbblum kistenweise ungeordnetes Material erhalten, darunter auch Hunderte von Tonbändern, die meisten unbeschriftet, nicht geordnet, einfach in Kisten geworfen.

Jeden Abend, wenn er nach Hause fuhr, hörte er in diesen zwanzig Minuten Tonbänder, eines nach dem anderen. Jeden Morgen, wenn er seine vierzehnjährige Tochter zur Schule brachte, in diesen zwanzig Minuten ebenfalls.

Eines Morgens legte Gelbblum wieder ein neues Band in den Kassettenrecorder. Plötzlich erklang Tom Langes Stimme. Es war der Mitschnitt des Gespräches, das dieser mit Simpson während der Fluchtfahrt im Bronco geführt hatte, ein Gespräches, das von kurzen Unterbrechungen abgesehen, von 19.26 Uhr bis 20.45 Uhr gedauert hatte, neunundsiebzig Minuten lang. Gelbblum lauschte den Worten wie gebannt. Simpsons Stimme zeigte deutlich, daß er sich in tiefem Schmerz befand, während Lange unermüdlich versuchte, ihn zu beruhigen und zum Aufgeben zu zwingen. Gelbblum hörte die Dialoge zwischen den beiden Männern:

Simpson: „Hey, Sie waren ein guter Typ zu mir."

Lange: „Danke."

Simpson: „Und lassen Sie mich Ihnen sagen. Ich weiß, Sie tun Ihren Job."

Lange: „Ich weiß das zu würdigen."

Simpson: „Sie waren ehrlich zu mir von Beginn an, haben nur Ihren Job getan. Ich weiß, Sie machen einen guten Job."

An anderer Stelle hörte Gelbblum Simpson über den beabsichtigten Selbstmord mit Lange sprechen.

Simpson: „Ich bin der Einzige, der es verdient."

Lange: „Nein, Sie verdienen es nicht."

Simpson: „Ich werde verletzt werden."

Lange: „Sie verdienen es nicht, verletzt zu werden. Sie verdienen es nicht, verletzt zu werden."

Noch mehrere Male wiederholte Simpson im Laufe des Gespräches, daß Lange ein „guter Typ" sei und nur seinen Job tue und er, Simpson, der Einzige sei, der es verdiene.

Als Gelbblum zu Ende gehört hatte, war er den Tränen nahe. Das war der Mann, dessen Leben die Verteidigung mit dem Vorwurf gefälschter Beweismittel zu ruinieren versucht hatte! Der Mann, der neunundsiebzig Minuten lang professionell und unermüdlich darum gekämpft hatte, daß Simpson sich keine Kugel durch den Schädel jagte? Für Gelbblum stand fest, daß die Bänder einen vollen Beweis für Simpsons Schuld enthielten. Wäre er unschuldig gewesen, hätte er Lange anschreien müssen, den wahren Mörder zu suchen und zu finden. Statt dessen, einem Geständnis nahe, Simpsons wiederholtes: „Ich bin der Einzige, der es verdient."

Etwas blieb zu berücksichtigen, Simpsons Schmerz konnte auf die Geschworenen sympathisch, mitleiderregend wirken. Petrocelli entschied deshalb, daß sie im Prozeß nur eine Mitschrift der Dialoge verwenden würden.

Im Juli 1996 kam es unter den Anwälten zu einer Strategiediskussion, ob sie Simpson überhaupt als Zeugen aufrufen sollten oder nicht. Ed Medvene hatte Bedenken. „Die körperlichen Beweismittel belegen, daß er es war", meinte er. „Wir gewinnen unseren Fall ohne Simpson, mit der Forensik." Medvene befürchtete, daß Simpsons Charme die Jury einwickeln könnte. Außerdem würde die Verteidigung in der Lage sein, ihren eigenen Zeugen im Kreuzverhör während des Falles der Kläger, also inmitten der von diesen benannten Zeugen, zu befragen. Später dann konnte Simpsons Team ihn nochmals während ihres eigenen Falles, in dem sie ihre Zeugen präsentierten, aufrufen. Simpson würde also die Gelegenheit erhalten, zweimal auszusagen.

Petrocelli blieb bei seiner Meinung, daß sie selber Simpson aufrufen mußten. Wenn sie dies Baker überließen, wären sie nach dem Gesetz im Kreuzverhör auf Fragen beschränkt, die mit der direkten Vernehmung durch Baker zusammenhingen. Brachte Baker die für seinen Klienten verhängnisvollen Themen nicht auf, würden sie Simpson nie danach befragen können.

Peter Gelbblum stimmte Petrocelli zu, Medvene und Lambert waren noch nicht überzeugt.

Den Ausschlag gab Arthur Groman. Er war Seniorpartner der Kanzlei, ein Mann von fast achtzig Jahren, der seit 1944 Mitglied der Firma war. Seit damals hatte er viele wichtige Klienten der Kanzlei betreut, unter ihnen Howard Hughes, Edward G. Robinson, Jack Warner, Paul Newman, Mick Jagger, Warren Beatty. Alle Partner suchten bei wichtigen Fragen seinen Rat.

„Dan", sagte er zu Petrocelli, „denk nicht mal darüber nach. Du mußt ihn aufrufen, und du wirst ihn zerstören."

Groman verfaßte ein Memo, das er an alle verteilen ließ. Darin schrieb er unter anderem: „Wenn wir Simpson nicht aufrufen und Baker auch nicht und wir den Fall verlieren, gehen wir in die juristische Geschichte als noch schlechtere Juristen ein als Darden und Clark."

DIE LETZEN VORBEREITUNGEN

Nach kalifornischem Recht hat in einem Zivilprozeß jede Partei eine Möglichkeit, den für die Leitung des Verfahrens bestimmten Richter ohne Angabe von Gründen abzulehnen. Mitte Juli 1996 gab der Präsident des Superior Court, Richter David Perez, bekannt, daß Alan Haber als Vorsitzender für den bevorstehenden Prozeß ausgewählt worden war. Die Parteien erhielten vierundzwanzig Stunden, um zu entscheiden, ob sie ihn akzeptierten oder ablehnten.

Bob Baker hatte sich bereits monatelang über Haber und dessen Entscheidungen beschwert. Eines Tages hatte er Petrocelli gesagt: „Der Typ ist Geschichte. Setzen Sie nicht auf ihn, wir werden ihn herausläuten." Petrocelli hatte angenommen, Baker würde ihn nur gezielt mißinformieren.

„Um wieviel wollen Sie wetten?" hatte Baker gefragt. Petrocelli hatte 100 US-Dollar darauf gesetzt, daß Baker Haber nicht ablehnen würde, und die beiden Männer hatten sich die Hände geschüttelt.

Jetzt stellte sich die Situation so dar, daß Bakers Kanzlei in der Vergangenheit immer wieder einen bestimmten Richter in Santa Monica abgelehnt hatte, der als Ersatz für Haber zur Verfügung stand. Petrocelli überlegte, daß die Logik sagte, daß man früher oder später einmal genau bei diesem Richter enden würde, der vielleicht die vorherigen Ablehnungen nicht vergessen hatte. Also nahm er an, daß seine 100 Dollar gesichert seien.

Am frühen Morgen des nächsten Tages lehnte Baker Haber ab.

Am 26. Juli 1996 berief Perez Richter Hiroshi Fujisaki zum neuen Vorsitzenden für den bevorstehenden Prozeß. Nun war es an den Anwälten der Kläger zu entscheiden, ob sie die Wahl akzeptierten. Petrocelli hörte sich in seinem Kollegenkreis um. Fujisaki war sechzig Jahre alt, stand kurz vor seiner Pensionierung. Er galt als jemand, der den Anwälten gestattete, ihren Fall zu präsentieren, aber keine Zeit verschwendete und seine Prozesse vorantrieb. Das hörte sich nicht schlecht an. Den Ausschlag gab Bob Baker, der Petrocelli anrief.

„Wissen Sie, Dan", begann er, „lassen wir die Reiterei und sprechen wir von Mann zu Mann."

Bei Petrocelli gingen die Alarmglocken an. Wenn der Gegenanwalt so anfing, war größte Vorsicht geboten.

„Sie müssen Fujisaki ablehnen. Wir können diesen Fall nicht

vor ihm verhandeln“, fuhr Baker fort, ohne eine Begründung zu liefern.

Petrocelli verstand – Fujisaki war der Richter, der jahrelang von Bakers Kanzlei abgelehnt worden war!

„Bob, es war ein Fehler von Ihnen, Haber herauszuschmeißen“, sagte Petrocelli und hängte ein. Baker erhielt die 100 Dollar, die Kläger behielten Fujisaki.

Fujisakis erste Handlung war der Erlaß einer *gag order*; keinem der Anwälte und keiner der Parteien war es danach erlaubt, während der Dauer des Prozesses das Verfahren in der Öffentlichkeit und insbesondere gegenüber der Presse zu kommentieren. Als nächstes verbot Fujisaki Kameras im Gerichtssaal. Dieser Prozeß sollte keine Zirkusarena werden, nur eine Person würde das Sagen haben: Er selber.

Einen Monat vor Beginn des Prozesses veranstaltete Donald Vinsons Decision Quest auf Veranlassung Petrocellis ein Schauverfahren mit dreiunddreißig „Geschworenen“, die dem Jury-Pool des Santa Monica Districtes entsprachen. Bei Beginn befragt, ob sie glaubten, daß Simpson schuldig war, bejahten nur 55% die Frage. Petrocelli war erstaunt. Cochrans Mannschaft hatte einen brillanten Job gemacht!

Dann präsentierte Petrocelli den Fall der Kläger, indem er seine gesamte Strategie ausbreitete, die Beweise und die Erkenntnisse aus den Vernehmungen vorlegte. Die anschließende Abstimmung ergab, daß nunmehr 86% für eine Verurteilung stimmten, also mehr als die benötigten 75%.

Doch als nächstes übernahm Ed Medvene die Rolle von Simpsons Anwalt. Medvene kopierte die Argumente der Verteidigung im Strafprozeß und brachte darüber hinaus all das vor, von dem er und die Anwälte der Kläger annahmen, daß es von der Verteidigung auch im Zivilprozeß verwendet werden würde. Er stritt alles ab, setzte auf Fuhrman, Kontamination, gefälschte Beweismittel. Diesmal ergab die Abstimmung nur noch 57% für eine Verurteilung.

Die anschließenden Gespräche mit den Testpersonen ergaben, daß für die Schwarzen in der Schatten-Jury der Fall primär nicht davon zu handeln schien, wer Nicole und Ron ermordet hatte, sondern darum, was *vor* und *nach* dem 12. Juni 1994 geschehen war – es ging um das LAPD, die Ermittlungen, die schlechte

Behandlung von Schwarzen durch die Polizei. Niemand wollte die Ermittlungsbehörden unterstützen. Für diese Menschen stellte der Simpson-Fall die Möglichkeit zur Vergeltung dar.

Ein Mitarbeiter von Decision Quest fragte: „Lassen Sie jetzt alle Beratungen und Argumente und die Beweise weg. Vergessen Sie das alles. Wie viele von Ihnen denken, er war es?" Zweidrittel der Hände hoben sich. Das bedeutete, daß es eine Gruppe Menschen gab, die an Simpsons Schuld glaubte und dennoch nicht bereit war, ihn zu verurteilen.

Donald Vinson veranlaßte weitere Untersuchungen bei sechshundert repräsentativ ausgewählten Personen. Es stellte sich heraus, daß die schlechten Erfahrungen, die Schwarze mit dem LAPD gemacht hatten, alles überschatteten. Der generelle Konsens unter diesen Menschen war, daß die Polizei alles tun würde – natürlich auch lügen –, um einen schwarzen Verdächtigen festzunageln und daß der dickste Fisch von allen O.J. Simpson war. Diesen Menschen ging es weniger um ihn persönlich, er stellte ein Symbol dar – ein schwarzer Mann, der erfolgreich war in einer Welt, in der vor allem Weiße das Sagen hatten. Es ging um eine Abrechnung mit dem System, der Fall war zweitrangig. Eines ergab die Befragung in aller Deutlichkeit: Die Person O.J. Simpson war nicht unantastbar, die schwarze Kultur indes absolut. Was Petrocelli daran so beunruhigte, war, daß in dieser Unterstützung Simpsons das schwarze Amerika einen Lügner, einen Betrüger und brutalen Doppelmörder umarmte. Aber Petrocelli registrierte auch etwas anderes: Das schwächste Glied in dieser verhängnisvollen Kette war O.J. Simpson. Wenn es einen Weg zu einem Schuldspruch gab, dann führte dieser ausschließlich über seine Person, über seine Vernichtung im Zeugenstand.

Zur gleichen Zeit bereitete Simpson seinen Prozeß auf Wiedererteilung des Sorgerechtes für Sydney und Justin vor, die immer noch bei den Browns in Dana Point lebten. Simpson war in dem Strafverfahren von der Anklage des Mordes an deren Mutter freigesprochen worden. Als Vater der Kinder stand das Recht damit auf seiner Seite. Etwas anderes kam hinzu: Verlor er den Zivilprozeß, konnte Simpson immer noch gewinnen, vorausgesetzt, er hatte das Sorgerecht für seine Kinder. Die Klage der Browns lief im Namen der Erben Nicoles, also Sydneys und Justins. Sollte Simpson verurteilt werden, würde er den auf die Brown'sche Klage entfallenden Schadensersatzteil an seine Kinder zahlen müssen, für die er dann das Sorgerecht hatte, also den Betrag verwalten konnte.

Der Prozeß begann am 20. August 1996 im Betty Lou Lamoreaux Justice Center in Orange County. Die Browns setzten auf die Problematik der häuslichen Gewalt, Simpson darauf, wie die Browns seit den Morden von dem Tode ihrer Tochter finanziell profitiert hatten. Tatsächlich hatte Nicoles Vater das Hochzeitsvideo für 162.500 Dollar an A Current Affair verkauft und ihre Tagebücher für 100.000 Dollar an den National Enquirer. Und Dominique hatte von derselben Zeitschrift 32.500 Dollar für Oben-Ohne-Fotografien ihrer Schwester erhalten.

Peter Gelbblum ließ Dr. Leonore Walkers, die Psychologin und Spezialistin zum Thema Gewalt gegen Frauen, zur Vernehmung laden. Sie hatte Simpson im Januar 1995 mehrmals für die Verteidigung interviewt. Gelbblum fragte routinemäßig, ob sie irgendwelche Aufzeichnungen dieser Gespräche dabei hatte. Zu seiner Überraschung bejahte Walker die Frage.

„Muß ich sie herausgeben?" fragte sie Dan Leonard. Noch bevor dieser reagieren konnte, antwortete Gelbblum.

„Ja", bluffte er. Leonard schwieg, augenscheinlich unsicher, ob eine solche Herausgabepflicht bestand. Gelbblum erhielt die gesamten Aufzeichnungen über die vertraulichen Gespräche mit Simpson.

Noch an diesem Abend wußte Gelbblum, daß er auf eine Goldader gestoßen war. Walker hatte Simpson so weit gebracht, seine Aktivitäten am Mordtag auf eine unschuldige Art zu erläutern. Er hatte ihr erzählt, er sei zum Bentley gegangen, um seine Golfschuhe herauszuholen. Aber in seiner Deposition hatte Simpson geschworen, nur bis zu den Bänken neben der Vordertür gegangen zu sein. Das Phantastischste, was Petrocelli und Gelbblum in Walkers Aufzeichnungen fanden, war eine Stelle, in der Simpson ihr berichtet hatte, daß er die Nachricht Paulas, sie wolle die Beziehung mit ihm beenden, noch am 12. Juni 1994 erhalten und darauf von außerhalb versuchte hatte, sie telefonisch zu erreichen, vom Bronco aus und nicht von der Einfahrt, wie er beschworen hatte. Die beiden Männer blickten sich an und verstanden sich wortlos; Simpson wußte nicht, daß sie jetzt etwas in der Hand hatten, um seine Aussage zu widerlegen und ihn am Mordabend in den Bronco zu plazieren.

Am 1. September 1996 zogen Petrocelli und sein Team ins DoubleTree Hotel, das sich nur etwa 50 m vom Gerichtsgebäude in Santa Monica entfernt befand. Die Räumlichkeiten in Suite 205 dort waren umgebaut, Computeranlagen, Bewegungsmelder, Alarmsysteme installiert und Wachpersonal engagiert worden. Der Trakt, den sie bezogen, war hermetisch abgeriegelt wie eine Festung. Petrocelli wollte durch nichts und niemand während des Verfahrens abgelenkt werden. Sein einziger Weg sollten die 50 m ins Gerichtsgebäude und dieselben 50 m zurück zum Hotel sein. Seine Familie würde warten müssen.

Zwei Tage später geschah das Wunder, auf das die Kläger gehofft hatten. Gouverneur Pete Wilson setzte ein Gesetz in Kraft, eine Ausnahme von der Hören-Sagen-Regel für Beweise aufgrund von Äußerungen oder schriftlichen Erklärungen einer Person, die nicht verfügbar war, wenn diese Äußerungen physische Verletzungen oder psychische Bedrohungen der Person beschrieben und entweder elektronisch aufgenommen, niedergeschrieben oder gegenüber einer gesetzlichen Behörde offiziell gemacht worden waren.

Damit war das Tagebuch Nicoles verwertbar.

Neun Tage vor Prozeßbeginn nahmen die Kläger ihre letzte Deposition. Am 7. September 1996 suchten Ed Medvene und Petrocelli Dr. Henry Lee, den Starzeugen der Verteidigung aus dem Strafprozeß, in Hartford, Connecticut auf. Sein „something wrong" war das Credo der Verteidigung in den Schlußplädoyers geworden.

Zu Lees Beistand war neben Baker auch Scheck angereist. Lee war Zeuge der Verteidigung, die die Deposition veranlaßt hatte. Also wurde er zunächst von Baker befragt. Medvene und Petrocelli warteten den gesamten ersten Tag. Schließlich fragte Baker dramatisch: „Nun, was bedeutet für Sie die Tatsache, daß es einen Feuchtigkeitstransfer bei den Tupfern 3 – 7 gab?"

„Achtung", flüsterte Petrocelli Medvene zu. „Hier kommt es! Hier kommt es!"

Dr. Lee fing umständlich an und, während Medvene und Petrocelli bereits zu grinsen begannen, konstatierte er abschließend: „Something wrong."

Der zweite und der dritte Tag gehörte den Anwälten der Kläger. Medvene war perfekt präpariert. Zunächst brachte er Dr. Lee dazu einzuräumen, daß er über viele Details nicht mit wissenschaftlicher Sicherheit urteilen konnte. Als nächstes mußte Lee nach einer langen Befragung zugeben, daß die Morde in etwas über einer Minute geschehen sein konnten. Und schließlich räumte Lee ein, daß sich sein „something wrong“ einzig und alleine auf die Tupfer bezog, nicht auf die DNA-Auswertungen, die Haar- und Faserbeweise, die Schuhabdrücke, etc.

„Ist es fair zu sagen, daß die einfachste Erklärung ... wäre, daß die Tupfer nicht komplett trocken waren, als sie in die Behälter gelegt wurden?“ wollte Medvene wissen.

„Ich bot diese Erklärung vom ersten Tag an“, verteidigte sich Dr. Henry Lee.

„... Sie sagen nicht, daß Sie irgendeinen wissenschaftlichen Nachweis dafür haben, daß irgendein Polizist Beweismittel untergeschoben oder Beweismittel gefälscht hat; ist das korrekt?“

„Korrekt.“

Damit war eine weitere wichtige Waffe ausgeschaltet, die Simpson noch im Strafverfahren unschätzbare Dienste geleistet hatte. Dr. Lee wurde von der Verteidigung nicht mehr aufgerufen.

PROZESSBEGINN

Am 16. September 1996 begann der Zivilprozeß in Santa Monica. Die Straßen vor dem Gericht waren überfüllt mit Übertragungswagen, deren Antennenschüsseln in den Himmel deuteten. Journalisten und Reporter zertrampelten die Grünanlagen vor dem Gerichtsgebäude auf der Suche nach einem Fetzen Kommentar oder Informationen. Die Medien waren bereit für Runde Zwei der Gerichtsschlacht um O.J. Simpson.

Noch an diesem Tage errangen die Kläger mehrere wichtige Teilerfolge. Nach dem Gesetz durften in den Eröffnungsplädoyers nur Behauptungen aufgestellt werden, die durch Fakten gestützt werden konnten. Petrocelli erreichte, daß es der Verteidigung verboten wurde, zu behaupten, Beweismittel seien gefälscht worden und es habe mehrere Mörder gegeben. Außerdem entschied Fujisaki, daß Baker und sein Team Fuhrman nicht als Rassisten porträtieren durften, und daß über die Technik und das Prozedere der Sammlung der Beweismittel nicht argumentiert werden durfte. „Dies ist kein Fall über die Vernachlässigung beruflicher Sorgfalt durch das LAPD. Es spielt keine Rolle, wie die Beweise sichergestellt wurden. Die Tatsache bleibt, daß die Beweise eingesammelt und untersucht wurden und daß die Beweise nicht wegen der Prozedur beim Sicherstellen angegriffen werden können, es sei denn, in der Kette der Beweise kann ein Defekt, Inkompetenz oder eine fehlerhafte Grundlage etabliert werden", führte Fujisaki aus.

Dann ging es um die Geschworenenauswahl. Anders als erwartet, war der Jury-Pool nicht überwiegend weiß; zu 40% bestand er auch aus Schwarzen. Es schien, als könnte Simpson auf eine weitere „downtown" jury hoffen.

Für die Befragung der Geschworenen hatte beide Seiten lange Fragenkataloge vorbereitet worden, auf Seiten der Kläger in enger Zusammenarbeit mit Decision Quest. Vinson riet Petrocelli, unbedingt schwarze Frauen als Geschworene zu vermeiden.

Nach hartem Kampf, fünfzehn vollen Arbeitstagen und drei Kalenderwochen, wurde die Jury schließlich eingeschworen; neun Weiße, zwei Asiaten, eine Schwarze.

Noch während der Geschworenenauswahl erwirkten die Kläger eine *subpoena* für die Telefonlisten und -rechnungen Simpsons, die sich noch bei der Staatsanwaltschaft befanden. Mehrere jeweils 60 cm hohe Bündel kamen schließlich im Gericht an. Aber die mühselige Durchsicht lohnte sich. Gelbblum fand fünf mal die gleiche Nummer, die Simpson am Mordtag gewählt hatte, die Nummer, mit der Simpsons Mailbox abgefragt werden konnte. Die Aufzeichnungen belegten, daß er eine Nachricht von fünf Minuten Länge abgehört hatte – Paula Barbieris Mitteilung, daß sie die Beziehung mit ihm beendete! Und das zur richtigen Zeit, direkt nach der Tanzveranstaltung.

An diesem Abend zeigte Gelbblum Petrocelli seinen Fund, Telefonaufzeichnungen, begraben in den Akten der Staatsanwaltschaft, verloren für den Strafprozeß. Petrocelli und er wußten, daß sich die Schlinge um Simpsons Hals ein weiteres Stück fester zugezogen hatte.

Es war der 2. Oktober 1996, als Mark Fuhrman das Criminal Courts Gebäude von Los Angeles betrat und sich in das Department 109 begab, wo er in bezug auf die Anklage des Meineides *no contest* (= nolo contendere, übersetzt: ich greife nicht an) plädierte, eine Möglichkeit im US-amerikanischen Recht, mit der ein Angeklagter die Schuld nicht offiziell eingesteht, sondern eine mildere Strafe dadurch akzeptiert, daß er die Anklage nicht angreift.

Verlassen, ohne Unterstützung und finanzielle Ressourcen, um einen Prozeß durchzustehen, fügte sich Fuhrman damit in das Unvermeidliche und wurde zu 200 US-Dollar Strafe sowie drei Jahren Gefängnis auf Bewährung verurteilt. Zugleich verlor er sein Recht zu wählen, eine Waffe zu besitzen, als Polizist oder überhaupt für den Staat zu arbeiten und ein öffentliches Amt zu bekleiden.

Damit war Mark Fuhrman die erste Person, die in der gesamten Simpson-Saga rechtskräftig verurteilt wurde.

Der 23. Oktober 1996 war der Tag der Opening Statements. Petrocelli erhob sich in dem mit Journalisten, Zuschauern und Familienangehörigen der Beteiligten bis auf den letzten Platz gefüllten Gerichtssaal des Santa Monica Courthouse und begann sein Eröffnungsplädoyer in ruhiger, sachlicher Art. Drei Stunden lang präsentierte er die Fakten seines Falles und endete mit den pathetischen Worten: „Ron Goldman starb, Ladies und Gentlemen, mit offenen Augen, und in dem letzten furchtbaren Moment seines Lebens sah Ron durch diese offenen Augen die Person, die seine Freundin Nicole getötet hatte ... Die letzte Person, die Ron Goldman durch seine offenen Augen sah, war der Mann, der ihm sein junges Leben nahm: Der Mann, der jetzt in diesem Gerichtsaal sitzt, der Beklagte." Petrocelli drehte sich um und deutete auf Simpson. „Orenthal James Simpson."

Nach Petrocelli erhob sich Kelly und schilderte den Mord an Nicole als Kulmination der Gewalt, der sie in den Jahren ihrer Beziehung mit Simpson ausgesetzt gewesen war.

Als letzter ergriff Brewer das Wort und stellte Simpson als egoistischen Soziopaten dar, der besessen war von seinem öffentlichen Ansehen.

Simpson war außer sich vor Wut über die Angriffe der klägerischen Anwälte und ließ Baker wissen, was er von dessen Eröffnungsplädoyer erwartete. Simpson wollte es „auf seine Weise", schließlich zahlte er auch die Rechnungen.

Am nächsten Morgen stand Baker auf und wandte sich betont freundlich an die Geschworenen.

„Es ist mein Privileg und tatsächlich eine Ehre, Orenthal James Simpson zu repräsentieren", begann er, um bei den Geschworenen den Eindruck zu erwecken, daß er persönlich an die Unschuld seines Klienten glaubte. Kurze Zeit später war er schon bei Simpsons Football-Kariere angelangt, die er in endloser Breite darstellte. Während Baker sprach, betrachtete Petrocelli die Geschworenen und fragte sich, ob Baker wirklich annahm, daß diese zwölf Menschen dumm genug waren, ihm abzukaufen, daß Simpson, nur weil er mal ein großer Sportler war, kein Mörder sein konnte. Die Gesichter der Geschworenen wirkten versteinert, einige blickten nach unten, als wollten sie zum Ausdruck bringen, daß Baker zu den Fakten des Falles übergehen sollte.

Der startete seinen Charakteranschlag auf Nicole. Er erwähnte die Abtreibung, die sie 1992 nach der Trennung von Simpson vorgenommen hatte, als sie von einer ihrer Männerbekanntschaften schwanger geworden war, den Oralsex, Drogen, Prostituierte. Es war ein harter Angriff auf das Mordopfer.

Die Kläger vermuteten, daß Baker ein ganz anderes Eröffnungsplädoyer ausgearbeitet hatte und durch Simpsons Anweisungen aus der Bahn geworfen war. Simpson saß an seinem Tisch mit einem Gesicht, das auszudrücken schien: Erzähl es ihnen, Bob, sag ihnen, daß es die Schuld dieser Hure war und daß sie bekommen hat, was sie verdiente.

„Mr. Simpson ... bot an, einen Lügendetektor-Test zu machen“, führte Baker aus. „Es wurde abgelehnt.“

Petrocelli hatte Gerüchte gehört, daß Simpson einen Test mit katastrophalem Ergebnis kurz nach den Morden gemacht hatte. Ob Baker davon nichts wußte? Nachdem dieser das Thema aufgebracht hatte, würde er Simpson danach befragen können.

Gelbblum wußte mehr. Eine Woche zuvor war „American Tragedy“ veröffentlicht worden, ein Buch über den Simpson-Strafprozeß von Lawrence Schiller, Simspons Co-Autor von „I want to tell you“. Dort war der Testverlauf genau beschrieben.

Petrocelli wartete gespannt darauf, was Baker zu dem Scull-Foto sagen würde.

„... Sie werden hören, daß dieses Foto eine Fälschung ist. Es ist nicht echt. Es wurde manipuliert ...“, sagte Baker entschieden.

Petrocelli war der Ansicht, mehr als alles andere, was Baker sagte, waren diese Worte geeignet, seinen Mandanten zu überführen. Baker setzte Simpsons gesamten Fall darauf zu beweisen, daß dieses Foto nicht echt war. Verfehlte er sein Ziel, war sein Klient aufgrund seiner eigenen Argumentation und seiner eigenen Worte der Mörder. Anwalt Kelly sah die Sache etwas anders, denn kein Experte der Welt könne jemals mit absoluter Sicherheit sagen, ob ein Foto echt war oder nicht. Trotzdem, daß Baker so weit gegangen war, überraschte auch ihn.

Direkt nach den Eröffnungsplädoyers wies Fujisaki die Kläger an, ihren ersten Zeugen aufzurufen.

Petrocellis Absicht war, zunächst die letzten Stunden der Opfer zu dokumentieren. Er rief Karen Crawford und Stewart Taner vom Mezzaluna Restaurant auf, die kurz befragt wurden, danach Robert Heidstra. Dieser präsentierte die Zeitlinie, auf die sich Petrocelli stützen wollte, berichtete von dem, was er gehört hatte, erwähnte den weißen Jeep. Jeder dieser Personen wurde gerade so viel Zeit im Zeugenstand gegeben, daß sie den Teil der Geschichte berichten konnte, der den Klägern nützte. Noch vor der Mittagspause waren die Zeugen durchgeschleust.

Nachmittags wurden die Hundegebellzeugen Louis Karpf, Stephen Schwab und Sukru Boztepe befragt. Der erste Tag endete mit sechs vernommenen Zeugen, einem Ergebnis, das im Strafprozeß unvorstellbar gewesen wäre.

Am Montag, dem 28. Oktober 1996, begann die Zeugeneinvernahme der Polizeibeamten. Da das Ziel der Verteidigung war, den Fall wieder zu einem Prozeß gegen das LAPD mutieren zu lassen, wollte Petrocelli eine umfangreiche Befragung der Polizisten verhindern und entschied, sich auf ein Minimum an Zeugen zu beschränken, die Befragung knapp zu halten und – vor allem – keine zwei Polizisten zum selben Thema zu befragen. Baker sollte nicht die Chance bekommen, einen gegen den anderen ausspielen zu können.

Officer Robert Riske machte den Anfang. Unter Kellys Befragung schilderte er seine Wahrnehmungen in der Mordnacht, seine Funde, den Handschuh, die Mütze, die frischen Bluttropfen.

Bob Blasier übernahm für die Verteidigung das Kreuzverhör.

„Hatten Sie irgendeine Ausbildung in dem Bereich, wie Beweise durch andere biologische Flüssigkeiten kontaminiert werden können?“ wollte er wissen.

„Relevanz“, erhob Kelly Einspruch. Das war nicht der Zuständigkeitsbereich Riskes.

„Stattgegeben“, entschied Fujisaki und bewies ein weiteres Mal, daß er nicht wie Richter Ito unbeschränkte Kreuzverhöre über konfuse Punkte gestattete.

Blasier kam mit seinem Spielplan nicht weiter. Also wechselte er zu Fuhrman über. Wann war Fuhrman angekommen? Wohin war Fuhrman zuerst gegangen? Was hatte Fuhrman getan, als Riske zur Allee gegangen war? u.s.w. Die Antworten waren bedeutungslos. Wichtig war nur, daß der Name Fuhrman immer wieder erwähnt wurde.

Als nächstes kamen die Polizisten Terrazas, Rossi, Phillips und Thomson. Dann Tom Lange, der inzwischen pensioniert war und für eine Privatdetektei arbeitete.

„Tom, vermissen Sie es nicht, einer der Top-Detectives von Los Angeles zu sein? Vermissen Sie nicht all die großen Fälle, Ihre Arbeit?" hatte Petrocelli an einer Stelle gefragt, als sie die Aussage Langes vorbereitet hatten.

„Natürlich", hatte Lange geantwortet, „aber ich hatte keine Wahl. Sie hatten eine Kugel in meinen und Phils Rücken geschossen."

Die Kläger entschieden, Langes Vernehmung auf drei Gebiete zu beschränken, die Beweise, die in Bundy gefunden worden waren, die Entscheidung, nach Rockingham zu fahren sowie Simpsons Flucht und Verhaftung. Nicht mehr und nicht weniger, um der Verteidigung keine anderen Vernehmungsfelder im Kreuzverhör zu eröffnen.

Die Taktik funktionierte. Unter Medvenes direkter Befragung sagte Lange über alles aus, was den Klägern wichtig war. Im Kreuzverhör zeigte sich Baker in guter Form. Durch lange argumentative und anklagende Fragen versuchte er den Eindruck bei den Geschworenen zu erwecken, Lange sei unehrlich. Doch im Gegensatz zum Strafprozeß war Lange kämpferischer eingestellt und bereit, sich zu verteidigen. Baker erhielt nichts Substantielles für seinen Fall.

Nach Lange kam Vannatter, der mittlerweile pensioniert auf einer Farm in Indiana lebte. Vor der Vernehmung schritt Baker am Tisch der Anwälte der Kläger vorbei. „Es wird ein Blutbad", raunte er ihnen zu. Vannatter war einer von Cochrans „Zwillingen der Täuschung" im Strafprozeß gewesen, der Mann, der Simpsons Blut in Rockingham und in dessen Bronco verspritzt haben sollte. In seinem Eröffnungsplädoyer hatte Baker den Geschworenen versprochen zu beweisen, daß Vannatter Simpsons Blut plaziert hatte. Kelly entschied, daß Vannatters Aussage sich einzig auf seine Handlungen mit Simpsons Blutprobe beschränken sollte.

Vannatter stellte klar, daß er Simpsons Blutprobe in einen Umschlag gesteckt hatte, in sein Auto gegangen und nach Rockingham gefahren war und sie dort gegen 17.15 Uhr an Fung ausgehändigt hatte. Mehr nicht. Er hatte keine Beweismittel manipuliert. Punkt.

Bakers Kreuzverhör lief wegen des eingeschränkten Beweisthemas, zu dem Vannatter direkt vernommen worden war, ins Leere.

„Und er hatte einen Schnitt ... an seiner linken Hand. Ist das nicht wahr?“ wollte Baker wissen.

„Einspruch. Außerhalb des Themas“, protestierte Kelly.

„Stattgegeben. Ich bin nur interessiert an der Blutentnahme“, führte Fujisaki aus. „Das ist alles, wozu der Zeuge befragt wurde. Wenn Sie ihn zu etwas anderem befragen wollen, rufen Sie ihn als Ihren Zeugen zu Ihrer Zeit auf.“

Nach der Vernehmung Vannatters war Baker frustriert. In Abwesenheit der Geschworenen beschwerte er sich: „Sie machen hieraus einen Baukastenfall, anstatt diesen Rechtsfall verhandeln zu lassen.“

Petrocelli schüttelte nur den Kopf. Baker hatte begriffen, was ihre Strategie war.

Am Montag, dem 4. November 1996, standen Greg Mathesen und Dennis Fung als nächste auf der Liste. Tom Lambert hatte die Vorarbeit geleistet. Monatelang hatte er detaillierte umfangreiche sogenannte „Requests for Admissions“ (sinngemäß: Aufforderungen zur Zustimmung/Einräumung von Tatsachenbehauptungen) vorbereitet und Simpsons Team zustellen lassen. Das waren Anfragen an seine Anwälte, bestimmte Behauptungen im Vorfeld des Prozesses einzuräumen oder zu bestreiten. Sie betrafen die Blutproben, die DNS-Untersuchungen und die meisten forensischen Beweise. Simpson ließ erklären, daß die Blutuntersuchungen die richtigen Resultate ergeben hatten, schränkte allerdings die Kette der Beweisführung ein. Mit anderen Worten: Es war z.B. sein Blut, das im Labor getestet, aber nicht am Tatort gefunden worden war.

Damit konnten Lambert und seine Kollegen leben. Hatten die Labore ordentlich gearbeitet, mußten sie nur noch beweisen, daß bis zur Ankunft der Proben dort keine Kontamination oder Fälschung stattgefunden hatte. Gelang dies, war Simpson verloren.

Greg Mathesen war der Wissenschaftler des LAPD, der die Bluttests überwacht hatte. Im Strafprozeß hatte er siebzehneinhalb Stunden im Zeugenstand verbracht; jetzt kam Lambert sofort auf den Punkt zu sprechen. Mathesen erläuterte die Technik, wie Blutproben behandelt wurden. Kleine Baumwollstücke wurden angefeuchtet und mit ihnen das Blut aufgesogen, danach wurden die Baumwollstücke in Plastikumschlägen verstaut. Sechs bis sieben solcher Baumwollstücke waren pro Tropfen nötig. Außerdem wurden aus der Umgebung des Tropfens Kontrollproben genommen. Im Labor wurden die Proben über Nacht in einem verschlossenen Behälter zum Austrocknen aufbewahrt. Am nächsten Tag wurden sie dann in ein gefaltetes Stück Papier gelegt und mit einer Nummer versehen, dieses wurde dann in einen versiegelten Umschlag getan. Es war eines dieser Stücke Papier gewesen, an denen Dr. Lee den Flüssigkeitstransfer bemerkt und mit seinem berühmten „something wrong" kommentiert hatte. Mathesen hatte danach experimentiert und berichtete, daß er festgestellt hatte, daß, wenn man sechs oder sieben Baumwollstücke in einen Behälter tat, wie dies Fung gemacht hatte, die komplette Austrocknung sechsunddreißig bis achtundvierzig Stunden dauern konnte.

Hinsichtlich der Socken sagte er aus, daß diese zuerst nur oberflächlich betrachtet worden waren und daß er vermerkt hatte, sie zu einem späteren Zeitpunkt auf Blut zu untersuchen.

Das Blut am Tatort? Seine konventionellen Tests hatten gezeigt, daß Simpsons Blutgruppe und -besonderheiten nur von einer von fünfhundertachtundachtzig Personen geteilt wurden und daß das Blut am Tatort, das nicht zu Nicole oder Ron gehörte, in diese Kategorie fiel.

Am Ende seiner Vernehmung konnten die Geschworenen entscheiden, ob er ein weiteres Mitglied des großen Kreises der Verschwörer gegen Simpson war – oder einfach nur ein Mann, der seine Arbeit getan hatte.

Auch Dennis Fung, dessen umständliche und verwaschene Antworten im Strafprozeß der Verteidigung zugearbeitet hatten, überstand das Kreuzverhör durch Bob Blasier problemlos.

Am Mittwoch, dem 6. November, riefen die Klägervertreter sechs Personen in den Zeugenstand. An diesem Tage begannen sie, Simpson die Kleidung des Mörders „anzuziehen". Die Fotografen Michael Romano, Mark Krueger, Bill Renken und Kevin Scott bestätigten, Fotos von Simpson aufgenommen zu haben, auf denen er Aris Isotoner Handschuhe trug.

Dann rief John Kelly den früheren Geschäftsführer und Vizepräsidenten der Firma Aris Isotoner, Richard Rubin auf. In den Vorgesprächen hatte er versichert: „Die Handschuhe werden ihm passen. Es ist nicht fraglich, daß sie auch im Strafprozeß gepaßt haben. Es ist kein perfekter Sitz, vielleicht nicht einmal ein guter wegen der Schrumpfung ... aber sie passen."

Kelly war sicher, daß die Verteidigung Simpson die Handschuhe wieder anprobieren lassen würde. Zu gut hatte das Spiel im Strafprozeß funktioniert. Wenn sie von dem Blut oder der Feuchtigkeit geschrumpft waren, konnten sie vielleicht wieder auf Normalformat gebracht werden, wenn ein Mann mit großen Händen sie eine Weile trug. Rubin hatte solche Hände.

Als Rubin im Zeugenstand war, überreichte Kelly ihm die Handschuhe. Rubin untersuchte sie gründlich, bestätigte die Marke, die Größe, Farbe.

„Es ist nur so, daß sie eine lange, lange Zeit nicht gebraucht wurden“, erklärte er.

„Also, wenn Sie Handschuhe anziehen ...“

„... dehne ich sie ein bißchen aus“, beendete Rubin Kellys Satz und begann, die Handschuhe sorgfältig anzuziehen, während er weiter aussagte. Kelly wies Rubin an, die Nähte präzise an alle Finger anzupassen. Zehn Minuten vergingen. Baker erhob keinen Einspruch. Kelly blättete in seinem Notizblock, als habe er den Faden verloren und begab sich dann zu Medvenes Tisch. „Ed, ich habe dir nichts zu sagen. Ich versuche nur Zeit zu gewinnen ...“, raunte er seinem Kollegen zu.

Endlich begriff Baker, was sich abspielte und protestierte. Fujisaki zuckte die Achseln. Der Zeuge untersucht die Handschuhe, sagte er. Fünfzehn, zwanzig Minuten verstrichen. Baker, der verstand, was Kelly getan hatte, ließ Simpson niemals mehr in die Nähe der Handschuhe.

Am Ende des Tages wurde das Video mit der Vernehmung Harry Sculls den Geschworenen vorgespielt, in der er bestätigte, das Foto Simpsons aufgenommen zu haben, auf dem er die Bruno Magli Schuhe trug.

Am darauffolgenden Morgen bestätigte Dr. Robert Huizenga, bei seiner Untersuchung Simpsons im Hause Kardashians drei Schnitte und sieben Hautabschürfungen an der linken Hand und einen Schnitt an der rechten Hand gesehen zu haben.

Als nächster sagte Ken Berris, ein Detective der Chicago Police, aus. Simpson hatte behauptet, das Glas aufgrund des Telefonats im Bad seines Hotelzimmers zerschlagen und sich an den Splittern geschnitten zu haben. Berris bestätigte jedoch, daß sich kein Telefonanschluß im Bad befand und die Schnur des Apparates am Bett nicht bis dorthin reichte. Außerdem hatte sich ein Blutfleck mitten im Bett befunden.

An diesem Nachmittag kehrte Simpson nicht in den Gerichtssaal zurück. Von Reportern erfuhr Petrocelli, daß er wütend über die Ereignisse des Vormittages war.

Ursprünglich war beabsichtigt, Experten auf dem Gebiet männlicher Gewalt gegen und Tötungen von Frauen zu vernehmen. Sie waren aufgrund ihrer Untersuchungen zu dem Ergebnis gelangt, daß es sich um eine Rachetat gehandelt hatte und daß Simpson von dreiundzwanzig charakteristischen Merkmalen, die ein Mann aufwies, der seine Frau tötete, einundzwanzig erfüllte. Im Strafprozeß hatte Dershowitz noch argumentiert, nur 0,1 % der Männer, die ihre Frauen mißhandelten, ermordeten sie auch. Die Kehrseite dieser Statistik bestand darin, daß 50–70% der Männer, die ihre Frauen ermordeten, sie auch zuvor mißhandelt hatten. Da Fujisaki die Aussagen der Verhaltensforscher nicht zuließ, weil er befürchtete, die Geschworenen könnten ihnen blind folgen, standen als nächstes die forensischen Beweise auf dem Plan.

Der Gerichtsmediziner Dr. Werner Spitz wurde eingeschworen. In seiner 43jährigen Karriere hatte er fünfundfünfzigtausend Autopsien vorgenommen und war u.a. in die Ermittlungen um die Morde an John. F. Kennedy und Martin Luther King involviert gewesen. Spitz machte seine Aussage gründlich und souverän, niemand konnte daran zweifeln, daß dieser Einstein der Pathologie mit seinem deutschen Akzent die Wahrheit präsentierte. Anhand der Tatort- und Autopsiefotos erläuterte er seine Ergebnisse.

„Dr. Spitz, von der ersten Wunde, die Ms. Brown zugefügt wurde, bis zu dem Schnitt durch ihre Kehle, haben Sie irgendeine Vorstellung, wie lange es dauerte, bis der Mörder ihre Kehle durchtrennte?“ wollte Medvene wissen. Die Antwort kam ohne Zögern.

„... ich glaube, das gesamte Geschehen fand ... in weniger als fünfzehn Sekunden statt.“

Medvene fragte, in welche Richtung das Blut geflossen war.

„Kann ich es an Ihnen demonstrieren ...?“ entgegnete Spitz. Medvene bejahte.

„Der Schnitt geschieht sehr schnell. Die Hand, die das Messer hält, bewegt sich von der Quelle des Blutes weg, so daß der Körper des Opfers den Mörder abschirmt und die Blutung beginnt, nachdem die Hand weitergeführt wird.“ Spitz sprach im Präsens, während er hinter Medvene stehend seine rechte Hand von links nach rechts an der Kehle des Anwaltes vorbeiführte. Die Geschworenen konnten sehen, wie nah die Schneide des Messers den Fingern der linken Hand des Mörders gekommen sein mußte, den Fingern, an denen Simpson seine Verletzungen hatte. Es war ein Effekt, als beobachteten sie die Morde.

„Das Blut kommt von den beiden Karotitarterien, von denen jede den Durchmesser eines kleinen Fingers hat.“ Spitz bog Medvenes Kopf nach hinten. Der Hals war überdehnt, führte er weiter aus, das Blut schoß nach unten. „,... ein pulsierender Strahl, der eine 4 m hohe Mauer erreicht hätte.“

Richter Fujisaki unterbrach die Verhandlung abrupt für zehn Minuten.

Danach kam Spitz auf Ron Goldman zu sprechen.

„Meiner Meinung nach dauerte dieser Kampf etwa eine Minute“, erklärte er entschieden. „Es existiert hier nur eine Todesursache, und das ist der Schnitt in die Aorta.“ Der Blutverlust durch diese Wunde war so enorm, daß Goldman innerhalb einer Minute das Bewußtsein verloren haben mußte.

Das war das Gegenteil dessen, was Baden als Ablauf im Strafprozeß angegeben hatte.

Später zeigte Medvene ihm ein Foto von einer der Verletzungen an Simpsons linker Hand.

„Kann dies von einem Glassplitter herrühren?“

Nein, antwortete Spitz.

Baker versuchte, Spitz im Kreuzverhör als einen Möchtegern-Quincey darzustellen.

„Sie haben mehr Graduierungen als ein Thermometer“, belustigte er sich. Aber er konnte ihm nichts anhaben. Petrocelli fragte Spitz, wie Baden sich so irren konnte, wenn er tatsächlich ein so guter Pathologe war.

„Er irrt sich einfach“, entgegnete Spitz trocken. „Er gibt ihnen, was Sie wollen, um ihrem Fall zu helfen, aber er irrt sich.“

Was war an diesem Simpson-Fall, daß ansonsten ehrenwerte, professionelle Fachleute in die Irre führte? Das Gift war wohl weniger das Geld – im Falle Badens 100.000 Dollar –, es war der Ruhm, die Bekanntheit und Berühmtheit, die man erlangen konnte.

Am Montag nach der Wochenendpause setzte Baker sein Kreuzverhör fort. Er schoß sich auf die Wunde Simpsons ein, die Spitz als Fingernagelkratzer identifiziert hatte. Solche Abdrücke seien unmöglich, war die Quintessenz Bakers Ausführungen.

„Möchten Sie, daß ich Ihnen zeige, wie das geht?“ fragte Spitz.

„Sicher“, antwortete Baker. „Machen Sie mir eine solche Furche.“

„Es könnte Ihnen leid tun."
„Machen Sie!"
„Nun, krempeln Sie Ihren Ärmel hoch."
Harte Jungs, dachte Petrocelli, während er die beiden Kontrahenten betrachtete. Aber Fujisaki hatte genug von dieser S & M Demonstration, die sich anbahnte.
„Mr. Baker, ich werde in meinem Gerichtssaal kein Herausreißen von Fleisch zulassen."
Die Geschworenen und Zuschauer lachten. Spitz zog schweigend sein Sakko aus, rollte seinen Ärmel hoch und drückte seine Nägel fest in seinen eigenen linken Arm. Die Markierungen, die zurückblieben, waren klar erkennbar. Und sie waren vergleichbar mit denen, die sich an Simpsons linker Hand befunden hatten.
Den Großteil seines übrigen Kreuzverhörs verbrachte Baker damit, bei den Geschworenen den Eindruck zu erzeugen, daß all die Wunden nicht in einer Minute verursacht worden sein konnten.
Die Kläger reagierten in der abschließenden Vernehmung darauf, indem Medvene Spitz darum, sechzig Sekunden abzustoppen. Baker erhob keinen Einspruch, und Fujisaki unterbrach die Demonstration gleichfalls nicht. Spitz betrachtete seine Armbanduhr und schlug mit der Hand laut auf die Geschworenenbox. Der Gerichtssaal versank in Schweigen. Die sechzig Sekunden begannen zu verstreichen. Kein Laut war in der gespannten Atmosphäre zu hören. Als Spitz zum zweiten Mal auf die Geschworenenbox schlug, schien eine endlose Zeitspanne verstrichen zu sein. Jeder im Saal hatte verstanden, wie lange eine Minute sein konnte. Auch genug, um einen Doppelmord zu begehen.

Die Kläger riefen ihre nächsten Zeugen in schneller Reihenfolge auf. Der FBI-Experte Douglas Deedrick, der in seiner Aussage im Strafprozeß die Faseruntersuchungen ausschließen mußte, führte erneut an, daß die zwölf Haare, die in der Strickmütze gefunden worden waren, mit denen Simpsons konsistent waren. Medvene fragte, ob die Decke, mit der Detective Lange Nicoles Körper verhüllte, sich in unmittelbarer Nähe der Wollmütze befunden hatte und Simpsons Haare auf diesem Wege in die Mütze gelangt sein konnten? Deedrick verneinte. Einige der Haare waren teilweise in das Gewebe eingedrungen, was nur durch direkten Kontakt mit dem Kopf hervorgerufen worden sein konnte. Weiter führte Deedrick aus, daß das auf Ron Goldmans Hemd gefundene Haar ebenfalls die gleichen mikroskopisch erkennbaren Charakteristika aufwies, wie diejenigen Simpsons und daß die blau-schwarzen Baumwollfasern, die auf Rons Hemd, Simpsons Socken und dem Rockingham-Handschuh gefunden worden waren, zueinander paßten.

Ebenso wie die Teppichbodenfasern, die auf dem Rockingham-Handschuh und der Strickmütze gefunden worden waren mit denen des Teppichbodens im Bronco Simpsons identisch waren.

Die folgende Befragung der Experten zu den Blutbeweisen dauerte zehn Stunden; im Strafprozeß waren es fast sechzig gewesen.

Das Blut Nicoles, das an den Socken Simpsons gefunden worden war, war frischer und reicher an DNS als die Autopsieprobe, die ihrem Leichnam entnommen worden war. Diese wichtige Tatsache war im Strafprozeß nie zur Sprache gekommen. Nach der Konspirationstheorie der Verteidigung sollte das Blut auf den Socken von dieser Autopsieprobe gekommen sein. Aber das war danach unmöglich. Einmal degradiertes Blut kann nie wieder frischer und reicher an DNS werden.

Petrocelli konnte nicht Johnny Cochrans Schlußplädoyer bezüglich der Socken vergessen. „Damit kommen wir zu diesen Socken. Diese Socken. Sie passen einfach nicht. Sie passen einfach nicht. Sie passen einfach nicht“, hatte er mit seiner kraftvollen Rhetorik in Richtung der Geschworenen gesprochen. Leider war er nicht im Gerichtssaal, um zu sehen, wie gut die Socken nun „paßten“.

Collin Yamauchi, der im LAPD-Laboratorium die Blutproben analysiert hatte, erklärte im Zeugenstand, daß er weit entfernt von den übrigen Beweisstücken gestanden habe, als er Simpsons Blutproben untersuchte.

„Haben Sie das Blut während dieses Prozesses in irgendeiner Weise verspritzt?“ fragte Lambert direkt.

„Nein.“

„Flog das Blut aus dem Fläschchen durch den Raum und landete auf den Beweisumschlägen 3-5 m entfernt?“

„Nein.“

„Hat das Blut in irgendeiner Weise diese Beweismittel während dieses Prozesses kontaminiert?“

„Nein.“

Nach den DNS-Zeugen starteten Petrocelli und sein Team den Direktangriff auf Simpsons Charakter mit den Zeugen, die über die Domestic-Violence-Vorkommnisse aussagen konnten. Wieder trat Police Officer John Edwards auf und berichtete, wie Nicole ihm in der Neujahrsnacht 1989 entgegengetaumelt und hysterisch geweint hatte, daß O.J. sie töten würde.

Dann vernahm Petrocelli Kato Kaelin. Als sie bei dem Anruf Simpsons angelangt waren, in dem dieser Kaelin gebeten hatte, die Alarmanlage wieder scharf zu stellen, ging Petrocelli zu den Geschehnissen der darauffolgenden Nacht über, der Nacht, in der Kaelin nach Simpsons Rückkehr einbestellt worden war.

„Er überspringt den gesamten Polizeistoff!" rief Leonard aufgeregt und daher zu laut in Richtung Baker, so daß Petrocelli es hörte. Ein Moment trafen sich die Augen der beiden führenden Anwälte. Baker schüttelte den Kopf, und der Anflug eines Lächelns verzog seine Lippen.

„Wieviel Geld wurde Ihnen angeboten, um über die Fakten dieses Falles zu sprechen?" schloß Petrocelli seine Vernehmung.

„Zwischen 500.000 und 1.000.000 Dollar."

„Und Sie haben es abgelehnt?"

„Ja."

Kaelin hatte kein Blutgeld angenommen. In den Augen unbefangener Beobachter mußte er als ehrenwerter Mann erscheinen. Und in den Augen der Geschworenen als ein solcher Zeuge.

DER ALIBIVERNICHTER

Alan Park, der Fahrer, der Simpson in jener Nacht am 12. Juni 1994 um 22.45 Uhr abholen und zum Flughafen bringen sollte, war im Strafprozeß der Zeuge gewesen, der bei den Geschworenen den stärksten Eindruck zum Nachteil Simpsons hinterlassen hatte.

„Haben Sie irgendwelche Zweifel, daß Sie die Nummer 360 gesehen haben?" wollte Petrocelli wissen.

„Nein."

Eine große Tafel wurde aufgestellt, die die Lage der einzelnen Gebäude, Einfahrten und Ausfahrten genau wiedergab.

„War ein Wagen geparkt, als Sie die 360 sahen?" stellte er die entscheidende Frage.

„Nein, ich habe keinen gesehen."

Petrocelli zeigte Park ein großes Foto, das Simpsons Bronco dort zeigte, wo die Polizei ihn am nächsten Morgen gefunden hatte.

Vor dem Rockingham-Tor, nördlich des Fahrzeuges war die Nummer 360 deutlich erkennbar. Seine nächste Frage formulierte er sehr sorgfältig.

„Als Sie Rockingham entlangfuhren, fuhren Sie in dieselbe Richtung, in die dieses Fahrzeug zeigt, richtig?... Sie saßen im Fahrersitz und die Nummer 360 befand sich zu Ihrer Rechten, ist das richtig? Nun, sahen Sie diese Fahrzeug dort geparkt um 22.23 Uhr, 22.24 Uhr, als Sie an der 360 vorbeifuhren?“

„Gefragt und beantwortet“, erhob Baker Einspruch. Fujisaki wies diesen sofort zurück.

„Nein, habe ich nicht.“

Das war der Alibivernichter. Simpson hatte ausgesagt, er habe das Fahrzeug vor dem Rockingham-Tor zwischen 19.30 Uhr 20.00 Uhr am Abend der Morde abgestellt, sei dann mit Kato Kaelin im Bentley zum McDonald's gefahren, habe dort etwas gegessen, sei danach wieder nach Hause zurückgekehrt, habe einige Telefonanrufe gemacht, einige Golfbälle geschlagen, den Hund ausgeführt, etwas geschlafen, um schließlich eine Dusche zu nehmen, sich anzuziehen und zu packen. Nach Simpson war der Bronco daher nicht mehr bewegt worden. Doch um 22.23 Uhr oder 22.24 Uhr war der Bronco nicht dort gewesen.

Da Park zu früh angekommen war, hatte er im Auto Musik gehört, berichtete er weiter. Gegen 22.39 Uhr hatte er den Motor wieder angelassen und war erneut zum Rockingham-Tor gefahren. Sein Fahrzeug war eine Stretch-Limousine, er hatte versucht zu entscheiden, welche Einfahrt besser geeignet war. Dieser Auftrag war für ihn eine große Sache gewesen, schließlich hatte es sich um O.J. Simpson gehandelt. Er hatte ihn nicht vermasseln wollen.

„Sahen Sie die Nummer 360 erneut?“ wollte Petrocelli wissen.

„Ja.“

„Und sahen Sie irgendein Fahrzeug dort um diese Zeit, 22.39 Uhr, 22.40 Uhr geparkt?“

„Nein, habe ich nicht.“

Erneut der Alibivernichter. Auch gegen 22.40 Uhr hatte sich der Bronco nicht dort befunden.

Park hatte sich schließlich für das Ashford-Tor entschieden. Auf sein Klingeln war keine Reaktion erfolgt. Was danach geschehen war, ließ sich anhand der Telefonrechnungen Parks genau belegen. Um 22.43 Uhr und 44 Sekunden hatte Park erfolglos seinen Boss angerufen. Danach war er nochmals aus dem Fahrzeug ausgestiegen und hatte die Klingel mehrfach erfolglos gedrückt. Zwischen

22.46 Uhr und 30 Sekunden und 22.48 Uhr und 50 Sekunden hatte Park mit seiner Mutter telefoniert, um die Privatnummer seines Bosses St. John zu erhalten und diesen schließlich um 22.49 Uhr und 7 Sekunden zu Hause angerufen, aber keine Antwort erhalten. Danach hatte er erneut mehrfach die Klingel gedrückt. Ohne Erfolg. Park hatte gerade neben der Klingel gestanden, als er um 22.52 Uhr und 17 Sekunden sein Telefon im Fahrzeug hatte klingeln hören. Am anderen Ende der Leitung war St. John gewesen. Park hatte ihm berichtet, daß niemand auf sein Klingeln reagiert hatte, worauf der erwidert hatte, Simpson verspäte sich grundsätzlich und er solle bis 23.15 Uhr warten, dann könne er zurückfahren.

„Während dieses Gespräches sah ich die weiße männliche Person vom hinteren Teil des Hauses herauskommen", berichtet Park weiter. Jemand ist hier, hätte er zu St. John gesagt und um 22.55 Uhr und 12 Sekunden das Telefonat beendet. Park hatte Kaelin um ungefähr 22.54 Uhr und 30 Sekunden gesehen. Da Kaelin zuvor ausgesagt hatte, zwischen den von ihm gehörten Geräuschen und dem Moment, als er selber Park gesehen hatte, seien zweieinhalb bis drei Minuten vergangen, bedeutete dies, daß die Schläge an Kaelins Zimmerwand zwischen 22.51 Uhr und 22.52 Uhr geschehen waren.

Als nächstes hatte Park eine dunkelgekleidete Person gesehen, die er als männlichen Schwarzen, etwa 1.85 m groß und 90 kg schwer, beschrieb und die in das Haus gegangen war. Er hatte angenommen, daß es sich um Simpson handelte und daß das Tor nunmehr geöffnet werden würde. Etwa eine halbe Minute war jedoch verstrichen, ohne daß etwas geschehen war. Also war Park erneut aus seinem Fahrzeug ausgestiegen und hatte geklingelt. Dieses Mal hatte Simpson geantwortet: „Entschuldigung, ich habe verschlafen. Ich bin gerade erst aus der Dusche herausgekommen und in einer Minute unten." Kurze Zeit später hatte sich das Tor geöffnet, und Park war vor das Haus gefahren. Simpson hatte sich in großer Eile befunden, als er schließlich mit seinem Gepäck aus dem Haus getreten war. Dann war er plötzlich in Richtung Rockingham-Tor gegangen.

„Und hat er dann Ihr Blickfeld für einen Moment verlassen?" fragte Petrocelli nach.

„Ja, das tat er."

Petrocelli wußte, daß das der Moment gewesen war, in dem Simpson sein Handy aus dem Bronco geholt hatte. Am Tage nach den Morden hatte er der Polizei erzählt, daß er dieses Handy benutzt hatte, um Paula Barbieri anzurufen. Vom Netzbetreiber war ein solcher Anruf um 22.03 Uhr registriert worden. Wenn sich das Handy um diese Zeit im Fahrzeug befand, dann war Simpson in dem Wagen gewesen und nicht in Rockingham. Das war ein weiterer Alibivernichter. Um diese für ihn katastrophale Schlußfolgerung auszuräumen, hatte Simpson die Version unterbreitet, er sei nicht zum Fahrzeug gegangen, um sein Handy daraus zu holen, sondern um das Zubehör an sich zu nehmen.

Während Park die Louis Vuitton Tasche und Kaelin den Golfsack in dem Kofferraum der Limousine verstauten, hatte Park eine kleine, dunkle Tasche bemerkt, die neben dem Bentley abgestellt lag. Kato Kaelin hatte sich angeschickt, diese aufzuheben und zu verstauen, berichtete Park weiter, doch Simpson war dazwischen gesprungen und hatte gesagt: „Nein, nein, nein, das ist in Ordnung, das ist in Ordnung, ich nehme die Tasche, kümmern Sie sich nicht darum, ich nehme sie.“ Während der Fahrt hatte Simpson stark geschwitzt, obwohl die Temperatur relativ kühl und die Klimaanlage eingeschaltet gewesen war. Am Flughafen war Park aufgefallen, daß, nachdem er einen Gepäckwagen besorgt hatte, nicht mehr wie ursprünglich fünf, sondern nur noch vier Taschen vorhanden waren. Die kleine dunkelblaue Tasche war nirgends mehr zu sehen gewesen.

Als letzten Zeugen vor Simpson riefen die Kläger den Fußabdruckexperten des FBI, William Bodziak, auf, der bestätigte, daß die Schuhabdrücke am Tatort von Bruno Magli Schuhen der Größe 12 stammten und daß seine Ermittlungen ergeben hatten, daß in den Vereinigten Staaten nur zweihundertneunundneunzig Paare dieser Schuhe und Größe verkauft worden waren. Weiter sagte er aus, daß die blutigen Abdrücke auf dem Teppichboden der Fahrerseite des Broncos mit den Abdrücken der Bruno Magli Schuhe übereinstimmten, die gefundenen Spuren aber nicht ausreichend seien, um mit absoluter Sicherheit eine positive Identifikation vornehmen zu können.

Zum Erstaunen Petrocellis übernahm Phil Baker das Kreuzverhör und stellte Bodziak einige harte Fragen, die den FBI-Experten derart in die Enge trieben, daß es den Eindruck erweckte, die Abdrücke rührten überhaupt nicht von Schuhsohlen

„Wissen Sie, ich dachte nicht, daß irgend jemand Bodziak einem Kreuzverhör unterziehen kann, und Sie haben ihn einige Male schwer atmen lassen", lobte ihn Petrocelli danach. „Sie sollten stolz auf ihren Sohn sein", meinte er zu Phils Vater. Baker gefiel das. Wann immer man ihm etwas Gutes über seinen Sohn sagte, strahlte er. Jeder im Gerichtssaal konnte erkennen, daß Phil Baker seines Vaters ganzer Stolz war. Petrocelli würde dies zu einem späteren Zeitpunkt noch gut verwenden können.

SHOWDOWN

Am frühen Morgen des 22. November 1996 wachte Petrocelli in einem Zimmer im 7. Stock des DoubleTree Hotel auf, das er speziell für diese letzte Nacht vor der Zeugenvernehmung Simpsons bezogen hatte.

Während er sich ankleidete, fühlte er sich merkwürdig ruhig. Am Abend zuvor hatte ihn Fred Goldman angerufen und aufgepumpt: „Yeah, hol dir den Hurensohn! Du kannst es! Ich weiß, du kannst es." Auch seine Frau Patti und Tochter Kim waren ans Telefon gekommen hatten ihm Mut zugesprochen.

Mehrere Tage Regen hatten die Strecke zwischen dem DoubleTree Hotel und dem Gerichtsgebäude in eine Schlammwüste verwandelt. Petrocelli, Lambert, Medvene, Gelbblum, die Goldmans, eine Gruppe von ungefähr zwanzig Personen, versammelte sich in der Lobby des Hotels. Draußen wartete eine hysterisch kreischende Menge von Zuschauern und Reportern, Hubschrauber mit Kamerateams an Bord kreisten über ihnen.

Petrocelli und Gelbblum hielten ein einhundertfünf Seiten starkes Skript für die Vernehmung Simpsons bereit, von dem Petrocelli jedes Wort auswendig kannte. Er wußte, daß er das totale Kommando über die Fakten des Falles brauchte.

„All right! Time to rock and roll!" gab er das Zeichen, und ihre Gruppe bahnte sich durch die Menschenmassen den Weg zum Gerichtsgebäude.

Im Gerichtssaal waren die ersten Reihen – streng getrennt voneinander – für die Familien der Opfer einerseits und die Simpsons andererseits reserviert. Der Beginn der Vernehmung war auf 8.30 Uhr angesetzt. Da noch einige Minuten Zeit blieben, beschloß Petrocelli, die Erfrischungsräume aufzusuchen. Er verließ den Saal, bog um die Ecke nach links – und fand sich direkt gegenüber Simpson, der im Kreise seiner Familienangehörigen stand. Sie beteten. Petrocelli vernahm Sätze wie: „Gott, gib ihm Kraft" oder „Gott, sei mit ihm“. Während seine Angehörigen andächtig, mit gesenkten Köpfen und geschlossenen Augen ihre Gebete in Richtung Himmel schickten, fiel Petrocelli die seltsame, beinahe gelangweilte Teilnahmslosigkeit Simpsons auf, der mit erhobenem Kopf dastand und sich umsah. Es wirkte, als wäre er nur dabei, um den anderen einen Gefallen zu tun. Seine und Petrocellis Blicke trafen sich. Gott wird dir nicht die Kraft zu lügen geben, dachte Petrocelli. Das ist nicht sein Geschäft. Ungeachtet aller Fakten, die eindeutig die Schuld Simpsons belegten, wußte Petrocelli, daß der Ausgang des Prozesses entscheidend davon abhing, was sich in den nächsten Stunden zwischen ihm und Simpson abspielen würde.

Nach kaum zehn Minuten Befragung zum Zusammenleben von Simpson und Nicole kam Petrocelli auf die Geschehnisse am Neujahrstag 1989 zu sprechen. Simpson wirkte erstaunlich nervös und unruhig. Auf ein Zeichen Petrocellis erschien Nicoles von Schlägen entstelltes Gesicht auf dem Fernseher direkt vor den Geschworenen, so daß sie abwechselnd dieses Foto und Simpson betrachten konnten.

„... Wie oft ... schlugen Sie Nicole?“ fragte Petrocelli.

„Nie.“

„Wie oft ohrfeigten Sie Nicole?“

„Nie.“

Petrocelli spürte, wie die Glaubwürdigkeit Simpsons mit jeder seiner Antworten bei den Geschworenen sank.

„Wie oft traten Sie sie?“

„Nie.“

„Und als Nicole in ihr Tagebuch schrieb, daß Sie sie schlugen, log sie, ist das wahr?“

Simpson war in die Ecke gedrängt. Er konnte seine ermordete Ex-Frau eine Lügnerin nennen oder zugeben, selber gelogen zu haben. Simpson entschied sich für die erste Möglichkeit.

Petrocelli beendete das Thema und kam plötzlich auf das erste Buch zu sprechen, das über Simpson in Co-Autorschaft mit ihm noch in dessen jungen Jahren geschrieben worden war, ein längst vergriffenes Werk. Simpson war überrascht und sein unsicherer Blick schien zu sagen, alles würde ihm zu schnell gehen.

„Übrigens, in diesem Buch schreiben Sie auch: ‚Ich glaube, ich lüge ziemlich effektiv‘, nicht wahr?“

Simpson erbleichte. „Nein.“

Petrocelli zeigte ihm die Stelle und schüttelte den Kopf. „Sie sind ein ziemlich effektiver Lügner, oder nicht?“

Baker schoß aus seinem Sitz. „Einspruch, Euer Ehren. Das ist argumentativ!"

Petrocelli hatte nur auf diesen Moment gewartet. Er konfrontierte Simpson mit all den Vorfällen aus der Vergangenheit, in denen er gelogen hatte, um seine Mißhandlungen Nicoles zu verbergen. Simpson bestritt jedes einzelne Geschehnis, eine endlose Kette.

Dann kam die erste Pause. Simpson blieb im Zeugenstand, bis die Geschworenen den Saal verlassen hatten. Als er schließlich aufstand und an Petrocelli vorbeilief, bemerkte er: „Ziemlich gut. Ziemlich gut."

Nach der Unterbrechung versuchte Petrocelli Nicoles Tagebuch als Beweis einzuführen. Baker erhob sofort Einspruch mit der Begründung, daß es sich um Hören-Sagen handele. Aber Nicoles Gefühlszustand zur Zeit der Morde war relevant, wie Fujisaki schon im Vorfeld des Prozesses entschieden hatte. Petrocelli argumentierte: „Es gab eine intensive Entwicklung von Zorn und Feindschaft zwischen den Beteiligten, die, wie wir der Ansicht sind, das Motiv beweist, daß Mr. Simpson bestreitet." Fujisaki entschied zugunsten der Kläger.

„Lassen Sie mich den Eintrag sehen", sagte Petrocelli. Der Bildschirm flammte auf, und die saubere Schulmädchenschrift Nicoles erschien. „Sie sagten zu ihr: ‚Du hast letzte Nacht aufgelegt, du wirst dafür bezahlen, Nutte'", las er vor. „Wahr?"

„Absolut nicht!"

„‚Du hast Steuern hinterzogen. Du wirst ins Gefängnis gehen, du Scheißhure!' Sagten Sie das?" brüllte Petrocelli.

„Absolut nicht."

„Nicole hat das alles erfunden?"

„Absolut. Und das ist nicht wahr."

„‚Du wirst kein Scheiß Zehn-Cent-Stück mehr haben, Nutte.' Sie sagten das, taten Sie es nicht?"

„Absolut nicht."

„Das alles ist ein Haufen Lügen, richtig?"

„Ja."

Petrocelli drehte ihm den Rücken zu und ließ seine letzte Antwort in der Luft hängen. Simpson blieb ohne jede Glaubwürdigkeit zurück.

Als nächstes führte Petrocelli Simpson durch die Tage vom 6. Juni bis zu den Morden. Wieder bestritt Simpson sämtliche Vorkommnisse und Äußerungen, für die genügend Zeugen zur Verfügung standen, die später aufgerufen werden sollten.

Petrocelli fühlte, daß die Geschworenen die Nachricht verstanden; Simpson war ein eifersüchtiger Ehemann, der zu Mißhandlungen neigte und dessen Wut und Frustration sich noch steigerten, als ihn innerhalb kürzester Zeit nicht nur seine Ex-Frau, sondern auch seine Freundin fallenließ. Simpson blieb dabei, daß er die Aufzeichnung von Paulas Anruf nicht abgehört hatte.

„Und wenn Aufzeichnungen der Telefongesellschaft belegen würden, Sir, daß um 18.56 Uhr von Ihrem Haus aus die Nachricht abgehört wurde, würde dies Ihre Erinnerung erfrischen?“

„Nein, würde es nicht, weil ich weiß, daß ich um diese Zeit in meiner Küche war und mich mit Kato unterhielt.“

Simpson ging instinktlos in die Falle, zu sicher war er, alle Fakten des Falles besser zu kennen als jeder andere.

Petrocelli zog die Aufzeichnungen der Telefongesellschaft hervor, reichte sie Simpson und beobachtete, wie er die Zahlen der für ihn so völlig neuen und unerwarteten Papierstücke zu erfassen suchte.

„Also“, fragte er, „hilft Ihnen das, sich zu erinnern, daß Sie um 18.56 Uhr von Ihrem Telefonanschluß zu Hause anriefen und eine fünf Minuten lange Nachricht abhörten?“

„Nein“, beharrte Simpson. „Ich hörte keine Nachricht ab.“

„Die Aufzeichnungen sind demnach inkorrekt?“

„Ich weiß nichts über die Aufzeichnungen.“

„Sie sagten den Detectives Vannatter und Lange, daß sie die Nachricht von Paula Barbieri abhörten, wahr?“

„Ja.“

Ein unglaubliches Eingeständnis. Petrocelli las Simpson die Stelle aus dem Vernehmungsprotokoll vor und belegte außerdem, daß Simpson in den nächsten Stunden noch mehrfach vergeblich versuchte, Paula Barbieri zu erreichen und die Nachricht auch ein weiteres Mal abhörte. Simpson bestritt dies alles. Um 21.00 Uhr hatte er dann Nicole angerufen. Angeblich, um seine Tochter, Sydney, zu sprechen. Minuten später war Simpson bei Kato erschienen, um sich Geld zu borgen. Simpson suchte nach Worten.

„Das war nicht ... Es war nicht ... Ich hatte kein Rendezvous mit Kato, ich wollte einen Burger essen“, brachte er schließlich hervor. Die Geschworenen lachten. Petrocelli war wütend.

„Glauben Sie, das ist lustig?“

„Nein. Sie lachten. Ich nicht.“

„Glauben Sie, das hier ist zum Witzemachen?“

Für eine Sekunde war Simpson total ehrlich, als er antwortete: „Nein. Ich denke nicht, daß irgend etwas hier lustig ist. Ich wünschte, ich wäre sonstwo, nur nicht hier.“

Am Ende dieses Tages schwenkte Petrocelli zur vorbereiteten Schlußsequenz, die der Presse die Wochenendschlagzeilen liefern sollte.

„Sie hatten Handschuhe, Sie hatten einen Hut, Sie trugen ein dunkles Sweat Outfit und Sie hatten ein Messer“, Petrocelli senkte seine Stimme, „und Sie fuhren zu Nicoles Browns Haus in 875 South Bundy, taten Sie das, Sir?“

„Das ist absolut nicht wahr!“ Simpsons Augen waren weit aufgerissen, und er atmete schwer.

„Und Sie griffen Nicole Brown Simpson an und Sie töteten sie, taten Sie das?“

In einer für diese Frage offensichtlich einstudierten Geste wendete sich Simpson in seinem Stuhl um, so daß er den Geschworenen direkt in die Gesichter sehen konnte.

„Das ist absolut nicht wahr!“

Falls die Geschworenen jetzt meinten, in seinen Augen etwas wie Wahrheit zu erkennen, konnte der Prozeß in dieser Sekunde verloren sein, und zwar ungeachtet sämtlicher Fakten. Doch Simpson lieferte eine armselige Vorstellung; die Geschworenen starrten ihn nur an.

„Und Sie töteten Ronald Goldman, Sir, taten Sie es?“

„Das ist absolut nicht wahr!“

Simpson behielt seine Körperhaltung bei. Schon die unnatürlich monotone Wortwahl wirkte so, als wollte er den Geschworenen sagen: „Ich habe die Kontrolle hier.“ Keiner der Geschworenen bewegte sich.

Kurze Zeit später wurde die Sitzung bis Montag unterbrochen.

An diesem Abend war die Berichterstattung in den Medien einhellig: Simpsons Angaben waren unglaubhaft, er selber unglaubwürdig gewesen.

In dieser Nacht saßen Gelbblum und Petrocelli zusammen und überarbeiteten das Skript für den zweiten Teil der Befragung Simpsons. Sie arbeiteten die halbe Nacht und auch am ganzen Samstag und Sonntag.

Als Simpson am Montag den Gerichtssaal betrat, schien er seine Selbstsicherheit verloren zu haben, er wirkte zusammengesunken, als wäre er geschrumpft. Was auch immer in seinem Lager seit Freitag besprochen worden war, die Einschätzung über die Performance des Hauptakteurs fiel offensichtlich nicht gut aus.

Petrocelli setzte seine Befragung dort fort, wo er am Freitag geendet hatte. Er konfrontierte Simpson mit den Aufzeichnungen Dr. Leonore Walkers und dem Vernehmungsprotokoll Langes und Vannatters vom 13. Juni 1994: „Ich überprüfte meine Mailbox. Paula hatte mir eine Nachricht hinterlassen, daß sie nicht da war, daß sie die Stadt verlassen mußte."

„Unwahr", erwiderte Simpson und wartete dann mit einer neuen Geschichte auf, die darauf hinauslief, Paula Barbieri habe eine Nachricht für ihn auf ihren eigenen Anrufbeantworter zu Hause gesprochen. Selbst auf Richter Fujisakis Gesicht breitete sich ein Ausdruck von Ungläubigkeit aus. Baker konnte erkennen, wie sein Klient dabei war, den letzten Rest Glaubwürdigkeit zu verlieren, und versuchte zu unterbrechen. Petrocelli ignorierte ihn einfach.

„Sie wollen dieser Jury unter Eid erzählen, daß, als Sie Paulas Anrufbeantworter anriefen, die Nummer, die jeder wählen konnte, da eine lange Nachricht über Sie und über Golf und darüber, wie unglücklich sie war usw. aufgesprochen war. Ist das die Story?" Den Ausdruck Story wählte Petrocelli bewußt. Simpson wand sich. Bei seinen nächsten Fragen kam es Petrocelli nicht auf die Antworten an, sie dienten alleine dazu, den Geschworenen zu verdeutlichen, weshalb dieses Thema so bedeutend war.

„Die Wahrheit, Sir, ist, daß Sie entschlossen waren, mit Paula in Kontakt zu treten, weil sie Sie verlassen hatte. Wahr?"

„Falsch."

„Und Sie versuchten den ganzen Tag, mit ihr in Kontakt zu treten, Anruf um Anruf. Wahr?"

„Das ist nicht unbedingt richtig. Nein."

„Und der Grund, warum Sie mit ihr versuchten, in Kontakt zu treten, ist, daß Sie sich an diesem Abend alleine fühlten, taten Sie das nicht?"

„Das ist nicht wahr."

„Und Sie beschuldigten Nicole dafür, daß Sie sich einsam fühlten, Sir, taten Sie das nicht?"

„Nein."

Petrocelli wechselte zu dem Anruf über, den Simpson um 22.03 Uhr in der Nacht der Morde zu Paula getätigt hatte.

„Als Sie mit den Polizeidetectives am 13. Juni sprachen, Stunden nach der Ermordung Nicoles, sagten Sie, daß Sie versucht hatten, Paula anzurufen, während Sie in Ihrem Bronco zu Ihrem Haus fuhren, und zwar von Ihrem cell phone aus. Wahr?"

Simpson antwortete nicht. Also begann Petrocelli, aus dem Protokoll vorzulesen: „Nach der Veranstaltung kam ich nach Hause. Ich ging in meinen Wagen, ich wollte meine Freundin besuchen, ich rief sie an und sie war nicht da ... Der Bronco ist, was ich fahre ..." Nach den Aufzeichnungen der Telefongesellschaft war der Anruf um 22.03 Uhr der einzige, der von Simpsons cell phone getätigt worden war.

„Also, Sir, Sie waren in Ihrem Bronco, als Sie Paula um 22.03 Uhr anriefen, genau so, wie Sie es der Polizei sagten, wahr?"

Bestätigte Simpson dies, kam es einem Geständnis gleich.

„Das ist inkorrekt", erwiderte er.

„Oh, also logen Sie die Polizei an", bemerkte Petrocelli sarkastisch.

„Nein."

Petrocelli stand direkt vor Simpson und schüttelte den Kopf.

„Sie haben jetzt eine andere Story. Sie ist jetzt anders, ist es nicht so?... Jetzt sagen Sie, daß Sie nicht den Bronco nahmen, zu Paula fuhren und sie von dem Telefon anriefen, wahr?"

„Das ist wahr."

„Und jetzt sagen Sie – natürlich nach Treffen mit Teams von Anwälten und Ermittlern und Verteidigungsexperten und nachdem Sie die Aufzeichnungen der Telefongesellschaft gesehen haben –, daß da ein cell phone Anruf um 22.03 Uhr war, der Sie in den Bronco steckt, wahr?"

„Wahr."

Simpson war ein geschlagener Mann. Er hätte wegen der suggestiven Art der Frage protestieren können, doch das Beste, mit dem er aufzuwarten vermochte, war ein schwaches „Wahr".

„Also, Ihre Story ist jetzt, daß Sie diesen Anruf nicht vom Bronco machten, richtig?"

„Das ist korrekt."

„Und Ihre jetzige Story, Sir, ist, daß tatsächlich das cell phone sich nicht einmal im Bronco befand um 22.03 Uhr, richtig?"

„Das ist korrekt."

„Jetzt sagen Sie, daß Sie es Stunden zuvor aus dem Bronco nahmen?"

„Das ist korrekt."

Petrocelli zog erneut das Vernehmungsprotokoll vom 13. Juni 1994 hervor und las: „Das Letzte, was ich tat, bevor ich zum Flughafen fuhr, war, als ich mich beeilte, mein Telefon aus dem Bronco zu holen." Das bezog sich auf einen Zeitpunkt kurz nach 23.00 Uhr.

„Das ist inkorrekt."

„Jetzt versuchen Sie zu sagen, das Protokoll sei falsch, weil Sie nicht wollen, daß das Telefon um 23.00 Uhr im Bronco ist, wahr?"

„Es war nicht im Bronco."

„Sie wollen es dort nicht haben, weil, wenn es dort um 23.00 Uhr war, es dort um 22.00 Uhr war; und wenn es dort um 22.00 Uhr war, waren Sie im Bronco und nicht in Ihrem Haus und es zerstört Ihr Alibi!?!" schrie Petrocelli seine Zusammenfassung für die Geschworenen. Baker war außer sich.

„Das ist ein großartiges Schlußplädoyer ... aber keine korrekte Frage!"

„Was ist jetzt Ihre Story?" wollte Petrocelli wissen. Wie aufgrund seiner Deposition erwartet, behauptete Simpson, daß er sein cell phone bereits früher am Tage aus dem Bronco genommen habe und, was er in der Eile vor der Abfahrt zum Flughafen aus dem Fahrzeug geholt habe, das Zubehör gewesen sei, das er auch in seiner Vernehmung gegenüber der Polizei gemeint habe. Petrocelli ließ ihn seine Version beenden und las danach sofort eine weitere Passage aus dem Vernehmungsprotokoll vor: „‚Als ich wegfuhr, sagte Kato etwas zu mir, und ich beeilte mich, mein Telefon zu holen ...' Erinnern Sie sich, das der Polizei gesagt zu haben?"

Simpson hatte keine befriedigende Erklärung dafür, daß nirgendwo im Protokoll von dem Zubehör die Rede war, sondern ausschließlich von dem Telefon.

In der Verhandlungspause saß Simpson wie ein angeschlagener Boxer schwer atmend zwischen seinen Anwälten. Petrocelli blickte zu ihnen. Es gab kein Lachen oder Lächeln, kein auf den Rückenklopfen. Ein Team, das sich auf der Siegerstraße befand, sah anders aus. Nach der Unterbrechung spulte Petrocelli Thema für Thema ab, für die Simpson keine Erklärungen hatte: Die Kleidungsstücke, die Blutfunde, die Schnitte. Simpsons Antworten wurden immer vager.

„Sie haben keine Idee, wie das Blut an Sie gekommen ist in dieser Nacht. Ist es das, was Sie sagen?"

„Ja."

Im Zuschauerraum schüttelten Menschen ungläubig den Kopf. Mehrere Reporter sagten später, daß sie Petrocelli am liebsten gestoppt hätten, weil sie die peinlichen Lügen Simpsons nicht mehr ertragen konnten.

Später an diesem Tage konfrontierte Petrocelli Simpson mit dem Scull-Foto, auf dem dieser die Bruno Magli Schuhe trug. Simpson bestritt, jemals diese Schuhe besessen oder getragen zu haben.

„Sie sagen zu den Geschworenen, daß dieses Bild eine Fälschung ist?“

„Ich glaube es. Ja.“

„Was meinen Sie damit, Sie glauben es. Ist es eine oder ist es keine?“

„Ich würde sagen, es ist eine.“

„Machen Sie Ihre Meinung klar. Ist es eine Fälschung oder nicht?“

„Meiner Meinung nach ist es eine Fälschung.“

Simpson hatte sich festgelegt. Bei Fotos konnte man niemals mit 100%iger Sicherheit feststellen, ob sie manipuliert waren oder nicht. Also durfte er davon ausgehen, daß die Lüge ihm nicht würde widerlegt werden können. Daß diese Annahme ein Irrtum war, konnte zu diesem Zeitpunkt noch niemand wissen.

Schließlich kam Petrocelli auf den Mitschnitt der Telefongespräche zwischen Simpson und Lange während der Bronco-Verfolgungsjagd zu sprechen.

„‚... Ich bin der Einzige, der es verdient.‘ Können Sie sich erinnern, das gesagt zu haben?“

„Ich kann mich überhaupt nicht erinnern, das gesagt zu haben.“

„Erinnern Sie sich, Mr. Lange ziemlich am Ende gesagt zu haben, Sie sind ein guter Mann. Sie machen Ihren Job gut.’?“

„Ich erinnere mich nicht, das gesagt zu haben, aber ich glaube, das entspricht dem, was ich zu dieser Zeit gegenüber der Polizei gefühlt habe, ja.“

„Nun, Mr. Simpson“, begann Petrocelli leise und ruhig, „zu keiner Zeit sagten Sie Detective Lange am Telefon: ‚Warum verfolgt ihr mich fälschlich?‘ Sie sagten das nie oder taten Sie es?“

Simpson gab eine ausweichende Antwort. Petrocelli erhob seine Stimme.

„Zu keiner Zeit sagten Sie: ‚Warum habt ihr all die Beweise gegen mich gefälscht?’... Sie haben niemals die Person am Telefon beschuldigt ... Korrekt?“

„Korrekt."

„Und der Grund, warum Sie es nicht taten, Mr. Simpson", Petrocellis Stimme hatte ihr Crescendo erreicht, „ist, weil Sie wußten, daß Sie die Morde begangen haben. Korrekt?!"

„Das ist inkorrekt." Simpson atmete wieder schwer.

„Und das ist es, weshalb Sie sich umbringen wollten, weil Sie wußten, daß Sie den Rest Ihres Lebens im Gefängnis verbringen würden. Korrekt?"

„Das ist inkorrekt!"

„ Und ... Sie töteten sie!"

„Nein, Mr. Petrocelli, das ist total absolut inkorrekt."

Petrocelli senkte seine Stimme. „Und Ronald Goldman kam dazu, als Sie dort mit Nicole waren", der Gerichtssaal war völlig ruhig, „und Sie erwarteten ihn nicht in dieser Nacht. Korrekt?"

„Ich kenne Ron Goldman nicht."

„Und Ronald Goldman kämpfte mit Ihnen, als er versuchte, Sie aufzuhalten, und Sie stachen auf ihn ein, bis er in Ihren Armen zusammenbrach und starb. Wahr oder unwahr?"

„Unwahr." Simpsons Augen waren weit aufgerissen, und sein Atem explodierte bei seinen Antworten.

„Und Sie ließen ihn dort sterben, Mr. Simpson, mit seinen geöffneten Augen, Sie direkt anschauend. Wahr oder unwahr?"

„Das ist unwahr."

Petrocelli schloß sein Notizbuch und drehte Simpson den Rücken zu.

„Wir haben keine weiteren Fragen."

In der Vorhalle des Gerichtssaales kam Baker in der anschließenden Verhandlungspause auf Petrocelli zu. „In diesem Licht", sagte er leise, „muß ich meinen Zeugen jetzt nicht aufrufen und befragen." Baker wirkte mutlos. Er war nicht auf das Debakel vorbereitet gewesen, das sich im Zeugenstand abgespielt hatte. Er hatte seinen ganzen Fall auf Simpson gesetzt. Und verloren.

ANKH

Während der Thanksgiving Feiertage wurde die Verhandlung für fast eine Woche unterbrochen. Petrocelli versuchte, die Zeit mit seiner Familie zu verbringen. Doch seine Gedanken blieben beim Prozeß. Alles, was er tun konnte, war leichter Small Talk und etwas

Truthahn in sich hineinzustopfen, um möglichst schnell wieder ins DoubleTree zu kommen und weiterzuarbeiten.

Als er eines Tages zu Hause anrief, erhielt er keine Verbindung. Die Telefonleitung war unterbrochen worden, weil die Rechnungen seit Monaten nicht gezahlt worden waren. Es stellte sich heraus, daß inzwischen auch die Zwangsversteigerung seines Hauses angeordnet worden war, nachdem die Tilgungs- und Zinsraten gleichfalls seit Monaten nicht mehr an die Bank überwiesen worden waren. Petrocelli hatte sich nicht mehr um seine Angelegenheiten gekümmert. Seine Familie war dankbar, als seine Sekretärin Maria die finanziellen Belange übernahm und sie wieder ein Telefon er- und ein Dach über dem Kopf behielt.

In den ersten vier Tagen nach der Gerichtspause rief Petrocelli in rapider Geschwindigkeit zwanzig „impeachment" Zeugen auf, die die Aussagen Simpsons widerlegten. Sie bestätigten die Mißhandlungen Nicoles, wie sehr Simpson kurz vor den Morden unter der Trennung litt, daß er von ihr besessen war, den Vorgang mit dem IRS-Brief, daß er erzählt hatte, die Nachricht Barbieris am Mordtag abgehört zu haben, wieviel Wert er darauf gelegt hatte, seine Golfschlägertasche zurückzuerhalten. Besonders schlimm für Simpson waren die Aussagen seines eigentlichen Fahrers; er gab an, Simpson mehr als einhundertmal abgeholt zu haben, um ihn zum Flughafen zu bringen. Immer hatte ihn Simpson sofort hereingelassen. Und schließlich war da noch die Aussage Partridges, eines Anwaltes, der beim Rückflug Simpsons nach Los Angeles direkt neben ihm gesessen hatte und der berichtete, Simpson habe ihm erzählt, Nicole und ein Mann seien getötet und im Garten vor Nicoles Haus gefunden worden – eine Information, die Simpson zu diesem Zeitpunkt unmöglich haben konnte.

Petrocelli nahm an, daß Skip Tafts Vernehmung höchstens fünfzehn Minuten dauern würde. Hatte er am 13. Juni 1994 im Parker Center an seines Klienten Finger zwei oder drei Schnitte gesehen? Ja. Aus. Diese Aussage wäre verheerend für Simpson, dessen Version schließlich lautete, er hätte nur einen Schnitt an seinem Finger gehabt, als er aus Chicago zurückgekehrt war, die übrigen seien in den darauffolgenden Tagen bis zu seiner Festnahme erfolgt.

Tafts Antwort traf Petrocelli völlig unvorbereitet.

„Wie ich heute hier sitze, erinnere ich mich nur an einen Schnitt."

Hatte sich Petrocelli verhört?

Taft war wohl sein Fehler aus seiner Aussage bei der Deposition bewußt geworden. Er versuchte, sich nicht festlegen zu lassen und wandte sich mit einer bedauernden Geste an die Geschworenen. „Meine Aussage heute ist, daß ich sicher einen Schnitt sah. Ich verlor den zeitlichen Zusammenhang, als mich Mr. Petrocelli fragte, ob ich sie sah ... Ich sah diese Bilder oftmals danach im Treffen mit Anwälten. Und Sie müssen verstehen, daß wir alle am 13. unter einem großen Schock standen."

„Sind Sie fertig?" empörte sich Petrocelli.

„Das ist meine Antwort", beharrte Taft.

Als Taft den Zeugenstand verließ, war sein Ruf vernichtet; jeder wußte und verstand, daß er gefälligkeitshalber für seinen Klienten unter Eid grob gelogen hatte.

Jetzt kam man zu den Zeugenaussagen der Familien des Opfers. John Kelly rief Juditha Brown, Nicoles Mutter, auf. Sie sprach liebevoll von ihrer Tochter, berichtete von den letzten Stunden, die sie gemeinsam verbracht hatten. Mehrfach brach sie dabei in Tränen aus. Fujisaki warf Kelly einige harte Blicke zu, die besagten, daß Kelly dies beenden sollte. Petrocelli fand das nicht fair; das war die erste und würde die einzige Gelegenheit für die Familienangehörigen der Opfer bleiben, etwas über ihre Gefühle und ihren Schmerz zu berichten. Außerdem ging ihm durch den Kopf, wie der Richter dann erst auf Fred Goldman reagieren würde ...

Am Ende ihrer Vernehmung erinnerte sich Juditha Brown an die Szene am Sarg ihrer Tochter.

„... und ich hörte ihn sagen, ‚Es tut mir so leid, Nic, es tut mir so leid.' Und er küßte sie auf die Lippen ... Und ich sagte: ‚Hattest du irgend etwas damit zu tun?' Und er sagte: ‚Ich liebte deine Tochter.' Und das war es."

„Hat er Ihre Frage jemals trotzdem beantwortet, Mrs. Brown?"

„Nein."

Kelly hatte keine weiteren Fragen mehr.

„Spielen Sie das Band ab", sagte Baker sofort. Auf dem Bildschirm erschien das erste Fernsehinterview, das Juditha und Lou Brown nach dem Tode ihrer Tochter gegeben hatten. Juditha hatte darin dieselbe Geschichte erzählt, wie Simpson hereingekommen war, was er gesagt und was sie gefragt hatte. Diane Sawyer, die ABC-Reporterin, die das Interview geführt hatte, hatte sie unterbrochen: „ Und er sagte...".

„Und er sagte: ‚*Nein*, ich liebte deine Tochter.'"

In der Verhandlungspause wandte sich Petrocelli an Baker.

„Wieso hatten Sie dieses Band parat?"

Baker grinste zum ersten Mal seit längerem wieder, als er Petrocelli stehenließ.

Fred Goldmans Zeugenvernehmung war auf Montag, den 9. Dezember 1996 angesetzt. Am Wochenende davor trafen er und Petrocelli sich. Petrocelli wollte ein Probeverhör machen, die Fragen und Antworten mit ihm durchgehen. Goldman weigerte sich.

„Da ist nichts, worauf ich mich vorbereiten muß", sagte er förmlich. „Sagen Sie mir nicht einmal, was Sie fragen werden. Ich will es nicht wissen. Ich möchte, daß es natürlich wirkt."

Statt dessen wählten Sie gemeinsam einige Fotos aus, die Petrocelli benutzen und den Geschworenen zeigen wollte; Ron alleine, mit Familie, als Jüngling, als Erwachsener. Und ein Video, das weniger als ein Jahr vor den Morden bei der Bat Mitzwah von Lauren, Rons Stiefschwester, aufgenommen worden war.

Am Morgen des 9. Dezember 1996 wurde Fred Goldman als fünfundsechzigster und letzter Zeuge der Kläger eingeschworen. Simpson saß hinter Baker. Nicht ein einziges Mal betrachtete er Goldman.

Petrocelli führte Goldman durch die frühen Jahre seines Sohnes die beruflichen Aufs und Abs, seine verschiedenen Jobs. Etwa sechs Monate vor seinem Tode hatte Ron seinem Vater von seiner Idee erzählt, ein Restaurant zu eröffnen und ihn gefragt, ob er in das Projekt investieren würde. Fred hatte ja geantwortet. Nach den Morden hatte er eine Akte unter den Papieren seines Sohnes gefunden. In ihr hatte sich auch ein Menü und ein Tischplan befunden.

„Es war mir nicht klar, wie weit Ron mit seinen Plänen und Träumen gekommen war."

„Mr. Goldman", Petrocellis Stimme war sanft, „was ist die Bedeutung dieses Diagramms? Hat es irgendeine Bedeutung?"

Goldman brach schluchzend zusammen. Petrocelli erhielt denselben Blick von Fujisaki, den Kelly erhalten hatte, als Juditha Brown im Zeugenstand gewesen war. Er ignorierte ihn. Das war Fred Goldmans Moment, auf den dieser so lange gewartet hatte.

„Es ist das ägyptische Symbol, das Ron um den Hals trug",

brachte Goldman hervor. „Es ist das ägyptische Symbol des ankh. Es bedeutet ‚ewiges Leben'."

„Und Ron trug es um den Hals?"

„Ja."

Goldman wirkte völlig aufgelöst.

„Sind Sie in der Lage, das zu beenden?" fragte Petrocelli besorgt.

„Trägt es nicht mehr", fügte Goldman hinzu. „Kim trägt es jetzt."

Petrocelli ließ das letzte der ausgesuchten Fotos im Bildschirm aufleuchten. Ron Goldman hielt einen Baseballschläger, es war ein Bild voller Energie.

„Mein Lieblingsbild von ihm", sagte Fred Goldman.

Petrocelli entschied, daß der Zeitpunkt für das Video gekommen war. Steve Foster hatte einen Zusammenschnitt gefertigt, der vorgeführt wurde. Auf dem Bildschirm erschien Ron, ein gutaussehender, gesunder junger Mann, tanzend auf der Bat Mitzwah seiner Halbschwester. Der große Bruder und Star der Familie. An einer Stelle konnte man Ron sagen hören. „Ich weiß nicht, wo ich in einem Jahr sein werde." Petrocelli ließ das Video an der Stelle einfrieren, an der Ron und Fred zusammen zu dem Titel „Old Time Rock and Roll" von Bob Seeger sangen. Sie sahen sich dabei in die Augen und lachten.

Als einziges Geräusch war im Gerichtssaal das Weinen der Geschworenen und Zuschauer zu hören.

„Mr. Goldman", fragte Petrocelli sehr ruhig, „liebten Sie Ihren Sohn?"

„O Gott, ja." Goldmans Stimme war kaum zu vernehmen, der Schmerz hatte ihm den Hals zugeschnürt.

„Vermissen Sie ihn?"

„Mehr als Sie sich vorstellen können."

„Denken Sie an ihn jeden Tag?"

„Es gibt keinen Tag, der vorübergeht, an dem ich nicht an Ron denke."

„Wird Ihr Leben jemals wieder so sein?"

„Niemals wieder."

Petrocelli spürte, wie ihm selber die Tränen das Gesicht herunterrannen. Richter Fujisaki, der Mühe hatte, seine Tränen zu unterdrücken, ordnete eine zehnminütige Pause an.

Nach gerade einmal sechs Wochen beendete Petrocelli den Fall der Kläger.

An diesem Abend bat Fred Goldman das Team der Anwälte in ein Zimmer im DoubleTree. Er drückte seine tiefe Dankbarkeit für ihre Arbeit aus. Es war ein bewegender Moment. Aber alle wußten, daß noch ein weiter Weg vor ihnen lag. Denn nun stand Bakers Fall der Verteidigung an.

IN DEN SCHUHEN DES MÖRDERS

Robert Baker begann seinen Verteidigungsfall (defense case) mit Vannatter. Seine Idee war es, die Beweise und die Polizei zu attackieren. Danach, wenn Simpson nochmals in den Zeugenstand treten würde, würde er die Zeitlinie und die Domestic Violence abdecken. Soweit der Plan. Da das Thema Beweismanipulationen mit Blut die Nr. 1 der Hitliste der Verteidigung war, war es nur logisch, mit Vannatter zu beginnen.

Baker versuchte zu demonstrieren, daß es keinen Grund gab, die Blutprobe Simpsons nicht sofort einzubuchen, die übliche Litanei, von der das meiste durch die Kläger bereits erklärt oder widerlegt worden war.

Petrocelli hatte das Gefühl, die Geschworenen verstanden, daß die Story der Verteidigung nirgendwo hinführte. Wenn Beweise manipuliert worden waren, wie, von wem und wann? Und vor allem, weshalb? Die Verteidigung hatte keine Antworten auf diese Fragen, weil es keine gab.

Der wichtigste Zeuge dieser Woche war der Molekularbiologe und Labordirektor Dr. John Gerdes. Er war der Mann, der im Strafprozeß das Kriminallabor der LAPD als Jauchegrube für Kontamination bezeichnet hatte. Tom Lambert war bereit für ihn. Nachdem Dr. Gerdes seine *garbage in, garbage out* Theorie unterbreitet hatte, ging Lambert sofort zum Angriff über.

„Dr. Gerdes, würden Sie bitte den Geschworenen sagen, wie oft Sie Beweise an einem Tatort sichergestellt haben?“

„Ich habe niemals Beweise an einem Tatort sichergestellt.“

Dr. Gerdes mußte einräumen, daß auch sein Labor niemals Beweise an einem Tatort sichergestellt hatte, daß er niemals Kurse in forensischen Wissenschaften gegeben oder Studien geleitet hatte. Irgendwelche Experimente auf dem Gebiet forensischer Beweise? „Nein.“ Den DQ Alpha Test benutzt? Ein einziges Mal in seinem Labor. Den D1S80 Test jemals angewendet, einen anderen DNA-Test? Niemals.

„Also, Sie selbst haben niemals irgendeinen forensischen Beweistest durchgeführt, Sie machen den Test nicht, über den wir hier diskutieren, aber Sie haben regelmäßig vor Gericht als ein Experte ausgesagt, ist das wahr, Sir?“

„Das ist wahr.“

„Fünfunddreißigmal?“

„Korrekt.“

„Jedes Mal auf der Seite der Personen, die angeklagt waren wegen Vergewaltigung, Mord oder beidem?“

„Korrekt.“

„Ihre Aussagen war jeweils, daß man sich auf die Beweise nicht stützen könne, ist das richtig?“

„Sie waren kritisch bezüglich dieses speziellen Typs von DNA-Tests, ja.“

„Und dieser spezielle Typ von DNA-Tests ist ... jetzt ein etablierter Teil der forensischen Wissenschaften, ist er es, Dr.?“

„Ich glaube, Sie können das sagen, ja.“

Als die Verhandlung für die Mittagspause unterbrochen wurde, ging Petrocelli zu Lambert und klopfte ihm auf den Rücken. Dr. Gerdes saß noch wie versteinert in seinem Zeugenstuhl. Nach Wiedereröffnung der Verhandlung an diesem Tage, gab Lambert Dr. Gerdes den Rest.

„... zuerst, Sie meinen nicht, daß die Testresultate in irgendeiner Weise das Ergebnis von Kontamination gewesen sind oder, Dr.?“

Bis auf einen Bluttropfen, der in Bundy gefunden worden war, bestätigte Dr. Gerdes dies.

„Also, alle diese Testergebnisse sind gute Testergebnisse, auf die die Jury sich berufen kann?“

„Meiner Meinung nach ist das wahr.“

Lambert hatte Dr. Gerdes nicht nur neutralisiert, er hatte ihn in einen Zeugen der Kläger gewandelt – die Testergebnisse der DNA-Untersuchungen waren nunmehr vom eigenen Sachverständigen der Verteidigung als korrekt bestätigt worden.

Dr. Baden, der 100.000-Dollar-Mann der Verteidigung, war für Ed Medvene reserviert.

Im Strafprozeß hatte Dr. Baden noch ausgesagt, Ron Goldman hätte fünfzehn oder zwanzig Minuten stehend und blutverlierend kämpfen können, was Simpson nicht genug Zeit gegeben hätte, die Morde zu verüben, hierbei von Heidstra gehört zu werden, nach Hause zurückzukehren und Park die Pforte zu öffnen. Doch seit damals war viel geschehen, vor allem hatte inzwischen Dr. Spitz ausgesagt. Zur Überraschung Petrocellis und seiner Kollegen teilte Dr. Baden auf Bakers Frage mit, daß Ron Goldman nur *drei bis fünf Minuten* gestanden und gekämpft haben konnte, nachdem er die Halsverletzung erlitten hatte. Baden war zurückgewichen. Und das bei der direkten Befragung durch Baker. Petrocelli überlegte kurz, ob Medvene Baden danach überhaupt noch einem Kreuzverhör unterziehen sollte.

Nachdem Baker seine Befragung beendet hatte, stellte Medvene zunächst klar, daß Dr. Baden zum Simpson Verteidigungsteam gehörte; er eine Pressekonferenz gegeben, war im Fernsehen aufgetreten, alles, um Simpson zu unterstützen.

„Sie erschienen vor einem Monat im Fernsehen, nachdem Dr. Spitz ausgesagt hat, um eine gegenteilige Version in der Rivera Show zu geben? Könnten Sie diese Frage beantworten, ja oder nein, Sir?“

Baden schlug sich mit der Handfläche gegen die Stirn. Petrocelli hatte nicht erwartet, daß er so sensibel reagieren würde.

Später erläuterte Baden die Kratzer und Schnitte, die er an Simpson festgestellt hatte. „Er teilte mir mit, daß er nicht wußte, woher er sie hatte, aber daß er Blut an seiner Hand hatte, als er seinen Wagen nach dem *cell phone* durchsuchte...“. Dr. Baden war offenbar nicht bewußt, daß er damit belegte, daß nach Simpsons eigener Äußerung ihm gegenüber sich das Handy noch um 23.00 Uhr im Bronco befunden hatte! „Er schneidet sich oft und er hat eine Menge Narben an ihm...“, setzte Baden fort.

„Sie sind kein Anwalt“, unterbrach ihn Medvene. Baden schlug sich wieder an die Stirn.

„Nun“, faßte Medvene schließlich zusammen, „Sie haben uns unter Eid gesagt, daß Ron Goldman vielleicht zwei oder drei Minuten stand ... Sagten Sie das in diesem Fernsehprogramm, in dem Sie vor einem Monat erschienen ... ja oder nein, Sir, sagten Sie das im Fernsehen?“

Medvene ließ das Video abspielen. „Er stand fünf bis zehn Minuten“, wurde Badens Stimme klar und deutlich hörbar.

„So viele Zahlen, die Sie uns gegeben haben“, sagte Medvene langsam und ruhig.

Als nächstes stand auf dem Programm der Verteidigung ihr Foto-Experte, der die Aufgabe hatte, die Aufnahme Sculls zu diskreditieren, Robert Groden. Er verdiente seinen Lebensunterhalt als Reparateur von Fotoentwicklungsmaschinen. Sein größter Vorteil war, daß er ein Mann war, der niemals eine Konspiration getroffen, die er nicht sogleich gemocht hatte. Die Verteidigung zahlte ihm 2.000 Dollar am Tag.

Gelbblum argumentierte, daß Groden nicht qualifiziert war auszusagen, da er kein Sachverständiger war. Doch Fujisaki entschied, daß der Reparateur jedenfalls mehr war als ein Laie. Groden durfte seinen Garn spinnen. Und das tat er nicht schlecht. Hier sei eine Verfärbung, dort ein Schatten, da eine zweite Linie.

„Peter, ist irgend etwas daran, was dieser Typ erzählt?“ fragte Petrocelli nervös.

„Er ist durchgedreht!“ flüsterte Gelbblum zurück; er wußte, daß sie noch für ihr Rebuttal Case Jerry Richards hatten, ihren eigenen Fotoexperten, der die Dinge wieder zurechtrücken würde.

An einer Stelle bat Baker darum, die weitere Vernehmung Grodens bis nach Neujahr zu verschieben. Robert Blasier hatte einen Termin für eine Rückenoperation und er mußte zuvor noch Frederic Rieders vernehmen, den Experten der Verteidigung für forensische Toxikologie, der als nächster anstand. Petrocelli war einverstanden. Grodens Vernehmung wurde unterbrochen.

Rieders sagte über den EDTA-Anteil der Bluttropfen aus, die auf dem Tor und an den Socken gefunden worden waren. Wiederum blieb Simpsons Team strategisch eng bei der Linie, die die Verteidigung im Strafprozeß verfolgt hatte.

Während Rieders aussagte, verkündete Richterin Nancy Wieben Stock das Urteil im Sorgerechtsstreit bezüglich Justin und Sydney. Simpson erhielt die Kinder. Das entsprach dem Gesetz. Er war der Vater, konnte für die Kinder sorgen und war im Mordprozeß freigesprochen worden. Der Zivilprozeß war für das Familiengericht unerheblich.

Obwohl Kelly das Urteil erwartet hatte, hinterließ es einen bitteren Beigeschmack bei ihm. Er erinnerte sich an seine Reaktion im vergangenen Sommer, als Lou Brown ihn angerufen und ihm mitgeteilt hatte, daß sie beabsichtigten, die Klage zurückzunehmen, weil „sie keine Chance hätten“.

„Haben Sie Ihren Verstand verloren?“ hatte Kelly erwidert. „Wie können Sie die Kinder einem Killer geben? Was wird die Welt denken, wenn Sie sie ohne Kampf aushändigen?“

Kelly begriff, daß der Sieg im Sorgerechtsverfahren Simpsons Team noch einmal einen Anschub geben konnte.

Auch Petrocelli war besorgt. Er wußte, daß die Geschworenen von dem Urteil hören würden. Es blieb ihm nur die Hoffnung, daß er seinen Job, Simpsons Glaubwürdigkeit zu vernichten, gut genug gemacht hatte. Doch einstweilen stand es 2 : 0 für Simpson.

Kelly verbrachte die Weihnachtsferien in New York. Am Freitag, dem 28. Dezember 1996, erhielt er einen Anruf von Sculls Anwalt Michael Conner.

„Hören Sie", sagte Conner, „da gibt es diesen Typen bei den Bills, Denny Lynch, der den Leuten erzählt, daß da andere Fotografien von Simpson sind, auf denen er diese Schuhe trägt."

Das letzte, was Kelly wollte, war, am Neujahrswochenende wegen eines Gerüchts nach Buffalo zu fliegen. Aber Kelly war neugierig. Am Montag bestieg er die Maschine. Lynch empfing ihn und zeigte ihm den *Bills Report*, die Zeitschrift der Buffalo Bills. Es war ein Exemplar, das sieben Monate *vor* den Morden gedruckt worden war. Und es zeigte O.J. Simpson am 26. September 1993 im Rich Stadium – mit den Bruno Magli Schuhen!

„Niemand hat je danach gefragt", erzählte Lynch. „Ich wurde nie von jemandem von der Staatsanwaltschaft oder der Polizei besucht."

Kelly lächelte nur.

Das Foto stammte von einem Mann namens E.J. Flammer. Kelly suchte ihn auf. Flammer war hilfsbereit. Er hatte an jenem Tag dreißig Fotos von Simpson gemacht. Alle zeigten diesen in den Bruno Magli Schuhen. Er händigte einen kompletten Satz Kelly aus, der sie sofort Petrocelli zuschickte. Als dieser und Gelbblum die gestochen scharfen Aufnahmen betrachteten, wußten sie, daß Kelly einen Volltreffer gelandet hatte.

Das Gericht trat wieder am Montag, dem 6. Januar zusammen. Die Nachricht von der Entdeckung der neuen Fotos hatte sich wie ein Lauffeuer herumgesprochen. Petrocelli händigte die Aufnahmen der Verteidigung aus. Robert Baker betrachtete sie mit keinem Blick. In seinem Eröffnungsplädoyer hatte er ohne wenn und aber erklärt, daß das Scull-Foto eine Fälschung sei, manipuliert. Jetzt saß er nur in seinem Stuhl, mit dem Rücken zu seinem Klienten, die Arme gefaltet, die Augen gesenkt. Ich bin betrogen worden, signalisierte er jedem, der ihn ansah.

Ob diese Aufnahmen seine Meinung über das Scull-Foto ändern könnten, wollte Gelbblum von Groden wissen, der wieder im Zeugenstand Platz genommen hatte.

„,,... wenn ich beweisen könnte, daß diese Fotografien echt sind ... würde ich sagen, daß es meine ... meine allgemeine Einschätzung beeinflussen könnte“, räumte Groden ein.

Gelbblum hatte, was er wollte. „Keine weiteren Fragen“, schloß er.

Während Baker in der darauffolgenden Woche seine letzten Zeugen durch die Verhandlung schleuste, bemerkte Lambert, daß etwas sehr Ernsthaftes mit ihm geschehen war. Sein Feuer war erloschen. Vielleicht hatte Simpson ihm auch unter vier Augen versichert, niemals diese Schuhe getragen zu haben. Dann waren die Flammer-Fotos aufgetaucht. Das mußte einen gigantischen Keil in die Beziehung Bakers zu seinem Klienten getrieben haben.

Baker spürte, sein Fall war zusammengebrochen. Niemand wurde aufgerufen, um die neuen Fotos anzugreifen. Die Verteidigung näherte sich ihnen nicht einmal mehr. Sie blieben einfach im Gerichtssaal.

Am Freitag, dem 10. Januar 1997, betrat Simpson erneut den Zeugenstand, diesmal von Baker aufgerufen. Drei Stunden ging es um Simpsons Version seines Zusammenlebens mit Nicole. Er sei immer besorgt um seine Ex-Frau gewesen, ein liebender Vater. Er hätte nur nicht ihren fraglichen Lebensstil gemocht. Baker verrichtete Schwerstarbeit bei dem Versuch, seinen Klienten zu humanisieren und dessen Glaubwürdigkeit wiederherzustellen.

Ed Medvene wartete darauf, daß Simpson wenigstens auf einige der Domestic-Violence-Probleme eingehen würde. Es geschah nicht. Simpson blieb bei seiner Story: Er hatte Nicole nie geschlagen. Er gibt seinen Anwälten nichts, womit sie in ihrem Schlußplädoyer arbeiten können, dachte Medvene.

Am Montag kehrte Simpson für den letzten Tag seiner Aussage in den Zeugenstand zurück. Als Baker auf die Bruno Magli Schuhe zu sprechen kam, erwartete Medvene, daß er und Simpson irgendeine halbwegs plausible Geschichte ausgearbeitet hatten. Doch Simpson antwortete nur, daß er die Schuhe niemals getragen hätte. Das war eine monumentale Lüge vor dem Hintergrund der aufgetauchten Fotografien, mehr noch, es war eine offensive Lüge, durch die die Geschworenen sich angegriffen fühlen mußten.

Noch während seiner Befragung Simpsons entschied sich Petrocelli, direkt auf die Flammer-Fotos zu sprechen zu kommen.

„Mr. Simpson, als Sie das letzte Mal aussagten ... wußten Sie nichts über die Existenz dieser dreißig Fotografien, korrekt?"

„Nein."

„Und Sie sagten den Geschworenen, daß Sie diese Schuhe, die auf dem Scull-Foto abgebildet waren, nicht trugen, korrekt?"

„Korrekt."

„Sie haben diese Jury angelogen?" wollte Petrocelli wissen.

„Nein", antwortete Simpson scharf.

„Sie logen diese Jury an!" Dieses Mal war es eine Feststellung. „Taten Sie es nicht, Sir?"

„Nein."

„Es ist nach wie vor Ihre Aussage, daß Sie niemals versuchen würden, eine Lüge zu erzählen, korrekt?"

„Nicht in einem Gerichtssaal, nein."

„Oder bei irgend etwas anderem wichtigen in Ihrem Leben, korrekt?"

„Sicherlich nicht bei etwas annähernd so wichtigem."

Petrocelli hatte keine weiteren Fragen. Im Redirect hatte Baker wenig hinzuzufügen und schloß mit der Frage, auf die Petrocelli gewartet hatte.

„O.J.", begann Baker, „am 12. Juni 1994, haben Sie, mit Ihren Kindern im Haus, oben in deren Schlafzimmer schlafend, Ihre Ex-Frau – Ihre Ex-Frau – ermordet und ihren Körper zurückgelassen, wo die Kinder ihn finden konnten?"

Gemäß Drehplan wandte sich Simpson erneut zu den Geschworenen. Dieses Mal sahen sie ihn nicht einmal mehr an. Die Hälfte hatte die Augen nach unten gerichtet, der Rest starrte irgendwohin, nur nicht auf Simpson. Alle weigerten sich, seinem Blick zu begegnen.

Nach Kellys Ansicht war der Prozeß an diesem Tag entschieden worden.

Petrocelli hatte vorgehabt, den Rebuttal Case der Kläger in einem Tag durchzuziehen, doch schließlich brauchte er etwas mehr als zwei. Die Rebuttal-Phase bildet die Möglichkeit der Kläger, neue Zeugen aufzurufen, um auf Punkte einzugehen, die die Verteidigung aufgeworfen hat. Danach konnte die Verteidigung entsprechend reagieren und so fort, bis entweder beide Seiten keine weiteren Zeugen mehr aufriefen oder das Gericht abbrach.

Jerry Richards, der frühere Chef des FBI-Fotolabors, bestätigte die Authentizität des Scull-Fotos, O.J. Flammer diejenige der seinen. Dann riefen die Kläger ihre letzten Zeugen auf. Dr. Terry Lee räumte endgültig mit dem EDTA-Mythos auf, der bekannte DNA-Experte Dr. Bradley Popovich erläuterte, daß es keine Anzeichen einer Kontamination gab, und Bill Bodziak, der Schuhexperte, bestätigte, daß Simpson auf den Fotos Bruno Magli Schuhe trug.

Petrocelli stand auf und beendete die Beweisaufnahme der Kläger. Auch Baker schloß sich für die Verteidigung an. Es war vorbei. Was blieb, waren die Schlußplädoyers.

„GEBEN SIE MIR DEN SOHN MEINES KLIENTEN ZURÜCK"

Fujisaki bestimmte, daß Petrocelli sein Schlußplädoyer am Dienstag, dem 21. Januar 1997, beginnen sollte. Petrocelli, der sich erkältet hatte, bat um einen Tag Aufschub. Der Richter starrte ihn ungläubig an. Sie müssen scherzen, schien sein Blick zu sagen, Sie wollen mehr Zeit, nur weil Sie krank sind? Er lehnte ab.

Bevor die Geschworenen am 21. Januar in den Gerichtssaal traten, wandte sich Petrocelli an Fujisaki.

„Richter, ich möchte einige Angelegenheiten ansprechen, wenn es dem Gericht gefällt."

„Tut es nicht, aber fahren Sie fort", machte Fujisaki einen seiner seltenen Scherze.

Petrocelli nahm den Klagevorwurf der Fahrlässigkeit zurück. Damit ging er auf alles oder nichts. Die Jury würde nun zu entscheiden haben, ob Simpson vorsätzlich oder überhaupt nicht gehandelt hatte. Der Unterschied lag in der Rechtsfolge. Eine Verurteilung wegen Fahrlässigkeit hatte nicht notwendig zur Folge, daß der Schuldner in den Bankrott getrieben werden konnte, während eine Verurteilung wegen vorsätzlich fehlerhaften Verhaltens *verlangte*, daß die Geldstrafe entrichtet wurde; entweder der Schuldner tat es, oder er mußte Bankrott erklären.

Petrocelli begann sein Schlußplädoyer mit einem Dank an die Geschworenen für die Zeit, die sie dem Fall gewidmet hatten.

„Wir sind hier, um die Verantwortlichkeit für den Tod von Ron

Goldman und Nicole Brown-Simpson festzustellen. Zwei vitalen Menschen, die das meiste von ihrem Leben noch vor sich hatten. Hier sind sie lebend." Petrocelli hielt Fred Goldmans Lieblingsfoto seines Sohnes hoch, das mit dem Baseballschläger. „Heute wäre Ron Goldman neunundzwanzig Jahre alt, und ich glaube, er würde dieses Restaurant haben, das er eröffnen wollte, geschnitten wie ein ankh, das ägyptische Symbol für ewiges Leben ..." Er ließ die Aufnahme Nicoles im Bildschirm aufleuchten, jenes Bild, über das ihre Mutter im Zeugenstand bemerkt hatte, wie schön sie darauf aussah. „An einem Tag wie dem heutigen, denke ich, wäre sie, wie sie es jeden Tag tat, aufgestanden, hätte sich um ihre Kinder gekümmert, sie zur Schule gebracht, zum Karateunterricht, zur Tanzstunde, sie nach Hause gebracht, ihnen Abendessen gegeben, mit ihnen gespielt, sie zu Bett gebracht." Petrocelli hatte in bezug auf jedes der Opfer etwas für Charakteristisches erwähnt. „Ron Goldman wird nie sein Restaurant eröffnen, Ladies und Gentlemen, und Nicole Brown-Simpson wird nie ihre Kinder erwachsen werden sehen, weil an einem Sonntagabend im Jahre 1994 das Leben dieser beiden Menschen zu einem plötzlichen Ende kam, in einem Moment unkontrollierter Rage." Petrocelli hatte diese Einleitung sorgfältig vorbereitet. Seine Wortwahl „in einem Moment" ermahnte die Geschworenen, nicht zu vergessen, daß es sich nicht um einen langen Kampf gehandelt hatte. „Hier sind sie als Tote." Die Bilder der blutigen, zusammengesackten Leichen leuchteten als Kontrast zu den früheren Aufnahmen auf. Es war ein Schockeffekt.

„Doch selbst wenn Rons und Nicoles Stimmen nicht in diesem Gerichtssaal gehört werden", setzte Petrocelli kurze Zeit später fort, „ihr letzter Kampf, um am Leben zu bleiben, Ladies und Gentlemen, versorgte uns mit den Schlüsselbeweisen, um den Mörder zu identifizieren. Sie schafften es, einen Handschuh abzuziehen, daß eine Mütze herabfiel, Nagelspuren an der linken Hand des Mannes zu hinterlassen, ihn dazu zu bringen, sein Blut neben ihre Körper tropfen zu lassen, als er versuchte, davonzukommen. Und mit ihrem Blut brachten sie ihn dazu, Schritte zu machen, Schritte, Schritte", Petrocelli demonstrierte die Schritte so, daß man fast das Gefühl hatte, das feuchte Blut unter den Sohlen zu hören, „während er nach hinten lief, Schuhabdrücke zurücklassend, die wie Fingerabdrücke in diesem Fall sind, die uns sagen, wer das getan hat, wer diese unaussprechliche Tragödie angerichtet hat. Also sind diese wichtigen Beweisstücke die Stimmen von

Ron und Nicole, die zu uns aus ihren Gräbern sprechen“, Petrocelli erhob seine Stimme, „die uns erzählen, die Ihnen allen erzählen“, er beschrieb mit den Fingern einen Kreis um die Geschworenen und zeigte dann direkt auf Simpson, „daß da ein Killer im Gerichtssaal ist!“

Simpson hatte ihn die ganze Zeit nicht angeschaut, sondern wie wild etwas in seinen Notizblock notiert. Der Gerichtssaal war totenstill. Jetzt blickte er erstaunt auf mit einem Ausdruck, als wolle er sagen: „Wer? Ich?“ Als er bemerkte, daß ihn alle anstarrten, blies er die Backen auf.

„Wir haben nicht nur mit überwiegender Wahrscheinlichkeit bewiesen, daß er diese Dinge getan hat, was die Beweishürde gewesen wäre, die wir in diesem Falle hätten nehmen müssen ... Wir haben es nicht über jeden berechtigten Zweifel hinweg bewiesen, was der Standard in einem Strafprozeß ist. Wir haben es zur Gewißheit bewiesen.“

Rhetorisch fragte Petrocelli: Hat er erklärt, warum sein Blut am Tatort gefunden wurde? u.s.w. Was hatte Simpson statt dessen getan?

„Er sprach über seine Erfolge als Football Spieler.“

Am zweiten Tag seines Schlußplädoyers, nachdem er alle Beweise, die gegen Simpson sprachen, abgehandelt hatte, ließ Petrocelli eine 1,20 m große Tafel hereinbringen.

„Was steht auf seiner Seite?“ fragte er und pausierte theatralisch. „Sein Wort, daß er es nicht getan hat“, beantwortete er die Frage schließlich schnarrend. „Seine Glaubwürdigkeit. Seine Wahrheit. Das ist es, was auf seiner Seite steht.“ Petrocelli blickte die Geschworenen an. „Hat er Ihnen die Wahrheit erzählt? Er hat Sie angelogen über alles Wichtige in diesem Fall.“ Er deutete auf die Tafel; auf ihr waren sechzig Zeugen und Dokumente mit Kernaussagen verzeichnet, die Simpson belasteten. „Entweder Simpson lügt, oder alle diese Zeugen und Dokumente lügen oder werden falsch verstanden oder sind gefälscht.“

„Ich glaube, Sie werden mir zustimmen“, schloß Petrocelli, „daß es keinen größeren Verlust gibt ... als wenn Eltern ihr Kind verlieren ... Wir müssen nicht außerhalb dieses Gerichtssaales blicken.“ Petrocelli drehte sich um in Richtung Robert und Phil Bakers. „Tatsächlich müssen wir nicht über den Counseltisch hinaussehen, um die Liebe und den Stolz eines Vaters auf seinen erwachsenen Sohn zu sehen. Sie haben sie genau hier in diesem Gerichtssaal gesehen.“

Lange hatte Petrocelli gewartet, um diesen Kommentar in seinem Schlußplädoyer machen zu können. Die Mienen beider Bakers zeigten keine Reaktion. „Das sind die Liebe und der Stolz, die Fred Goldman nur in der Erinnerung haben wird. In der Erinnerung." Petrocelli stand neben Fred Goldman, die Hand auf seiner Schulter. Goldman weinte. „Fred hat all dies verloren und unendlich mehr und sein Leben wird nie mehr dasselbe sein. Sie können ihm seinen Sohn nicht zurückgeben. Alles, was Sie tun können, ist Mr. Simpson dazu zu bringen, dafür zu bezahlen, was er getan hat." Petrocelli ließ die Summe offen – ein Sohn war preislos. Er ließ nochmals das Bat Mitzwah Video abspielen und es an der Stelle einfrieren, die Fred und Ron auf der Bühne Arm in Arm zeigte. Dann blendete er aus, bis der Bildschirm dunkel wurde.

Alles, was Petrocelli im Gerichtssaal hören könnte, war erneut der Schluchzen der Menschen.

Arthur Groman hatte vorgeschlagen, mit einem Gedicht des Poeten Guillaume du Bartes zu enden, das die Beziehung zwischen Vater und Sohn in einigen einfachen Worten ausdrückte. Petrocelli las es vor:

„My lovely living boy,
my hope, my happiness
my love, my life, my joy."

Er wandte sich von den Geschworenen ab und sah seinem Klienten in die Augen. „Fred Goldmans liebevoller, lebendiger Junge ist nicht mehr." Er schloß sein Notizbuch.

Nach Kelly und Brewer stand schließlich Robert Baker zu seinem Schlußplädoyer auf. An einer schweren Erkältung leidend, wandte er sich mit heiserer Stimme an die Geschworenen.

„Nun, jeder von uns, alle die Menschen im Zuschauerraum, können nach unten ins Erdgeschoß von diesem Gebäude gehen und für ungefähr 200 Dollar eine Klage einreichen. Und Sie können einen anderen verklagen ..." Etwas später, ohne Vorwarnung, kam Baker auf Petrocellis Bemerkung über ihn und seinen Sohn zu sprechen: „Wissen Sie, ich war etwas erstaunt, daß Mr. Petrocelli mich und meinen Sohn erwähnen mußte. Ich kann Ihnen sagen, ich würde eine schreckliche Zeit haben, wenn ich ihn verlieren würde. Aber ich würde nicht 450.000 Dollar für ein Buch nehmen." – Fred Goldman hatte die Rechte für sein Buch für diesen Betrag veräußert. – „Ich würde nie einen unschuldigen Mann anklagen." Das war es, das Spiel mit dem Antisemitismus.

Goldman, der Jude, der seinen Sohn verkauft hatte. „Das ist kein Kampf um Gerechtigkeit, das ist Kampf ums Geld.“

Als Baker zu den Fakten des Falles kam, verlor er den Faden. Er wirkte wie die männliche Version Marcia Clarks. Dann wurde es noch schlimmer. In bezug auf Paula Barbieris Nachricht, die sie Simpson am Mordtag hinterlassen hatte, führte er aus: „Hat er diese Nachricht abgehört, daß sie mit ihm gebrochen hat?... *Ich weiß nicht*, es ist keine wichtige Sache.“ Nicht einmal Baker glaubte seinem Klienten, war die Nachricht, die die Geschworenen dadurch empfingen!

Simpsons Gesichtsausdruck verhärtete sich. Er sah bestürzt aus und wurde zunehmend unwilliger. Um 16.00 Uhr sandte er Baker einen Zettel ans Podium und zwang diesen zu unterbrechen. Die Dinge liefen nicht so, wie Simpson es sich vorgestellt hatte. Er verlangte eine Pause, um sich mit seinem Anwalt zu besprechen.

Baker benötigte Zeit. Einige Tage, um seine Erkältung zu überwinden und die Differenzen mit seinem Klienten auszuräumen. Und, vor allem, um sein Plädoyer zu ordnen.

In Absprache mit Fujisaki übernahmen zunächst Blasier und Leonard das Schlußplädoyer und trugen ihre Teile vor.

Am 27. Januar trat Baker wieder vor die Geschworenen. Seine Angriffe auf Fred Goldman wurden noch schärfer. „Hatte Goldman seinen Sohn vor dem Bankrott bewahrt?“ Ron Goldman hatte einst Schulden gemacht, und sein Vater war nicht eingesprungen, um diese zu bezahlen, so daß er Bankrott hatte erklären müssen. „Ron Goldman würde jetzt kein Restaurant haben“, zischte Baker. „Er wäre froh, wenn er eine Kreditkarte hätte.“ Baker endete, indem er Simpson als das wahre Opfer in diesem Fall darstellte.

Die Kläger hatten den enormen Vorteil, das letzte Wort zu haben.

„Ladies und Gentlemen“, wandte sich Petrocelli zum letzten Mal an die Jury und gebrauchte eine Phrase Cochrans aus dem Strafprozeß: „Wenn Sie nicht dem Boten trauen können, können Sie auch der Nachricht nicht trauen. Wenn es einen Boten in diesem Fall gibt, dem Sie nicht trauen können, ist es O.J. Simpson.“ Er sah zum Tisch der Verteidigung. „Mr. Baker kam hierher – in einem der niedrigsten Momente dieses Prozesses – und machte sich lustig über diesen jungen Mann, der in seinem Grab liegt. Nun, ich möchte, daß Sie darüber nachdenken.“ Petrocelli machte eine Pause. „Wenn O.J. Simpson unschuldig wäre – wirklich unschuldig –, würde er seinen Anwalt sich lustig machen lassen über diesen jungen Mann? Dieser junge Mann versuchte, das Leben der Mutter seiner Kinder zu retten. Er müßte ein Held für O.J. Simpson sein ... Und Mr. Baker hat den Nerv, Ihnen zu sagen, daß eine Klage zu erheben nur 200 Dollar kostet. Können Sie sich das vorstellen? ... Mir hat sich der Magen umgedreht, als ich das gehört habe!" Petrocelli trat an Simpsons Tisch heran und wandte sich direkt an diesen. „Wissen Sie, Mr. Simpson", schrie er, so laut er konnte, „hier sind 200 Dollar! Wollen Sie sie?" Petrocelli hatte aus seiner Hosentasche eine Handvoll Banknoten hervorgeholt. Seine Hand mit dem Geld schwebte vor Simpsons Gesicht. Der Gerichtssaal war in Schweigen erstarrt. „Geben Sie mir den Sohn meines Klienten zurück!" Petrocellis Worte durchschnitten die Stille wie mit einem Messer. Simpson starrte ausdruckslos zurück. Für einen Moment verlor Baker seine professionelle Ruhe. „Geben Sie es auf!" brüllte er Petrocelli an. Dieser ignorierte ihn. „Genug ist genug ...", fuhr er fort. „Zwei Menschen verloren ihr Leben ... Sie verdienen ihren endgültigen Frieden ... und der Mann", Petrocelli zeigte mit dem Finger auf Simpson, „der ihnen ihr Leben nahm, sollte zur Rechenschaft gezogen werden!"

Petrocelli setzte sich. Er hatte alles getan, was er tun konnte.

Die Geschworenen zogen sich zur Beratung zurück.

DIE ENTSCHEIDUNG

Am Dienstagnachmittag, dem 5. Februar 1997, nach fünftägigen Beratungen der Geschworenen, waren die Nerven Petrocellis zum Zerreißen gespannt. Von der Gerichtsdienerin Erin Kenny erhielt er die Nachricht, daß die Geschworenen um das Protokoll von Al Cowlings Aussage gebeten hatten, die Stelle betreffend, wie er 1989 über den Zaun gesprungen war.

„Wer zum Teufel weiß, was die denken?" sagte Petrocelli außer sich zu Lambert. Er hatte genug davon, im DoubleTree auf die Entscheidung zu warten. „Ich gehe nach Hause", kündigte er seinem Partner an. Es war 15.45 Uhr. Das Telefon klingelte. Am anderen Ende der Leitung war Erin Kenny.

„Sie sind zurück!" teilte sie aufgeregt mit, und Fujisaki wollte, daß das Urteil noch an diesem Tage verkündet werden sollte.

„Das ist es! Das ist es!" Petrocelli ließ seinen Emotionen freien Lauf und klappste Lambert auf den Rücken. Sein Partner sah besorgt aus.

„Was? Sie haben gerade vor einer halben Stunde die Cowlings-Sache behandelt, die zur Schuldfrage gehört. Es gibt keinen Weg, wie sie die Schuldfrage und danach auch noch die Schadensersatzhöhe entschieden haben können."

Petrocelli verstand. Hatten die Geschworenen die Schuldfrage zugunsten der Kläger entschieden, hätte es noch Stunden dauern müssen, um die Schadensersatzhöhe abschließend zu beraten. Hatten sie dagegen für Simpson gestimmt, bedurfte es keiner Entscheidung mehr zur Schadensersatzhöhe und daher keiner weiteren Zeit. Es war sonnenklar. Sie hatten verloren.

„Es kann nicht sein. Es kann nicht sein!" Petrocelli versuchte, sich selber zu überzeugen, wollte es nicht wahrhaben.

Im Gerichtssaal trat Petrocelli auf Baker zu.

„Es ist vorbei", sagte er und streckte Baker die Hand entgegen. „Was auch immer es ist, ist es. Ich habe es genossen, mit Ihnen zu arbeiten, und es war wirklich eine lehrreiche Erfahrung für mich."

Baker hob sein Kinn.

„Ah, ihr Jungs habt locker gewonnen. Ich bin hab schon zuviel von der Sorte durch, ich weiß, wann eine Jury gegen mich entscheidet." Er sah Petrocelli an. „Und sie werden auch gewaltig entscheiden."

Nach dem Gespräch fühlte Petrocelli sich etwas besser.

Wer noch fehlte, waren die Browns mit ihrem Anwalt Kelly.

Auch der hatte im DoubleTree einen Anruf Erin Kennys erhalten. Doch die Browns hielten sich sechzig Meilen entfernt in Laguna Beach auf. Kelly entschied, daß er ohne seine Klienten nicht erscheinen würde. Erin Kenny rief erneut an. „Der Richter will Sie jetzt hier haben", sagte sie nachdrücklich. Kelly legte auf. Im Fernsehen konnte er sehen, wie Petrocelli und die Goldmans eintrafen, Simpson, dessen Familie. Er wartete. Um 18.30 Uhr waren die Browns immer noch nicht angekommen. Sicherheitspersonal des Hotels bewachte inzwischen Kellys Zimmer und schirmte ihn von der Presse ab. Wieder klingelte das Telefon. Dieses Mal war es die Rezeption.

„Es sind einige Sheriffs hier vom Gericht."

Fujisaki hatte sie gesandt. Er wollte Kelly im Gerichtssaal. Sofort! Als die Browns anriefen und mitteilten, sie seien nur noch Minuten entfernt, verließ Kelly endlich sein Zimmer und trat in das gleißende Licht der Scheinwerfer und Kameras. Vier Wagen mit Sheriffs erwarteten ihn.

Schließlich hatten alle in dem völlig überfüllten und stickigen Gerichtssaal Platz genommen. Um 19.12 Uhr ließ Fujisaki die Geschworenen eintreten.

Simpson hatte ein versteinertes Gesicht. Phil Baker legte den Arm um ihn und massierte ab und zu seinen Nacken. Die Geschworenen nahmen einer nach dem anderen in ihren Sitzen Platz, ein Latino, ein Asiate, ein Schwarzer, neun Weiße. Alle sahen müde aus. Es gab kein Lächeln, keinen Augenkontakt. Simpsons Kiefer begann zu zittern.

Der Gerichtsdiener händigte dem Sprecher der Geschworenen den Umschlag mit dem Urteil aus, der ihn öffnete, den Inhalt überprüfte und bestätigte, daß es sich um die Entscheidung der Geschworenen handelte. Fujisaki las leise, ohne eine Miene zu verziehen, und händigte den Umschlag dann Erin Kenny aus.

„Wir, die Geschworenen“, begann sie zu lesen, „... haben das folgende Urteil auf die uns unterbreiteten Fragen gefällt: Frage Nr. 1, finden Sie, daß nach überwiegender Wahrscheinlichkeit der Beweise der Beklagte Simpson vorsätzlich und rechtswidrig den Tod von Ronald Goldman verursacht hat? Schreiben Sie die Antwort ja oder nein darunter.“ Kenny machte eine Pause. „Ja.“

Simpson bewegte sich nicht. Nur sein Kiefer zitterte weiter. Schreie und Applaus waren zu hören. „O mein Gott, du Mörder!“ brüllte Kim Goldman. Petrocelli drehte sich um und legte eine Hand auf Fred Goldmans Knie, dessen Gesicht unendliche Erleichterung zeigte. Er begann zu weinen und hielt die Hand seiner Frau.

Erin Kenny las weiter: Hatte Simpson Nicole angegriffen? Antwort: Ja.

Petrocelli standen Tränen in den Augen, als er die Geschworenen ansah. Zum ersten Mal in dem gesamten Prozeß nahm ein Geschworener Blickkontakt mit ihm auf. Dann die anderen. Sie nickten.

Erin Kenny las den Rest des Urteils. An irgendeiner Stelle hörte Petrocelli die Zahl. Simpson war zur Zahlung eines Schadensersatzes in Höhe von 8,5 Millionen US-Dollar verurteilt worden. Baker hatte es geahnt: Es würde gewaltig sein.

Als Petrocelli Simpson anblickte, der leer in Richtung Decke starrte, sagte er zu sich selbst: „Du kannst glücklich sein, ein freier Mann zu sein.“

Später erfuhr Petrocelli, daß die Entscheidung mit 12 : 0 gefallen war. Wie die Geschworenen so schnell die Höhe des Schadensersatzes bestimmt hatten, fand Petrocelli nie heraus.

Mark Fuhrman und Brad Roberts verfolgten die Urteilsverkündung im Roxbury Capital Hotel in New York im Fernsehen.

„All right!“ schrie Fuhrman. Sie bestellten ein großes Steak und Bier. Fuhrman gefiel die Vorstellung, daß auch für Simpson die Dinge nun schwieriger werden würden.

Zu klären war noch die Höhe des Strafschadensersatzes. Petrocelli hatte sich mit folgenden Worten an die Geschworenen gewandt: „Sie müssen ihm eine Nachricht senden. Sie müssen ihm eine Nachricht senden so laut, daß er sie hören kann, egal auf welchem Golfplatz er sich gerade versteckt. Sie senden ihm eine Nachricht mit Ihrem Urteil: Man kann nicht zwei Menschen töten und damit davonkommen, egal, wieviel Geld man hat, egal, wie viele Lügen man erzählt.“

Nach einem weiteren Tag Beratung verurteilten die Geschworenen Simpson zu nochmals 25 Millionen US-Dollar Strafschadensersatz. Es war die größte Summe, die bis dahin jemals von einem amerikanischen Gericht ausgesprochen wurde.

Nach dem Urteil sprachen die Geschworenen mit den Anwälten. Sie hatten sich vor allem auf die physischen Beweisstücke gestützt und hier insbesondere auf die Blutspur in Bundy. Sie hatten verstanden, daß diese niemals nachträglich plaziert worden sein konnte. Die Socken und die Handschuhe waren für sie unwesentlich gewesen. Als stärkstes Beweisstück hatten sie die Fotos Simpsons angesehen, die ihn in den Schuhen des Killers zeigten. Und sie hatten sich Simpsons Glaubwürdigkeit zugewandt. Niemand nahm ihm ab, daß er seine Ex-Frau nie geschlagen hatte. Lambert begriff, was die Geschworenen ihm sagten: Die physischen Beweise belegten, daß Simpson es getan hatte. Darüber hinaus schien er nicht die Wahrheit zu sagen.

Sobald die Jury zu diesen beiden Schlußfolgerungen gelangt war, war die Sache für Simpson vorbei.

Auf der Rückfahrt von der Urteilsverkündung herrschte betroffenes Schweigen in dem Fahrzeug, in dem Simpson mit seiner Familie saß.

„Laßt uns auf ein Eis anhalten“, sagte Simpson plötzlich.

Sie hielten vor Baskin Robbins in Berrington an.

Während sie ohne zu reden ihr Eis aßen, kam Simpsons Nichte, Terri Baker, der Gedanke: *Nicole hatte hier gestoppt an dem Abend der Morde, um sich Eis zu holen. Cookies and Cream. Ihr Lieblingseis.* Jetzt hatten sie dieses Eis bestellt.

Eine Woche später befand sich Petrocelli an Bord einer Maschine nach New York. Seit er den Film „Der Pate“ gesehen hatte, verehrte er den Schauspieler Al Pacino. Jetzt saß dieser zufällig direkt neben ihm, getrennt nur durch den Gang. Pacino betrachtete ihn. Petrocelli wollte die Gelegenheit nutzen, um sich vorzustellen.

„Ich weiß, wer Sie sind“, sagte Pacino.

Petrocelli mußte wohl damit leben, daß er selber eine Berühmtheit geworden war. Wie Pacino ewig mit dem Paten in Verbindung gebracht werden würde, war sein eigener Name untrennbar an den Simpsons geknüpft; er war der Mann, der O.J. Simpson geschlagen hatte.

EPILOG

2002. Simpsons Haus in Rockingham ist nicht mehr sein Eigentum, es wurde schon vor Jahren abgerissen. Er selber wohnt mit Sydney und Justin inzwischen in Killian Pines, einem Vorort von Miami, in einem Fünf-Schlafzimmer-Haus für 625.000 Dollar. Interviewern erklärt er, daß er seinen Hauptwohnsitz nach Südflorida verlegen mußte, weil dort ein „Haushaltsvorstandsgesetz“ existiert; danach darf dem Ernährer der Familie sein Grundgehalt nicht gepfändet werden. Simpson lebt von einer monatlichen Rente von 20.000 Dollar, die er von einer Art Stiftung der National Football League bezieht und die damit dem Zugriff der Gläubiger entzogen ist. Außerdem gibt er Autogrammstunden, zehn Dollar pro Unterschrift. Kein Tag vergeht, berichtet er, an dem ihm nicht wenigstens fünf oder sechs Visitenkarten oder Telefonnummern von Frauen zugesteckt werden, manchmal auch zwanzig. Was soll's, so ist nun einmal das Leben. Simpson sieht die Sache so: Wenn ein Wahnsinnsmädchen, das ihn nicht kennt und noch nie im Leben ein Wort mit ihm geredet hat, bereit ist, zu ihm nach Hause zu kommen und Sex mit ihm zu haben, dann offensichtlich, weil er berühmt ist – und es außerdem da wohl auch so ein Spiel mit der Angst gibt. Simpson lächelt dabei. Das Problem mit seinem Leben sieht er darin, daß in jeder wirklich großen Geschichte der Held irgendeine Tragödie durchlebt. Für ein wirklich erfülltes Leben muß jemand etwas Furchtbares durchlitten haben wie zum Beispiel Nelson Mandela, auf dessen Stufe sich Simpson allerdings nicht stellen will. Golfen macht ihm immer noch Spaß.

NACHBEMERKUNG

Über den Fall O.J. Simpson ist in den USA sicherlich mehr publiziert worden als über jeden anderen Fall in der Rechtsgeschichte weltweit. Was ihn dennoch so faszinierend macht und zu diesem Buch geführt hat, ist die Tatsache, daß es wohl selten einen Prozeß gegeben hat, in dem der tatsächliche Ausgang von dem aufgrund der Fakten erwarteten so abwich wie im Strafprozeß gegen O.J. Simpson. Die Gründe hierfür zu untersuchen ist ein Hauptanliegen dieses Buches. Da der Strafprozeß mit einem Freispruch O.J. Simpsons endete und meine uneingeschränkte Überzeugung ist, daß O.J. Simpson die Morde begangen hat, habe ich mich hinsichtlich der dargestellten Tatsachen, Gespräche etc. an diejenigen Publikationen gehalten, die niemals angegriffen worden sind. Sehr viele Informationen stammen aus *Jeffrey Toobins: The Run Of His Life,* einem Buch über den Verlauf des Verfahrens. Herangezogen habe ich auch *Mark Fuhrman, Murder In Brentwood* und *Lawrence Schiller, American Tragedy*, darüber hinaus *Tom Lange/Philip Vannatter, Evidence Dismissed; Harold J. Rothwax, Guilty; Marcia Clark, Without A Doubt; Alan M. Dershowitz, Reasonable Doubts; Christopher Darden, In Contempt; Robert L. Shapiro, The Search For Justice; Johnnie L. Cochran Jr., Journey To Justice; Terri Baker, I'M Not Dancing Anymore; Faye Resnick/Nicole Brown-Simpson, The Private Diary Of A Life Interrupted; Amanda Cooley u.a., Madam Foreman* und *Sheila Weller, Raging Heart*. Darüber hinaus insbesondere die Analysen aus den Büchern *Vincent Bugliosi, Outrage* und *Gerry Spence, O.J. The Last Word*. Hinzu kommen ungezählte Zeitungsartikel, Berichte etc. Soweit Geschehnisse, Dialoge, Gefühlseindrücke wiedergegeben werden, habe ich versucht, möglichst nahe an den Vorlagen zu bleiben. Beim Zivilrechtsteil stütze ich mich insbesondere auf *Daniel Petrocellis* eindrucksvolles Buch *Triumph of Justice*. Bei allen verwendeten Quellen habe ich mich bemüht zu berücksichtigen, daß die Autoren mit ihren Versionen der Geschehnisse Eigeninteressen verfolgen könnten und die Auswahl des Materials dem angepaßt.

Januar 2004, der Verfasser

INHALT